普通高等教育电气工程与自动化（应用型）系列教材

供配电技术

刘 燕 编著

机械工业出版社

本书系统讲述了供配电系统的基本知识、基本理论以及供配电系统的基本计算方法和运行管理方面的相关知识。

全书共分为 10 章，包括概论、负荷计算及无功功率补偿、短路电流及其计算、供配电系统的电气设备及选择、变配电所的电气主接线及结构、供配电线路、高层建筑的供配电系统、供配电系统的继电保护、供配电系统的二次回路及自动装置、供配电系统的安全技术。每章后均配有与本章内容相关的基本能力训练，并附有思考题与习题，以便读者复习和自学。

本书可作为本科院校电气工程及其自动化、自动化、建筑电气与智能化等相关专业的教材，也可供从事供配电系统运行管理或其他相关行业的技术人员参考。

图书在版编目（CIP）数据

供配电技术/刘燕编著 .—北京：机械工业出版社，2016.1（2025.2 重印）
普通高等教育电气工程与自动化（应用型）系列教材
ISBN 978-7-111-52381-9

Ⅰ.①供… Ⅱ.①刘… Ⅲ.①供电—高等学校—教材②配电系统—高等学校—教材 Ⅳ.①TM72

中国版本图书馆 CIP 数据核字（2015）第 300771 号

机械工业出版社（北京市百万庄大街 22 号　邮政编码 100037）
策划编辑：王雅新　责任编辑：王雅新　王　荣
版式设计：霍永明　责任校对：张　薇
封面设计：张　静　责任印制：单爱军
北京虎彩文化传播有限公司印刷
2025 年 2 月第 1 版第 11 次印刷
184mm×260mm · 17.75 印张 · 434 千字
标准书号：ISBN 978-7-111-52381-9
定价：49.00 元

电话服务　　　　　　　　网络服务
客服电话：010-88361066　　机　工　官　网：www.cmpbook.com
　　　　　010-88379833　　机　工　官　博：weibo.com/cmp1952
　　　　　010-68326294　　金　书　网：www.golden-book.com
封底无防伪标均为盗版　　机工教育服务网：www.cmpedu.com

前　言

当前电力工业的发展，融合了计算机、自动化、通信、远动等技术，以弱电控制强电、多学科交叉的电力网络正得到广泛的应用。供配电系统从变电所（站）的结构形式到一次系统的运行管理，以及对一次系统进行控制、保护、测量、信号等的二次回路都发生了很大变化。本书在编写过程中，汲取了高等院校在探索应用型人才培养方面取得的经验，在保证内容系统性的前提下，尽量压缩传统知识，增加新知识，力争反映供配电技术发展中的新元件、新技术、新的控制方式。编写中做到深入浅出，理论联系实际。

本书具有以下特色：

1. 内容全面、新颖。供配电系统包括工业企业供配电系统和民用建筑供配电系统。本书在内容的组织与安排上尽量涵盖这两部分，并将两部分中相通的内容融为一体介绍，对重要的不同点则分别予以阐述。

2. 叙述力求简洁。本书在讲述电气设备时，着重介绍了广泛应用的新产品，并力求采用最新技术标准规范来讲述供配电技术问题。在介绍各种电气设备的结构原理时，均配有简明清晰的结构或元件实际图片，使元件识别更形象。在讲述有关的选择计算时，均适当配有选择计算示例，便于读者更准确地理解和掌握。

3. 注重实际技能。在每章后都配有与本章内容相关的基本能力训练。这些训练内容具有一定的针对性、可操作性及应用性，如中小型工厂计算负荷的确定、电气设备的运行监视与操作、变配电所的操作等，旨在突出实用技术与能力培养。

4. 加强了读图与识图的能力培养。本书在内容讲述中配有大量的与内容相关的原理图及接线图，如讲电气接线图时，配有不同类型变电所主接线图；在讲述控制、保护电路时，配有原理图等；在基本能力训练中加大了工程识图，如电力系统图、电气接线图和建筑电气工程图等的识读。

本书由刘燕教授编著。由于作者水平有限，书中难免有错漏之处，敬请同行、师生和读者批评指正，不胜感谢。

作　者

目　录

前言
第1章　概论 ……………………………… 1
1.1　电力系统和供配电系统的基本构成 ………………………………… 1
1.1.1　电力系统的组成 ……………… 1
1.1.2　供配电系统的组成 …………… 6
1.2　电力系统的电压 ………………… 7
1.2.1　三相交流电网和电力设备的额定电压 …………………………… 7
1.2.2　电压分类及高低电压的划分 … 9
1.2.3　供配电系统电压的选择 …… 10
1.3　电力系统中性点的运行方式 …… 11
1.3.1　中性点不接地系统 ………… 11
1.3.2　中性点经消弧线圈接地系统 … 13
1.3.3　中性点直接接地或经低电阻接地系统 ………………………… 14
1.3.4　低压配电系统的接地形式 … 14
1.3.5　中性点不同接地方式的比较和应用范围 ……………………… 16
1.4　供配电的质量指标 ……………… 17
1.4.1　电压的质量要求 …………… 17
1.4.2　频率的质量要求 …………… 19
1.4.3　供电的可靠性要求 ………… 20
1.5　电力负荷的分级及其对供电的要求 ……………………………… 20
1.5.1　电力负荷的分级 …………… 20
1.5.2　各级负荷对供电电源的要求 … 21
1.6　分布式发电与微电网 …………… 22
1.6.1　分布式发电 ………………… 22
1.6.2　微电网的结构和特点 ……… 23
基本能力训练　电力系统图的识读与电力负荷分级 ………………… 24
思考题与习题 ………………………… 25
第2章　负荷计算及无功功率补偿 …… 27
2.1　负荷曲线及有关物理量 ………… 27
2.1.1　负荷曲线的类型 …………… 27
2.1.2　与负荷曲线和负荷计算有关的物理量 ……………………… 28
2.1.3　用电设备的工作制与设备容量 … 29
2.2　三相用电设备组计算负荷的确定 ……………………………… 31
2.2.1　概述 ………………………… 31
2.2.2　按需要系数法确定计算负荷 … 31
2.2.3　按二项式系数法确定计算负荷 … 34
2.3　单相用电设备组计算负荷的确定 ……………………………… 36
2.3.1　概述 ………………………… 36
2.3.2　单相设备组等效三相负荷的计算 …………………………… 36
2.4　供配电系统计算负荷和年电能需要量的计算 …………………… 37
2.4.1　供配电系统计算负荷的确定 … 37
2.4.2　供配电系统年电能需要量的计算 …………………………… 39
2.5　供配电系统功率因数及无功功率补偿 …………………………… 39
2.5.1　功率因数的分类及供电部门要求 …………………………… 39
2.5.2　无功补偿装置的选择 ……… 40
2.5.3　无功补偿容量的确定 ……… 41
2.5.4　并联电容器的装设位置 …… 41
2.5.5　无功补偿后的工厂计算负荷 … 42
2.6　尖峰电流的计算 ………………… 44
2.6.1　单台用电设备尖峰电流的计算 … 44
2.6.2　多台用电设备尖峰电流的计算 … 44
基本能力训练　中小型工厂计算负荷的确定 ………………………… 45
思考题与习题 ………………………… 48
第3章　短路电流及其计算 …………… 50
3.1　短路的原因、后果及形式 ……… 50
3.1.1　短路的原因 ………………… 50
3.1.2　短路的后果 ………………… 50

3.1.3 短路的形式 ………………… 51
3.2 无限大容量系统三相短路时
    的暂态过程及物理量 …………… 52
    3.2.1 无限大容量系统 ……………… 52
    3.2.2 无限大容量系统三相短路的
          暂态过程及物理量 ……………… 52
3.3 供配电系统三相短路电流
    的计算 …………………………… 54
    3.3.1 欧姆法计算三相短路电流 …… 54
    3.3.2 标幺制法计算三相短路电流 … 58
    3.3.3 大容量电动机对短路电流的
          影响 ……………………………… 61
3.4 两相和单相短路电流的计算 …… 62
    3.4.1 两相短路电流的计算 ………… 62
    3.4.2 单相短路电流的计算 ………… 62
3.5 短路电流的力效应和热效应 …… 63
    3.5.1 短路产生的效应及电气设备
          进行校验的必要性 ……………… 63
    3.5.2 短路电流的力效应 …………… 63
    3.5.3 短路电流的热效应 …………… 65
基本能力训练 中小型工厂变电所
            短路电流计算 ……………… 66
思考题与习题 ………………………… 68

第4章 供配电系统的电气设备及
        选择 …………………………… 69
4.1 电气设备概述 …………………… 69
    4.1.1 电气一次设备及其分类 ……… 69
    4.1.2 电气设备运行中的电弧问题与
          灭弧方法 ………………………… 70
4.2 电力变压器 ……………………… 72
    4.2.1 电力变压器的分类及特点 …… 72
    4.2.2 电力变压器的结构及型号 …… 73
    4.2.3 电力变压器的联结组别 ……… 74
    4.2.4 电力变压器的实际容量及
          过载能力 ………………………… 75
    4.2.5 电力变压器的选择 …………… 75
4.3 互感器 …………………………… 77
    4.3.1 电流互感器 …………………… 77
    4.3.2 电压互感器 …………………… 81
4.4 高压开关设备 …………………… 84
    4.4.1 高压断路器 …………………… 84

4.4.2 隔离开关 ……………………… 87
4.4.3 高压负荷开关 ………………… 89
4.5 熔断器 …………………………… 90
    4.5.1 高压熔断器 …………………… 90
    4.5.2 低压熔断器 …………………… 91
4.6 低压开关设备 …………………… 93
    4.6.1 低压负荷隔离开关 …………… 93
    4.6.2 低压刀熔开关 ………………… 94
    4.6.3 低压断路器 …………………… 94
4.7 成套配电装置 …………………… 98
    4.7.1 高压成套配电装置（高压
          开关柜）………………………… 98
    4.7.2 低压成套配电装置（低压
          配电屏）………………………… 100
    4.7.3 动力和照明配电箱 …………… 101
4.8 高压开关电器的选择 …………… 101
    4.8.1 电气设备选择的一般原则 …… 101
    4.8.2 高压隔离开关、负荷开关和
          断路器的选择与校验 …………… 102
4.9 互感器的选择及校验 …………… 104
    4.9.1 电流互感器的选择及校验 …… 104
    4.9.2 电压互感器的选择及校验 …… 105
4.10 低压熔断器的选择 ……………… 107
    4.10.1 熔断器熔体电流的选择 …… 107
    4.10.2 熔断器的选择及校验 ……… 107
    4.10.3 前后熔断器之间的选择性
           配合 …………………………… 108
4.11 低压断路器的选择 ……………… 108
基本能力训练 电气设备的运行监视
            与操作 …………………… 112
思考题与习题 ………………………… 116

第5章 变配电所的电气主接线及
        结构 …………………………… 118
5.1 变配电所的任务和类型 ………… 118
    5.1.1 变配电所的任务 ……………… 118
    5.1.2 变电所的类型 ………………… 118
5.2 变配电所的电气主接线 ………… 120
    5.2.1 变配电所主接线的基本形式 … 120
    5.2.2 变配电所电气主接线方案 …… 123
5.3 变配电所选址与布置 …………… 129
    5.3.1 变配电所所址选择的一般

　　　　原则 …………………………………… 129
　　5.3.2 变配电所的总体布置 …………… 129
　　5.3.3 变配电所的结构要求 …………… 133
　基本能力训练　变配电所的倒闸
　　　　　　　　　操作 ………………… 135
　思考题与习题 …………………………… 139

第6章　供配电线路 … 141
　6.1 供配电线路的接线方式 ……………… 141
　　6.1.1 高压供配电线路的接线方式 …… 141
　　6.1.2 低压供配电线路的接线方式 …… 143
　6.2 供配电线路的结构与敷设 …………… 145
　　6.2.1 架空线路的结构与敷设 ………… 145
　　6.2.2 电缆线路的结构与敷设 ………… 147
　　6.2.3 低压配电线路的结构与敷设 …… 148
　6.3 导线和电缆截面积的选择 …………… 150
　　6.3.1 按发热条件选择导线和电缆的
　　　　　截面积 …………………………… 151
　　6.3.2 按允许电压损失选择导线和
　　　　　电缆的截面积 …………………… 153
　　6.3.3 按机械强度选择导线和电缆
　　　　　的截面积 ………………………… 157
　　6.3.4 按经济电流密度选择导线和
　　　　　电缆的截面积 …………………… 158
　基本能力训练　供配电线路的运行
　　　　　　　　　与维护 ………………… 159
　思考题与习题 …………………………… 161

第7章　高层建筑的供配电系统 … 162
　7.1 高层建筑负荷的计算 ………………… 162
　　7.1.1 高层建筑负荷的特点 …………… 162
　　7.1.2 高层建筑负荷的计算 …………… 163
　7.2 高层建筑的变电所主接线 …………… 164
　　7.2.1 一般民用建筑变电所主接线 …… 164
　　7.2.2 高层民用建筑变电所主接线 …… 165
　7.3 高层建筑变电所的类型及
　　　布置 …………………………………… 166
　　7.3.1 高层建筑变电所的类型 ………… 166
　　7.3.2 高层建筑变配电所的布置 ……… 166
　7.4 箱式变电站 …………………………… 167
　7.5 高层建筑低压配电系统 ……………… 169
　　7.5.1 低压配电系统的接线方式 ……… 169
　　7.5.2 照明供电系统 …………………… 171

　7.6 自备应急柴油发电机组 ……………… 173
　　7.6.1 应急柴油发电机组的供电
　　　　　范围 ……………………………… 173
　　7.6.2 柴油发电机组的选用 …………… 173
　基本能力训练　建筑电气工程图 ……… 174
　思考题与习题 …………………………… 177

第8章　供配电系统的继电保护 … 178
　8.1 继电保护的任务和要求 ……………… 178
　　8.1.1 继电保护装置的任务 …………… 178
　　8.1.2 继电保护的类型及构成 ………… 178
　　8.1.3 对继电保护的基本要求 ………… 179
　8.2 常用的保护继电器及其接线
　　　方式 …………………………………… 180
　　8.2.1 常用保护继电器 ………………… 180
　　8.2.2 继电保护装置的接线方式 ……… 183
　8.3 高压电力线路的继电保护 …………… 184
　　8.3.1 电力线路保护的配置 …………… 184
　　8.3.2 带时限过电流保护的构成与
　　　　　动作原理 ………………………… 184
　　8.3.3 电流速断保护 …………………… 187
　　8.3.4 单相接地保护 …………………… 189
　　8.3.5 电力线路的过负荷保护 ………… 190
　8.4 电力变压器的保护 …………………… 191
　　8.4.1 电力变压器的故障、不正常
　　　　　工作状态及保护配置 …………… 191
　　8.4.2 电力变压器的过电流保护、
　　　　　电流速断保护和过负荷保护 …… 191
　　8.4.3 电力变压器低压侧的单相短路
　　　　　保护 ……………………………… 194
　　8.4.4 电力变压器的瓦斯保护 ………… 194
　　8.4.5 变压器差动保护 ………………… 195
　8.5 微机继电保护 ………………………… 196
　　8.5.1 微机保护系统的组成 …………… 196
　　8.5.2 微机保护逻辑原理 ……………… 198
　基本能力训练　微机保护装置实例 …… 201
　思考题与习题 …………………………… 208

第9章　供配电系统的二次回路及
　　　　自动装置 … 209
　9.1 二次回路的基本知识 ………………… 209
　9.2 二次回路的操作电源 ………………… 210
　　9.2.1 直流操作电源 …………………… 210

9.2.2 交流操作电源 …………… 212
9.3 高压断路器的控制和信号
　　回路 …………………………… 213
　9.3.1 对断路器控制回路的基本要求 … 213
　9.3.2 采用灯光监视就地控制的
　　　断路器控制与信号回路 ……… 214
　9.3.3 采用微机远方监控的断路器
　　　控制和信号回路 ……………… 216
9.4 中央信号回路 …………………… 218
　9.4.1 中央事故信号装置 …………… 218
　9.4.2 中央预告信号装置 …………… 219
9.5 电测量仪表与测量回路 ………… 220
　9.5.1 仪表的准确度要求 …………… 220
　9.5.2 互感器和测量仪表的配置 …… 221
　9.5.3 电气测量回路与绝缘监视回路 … 222
9.6 供配电系统的自动控制装置 …… 223
　9.6.1 自动重合闸装置 ……………… 223
　9.6.2 备用电源自动投入装置 ……… 224
9.7 变电所综合自动化 ……………… 226
　9.7.1 变电所综合自动化系统的基本
　　　功能 …………………………… 226
　9.7.2 变电所综合自动化系统的结构 … 228
基本能力训练　变电所综合自动化
　　　系统的配置与组屏
　　　实例 …………………………… 230
思考题与习题 ……………………… 232
第 10 章　供配电系统的安全技术 …… 235
10.1 电气安全的基本知识 …………… 235
　10.1.1 触电对人体的危害 ………… 235
　10.1.2 安全电流和特低电压 ……… 235
　10.1.3 **直接触电防护和间接触电**
防护 ……………………………… 236
10.2 过电压与防雷 …………………… 236
　10.2.1 过电压的形式 ……………… 236
　10.2.2 防雷设备 …………………… 237
　10.2.3 防雷措施 …………………… 240
10.3 供配电系统的接地 ……………… 242
　10.3.1 接地的作用及有关概念 …… 242
　10.3.2 接地的类型 ………………… 244
　10.3.3 电气装置的接地与接地电阻
　　　　的要求 ……………………… 244
　10.3.4 接地电阻的装设 …………… 245
　10.3.5 接地电阻的计算 …………… 247
　10.3.6 接地装置平面布置图示例 … 248
10.4 低压配电系统的等电位联结
　　　与漏电保护 …………………… 249
　10.4.1 低压配电系统的等电位联结 … 249
　10.4.2 低压配电系统的漏电保护 … 250
基本能力训练　触电的急救处理 …… 252
思考题与习题 ……………………… 254
附录 ………………………………… 256
　附录 A　需要系数和二项式系数 … 256
　附录 B　并联电容器的技术数据 … 258
　附录 C　电力变压器的技术数据 … 259
　附录 D　高低压电器的主要技术
　　　　　数据 ……………………… 260
　附录 E　电缆、导线的技术数据 …… 265
　附录 F　接地电阻的技术数据 …… 270
参考文献 …………………………… 273

第1章 概 论

[内容提要] 电力系统是生产、输送、使用电能的统一整体，供配电系统是电力系统中电能用户的供电网络。了解和掌握电力系统和供配电系统的概念、额定电压、中性点的运行方式、电能的质量指标和电力负荷等基本知识，对学习供配电技术是很重要的。本章就上述问题做了概述。

1.1 电力系统和供配电系统的基本构成

电能是由自然界中蕴藏的各种一次能源转变来的清洁二次能源。电能既可以方便地远距离传输，又能很容易地转换为其他形式的能量，运行过程又易于控制、管理及调度，因此电能已广泛应用于国民经济和社会生活的各个方面而成为主要的能源和动力。随着新技术的涌现和电气化程度的提高，国民经济和人民生活对电能的依赖程度越来越高，因此保障和提高供配电系统的运行可靠性就显得越发重要。

电力系统是生产、输送、使用电能的统一整体；供配电系统是电能用户所需电能的供应和分配网络，它处于电力系统的末端，作为用户端电力负荷的供电部分。保证安全、可靠、优质、经济的供电是电力系统和供配电系统的基本任务。

1.1.1 电力系统的组成

电力系统是由各级电压的电力线路将发电厂、电力网和电力用户联系起来实现电能的生产、输送、分配、变换和使用的统一整体。众所周知，电能是由发电厂生产的。为了充分利用动力资源，降低发电成本，发电厂多建在一次能源丰富的偏远地区，而电能用户一般集中在大中城市和负荷集中的大工业区，因此发电厂生产出的电能要经过高压远距离输电线路输送，才能到达各电能用户。从发电厂到用户的输配电过程如图1-1所示。从发电厂发出的电能，除了供给附近用户直接配电外，一般都经过升压变电所将其变换为220kV以上的高压或超高压电能，以高压输电线路进行电力传输；中途设立枢纽变电所可向较远的城市和工矿区输送电能，电能到达城郊或工业区再设降压变电所将降压后的35～110kV电能配电给附近的市内降压变电所或企业总降压变电所；在企业内部经过终端变电所的进一步降压，将电能变换为工厂和居民区用电负荷能够接受的电压，再由各种用电设备将电能转换成动力、热、光等不同形式的能量，为地区经济和人民生活服务。由此可见电力系统是由发电、变电、输电、配电和用电等环节组成的电能生产与消费系统。从构成上来讲电力系统可以大到跨越几个省份，也可以小到一个地区。由于自然资源分布与经济发展水平等条件限制，电能的集中开发与分散使用，以及电能的连续供应与负荷的随机变化成为制约电力系统结构和运行的根本特点。从运行上来看，电力系统具有如下特点：

（1）电能不能大量存储。由于目前还没有大量存储电能的好方法，因而电能的生产、输送、分配和消费实际上是同时进行的，即任何时刻发电机所送出的功率等于用电设备所消耗的功率与输送过程中产生的功率损耗之和。

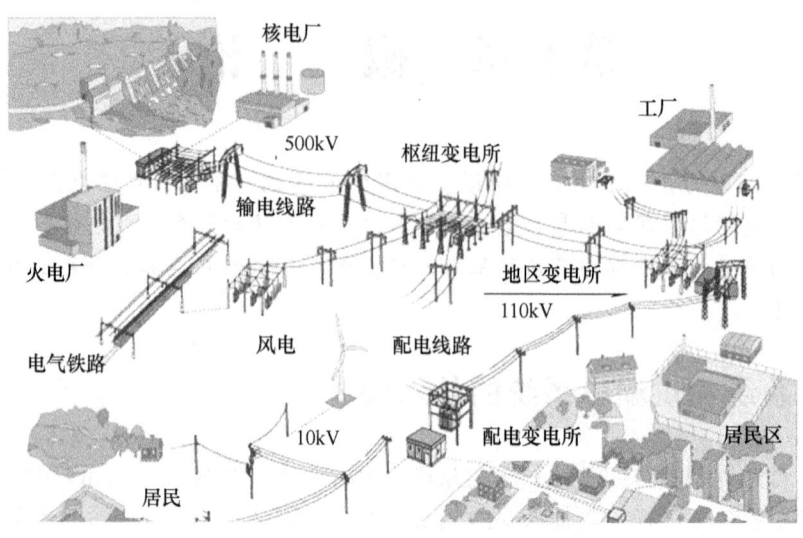

图 1-1 从发电厂到用户的输配电过程示意图

（2）电力生产的快速性　电能输送过程迅速，其传输速度与光速相同，每秒达到 30 万 km，即使相距几万公里，发、输、用基本上都是同时完成的。电力系统的暂态过程非常短促，从一种运行状态到另一种运行状态的过渡极为迅速，以毫秒甚至微秒计。

（3）与国民经济和人民生活密切相关　当今社会一切厂矿企业、事业单位和人民生活均离不开电能，供电的突然中断会造成很大的损失以致产生严重的后果。

现代电力系统正朝着电源结构的多样性和互补性、控制和调度手段的先进性以及输电方式的新颖性发展。现将电力系统各组成部分做如下介绍。

1. 发电厂（站）

发电厂根据利用一次能源的不同分为火力发电厂、水力发电厂、核能发电厂、风力发电站、潮汐发电站等，此外还有地热发电、太阳能发电、垃圾发电和沼气发电等。目前我国和世界大多数国家仍以火力发电、水力发电和核能发电为主。

（1）火力发电厂　火力发电厂是利用煤、石油、天然气等作为燃料生产电能的工厂，主要设备有锅炉、汽轮机、发电机等。基本生产过程是：燃烧的化学能在锅炉中燃烧转变为热能，加热锅炉中的水使之变成高温高压蒸汽，过热的蒸汽进入汽轮机，推动汽轮机的转子旋转，将热能转换为机械能，汽轮机带动联轴的发电机旋转发电，将机械能转换为电能。火力发电厂实景图如图 1-2 所示。

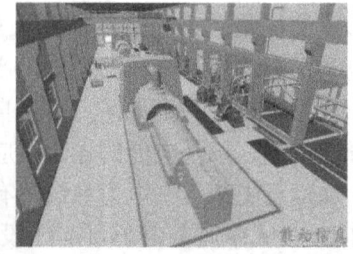

图 1-2　火力发电厂实景图

(2) 水力发电厂 水力发电厂是利用江河水流的位能生产电能的工厂，主要由水库、水轮机和发电机组成。基本生产过程是：从河流较高处或水库内引水，利用水的压力或流速冲动水轮机旋转，将水能转变为机械能，然后水轮机带动发电机旋转，将机械能转变为电能。水力发电厂实景图如图1-3所示。

图1-3 水力发电厂实景图

(3) 核能发电厂 核能发电厂是利用原子核的裂变能来生产电能的工厂，主要设备有反应堆、汽轮机、发电机等。其生产过程与火力发电厂基本相同，只是用核反应堆代替了燃煤锅炉，以少量的核燃料代替了煤炭。核能发电厂实景图和生产过程如图1-4所示。

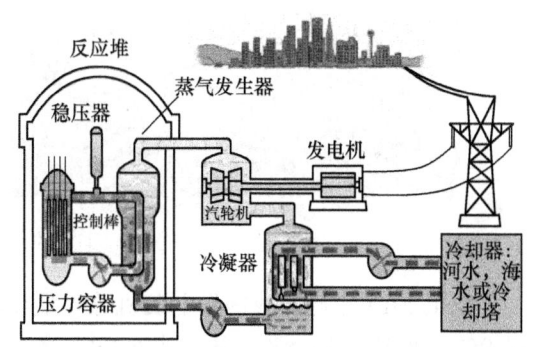

图1-4 核能发电厂实景图和生产过程

(4) 风力发电 风力发电是利用风力的动能来生产电能。发电过程是：风的动能先被风力机的桨叶捕获并转换为机械能，再经过一个含齿轮箱（增速）的机械传动系统传递给发电机；发电机实现机械能到电能的转换。由于风速是变化的，发电机直接出来的电能在幅值和频率上都与电网不同，不能够直接被用户使用，需要一个功率变换装置。功率变换装置一方面实现与电网的接口，另一方面可以实现风力发电机的控制。由于风能的能量密度较小，因此风力发电的单机容量不可能很大。为了保证连续供电，风力发电必须配备一定的蓄电装置。风能是一种取之不尽的清洁、价廉和可再生的能源，因此我国确定要大力发展风能。风力发电如图1-5所示。

(5) 太阳能发电 太阳能发电是利用太阳的光能或热能来生产电能，通常说的太阳能发电指的是太阳能光伏发电。太阳能发电是利用半导体界面的光生伏特效应而将光能转变为电能的一种技术，太阳电池经过串联后进行封装保护可形成大面积的太阳电池组件，配合功率控制器等部件就形成了光伏发电装置。太阳能是一种十分安全、经济、没有污染而且取之不尽的能源，太阳能发电厂建在常年日照时间较长的地方。太阳能发电如图1-6所示。

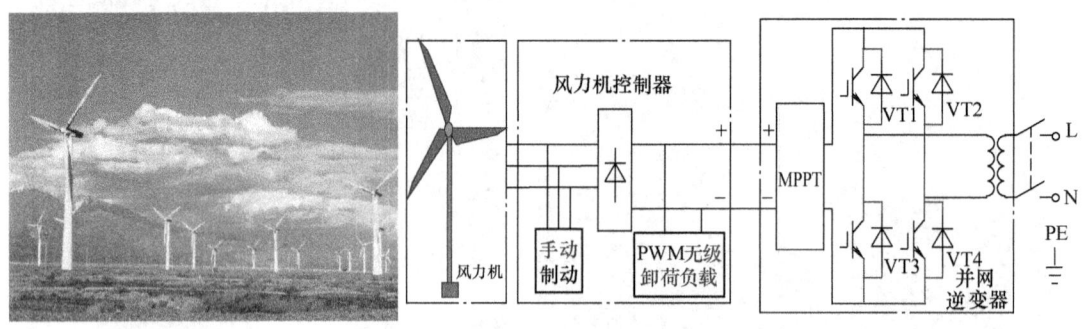

图1-5　风力发电

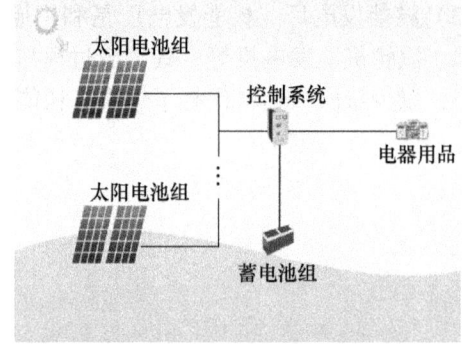

图1-6　太阳能发电

截至2015年底，我国发电装机总容量突破12.35亿kW，位居世界第一位。其中火电占67.9%，水电占19.5%，风电占6.9%，核电占2.6%，太阳能占2.6%。在未来电能结构调整中，我国要快速提高非化石能源发电比例，到2020年，可再生能源发电和核电比例将达到15%。

2. 电力网

电力网由变电站（所）和不同电压等级的输配电线路所组成，作用是输送、控制和分配电能。按照电压等级不同，电力网分为输电网和配电网。三相交流电压为330kV及以上或直流±500kV及以上的称为输电网；三相交流电压为220kV以下的称为配电网。

变电站（所）是电力网的主要组成部分，其功能是接受电能、变换电压和分配电能。变电站（所）由电力变压器、配电装置和二次装置等构成。按变电站（所）的性质和任务不同，可分为升压变电站（所）和降压变电站（所）。升压变电站（所）通常紧靠发电厂，而降压变电站（所）通常远离发电厂而靠近负荷中心。根据变电站（所）在电力系统中所处的地位和作用，可分为枢纽变电站（所）、地区变电站（所）和用户变电所。枢纽变电站（所）位于电力系统的枢纽点，联系多个电源，出线回路多，变电容量大，电压等级一般为

330kV及以上；地区变电站（所）一般作为地区或中、小城市配电网的主要变电所，电压等级一般为110～220kV；用户变电所位于配电线路的终端，接近负荷处，高压侧10～110kV引入线，经降压后向用户供电。

目前我国逐步形成了以大行政区为基础的7个跨省大区电网，分别为华中、华东、川渝、华北、东北、西北及南方电网。2010年前后，已建成以三峡电网为中心连接华中、华东、川渝的中部电网；华北、东北、西北三个电网互联形成的北部电网；以及云南、贵州、广西、广东4省区的南部联合电网。各电网中500kV（包括330kV）主网架逐步形成和壮大，220kV电网不断完善和扩充，750kV输变电工程（青海官亭—甘肃兰州东）已投入运行，1000kV交流特高压试验示范工程（晋东南—南阳—荆门）已通电运行；世界第一条±800kV云广（云南禄丰-广东增城）特高压直流输电工程项目成功送电。

目前我国进入了大电网、大电厂、大机组、高电压输电、高度自动控制的新时代。我国规划，到2015年，在做到水电、火电、核电和新能源合理利用和开发的基础上，形成全国联合电网，实现电力资源在全国范围内的合理配置和可持续发展。现代电力系统正朝着能源结构的多样性和互补性、控制和调度手段的先进性、输电方式的新颖性方向发展。

3. 电能用户

所有消耗电能的单位均称为电能用户。从大的方面可分为工业电能用户和民用电能用户。

典型电力系统的系统图如图1-7所示。该图中有大型水电站、火力发电厂、核电厂等，这些发电厂中的发电机经过升压变电站将电压升高至220～500kV进行远距离输电，经过枢纽变电所与电力系统中某一个用电区域的110～220kV配电网相连，属于该区域内的发电厂的发电机由升压变电站直接进入本区域配电网；该系统中的负荷有大型用户和中小型用户等。

从图1-7可以看出，电力系统将分散于各地的众多发电厂连接起来并联工作，并通过电力网与分散在各地的负荷中心的用户联系起来，实现电能的大容量、远距离的输送。因此建立大型电力系统可以经济、合理地利用一次能源，降低发电成本，减少电能损耗，提高电能质量，实现电

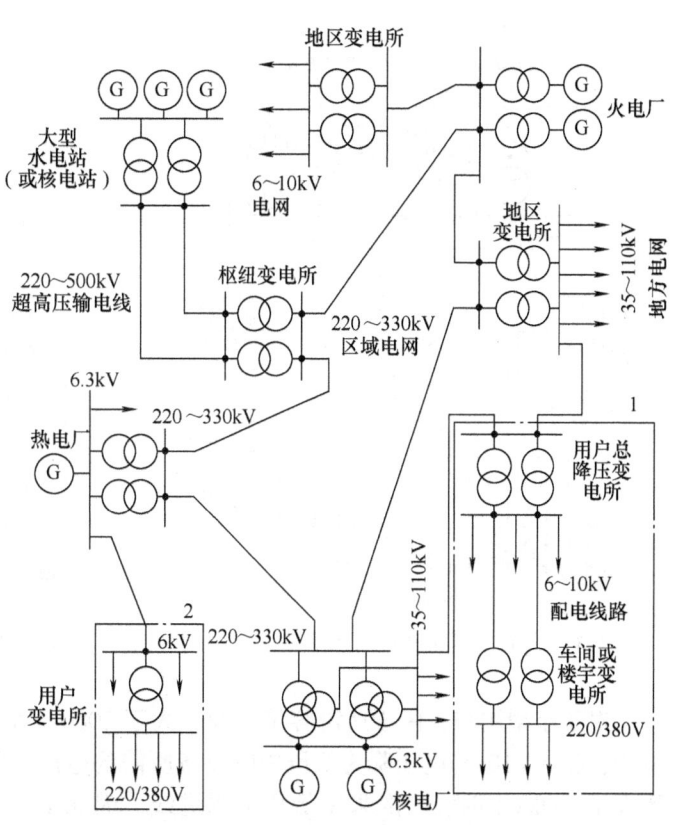

图1-7 大型电力系统的系统图

能的灵活调节和调度，大大提高供电的可靠性。

1.1.2 供配电系统的组成

供配电系统是工业企业供配电系统和民用建筑供配电系统的总称。它反映电能用户的电能供应和分配问题。供配电系统是电力系统的重要组成部分，是电能用户的供电网络。对电能用户来讲，供配电系统的范围是指从电源线路进入用户起到高低压用电设备进线端止的整个电路，它由变配电所、配电线路和用电设备构成。图1-7中点画线框1、2为供配电系统示意图。本书主要讲述电能用户的供配电系统相关知识。

不同类型的电能用户，供配电系统的组成是不相同的。

对大型用户及某些电源进线电压为35kV及以上的中型用户，供配电系统一般经过两次降压，也就是电源进厂以后，先经过总降压变电所，将35kV及以上的电源电压降为6~10kV的配电电压，然后通过高压配电线路将电能送到各个车间变电所，也有的经高压配电所再送到车间变电所，最后经配电变压器降为一般低压用电设备所需的电压，如图1-8所示。

对电源进线电压是6~10kV的中型用户，一般电能先经高压配电所集中，再由高压配电线路将电能分送到各车间变电所，或由高压配电线路直接供给高压用电设备。车间变电所内装设有电力变压器，将6~10kV的高压降为一般低压用电设备所需的电压（如220/380V），然后由低压配电线路将电能分送给各用电设备使用，如图1-9所示。

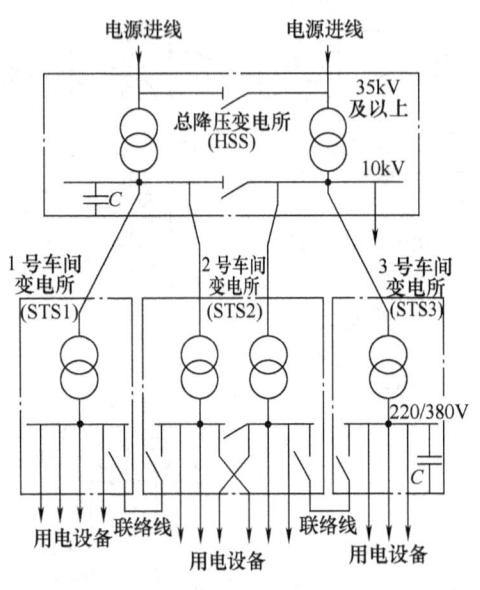

图1-8 具有总降压变电所的供配电系统简图

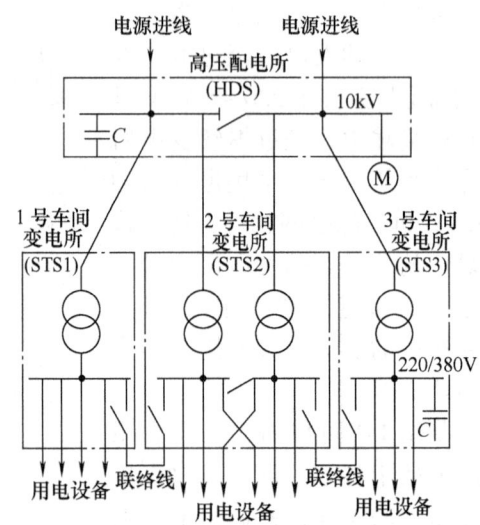

图1-9 具有高压配电所的供配电系统简图

对于小型用户，由于所需容量一般不大于1000kVA或稍多，因此通常只设一个降压变电所，将6~10kV电压降为低压用电设备所需的电压，如图1-10所示。如果工厂所需容量不大于160kVA时，一般采用低压电源进线，因此工厂只需设一个低压配电间，如图1-11所示。

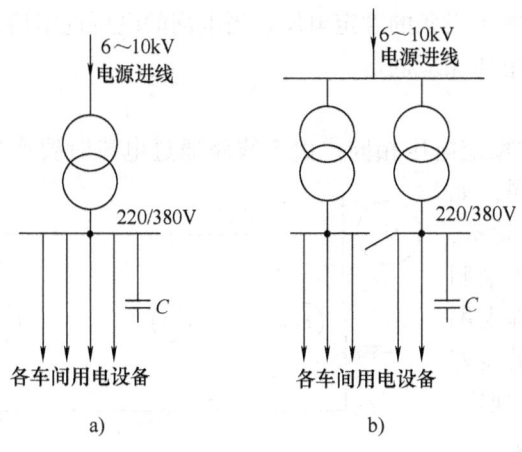
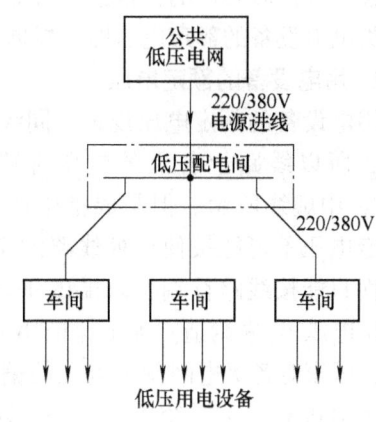

图 1-10　只有一个降压变电所的供配电系统简图
a) 装有一台变压器　b) 装有两台变压器

图 1-11　低压进线的供配电系统简图

1.2　电力系统的电压

1.2.1　三相交流电网和电力设备的额定电压

按照国家标准 GB/T 156—2007《标准电压》规定，我国三相交流电网和电力设备的额定电压等级见表 1-1。

表 1-1　我国三相交流电网和电力设备的额定电压　　　　（单位：kV）

分类	电网额定电压	用电设备		发电机额定电压	电力变压器额定电压	
		额定电压	最高电压		一次绕组	二次绕组
低压	0.22/0.38 0.38/0.66 1 (1.140)	0.22/0.38 0.38/0.66 1 (1.140)		0.40 0.69	0.38 0.66	0.40 0.69
高压	3	3	3.6	3.15	3 及 3.15	3.15 及 3.3
	6	6	7.2	6.3	6 及 6.3	6.3 及 6.6
	10	10	12	10.5	10 及 10.5	10.5 及 11
	20	20	24			
	—	—	—	13.8, 15.75, 18, 20, 22, 24, 26	13.8, 15.75, 18, 20, 22, 24, 26	
	35	35	40.5	—	35	38.5
	66	66	72.5	—	66	72.5
	110	110	126 (123)	—	110	121
	220	220	252 (245)	—	220	242
	330	330	363	—	330	363
	500	500	550	—	500	550
	750	750	800	—	750	825 (800)
	1000	1000	1100	—	1000	1100

1. 电力网的额定电压

电网的额定电压等级是国家根据国民经济发展的需要以及电力工业的现有水平，经过全面的技术分析后确定的,包括交流电力网和电力设备的额定电压。当电网的电压选定后,其他各类电力设备的额定电压即可根据电网的电压相应确定。

2. 用电设备的额定电压

用电设备的额定电压规定与同级电网的额定电压相同。由于线路通过电流时要产生电压降,所以线路上各点的电压都略有不同,如图 1-12 中虚线所示。但是成批生产的用电设备,其额定电压不可能按使用处线路的实际电压来制造,而只能按线路首端与末端的平均电压即电网的额定电压 U_N 来制造。为了保证用电设备的良好运行,国家对各级电网额定电压的偏差均有规定。对接于 1000V 以上系统中的设备,还规定了其最高电压,用以表示设备绝缘及其他特性,见表 1-1。

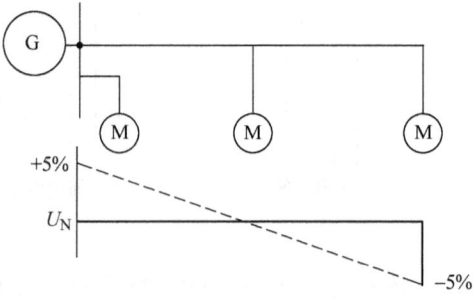

图 1-12 用电设备和发电机的额定电压说明

在此必须指出:按 GB/T 11022—2011《高压开关设备和控制设备标准的共用技术要求》规定,高压开关设备和控制设备的额定电压按其允许的最高工作电压来标注,即其额定电压不得小于它所在系统可能出现的最高电压,如表 1-2 所示。我国现在生产的高压设备大多已按此新规定标注。如高压断路器型号为 CV2-12,表示其额定电压为 12kV,它是按 10kV 线路允许的最高工作电压标注。

表 1-2 系统的额定电压、最高电压和部分高压设备的额定电压　　　　（单位:kV）

系统额定电压	系统最高电压	高压开关、互感器及支柱绝缘子的额定电压	穿墙套管额定电压	熔断器额定电压
3	3.5	3.6	—	3.5
6	6.9	7.2	6.9	6.9
10	11.5	12	11.5	12
20	24	24	24	24
35	40.5	40.5	40.5	40.5

3. 发电机的额定电压

电力线路允许的电压偏差一般为 ±5%,即整个线路允许有 10% 的电压损耗值,因此为了维持线路的平均电压在额定值,线路首端(电源端)的电压可较线路额定电压高 5%,而线路末端则可较线路额定电压低 5%,如图 1-12 所示。发电机位于线路首端所以发电机额定电压规定高于同级电网额定电压 5%。

4. 电力变压器的额定电压

1)电力变压器一次绕组的额定电压分两种情况:当变压器直接与发电机相连时,如图 1-13 中的变压器 T1,其一次绕组额定电压应与发电机额定电压相同,即高于同级电网额定电压 5%;当变压器不与发电机相连而是连接在线路上时,如图 1-13 中的变压器 T2,则可看作是线路的用电设备,因此其一次绕组额定电压应与电网额定电压相同。

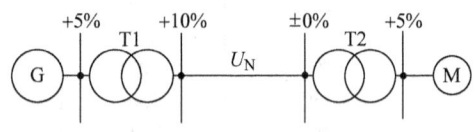

图 1-13 电力变压器的额定电压

2)电力变压器二次绕组相当于供电设备,其额定电压亦分两种情况:当变压器二次侧供电线路较长,如图 1-13 中变压器 T1,其额定电压高于同级电网额定电压的 10%,以此补偿变压器二次绕组内阻抗压降和线路上的电压损失;当变压器二次侧供电线路不太长,如图 1-13 中变压器 T2,其额定电压只需高于电网额定电压的 5%,仅以此补偿变压器内部 5% 的电压损耗。

[**例 1-1**] 已知如图 1-14 所示电力系统中线路的额定电压,试求发电机和变压器的额定电压。

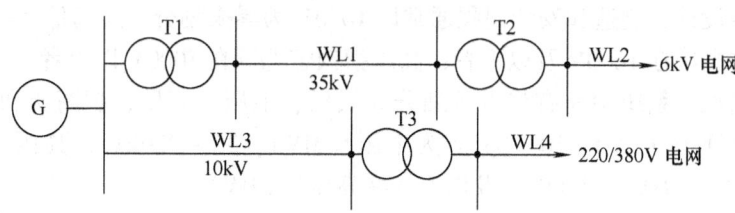

图 1-14 例 1-1 供电系统图

解:

(1) 发电机 G 的额定电压应高出同级电网 WL3 额定电压 5%,即为

$$U_{N.G} = 1.05 U_{N.WL3} = 1.05 \times 10 \text{kV} = 10.5 \text{kV}$$

(2) 变压器 T1 的额定电压

一次绕组的额定电压应等于发动机的额定电压,即为

$$U_{1N.T1} = U_{N.G} = 10.5 \text{kV}$$

二次绕组的额定电压应高出远距离输电线路 WL1 电压 10%,即为

$$U_{2N.T1} = 1.1 U_{N.WL1} = 1.1 \times 35 \text{kV} = 38.5 \text{kV}$$

因此,变压器 T1 的额定电压为 10.5/38.5kV。

(3) 变压器 T2 的额定电压

一次绕组的额定电压应等于线路 WL1 的额定电压,即为

$$U_{1N.T2} = U_{N.WL1} = 35 \text{kV}$$

二次绕组的额定电压应高出线路 WL2 额定电压 10%,即为

$$U_{2N.T2} = 1.1 U_{N.WL2} = 1.1 \times 6 \text{kV} = 6.6 \text{kV}$$

因此,变压器 T2 的额定电压为 35/6.6kV。

(4) 变压器 T3 的额定电压

一次绕组的额定电压应等于线路 WL3 的额定电压,即为

$$U_{1N.T3} = U_{N.WL3} = 10 \text{kV}$$

二次绕组的额定电压应高出线路 WL4 额定电压 5%,即为

$$U_{2N.T3} = 1.05 U_{N.WL4} = 1.05 \times 0.38 \text{kV} = 0.40 \text{kV}$$

因此,变压器 T3 的额定电压为 10/0.40kV。

1.2.2 电压分类及高低电压的划分

1. 电压的分类

按国标规定,额定电压分为三类:

第一类额定电压值为 100V 及以下,如 12V、24V、36V 等,主要用于安全照明、潮湿工地建筑内部的局部照明及小容量负荷的电源。

第二类额定电压值为100V以上、1000V以下，如127V、220V、380V、660V等，主要用作低压动力电源和照明电源。

第三类为1000V以上有6kV、10kV、35kV、110kV、220kV、330kV、500kV、750kV、1000 kV等，主要用作高压用电设备，发电及输电设备的额定电压值。

2. 电压高低的划分

我国的一些设计、制造和安装规程通常以1000V为界来划分电压高低。一般规定：低压指额定电压在1000V及以下者；高压指额定电压在1000V以上者。

此外，在输配电系统中尚有将电压细分为低压、中压、高压、超高压和特高压者，即1000V及以下为低压（LV）；10~35kV为中压（MV）；35~220kV为高压（HV）；330~1000kV为超高压（EHV）；1000kV及以上为特高压（UHV）。

直流电压等级中，±800kV以下称为高压（HVDC），±800kV及以上称为特高压（UHVDC）。

1.2.3 供配电系统电压的选择

供配电系统电压的选择包括供电电压的选择和高、低压配电电压的选择。

1. 供电电压的选择

供电电压是指供配电系统从电力系统所取得的电源电压。

我国目前所用的企业供电电压为10kV、20kV、35kV、110kV、220kV。一般来讲，大中型企业常采用35~220kV作为供电电压，中小型企业常采用10~20kV作为供电电压。当前在负荷密度较高的区域推广使用20 kV代替10kV作为一般中小容量用户高压供电电压，因为20kV的技术指标高于10kV。影响供电电压的因素还有很多，比如导线的截面积、负荷的功率因数、电价制度等。在选择供电电压时，必须进行技术、经济比较，才能确定应该采用的供电电压。表1-3为各级电压下电力线路较合理的输送容量和输送距离。

表1-3 各级电压下电力线路较合理的输送容量和输送距离

线路电压/kV	线路结构	输送功率/kW	输送距离/km
0.38	架空线	≤100	≤0.25
0.38	电缆线	≤175	≤0.35
6	架空线	≤1000	≤10
6	电缆线	≤3000	≤8
10	架空线	≤2000	5~20
10	电缆线	≤5000	≤10
35	架空线	2000~10000	20~50
66	架空线	3500~30000	30~100
110	架空线	10000~50000	50~150
220	架空线	100000~500000	200~300

2. 配电电压的选择

配电电压是指用户内部供电系统向用电设备配电的电压等级。由用户总降压变电所或高压配电所向高压用电设备配电的电压称为高压配电电压；由用户车间变电所或建筑物变电所向低压用电设备配电的电压称为低压配电电压。

（1）高压配电电压 中小型用户采用的高压配电电压通常为10kV或20kV，对于一些区域面积大、负荷多而集中的大型用户，如环境条件允许采用架空线路和较经济的电气设备时，则可考虑采用35～110kV作为高压配电电压直接深入各用电负荷中心，并经负荷中心变电所直接降为用电设备所需电压。这种高压深入负荷中心的直配方式，省去了中间变压，大大简化了供电接线，节约有色金属，降低功率损耗和电压损失。

（2）低压配电电压　用电单位的低压配电电压一般采用220/380V的标准电压等级，其中线电压380V接三相动力设备及380V单相设备，相电压220V接一般照明灯具及其他220V的单相设备。但在某些特殊的场合，如矿井，因负荷中心远离变电所，为保证负荷端的电压水平而采用660V甚至1140V作为配电电压。另外，在某些场合，由于安全的原因，可以采用特殊的安全低电压配电。

1.3　电力系统中性点的运行方式

电力系统的中性点是指电力系统中发电机及各电压等级的变压器的中性点。我国电力系统中性点的运行方式主要有三种：①中性点不接地运行方式；②中性点经消弧线圈接地运行方式；③中性点直接或经低电阻接地运行方式。前两种接地系统在发生单相接地故障时的接地电流较小，因此统称为小接地电流系统；后一种系统在发生单相接地故障时的接地电流较大，因此称为大接地电流系统。

电力系统中性点的不同运行方式，将直接影响电网的绝缘水平、系统供电的可靠性、连续性和电网的造价等，同时还与故障分析、继电保护配置、绝缘配合等密切相关。在电力系统的不同电压等级中采用哪一种中性点的运行方式，主要取决于单相接地时对电气设备绝缘的要求及对供电可靠性要求。

1.3.1　中性点不接地系统

图1-15是中性点不接地的电力系统在正常时的电路图。三相电路的相间及相与地间都存在着分布电容。但相间电容与这里将讨论的问题无关，因此不予考虑，只考虑相与地间的分布电容，且用集中电容C来表示。

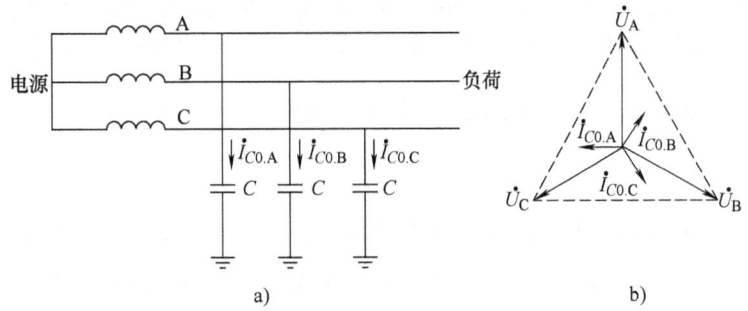

图1-15　正常运行时中性点不接地的电力系统
a）电路图　b）相量图

系统正常运行时，三个相的相电压$\dot{U}_A$、$\dot{U}_B$、$\dot{U}_C$是对称的，三个相的对地电容电流$\dot{I}_{C0}$也是对称的，如图1-15b所示，这时三个相的对地电容电流的相量和为零，没有电流在地中流过。各相对地电压均为相电压。

当系统发生单相接地故障时,假设 C 相发生金属性接地,如图 1-16a 所示,其接地电阻为零,这时 C 相对地电压为零,而非故障相 A、B 相的对地电压在相位和数值上都发生改变,如图 1-16b 所示。

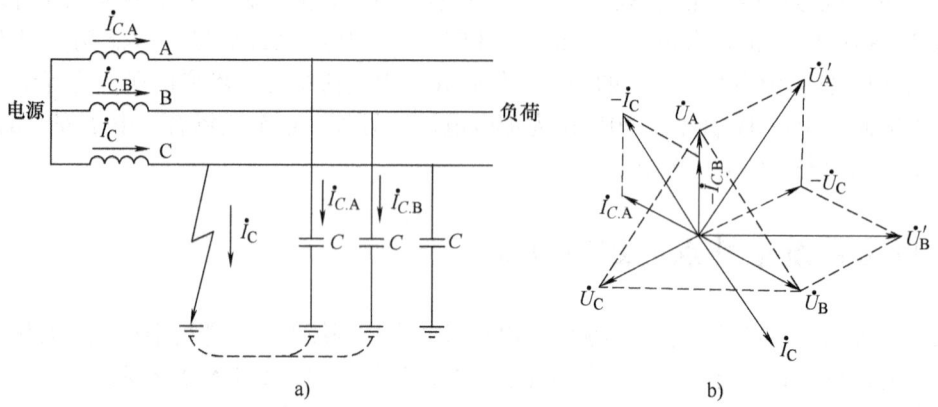

图 1-16 单相接地时的中性点不接地的电力系统
a) 电路图 b) 相量图

$$\dot{U}'_A = \dot{U}_A + (-\dot{U}_C) = \dot{U}_{AC} \tag{1-1}$$

$$\dot{U}'_B = \dot{U}_B + (-\dot{U}_C) = \dot{U}_{BC} \tag{1-2}$$

$$\dot{U}'_C = \dot{U}_C + (-\dot{U}_C) = 0 \tag{1-3}$$

由此可见,C 相发生接地故障时,非故障相 A 相和 B 相对地电压值升高$\sqrt{3}$倍,变为线电压,而系统的三个线电压无论其相位和大小均无改变,因此,系统中所有设备仍可照常运行,这是中性点不接地系统的最大优点。但是,单相接地后,其运行时间不能太长,以免在另一相又接地时形成两相短路。一般允许运行时间不超过 2h。并且这种中性点不接地系统必须装设单相接地保护或绝缘监视装置。当系统发生单相接地故障时,发出报警信号或指示,以提醒运行值班人员注意,及时采取措施,查找和消除接地故障;如有备用线路,则可将重要负荷转移到备用线路上,当危及人身和设备安全时,单相接地保护应动作于跳闸。

C 相接地时,系统的接地电容电流 $\dot{I}_C$ 为非接地相对地电容电流之和。因此

$$\dot{I}_C = -(\dot{I}_{C.A} + \dot{I}_{C.B}) \tag{1-4}$$

由图 1-16b 的相量图可知,$\dot{I}_C$ 在相位上超前 $\dot{U}_C$ 90°;而在量值上,由于 $I_C = \sqrt{3}I_{C.A}$,而 $I_{C.A} = U'_A/X_C = \sqrt{3}U_A/X_C = \sqrt{3}I_{C0}$,因此,从大小上来说,一相接地的电容电流为正常运行时每相对地电容电流的 3 倍,即

$$I_C = 3I_{C0} \tag{1-5}$$

由于线路对地的电容 C 不容易准确的确定,因此 I_C 和 I_{C0} 也不容易根据对地电容 C 来精确计算。

在工程中通常采用下列经验公式来计算:

$$I_{\mathrm{C}} = \frac{U_{\mathrm{N}}(l+35L)}{350} \tag{1-6}$$

式中，I_{C} 为中性点不接地系统的单相接地电容电流（A）；U_{N} 为电网额定线电压（kV）；l 为同一电压 U_{N} 具有电气联系的架空线路总长度（km）；L 为同一电压 U_{N} 具有电气联系的电缆线路总长度（km）。

通过计算，如果 3~10kV 系统中接地电流大于 30A，20kV 及以上系统中接地电流大于 10A 时，则系统应采用中性点经消弧线圈接地的运行方式。

1.3.2 中性点经消弧线圈接地系统

中性点不接地系统的主要优点是发生单相接地时仍可继续向用户供电，但有一种情况相当危险，即在发生单相接地时，如果接地电流较大，将在接地点产生断续电弧，由于电弧多次不断的熄灭和重燃，导致系统对地电容上的电荷多次不断的积累和重新再分配，在非故障相的电感—电容回路上引起高频振荡过电压。对于架空线路，过电压幅值一般可达 3.1~3.5 倍相电压，对于电缆线路，非故障相的过电压可达 4 倍及以上。此过电压可能导致线路上绝缘薄弱地点的绝缘击穿，因此中性点不接地系统不宜用于单相接地电流较大的系统。为了克服这个缺点，可将电力系统的中性点经消弧线圈接地。图 1-17 是电源中性点经消弧线圈接地的电力系统发生单相接地时的电路图和相量图。

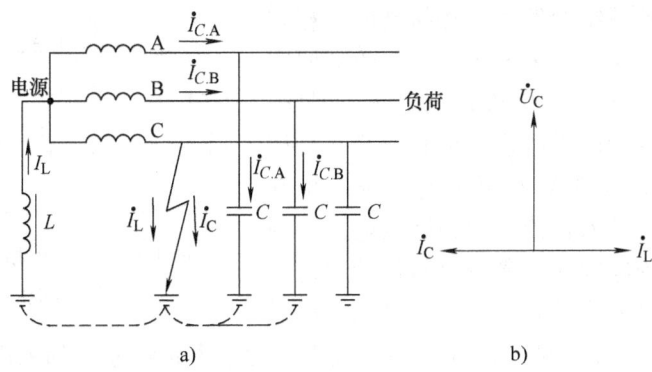

图 1-17 中性点经消弧线圈接地的电力系统发生单相接地时
a）电路图 b）相量图

消弧线圈实际上是一种带有铁心的电感线圈，其电阻很小，感抗很大。系统正常运行时，中性点电位为零，没有电流流过消弧线圈，此时系统的运行特点相当于中性点不接地系统。当系统发生单相接地时，流过接地点的总电流是接地电容电流 $\dot{I}_{\mathrm{C}}$ 与流过消弧线圈电感 $\dot{I}_{\mathrm{L}}$ 的相量和。由于 $\dot{I}_{\mathrm{C}}$ 超前 $\dot{U}_{\mathrm{C}}$ 90°，而 $\dot{I}_{\mathrm{L}}$ 滞后 $\dot{U}_{\mathrm{C}}$ 90°，所以 $\dot{I}_{\mathrm{C}}$ 和 $\dot{I}_{\mathrm{L}}$ 在接地点互相补偿，可使接地电流小于发生电弧的最小电流，从而消除接地点的电弧以及由此引起的各种危害。另外，当电流过零而电弧熄灭后，消弧线圈还可减小故障相电压的恢复速度，从而减小了电弧重燃的可能性，有利于单相接地故障的消除。

采用消弧线圈的补偿方式有三种，即欠补偿、全补偿及过补偿。全补偿或欠补偿有可能在一定条件下出现消弧线圈通过大地与三相对地电容构成串联电路，满足谐振条件产生谐振过电压的情况。因此，实际运行中一般采用过补偿，即使 $I_L > I_C$。这种方式没有发生串联谐振过电压的危险，且消弧线圈留有一定的裕度，即使将来电网发展而使对地电容电流增加，原有消弧线圈仍可以继续使用。采用过补偿方式后，通过故障线路保护安装处的电流为补偿以后的感性电流，它与零序电压的相位关系和非故障线路电容电流与零序电压的相位关系相同。

目前电力系统中已广泛应用了具有自动跟踪补偿功能的消弧线圈装置，当被补偿的电网运行状态改变时，装置自动跟踪测量电网的对地电容，将消弧线圈调谐到合理的补偿状态，使接地电弧变得很小而快速熄灭。

中性点经消弧线圈接地的系统发生单相接地故障时，与中性点不接地的系统中发生单相接地故障时一样，接地相对地电压为零，非故障相对地电压升高$\sqrt{3}$倍。由于相间电压没有改变，因此三相设备仍可以正常运行。

1.3.3 中性点直接接地或经低电阻接地系统

将系统的中性点直接接地，如图 1-18 所示，这种系统发生单相接地时，通过接地中性点形成单相短路，单相短路电流比线路正常负荷电流大得多。因此，这种系统中装设的短路保护装置立即动作，切断线路，切除接地故障部分，而系统的其他非故障部分仍能正常运行。

中性点直接接地系统中发生单相接地时，相间电压的对称关系被破坏，但未发生接地故障的两完好相的对地电压不会升高，仍维持相电压。因此，中性点直接接地系统中的供电设备的相绝缘只需按相电压来考虑。这对 110kV 及以上的高压系统来说，具有显著的经济技术价值，因为高压电器特别是超高压电器，其绝缘问题是影响电器设计制造的关键问题。电器绝缘要求的降低，直接降低了电器

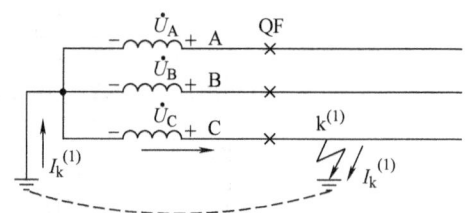

图 1-18 发生单相接地时的中性点直接接地的电力系统

的造价，同时改善了电器性能。因此 110kV 及以上的电力系统通常都采用中性点直接接地的运行方式。

近年来，现代化大、中城市逐渐以电缆线路取代架空线路，而电缆线路的单相接地电容电流远比架空线路的大得多，因此，我国一些大城市的 10kV 系统采用了中性点经低电阻接地的方式。它接近于中性点直接接地的运行方式，在系统发生单相接地时，保护装置会迅速动作，切除故障线路，通过备用电源的自动投入，使系统的其他部分恢复正常运行。这类城市电网通常都采用环网结构，而且保护完善，因此供电可靠性普遍较高。

1.3.4 低压配电系统的接地形式

低压配电系统按照中性线、保护线设置的方式及与电源中性点的关系分为 TN 系统、IT 系统和 TT 系统。其中字母的含义如下：

第一个字母表示电源中性点对地的关系：T—直接接地；I—不接地或通过阻抗与大地相连。

第二个字母表示电气设备外壳与大地的关系：T—独立于电源接地点的直接接地；N—

直接与电源系统接地点或与该点引出的导体相连。

1. TN 系统

TN 系统是电源中性点直接接地的三相四线制或五线制系统。在我国，绝大多数的三相低压供电系统采用 TN 系统。系统引出有中性线（N 线）、保护线（PE 线）或保护中性线（PEN 线）。其中：

中性线（N 线）的功能：接系统相电压为额定电压的单相用电设备；传导三相系统中的不平衡电流与单相电流；减小负荷中性点的电位偏移。

保护线（PE 线）的功能：保障人身安全、防止发生触电事故用的接地线。系统中所有设备的外露可导电部分通过保护线接地，可在设备发生接地故障时减少触电危险。

保护中性线（PEN 线）的功能：它兼有中性线和保护线的功能。这种 PEN 线在我国俗称为"零线"或"地线"。

在 TN 系统中，所有设备的外露可导电部分（正常时不带电）均接公共保护线（PE 线）或保护中性线（PEN 线）。TN 系统中，根据保护线（PE 线）设置方式的不同，TN 系统又分为 TN-C 系统、TN-S 系统、TN-C-S 系统三种情况，如图 1-19 所示。

(1) TN-C 系统　TN-C 系统的 N 线与 PE 线合在一起成为 PEN 线。电气设备不带电金属部分与 PEN 线相连，如图 1-19a 所示。PEN 线中有电流流过，因此对某些接 PEN 线的设备将产生电磁干扰。如果 PEN 线断线，还可造成断线点后边接 PEN 线的设备的外露可导电部分带电而造成人身触电危险。该系统由于 N 线与 PE 线合为一根 PEN 线，因而节约了有色金属和投资，较为经济。该系统在发生单相接地故障时，线路的保护装置应该动作，切除故障线路。该系统不适合用于对人身安全和抗电磁干扰要求高的场所。

(2) TN-S 系统　TN-S 系统中的 N 线与 PE 线全部分开，设备的外露可导电部分均接 PE 线，如图 1-19b 所示。由于 PE 线中无电流通过，因此设备之间不会产生电磁干扰。PE 线断线时，正常情况下不会使断线点后边接 PE 线的设备外露可导电部分带电；但在断线点后边有设备发生一相接壳故障时，将使断线点后边其他所有接 PE 线的设备外露可导电部分带电，而造成人身触电危险。该系统在发生单相接地故障时，线路的保护装置应该动作，切除故障线路。该系统较之 TN-C 系统在有色金属消耗量和投资方面有所增加。TN-S 系统现在广泛用于对安全要求较高的场所及对抗电磁干扰要求高的数据处理和精密检测等实验场所，也越来越多地用于住宅供电系统。

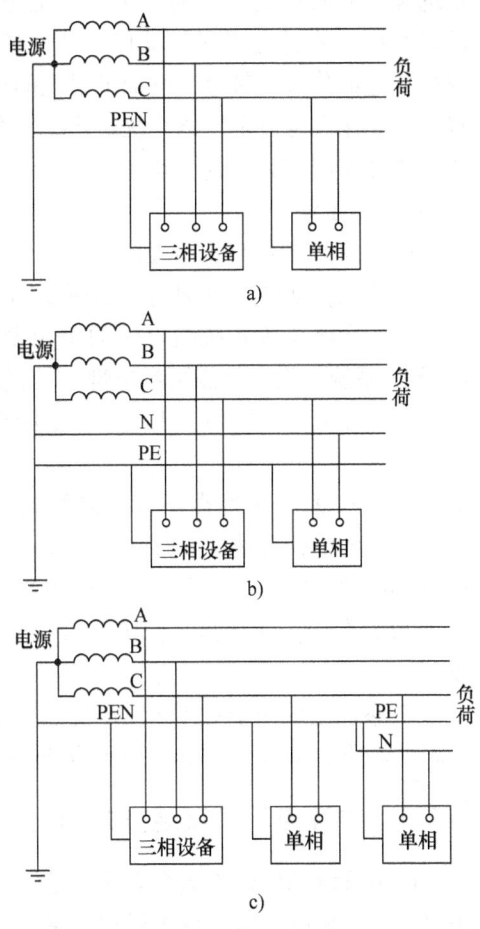

图 1-19　低压配电的 TN 系统

a) TN-C 系统　b) TN-S 系统　c) TN-C-S 系统

(3) TN-C-S 系统　该系统的电源侧部分为 TN-C 系统，负荷侧部分则为 TN-S 系统，其中设备的外露可导电部分接 PEN 线或 PE 线，如图 1-19c 所示。该系统综合了 TN-C 系统和 TN-S 系统的特点，因此比较灵活。

对安全要求和对抗电磁干扰要求高的场所，宜采用 TN-S 系统，而其他一般场合则采用 TN-C 系统。

2. TT 系统

TT 系统是中性点直接接地的三相四线制系统。配电系统的 N 线引出，但电气设备的不带电金属部分经各自的接地装置直接接地，与系统接地线不发生关系，如图 1-20 所示。由于 TT 系统中各设备的外露可导电部分的 PE 线是分开的，互无电气联系，因而不会产生电磁干扰问题。该系统发生单相接地、机壳带电故障时，通过接地装置，形成单相短路电流使故障设备电路中的过电流保护装置动作，迅速切除故障设备，减少人体触电的危险。但该系统在出现绝缘不良而引起漏电时，由于漏电电流较小可能不足以使线路的过电流保护动作，从而使漏电设备的外露可导电部分长期带电，增加了触电的危险，因此该系统必须装设灵敏度较高的漏电保护装置，以确保人身安全。该系统适用于安全要求及对抗电磁干扰要求较高的场所。这种配电系统在国外应用较为普遍，现在我国的住宅设计中也开始推广应用。

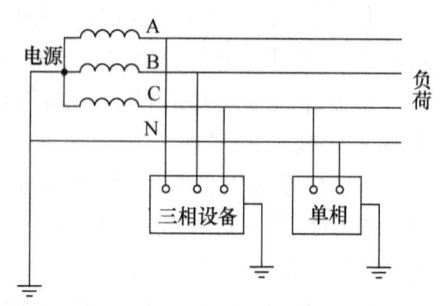

图 1-20　TT 系统及保护接地功能示意图

3. IT 系统

IT 系统是中性点不接地的三相三线系统，电气设备的不带电金属部分经各自的接地装置单独接地，如图 1-21 所示。该系统不适用于接额定电压为系统相电压的单相用电设备，只能接额定电压为系统线电压的单相设备和三相设备。由于 IT 系统中设备外露可导电部分的接地 PE 线是彼此分开的，互无电气联系，因此相互之间也不会发生电磁干扰问题。

由于 IT 系统中性点不接地或经高阻抗接地，因此当系统发生单相接地故障时，三相设备及接线电压的单相设备仍能照常运行。但是在发生单相接地故障时，应发出报警信号，以便供电值班人员及时处理，消除故障。

IT 系统主要用于对连续供电要求较高及有易燃易爆危险的场所，特别是矿山、井下等场所的供电。

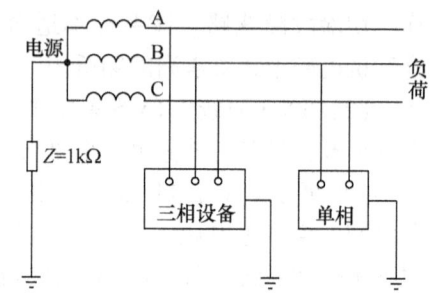

图 1-21　IT 系统及保护接地功能示意图

1.3.5　中性点不同接地方式的比较和应用范围

电力系统的中性点运行方式，是一个涉及面很广的问题。它对于供电可靠性、过电压、绝缘配合、短路电流、继电保护、系统稳定性以及对弱电系统的干扰等诸方面都有不同程度的影响，特别是在系统发生单相接地故障时，有明显的影响。因此，电力系统的中性点运行方式，应依据国家的有关规定，并根据实际情况而确定。表 1-4 比较了不同中性点的运行方式在供电可靠性、过电压与绝缘水平、继电保护、对通信的干扰及系统稳定性方面产生的影响。

表1-4 中性点不同接地形式的比较

比 较 项 目	小接地电流系统	大接地电流系统
供电可靠性	在单相接地时,并未形成短路,系统允许运行2h,期间供电不间断,供电可靠性相对较高	在单相接地时,形成单相短路,保护装置断开电路,造成短期或长期停电,可靠性不高
过电压与绝缘水平	非故障相对地电压升高$\sqrt{3}$倍,电力设备按线电压考虑绝缘水平	单相接地时,非故障相电压不升高,电力设备按相电压考虑绝缘水平
继电保护	单相接地电流比正常负荷电流小得多,很难用普通的方向继电器来判断故障线路,使保护尚不完满,延长了消除故障时间	单相接地时,短路电流大,继电保护简单、可靠、选择性好、灵敏度高,不易使事故扩大
对通信的干扰	对通信干扰影响大	对通信的干扰小
系统稳定性	流过接地点的电流很小,不存在引起失步的可能	单相接地时,线路的突然切除可能导致系统稳定的破坏

我国电力系统中,中性点接地方式应用范围大致如下:

1) 220/380V系统绝大多数采用中性点直接接地方式,在发生单相接地故障时,一般能使保护装置迅速动作,切除故障部分,保障人身安全。

2) 3~20kV多采用中性点不接地系统,仅在线路长或有电缆线路而且单相接地电流越限时,才采用经消弧线圈接地方式。这种接地系统供电可靠性较高。

3) 35~66kV系统多采用经消弧线圈接地的方式,以限制过大的单相接地电流。

4) 110kV及以上系统多数采用中性点直接接地方式。系统电压升高,绝缘费用在总投资中所占比重增大,中性点直接接地系统对降低绝缘水平有明显的优势。

1.4 供配电的质量指标

衡量电能质量的基本参数是电压、频率和可靠性。供配电系统中的电气设备都必须在一定的电压和频率下工作,而额定电压和额定频率是电气设备正常工作并获得最佳经济效益的条件。

1.4.1 电压的质量要求

交流电的电压质量包括电压的数值与波形两个方面。电压质量对各类用电设备的工作性能、使用寿命、安全及经济运行都有直接的影响。

1. 电压偏差

电压偏差是指实际电压U偏离额定电压U_N的幅度,一般用百分数表示,即

$$\Delta U = \frac{U - U_N}{U_N} \times 100\% \tag{1-7}$$

当电压偏离额定值时,对电力系统本身及电力设备将产生很大的影响。供配电系统主要影响电力设备。对于感应电动机,其最大转矩与端电压的二次方成正比,当电压降低时,电

动机转矩显著减小,以致转差增大,从而使定子、转子电流都显著增大,引起温升增加,绝缘老化加速,甚至烧毁电动机;而且由于转矩减小,转速下降,导致生产效益降低,产量减少,产品质量下降。反之,当电压过高,励磁电流与铁损都大大增加,引起电动机的过热,效率降低。对电热装置,这类设备的功率与电压的二次方成正比,所以电压过高将损伤设备,电压过低又达不到所需温度。电压偏移对白炽灯影响显著,白炽灯的端电压降低10%,发光效率下降30%以上,灯光明显变暗;端电压升高10%时,发光效率将提高1/3,但使用寿命将只有原来的1/3。因此我国规定了供电电压与用电设备端子处的电压偏差的允许值。

(1) 供电电压允许偏差 由于输电线路具有阻抗,变压器作为电源也有内阻抗,因此当用户用电量大小发生变化时,这些阻抗上的电压降也会随之变化,从而引起供电线路上各点电压的变化。要严格保证在任何时刻供电电压在额定电压是不可能的。为此国家标准 GB/T 12325—2008《电能质量 供电电压偏差》规定了不同电压等级的允许电压偏差,见表1-5。

表 1-5 供电电压允许偏差

线路额定电压	允许的电压偏差
35kV 及以上	±5%
10kV 及以下	±7%
220V	+7%、-10%

(2) 用电设备端子电压偏差允许值 用电设备都是按额定电压设计制造的,当用电设备端子电压实际值偏离额定值时,其性能将直接受到影响。而大多数用电设备在稍许偏离额定值的电压下运行时仍具有良好的技术指标。为此国家标准 GB 50052—2009《供配电系统设计规范》规定用电设备端子处电压偏差的允许值,见表1-6。

表 1-6 用电设备端子的电压允许偏差

名称	电压允许偏差值
电动机	±5%
一般工作场所照明灯	±5%
视觉要求较高的场所照明灯	+5%,-2.5%
无特殊规定的其他用电设备	±5%

为了满足用电设备对电压偏差的要求,供配电系统可采用不同方法进行电压的调整,如正确选择无载调压型变压器的电压分接头或采用有载调压型变压器;合理减少系统的阻抗;改变系统的运行方式;尽量使系统的三相负荷均衡;采用无功功率补偿装置等措施。

用户终端变电所常选用无载调压型变压器的电压分接头进行电压的调整。其原理就是通过改变电力变压器一、二次绕组的匝数比,从而改变电力变压器二次侧输出电压。两绕组变压器的高压绕组以及三绕组变压器的高、中压绕组一般设有抽头,称为分接头;分接头电压与主抽头电压的差值为主抽头电压的百分之几,即为变压器的档距。无载调压的分接头档距一般为 ±2.5%、±5%;有载调压的分接头档距一般为 ±1.25%、±1.5%、±2.5%。

例如,对于一台 110/10kV 的降压变压器,其额定电压比为 110/11,设有 5 级高压侧抽

头，如图1-22所示，则每一抽头的实际额定电压分别为

+5%：　　　　110×1.05kV=115.5kV
+2.5%：　　　110×1.025kV=112.75kV
0%，主抽头：110kV
-2.5%：　　　110×0.975kV=107.25kV
-5%：　　　　110×0.95kV=104.5kV

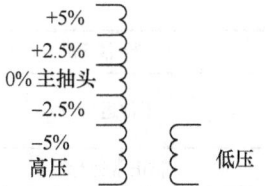

图1-22　降压变压器分接头

2. 波形畸变

近年来，随着硅整流、晶闸管变流设备、微机及网络和各种非线性负荷的使用增加，致使大量谐波电流注入电网，造成电压正弦波波形畸变，使电能质量大大下降，给供电设备及用电设备带来严重危害，不仅使损耗增加，还使某些用电设备不能正常运行，甚至可能引起系统谐振，从而在线路上产生过电压，击穿线路设备绝缘；还可能造成系统的继电保护和自动装置发生误动作；对附近的通信设备和线路产生干扰。因此国家标准GB/T 14549—1993《电能质量　公共电网谐波》规定了电压波形的畸变率，见表1-7。

表1-7　公共电网谐波电压（相电压）的限值

电网额定电压/kV	电压总谐波畸变率（%）	各次谐波电压含有率（%）	
		奇　次	偶　次
0.38	5.0	4.0	2.0
10	4.0	3.2	1.6
35	3.0	2.4	1.2
66			
110	2.0	1.6	0.8

减少大功率静止变流器产生的谐波，常采取提高整流变压器二次侧的相数以增加变流器的脉动数；使用多台相数相同的整流装置，使整流变压器的二次侧有适当的相位差；装设有源电力谐波滤波器、无源电力谐波滤波器也是谐波抑制的有效措施。随着电力电子技术的发展，人们开发了新型谐波抑制装置，即有源电力滤波器，它以实时监测的谐波电流为补偿对象，具有良好的补偿效果和通用性。

1.4.2　频率的质量要求

在电力系统稳定的条件下，频率是一个全系统一致的运行参数。频率的稳定取决于电力系统有功功率的平衡，而电力系统中负荷是不断变化的，因此频率的波动是难免的。但频率超过规定范围的变化，将对发电设备和用电设备的工作产生严重的影响。我国采用的额定频率为50Hz频率，当电网低于额定频率运行时，所有电力用户的电动机转速都将相应降低，因而工厂的产量和质量都将不同程度受到影响。频率的变化还将影响到计算机、自控装置等设备的准确性，影响供配电系统运行的稳定性，因而对频率的要求比对电压的要求更严格。

频率的质量是以频率偏差来衡量。正常情况下，频率的允许偏差是根据电网的装机容量而确定的；事故情况下，频率允许的偏差更大。表1-8给出频率的允许偏差。

表 1-8　电力系统频率的允许偏差

运 行 情 况	允许频率偏差	
正常运行	300 万 kW 及以上	±0.2Hz
	300 万 kW 及以下	±0.5Hz
非正常运行	±1.0Hz	

电力系统的频率由各级电力调度部门进行日常监督、控制和统计，并作为各个电网主要考核指标之一。

1.4.3　供电的可靠性要求

供电的可靠性是衡量供配电质量的一个重要指标。它涉及系统中供电电源的保证率、输配电设备的完好率以及各个环节设备的事故率等指标。供电可靠性可用供电企业对电力用户全年实际供电小时数与全年总小时数（8760h）的百分比值来衡量，也可用全年的停电次数和停电持续时间来衡量。我国在《中国县（市）电力企业现代化标准》中，要求城网供电可靠率应达到 99.8% 以上，农网应达到 98% 以上。

造成用户供电中断的主要原因主要包括预安排停电、设备故障停电以及系统停电三个方面。其中预安排停电占绝大多数。供配电系统应不断提高供电可靠性，减少设备检修和电力系统事故对用户的停电次数及每次停电持续时间。供用电设备计划检修应做到统一安排。供电设备计划检修时，对 35kV 及以上电压供电的用户的停电次数，每年不应超过 1 次；对 10kV 供电的用户，每年停电不应超过 3 次。

1.5　电力负荷的分级及其对供电的要求

电力负荷又称电力负载，它既可指用电设备或用电单位（用户），也可指用电设备或用户所耗用的电功率或电流。在供配电系统中，各类电力负荷的运行特点及重要性是不一样的，它们对供电的可靠性和电能质量的要求也不相同。为了合理地选择供电电压及拟定供配电系统的方案，需要对电力负荷进行分级。

1.5.1　电力负荷的分级

根据 GB 50052—2009《供配电系统设计规范》的规定，用电负荷根据对供电可靠性的要求及中断供电对人身安全、经济损失上所造成的影响程度进行划分，分为一级负荷、二级负荷、三级负荷。

1. 一级负荷

符合下列情况之一时，应视为一级负荷。

1）中断供电将造成人身伤害时。

2）中断供电将在经济上造成重大损失时，例如重大设备损坏、重大产品报废、用重要原料生产的产品大量报废、国民经济中重点企业的连续生产过程被打乱需要长时间才能恢复等。

3）中断供电将影响重要用电单位的正常工作，例如重要交通枢纽、重要通信枢纽、重要宾馆、大型体育场馆、经常用于国际活动的大量人员集中的公共场所等用电单位中的重要电力负荷。在一级负荷中，当中断供电将发生中毒、爆炸和火灾等情况的负荷，以及特别重要场所的不允许中断供电的负荷，应视为特别重要的负荷。

2. 二级负荷

符合下列情况之一时，应视为二级负荷。

1) 中断供电将在经济上造成较大损失时，例如主要设备损坏、大量产品报废、连续生产过程被打乱需较长时间才能恢复、重点企业大量减产等。

2) 中断供电将影响较重要用电单位正常工作，例如交通枢纽、通信枢纽等用电单位中的重要电力负荷，以及中断供电将造成大型影剧院、大型商场等较多人员集中的重要的公共场所秩序混乱。

3. 三级负荷

不属于一级和二级负荷者应为三级负荷。

用电负荷分级在于正确地反映它对供电可靠性要求。不同行业负荷分级的具体确定原则参见相关行业规范。在一个区域内，当用电负荷中一级负荷占大多数时，本区域的负荷作为一个整体，可以认为是一级负荷；在一个区域内，当用电负荷中一级负荷所占的数量和容量都较少，而二级负荷所占的数量和容量较大时，本区域的负荷作为一个整体，可以认为是二级负荷，在确定一个区域的负荷特性时，应分别统计特别重要负荷和一、二、三级负荷的数量和容量，并研究在电源出现故障时需向该区域保证供电的程度。

1.5.2 各级负荷对供电电源的要求

1. 一级负荷对供电电源的要求

一级负荷应由双重电源供电，当一路电源发生故障时，另一电源不应同时受到损坏。这里指的双重电源可以是分别来自不同电网的电源，或来自同一电网但在运行时电路相互之间联系很弱，或者来自同一个电网但相互之间的电气距离较远。一个电源系统任意一处出现异常运行或发生短路故障时，另一个电源仍能不中断供电，这样的电源都可视为双重电源。双重电源可一用一备，亦可同时工作，各供一部分负荷。

一级负荷中的特别重要负荷，除双重电源供电外，尚需增设应急电源，并不得将其他负荷接入应急供电系统；而且设备的供电电源的切换时间，应满足设备允许中断供电的时间要求。

常用的应急电源有：独立于正常电源的发电机组，供电网络中独立于正常电源的专用馈电线路，蓄电池、UPS等。

2. 二级负荷对供电电源的要求

二级负荷的供电系统，宜由两回线路供电，一般供电变压器也应有两台（这两台变压器不一定在同一变电所），在其中一回路或一台变压器发生常见故障时，二级负荷应不致中断供电，或中断供电后能迅速恢复供电。对负荷较小或地区供电条件困难时，二级负荷可由一回6kV及以上专用的架空线路供电。

3. 三级负荷对供电电源的要求

三级负荷对供电方式无特殊要求，一般由一个电源供电，但在不增加投资或经济允许的情况下，也应尽量提高供电可靠性。

1.6　分布式发电与微电网

超高压、远距离、大容量输电适用于传统的大规模集中供电，这种输电方式具有传输功率大、损耗小、发电效率高、机组存储容量低等优点。但是，随着电网规模的不断扩大，大规模电力系统不可避免地带来成本高、运行难度大、难以适应用户越来越高的安全及可靠性的要求以及多样化的供电需求。作为集中式发电的有效补充，分布式发电可以有效解决大型集中电网的许多潜在问题，降低负荷对大电网的依赖，对提高供电安全性和可靠性起到至关重要的作用。

1.6.1　分布式发电

分布式发电又称分散式发电或分布式供能，通常是指发电功率在几十千瓦到几十兆瓦的小型模块化、分散式、布置在用户（负荷）现场或用户附近，以充分利用各种规模不大的可再生或非可再生能源的发电方式。分布式发电具有以下特点：一是容量范围广，但相对较小，安装和运营灵活；二是分布广，遍布地区电网的各个电压等级，一次能源形式与并网方式多样；三是部分分布式电源具有较大的随机性和波动性，容易受天气等自然因素的影响；四是小型的分布式电源监视控制能力弱；五是分布式发电多采用高效、清洁的可再生资源，具有很低的污染排放量，有效地解决了环保问题。

1. 分布式发电方式

分布式电源（Distributed Generator，DG）主要有风力发电、太阳能发电、微型燃气轮机发电、燃料电池、生物质能发电、垃圾发电、氢能源和小水电等。该类新能源发电能够缓解能源矛盾，实现低污染甚至无污染排放，并可在一定程度上解决供电质量和供电可靠性问题。目前，比较成熟的分布式发电技术主要有风力发电、太阳能发电、燃料电池和微型燃气轮机等几种形式。

（1）太阳能（光伏）发电技术　太阳能的转换和利用方式有光热转换、光电转换和光化学转换等。目前，技术比较成熟并应用广泛的是太阳能发电技术，即光电转换。太阳能发电技术是利用半导体材料的光电效应直接将太阳能转换为电能。太阳能发电具有不消耗燃料、不受地域限制、规模灵活、无污染、安全可靠、维护简单等优点。

（2）风力发电技术　风力发电技术是将风能转化为电能的发电技术。近年来，风力发电技术进步很快。风光互补发电，即风力发电与太阳能发电联合运行也是近年来的主要技术应用之一。

（3）燃料电池技术　燃料电池是一种在等温状态下直接将化学能转变为直流电能的电化学装置。燃料电池工作时，不需要燃烧，是直接将燃料（天然气、煤制气、石油等）中的氢气借助于电解质与空气中的氧气发生化学反应，在生成水的同时进行发电。在获得电能的过程中，副产品仅为水和少量二氧化碳等。

（4）微型燃气轮机　微型燃气轮机是指以天然气、甲烷、汽油、柴油为燃料的超小型燃气轮机。其发电效率可达30%，如实行热电联产，效率可提高到75%。微型燃气轮机的特点是体积小、质量轻、发电效率高、污染小、运行维护简单。

2. 分布式发电并网问题

分布式电源既可以独立的方式运行为特殊用户单独供电，也可并入系统与公共电网一起为用户提供电能。由于分布式电源多数依靠新能源及可再生能源发电，这类电源同时具有明显的随机性、间歇性和布局分散性的特征。当大量分布式电源并入电网时将有可能造成电力系统对其不可控制和难以管理的局面，并引发相应的电能质量、电网安全性和稳定性等诸多问题。相关标准规定当电力系统发生故障时，分布式能源必须马上退出运行。这就大大限制了分布式能源的充分发挥，也间接限制了对新能源的利用。为协调大电网与分布式电源间的矛盾，充分发掘分布式电源为电网和用户所带来的价值和效益，引入一种可以让新能源及可再生能源并网发电的电网——微电网（Microgrid）。微电网能够通过有效的协调控制，使分布式电源并网所产生的负面问题都在微电网内得到解决，减少或抑制分布式电源并网对大电网产生的各种扰动。

1.6.2 微电网的结构和特点

微电网是由分布式电源、储能装置、能量转换装置、相关负荷和监控、保护装置汇集而成的小型发配电系统，是一个能够实现自我控制、保护和管理的自治系统。从微观看，微电网可以看作是小型的电力系统，它具备完整的发、输、配电功能，可以实现局部的功率平衡与能量优化，它与带有负荷的分布式发电系统的本质区别在于同时具有并网和独立运行能力。从宏观看，微电网又可以认为是配电网中的一个"虚拟"的电源或负荷。微电网将原来分散的分布式电源进行整合，集中接入同一个物理网络中，并利用储能装置和控制保护装置实时调节以平滑系统的波动，维持网络内部的发电和负荷的平衡，保证电压和频率的稳定。

微电网的基本结构如图1-23所示，微电网中包含有多个微电源（DG）和储能装置，联合向负荷供电，整个微电网对外是一个整体，通过一个断路器和上级电网变电站相联。微电网中，DG可以是以新能源为主的多种能源形式（太阳能发电、风力发电、微型燃气轮机发电、燃料电池等），还可以以热电联产（Combined Heat and Power, CHP）或冷热电联产（Combined Cold Heat and Power, CCHP）形式存在，就地向用户提供热能。储能装置可以是蓄电池、超级电容器、超导储能、飞轮等；负荷也可以是各种类型的，包括阻抗性负荷、电动机负荷及热负荷等。

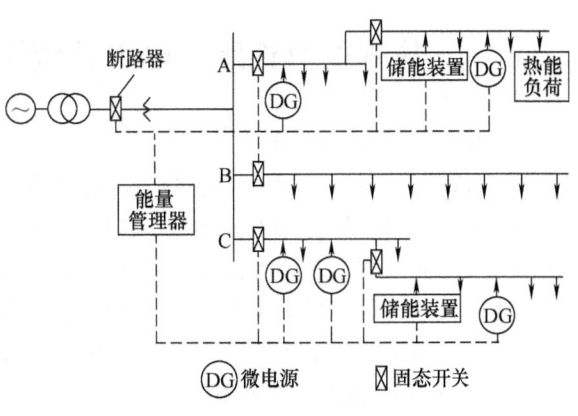

图1-23 微电网的基本结构

图1-23中，微电网为放射性系统，有A、B、C三条馈线，其中A、C馈线中含有重要负荷，安装有多个DG，馈线B上为非重要负荷。馈线A中含有一个以CHP形式运行的DG，同时向用户提供热能和电能。当外界大电网出现故障或其电能质量不能满足负荷要求时，微电网可以通过主断路器切断与大电网之间的联系，微电网进入独立运行状态。此时由馈线A和馈线C上的DG承担微电网内的全部负荷。如果分布式电源容量不能满足全部负荷需求，可以切断馈线B上的非重要负荷，保证对重要负荷的供电要求。当故障解除以后，

通过主断路器使微电网平滑过渡到并网运行状态。各分布式电源的功率输出大小由能量管理器统一调节。在微电网这种结构下，多个 DG 就地向重要负荷供电，有效降低了负荷对大电网的依赖，分担了大电网的供电压力，减小了远距离输电损耗，并可增强重要负荷抵御来自主网故障影响的能力。

微电网技术是新型电力电子技术和分布式发电、可再生能源发电技术和储能技术的有机结合，它具有以下主要特点：

1）微电网提供了一个有效集成应用 DG 的方式，继承拥有了所有单独 DG 系统所具有的优点。

2）微电网作为一个独立的整体模块，不会对大电网产生不利影响，不需要对大电网的运行策略进行修改。

3）微电网可以以灵活的方式将 DG 接入或断开，即 DG 具有"即插即用"的能力。

4）多个 DG 联网的微电网增加了系统容量，并有相应的储能系统，使系统惯性增大，减弱电压波动和电压闪变现象，改善电能质量。

5）微电网在上级网络发生故障时可以孤立运行继续保障供电，提高供电可靠性。

微电网对分布式电源的有效利用及灵活、智能的控制特点，在解决间歇性的分布式电源接入问题中表现出极大潜能。

根据我国的可再生能源发展规划，"十二五"时期，将建设 30 个新能源微电网示范工程，综合太阳能等各种分布式发电、可再生能源供热和燃料利用等多元化可再生能源技术，建设 100 个新能源示范城市、200 个绿色能源示范县和 1000 个新能源示范园区。可以预见，分布式发电与微电网技术一起将改变电力系统在中低压层面的结构与运行方式，实现电力系统的安全、环保与高效地运行。

基本能力训练 电力系统图的识读与电力负荷分级

1. 电力系统图的识读

电力系统是电力工业的基本形态。它是发送、变配、用电各个环节电气设备连成的整体。电力系统图是从总体上描述电能传输与分配的路径的电路。它反映了电力系统的基本组成和主要特征，图中有些元件没有表示出来。通过阅读系统图，能帮助人们了解整个电力系统的规模及电气工程量的大小，概略了解整个系统的基本组成、相互关系和主要特征。实际运行的电力系统是一个多线系统，但电力系统图一般都采用单线系统图形式表示。

图 1-24 是绘制的某电力系统图。从图中可看出，该系统内有 4 个发电厂，其中有两个火力发电厂（火力发电厂 1 和火力发电厂 2）、一个热电厂和一个水力发电厂。水力发电厂的发电机直接与升压变压器连接，由变压器将发电机输出电压升高到 220kV，再用双回线路输电到变电所 1。热电厂建于热能用户中心，除对附近用户直接配置 10kV 电压外，还通过一台升压变压器将电压升高到 110kV，送至相关变电所。火力发电厂 1 通过升压变压器将 10kV 电压升高到 110kV，供给变电所 3，另外 10kV 线路还向附近变电所 6 供电。火力发电厂 2 直接将发电机出口电压升高到 110kV，一方面供电给变电所 2，另一方面供电给变电所 4 电源。该电力系统图中有 6 个变电所。其中变电所 1 进线电压 220kV，通过两台自耦变压器将 220kV 电压降到 110kV，并且还有两台三绕组变压器，除联络 110kV 和 35kV 两种电压

等级的电网外，低压绕组采用 10kV 电压供给两台同步补偿机，以满足电网中无功功率补偿的需要。变电所 2 进线电压为 110kV，来自火力发电厂 2 和热电厂。该变电所装有两台三绕组变压器，输出电压为 35kV 和 10kV。变电所 3 进线电压为 110kV，分别来自热电厂和火力发电厂 1，有两台双绕组变压器，该变电所平时有 110kV 的穿越电压。地区变电所 4 由火电厂 2 的 110kV 线路输入电能，降压后 35kV 电压供给变电所 5。变电所 6 为用户变电所，进线电压为 10kV，降压后直接供电给用电设备。

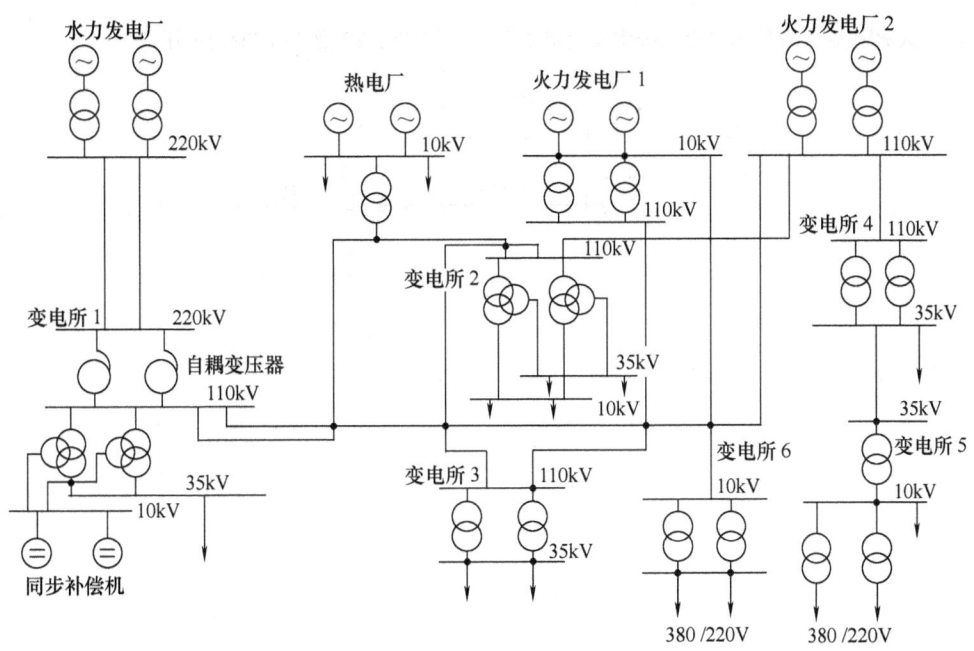

图 1-24 电力系统图

该系统内共有 5 个电压等级：220 kV、110kV、35kV、10kV、220/380V。从中性点的运行方式来讲，220kV、110kV 采用中性点直接接地的运行方式；35kV 采用中性点经消弧线圈接地的运行方式；10kV 采用中性点不接地的运行方式；220/380V 采用中性点直接接地的运行方式。

思考题与习题

1-1 简述火力发电厂、水力发电厂和核能发电厂的电力生产和能量转换过程。

1-2 什么叫电力系统？为什么要建立电力系统？目前我国的大区电网是如何划分的？

1-3 用户供配电系统有哪些部分组成？在什么情况下应设总降压变电所或高压配电所？

1-4 说明我国现行电网的交流电压等级。发电机的额定电压、用电设备的额定电压和变压器的额定电压是如何规定的？说明理由。

1-5 电能的质量指标包括哪些？

1-6 电力系统的中性点运行方式有几种？中性点不接地系统和中性点直接接地系统在发生单相接地时各有什么特点？

1-7 什么是低压配电 TN 系统、TT 系统和 IT 系统？它们各有什么特点？各适用于什么场合？

1-8 如何区别 TN-C、TN-S 和 TN-C-S 系统？为什么民用建筑内应采用 TN-S 系统？

1-9 电力负荷按重要性分为哪几级？各级负荷对供电电源有什么要求？

1-10 分布式电源有哪些类型？什么是微电网？有什么作用？

1-11 试确定图 1-25 所示供电系统中变压器 T1 和线路 WL1、WL2 的额定电压。

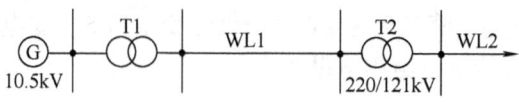

图 1-25 题 1-11 图

1-12 试确定图 1-26 所示供电系统中发电机 G 和变压器 T1、T2 及 T3 的额定电压。

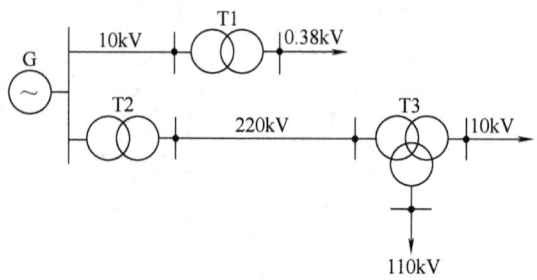

图 1-26 题 1-12 图

第 2 章 负荷计算及无功功率补偿

[内容提要] 计算电力负荷的大小是正确选择供配电系统中导线、电缆、开关电器、变压器等元器件的基础，也是保障供配电系统安全可靠运行必不可少的环节。本章主要讲述用电设备组及用电单位计算负荷的确定方法，讲述有关功率因数和无功功率补偿的知识。本章内容是供配电系统运行分析和设计计算的基础。

2.1 负荷曲线及有关物理量

负荷曲线是表征用电负荷随时间变动情况的一种图形，反映了用户或用电设备用电的特点和规律。负荷曲线绘制在直角坐标上，纵坐标表示负荷（有功功率或无功功率），横坐标表示对应的时间。

2.1.1 负荷曲线的类型

负荷曲线按负荷性质的不同，分有功和无功负荷曲线；按负荷变动的时间不同，分日负荷曲线和年负荷曲线；按负荷对象不同，分用户、车间或某类设备的负荷曲线。

1. 日负荷曲线

日负荷曲线表示负荷在一昼夜 24h 内的变化曲线。图 2-1 表示某工厂的日有功负荷曲线。

日负荷曲线可用测量的方法绘制。绘制的方法如下：

1）以某个监测点为参考点，在 24h 中各个时刻记录有功功率表的读数，依点连成的负荷曲线，如图 2-1a 所示。

2）通过接在供电线路上的电能表，每隔半小时，将其读数记录下来，求出 0.5h 的平均功率，再以此将这些点画在坐标上，连成阶梯状的负荷曲线，如图 2-1b 所示。为便于计算，负荷曲线多绘成梯形。其时间间隔取得越短，曲线越能反映负荷的实际变化情况。

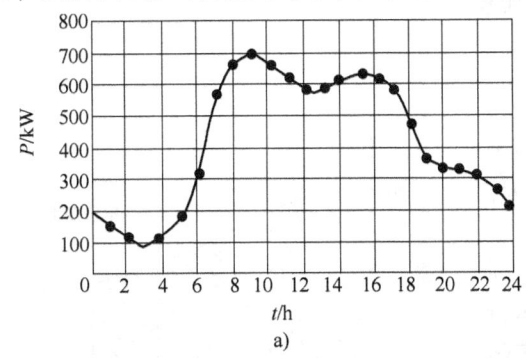
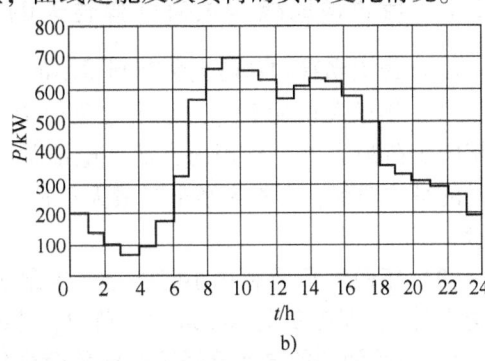

图 2-1 日有功负荷曲线
a）依点连成的负荷曲线 b）绘成梯形的负荷曲线

2. 年负荷曲线

年负荷曲线反映负荷全年（8760h）的变化情况，如图2-2所示。

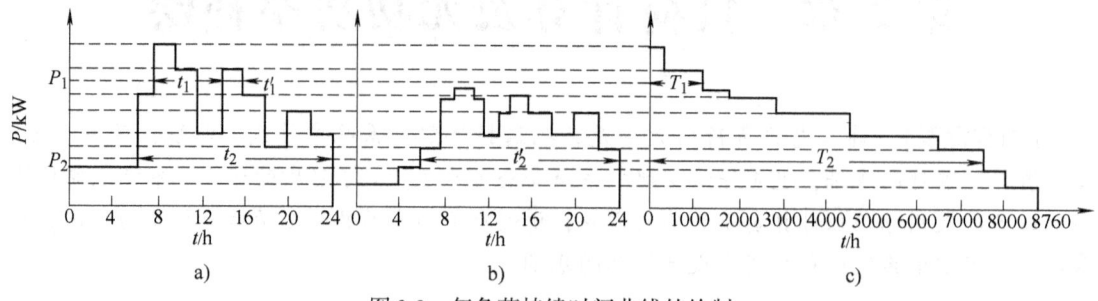

图2-2 年负荷持续时间曲线的绘制
a）夏日负荷曲线 b）冬日负荷曲线 c）年负荷持续时间曲线

年负荷曲线通常绘成年负荷持续时间曲线，如图2-2c所示。它是根据某一年中具有代表性的夏日负荷曲线（见图2-2a）和冬日负荷曲线（见图2-2b）来绘制的。其中夏日和冬日在全年中所占的天数，应视当地的地理位置和气温情况而定。一般北方地区可近似地认为夏日165天，冬日200天；南方地区则可近似地认为夏日200天，冬日165天。绘制时以负荷使用时间为横坐标，按负荷大小依次排列，全年按8760h计。从年负荷持续时间曲线能明显看出一个企业在一年内不同负荷值所持续的时间，从而可以对系统进行分析。

另一种形式的年负荷曲线图，是按全年每日最大负荷（通常取每日最大负荷的半小时平均值）绘制的，如图2-3所示。横坐标依次以全年12个月份的日期来分格。这种负荷曲线，主要用来确定拥有多台电力变压器的用户变电所在一年内的不同时期宜于投入几台运行，即所谓的经济运行方式，以降低电能损耗，提高供电的经济效益。

负荷曲线对于从事供电设计和运行的人员是十分重要的，通过对负荷曲线的分析，可以更深入地掌握负荷变动的规律，从中获得一些对设计和运行有用的资料。

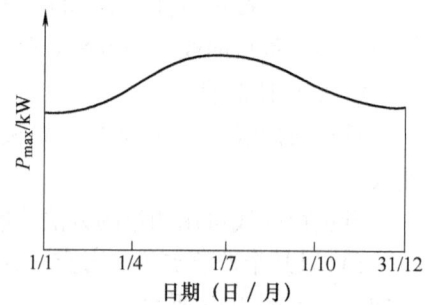

图2-3 年每日最大负荷曲线

2.1.2 与负荷曲线和负荷计算有关的物理量

1. 年最大负荷和年最大负荷利用小时

（1）年最大负荷 P_{max} 年最大负荷 P_{max} 是指全年中负荷最大的工作班内，消耗电能最大的半小时的平均功率，也称为半小时最大负荷，用 P_{30} 表示。

（2）年最大负荷利用小时 T_{max} 年最大负荷利用小时 T_{max} 是指负荷以年最大负荷 P_{max} 持续运行 T_{max} 后，负荷消耗的电能恰好等于该负荷全年实际消耗的电能 W_a，如图2-4所示。因此年最大负荷利用小时为

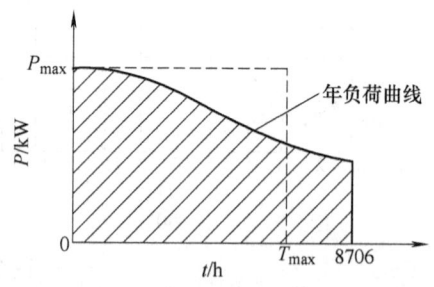

图2-4 年最大负荷和年最大负荷利用小时

$$T_{\max} = \frac{W_a}{P_{\max}} \qquad (2\text{-}1)$$

年最大负荷利用小时的大小表明了工厂消耗电能是否均匀,$T_{\max}$ 越大,则负荷越平稳。它与工厂的生产班制有明显的关系。一般一班制工厂,$T_{\max}$ 为 1800~3000h;两班制工厂,$T_{\max}$ 为 3500~4800h;三班制工厂,$T_{\max}$ 为 5000~7000h。

2. 平均负荷和负荷系数

(1) 平均负荷 P_{av}　平均负荷 P_{av} 是指电力负荷在一定时间内消耗功率的平均值,即

$$P_{av} = \frac{W_t}{t} \qquad (2\text{-}2)$$

式中,W_t 为 t 时间内消耗的电能 (kW·h);t 为实际用电时间 (h)。

平均负荷也可以通过负荷曲线来求,如图 2-5 所示,年负荷曲线与两坐标轴所包围的曲线面积(即全年消耗的电能)恰好等于虚线与坐标轴所包围的面积,即年平均负荷为

$$P_{av} = \frac{W_t}{8760} \qquad (2\text{-}3)$$

(2) 负荷系数 K_L　又称为负荷率,是指平均负荷与最大负荷的比值,即

$$K_L = \frac{P_{av}}{P_{\max}} \qquad (2\text{-}4)$$

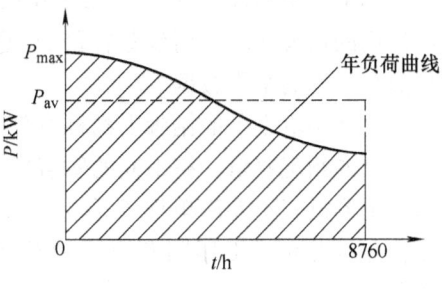

图 2-5　年平均负荷

负荷系数表征了负荷曲线不平坦的程度,也就是负荷变动的程度。从充分发挥供电设备的能力、提高供电效率来说,希望负荷系数越高、越趋向于 1 越好。从发挥整个电力系统的效能来说,应尽量使不平坦的负荷曲线"削峰填谷",提高负荷系数。有时用 α 表示有功负荷系数,用 β 表示无功负荷系数。一般工厂 α 为 0.7~0.75,β 为 0.76~0.8。

对单个用电设备和用电设备组,负荷系数就是设备的输出功率 P 与设备额定容量 P_N 的比值,它表征了该设备或设备组的容量是否被充分利用,即

$$K_L = \frac{P}{P_N} \qquad (2\text{-}5)$$

2.1.3　用电设备的工作制与设备容量

用电设备的工作制与负荷计算关系较大,需要对用电设备的工作特性加以区分。

1. 用电设备的工作制

用电设备按其工作制不同可分为长期连续工作制、短时工作制和反复短时工作制等三类。

(1) 长期连续工作制　这类设备是指长期连续的工作,其特点是负荷比较稳定,连续工作发热足以使之达到热平衡状态,温度达到稳定温度,如通风机、泵类、空气压缩机、电机发电机组、电阻炉和照明灯、机床主轴电动机、机械化运输设备等。

(2) 短时工作制　这类设备是指运行时间短而停歇时间长的用电设备,在运行时间内,用电设备来不及发热到稳定温升就开始冷却,而其发热足以在停歇时间内冷却到周围介质的

温度,如机床上的辅助电动机、控制闸门的电动机等。

(3) 反复短时工作制 这类设备是指周期性地时而工作,时而停歇。而工作周期一般不超过 10min,无论工作或停歇,均不足以使设备达到热平衡,如电焊机和起重机电动机。通常用"暂载率"(又称"负荷持续率")来描述其工作特征。暂载率为一个周期内工作时间与工作周期的百分比值,用 ε 表示为

$$\varepsilon = \frac{t}{T} \times 100\% = \frac{t}{t+t_0} \times 100\% \tag{2-6}$$

式中,T 为工作周期;t 为工作周期内的工作时间;t_0 为工作周期内的停歇时间。反复短时工作制设备的额定容量,一般是对应于某一标准暂载率的。

2. 设备容量的计算

用电设备的额定容量 P_N 是指用电设备在额定电压下,在规定的使用寿命内能连续输出或耗用的最大功率。而设备容量 P_e 是经过换算至统一规定的工作制下的"额定功率",它是负荷计算的基本数据。

每台用电设备的铭牌上都标有额定容量,但各用电设备的工作条件不同,并且同一设备所规定的额定容量,在不同的暂载率下工作时,其输出功率是不同的。因此作为用电设备组的额定容量就不能简单地直接相加,而必须换算成同一工作制下的额定容量,然后才能相加,并且对同一工作制有不同暂载率的设备,其设备容量也要按规定的暂载率进行统一换算。

(1) 长期工作制和短时工作制用电设备组的设备容量 设备容量 P_e 等于所有用电设备的铭牌额定容量之和。

(2) 反复短时工作制用电设备组的设备容量 设备容量 P_e 是将所有设备在不同暂载率下的铭牌额定容量换算到一个规定的暂载率下的容量之和,即

$$P_e = P_N \sqrt{\frac{\varepsilon_N}{\varepsilon}} \tag{2-7}$$

式中,ε_N 为对应于铭牌额定功率 P_N 的额定暂载率;ε 为对应于设备容量 P_e 的标准暂载率。

1) 电焊机组。要求设备容量统一换算到 $\varepsilon = 100\%$,因此换算后的设备容量为

$$P_e = P_N \sqrt{\frac{\varepsilon_N}{\varepsilon_{100}}} = S_N \cos\varphi \sqrt{\frac{\varepsilon_N}{\varepsilon_{100}}}$$

即
$$P_e = P_N \sqrt{\varepsilon_N} = S_N \cos\varphi \sqrt{\varepsilon_N} \tag{2-8}$$

2) 起重机电动机组。要求容量统一换算到 $\varepsilon = 25\%$,因此换算后的设备容量为

$$P_e = P_N \sqrt{\frac{\varepsilon_N}{\varepsilon_{25}}} = 2P_N \sqrt{\varepsilon_N} \tag{2-9}$$

(3) 照明设备的设备容量

1) 白炽灯、卤钨灯的设备容量就是灯泡上标出的额定功率。

2) 荧光灯考虑镇流器的功耗,其设备容量应为灯泡额定功率的 1.2~1.3 倍。

3) 高压汞灯考虑镇流器的功耗,其设备容量应为灯泡额定功率的 1.1 倍;自镇式高压汞灯设备容量与灯泡额定功率相等。

4) 高压钠灯考虑镇流器的功耗,其设备容量应为灯泡额定功率的 1.1 倍。

5) 金属卤化物灯考虑镇流器的功耗,其设备容量应为灯泡额定功率的 1.1 倍。

2.2 三相用电设备组计算负荷的确定

2.2.1 概述

1. 计算负荷的概念

供配电系统运行时各种设备所消耗的实际负荷并不等于所有用电设备额定功率之和。因为用电设备并不可能全部同时运行，每台设备也不可能全部满负荷运行，各种用电设备的功率因数也不可能完全相同。因此，供配电系统在设计过程中，必须找出这些用电设备的等效负荷。

通过负荷的统计计算求出的、在一定时间间隔和特定效应上与实际负荷相等的假想持续性负荷称为计算负荷。计算负荷具有与实际变动负荷在导体中产生的最高温升相等的效应。因此计算负荷是用来按发热条件选择供配电系统各元件的负荷值。根据计算负荷选择的电气设备和导线电缆，如果以计算负荷连续运行，其发热温度不会超过允许值。

通常在设计计算中取"半小时最大负荷"作为计算负荷。因为中小截面积（$35mm^2$以下）的导线发热时间常数 τ 一般在 10min 以上，导体通过恒定电流达到稳定温升的时间为 $(3 \sim 4)\tau$，即对于多数导体发热并达到稳定温升时间约为 30min。所以只有持续 30min 以上的平均最大负荷值才有可能构成导体的最高温升；持续时间很短的尖峰电流虽然负荷值大，但不能使导体达到最高温度，因为导体的温度还未升高到相应负荷的温度之前，尖峰电流早已消失。因此，计算负荷与稳定在半小时以上的最大负荷是基本相当的。通常用 P_{30}、Q_{30}、S_{30}、I_{30} 分别表示有功计算负荷、无功计算负荷、视在计算负荷、计算电流。

2. 负荷计算的目的

供配电系统要能安全可靠地正常运行，系统中的各元件（如电力变压器、开关、导线及电缆）都必须选择合适，除了应满足工作电压和频率的要求外，最重要的是应满足负荷电流的要求。因此负荷计算的目的就在于正确地确定负荷值，为设计供配电系统提供可靠的依据，并作为合理地选择供配电系统所有组成元件的重要依据。

如果计算负荷偏小，将使导线、开关设备和变压器运行时增加电能损耗，并产生过热，引起电气设备绝缘老化，过早损坏；反之，计算负荷偏大，将增加各种供电元件的容量，增加有色金属消耗量，增大基建投资，使大量设备不能充分发挥其作用。负荷计算的准确，可使设计工作建立在可靠的基础资料之上，得出的工程设计方案也会经济合理。所以，电力负荷计算是供电设计中一项重要工作。

目前普遍采用的确定用电设备组计算负荷的方法，有需要系数法和二项式系数法。

2.2.2 按需要系数法确定计算负荷

1. 用电设备组计算负荷的确定

一个车间有很多台用电设备，它们的负荷曲线也都不相同，在进行负荷计算时，应当根据其工作特点进行分组，每一组用电设备总的设备容量 P_e 是该组内各设备的设备容量的总和。同一用电设备组内包含有多台同类型设备，这些设备实际上不一定都同时运行，运行的设备也不太可能都满负荷，同时设备本身有功率损耗，配电线路也有功率损耗，因此在确定

设备组的计算负荷时应考虑一个系数,即按需要系数法确定用电设备组有功计算负荷的基本公式为

$$P_{30} = K_d P_e \quad (2\text{-}10)$$

式中,P_e 为用电设备组的设备容量;K_d 为需要系数,它的物理意义表达式为

$$K_d = \frac{K_\Sigma K_L}{\eta_e \eta_{WL}} \quad (2\text{-}11)$$

式中,K_Σ 为设备组的同时系数,即设备组在最大负荷时运行的设备容量与全部设备容量之比;K_L 为设备组的负荷系数,即设备组在最大负荷时输出功率与运行的设备容量之比;η_e 为设备组的平均效率,即设备组在最大负荷时输出功率与取用功率之比;η_{WL} 为配电线路的平均效率,即配电线路在最大负荷时的末端功率(亦即设备组取用功率)与首端功率(亦即计算负荷)之比。需要系数是包含了上述几个影响计算负荷的因素综合而成的一个系数。用电设备组计算负荷说明如图2-6所示。

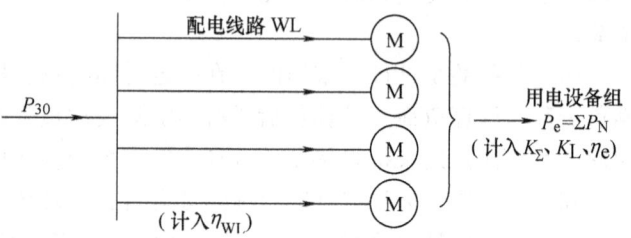

图2-6 用电设备组计算负荷说明

实际上,需要系数不仅与用电设备组的工作性质、设备台数、设备效率、线路损耗等因素有关,而且与工人的技术熟练程度、生产组织等多种因素有关。因此应尽可能地通过实测分析确定,使之尽量接近实际。

附录表 A-1 列出了各种用电设备组的需要系数值,供参考。

必须注意:表 A-1 所列需要系数值是按车间范围内设备台数较多的情况来确定的,当只有 1~2 台设备时,可认为 $K_d = 1$,即 $P_{30} = P_e$。当只有一台电动机时,其 $P_{30} = P_N/\eta$。在 K_d 适当取大的同时,$\cos\varphi$ 也宜适当取大。

在按式(2-10)求出有功计算负荷后,可按下列各式分别求出用电设备组其余的计算负荷。

$$Q_{30} = P_{30}\tan\varphi \quad (2\text{-}12)$$

$$S_{30} = \frac{P_{30}}{\cos\varphi} \text{ 或 } S_{30} = \sqrt{P_{30}^2 + Q_{30}^2} \quad (2\text{-}13)$$

$$I_{30} = \frac{S_{30}}{\sqrt{3}U_N} \quad (2\text{-}14)$$

需要系数值与用电设备的类别和工作状态有极大的关系,因此在计算时首先要正确判别用电设备的类别和工作状态。

[例2-1] 在图2-10所示机械厂金工车间的380V低压干线上接有冷加工机床49台,其中85kW 2台、65kW 1台、40kW 1台、10kW 23台、20kW 2台、7.5kW 17台、3.2kW 3台,试求其计算负荷。

解:该设备组的总容量为

$$P_e = (85 \times 2 + 65 \times 1 + 40 \times 1 + 20 \times 2 + 10 \times 23 + 7.5 \times 17 + 3.2 \times 3)\text{kW} = 682.1\text{kW}$$

查表 A-1 中"大批量生产的金属冷加工机床电动机"项,得 $K_d = 0.18 \sim 0.25$(取 0.25),

$\cos\varphi = 0.5$,$\tan\varphi = 1.73$。因此可求得

有功计算负荷　　　　　　$P_{30} = 0.25 \times 682.1\text{kW} = 170.53\text{kW}$

无功计算负荷　　　　　　$Q_{30} = 170.53\text{kW} \times 1.73 = 295.02\text{kvar}$

视在计算负荷　　　　　　$S_{30} = \dfrac{170.53\text{kW}}{0.5} = 341.06\text{kVA}$

计算电流　　　　　　　　$I_{30} = \dfrac{341.06\text{kVA}}{\sqrt{3} \times 0.38\text{kV}} = 518.20\text{A}$

2. 多组用电设备计算负荷的确定

在车间配电干线或车间低压母线上接有多个用电设备组,在确定其计算负荷时,应考虑各组用电设备的最大负荷不同时出现的因素。应将各用电设备组的计算负荷相加后乘以同时系数 K_Σ,即得车间干线或车间变电所低压母线的计算负荷,其计算公式为

$$P_{30} = K_{\Sigma p} \sum P_{30.i} \tag{2-15}$$

$$Q_{30} = K_{\Sigma q} \sum Q_{30.i} \tag{2-16}$$

$$S_{30} = \sqrt{P_{30}^2 + Q_{30}^2} \tag{2-17}$$

$$I_{30} = \dfrac{S_{30}}{\sqrt{3} U_N} \tag{2-18}$$

式中,$K_{\Sigma p}$、$K_{\Sigma q}$ 为多组用电设备的取值范围,见表 2-1。

表 2-1　多组用电设备同时系数的取值范围

车间干线	$K_{\Sigma p} = 0.85 \sim 0.95$；$K_{\Sigma q} = 0.90 \sim 0.97$
低压母线	由用电设备组计算负荷直接相加计算时,$K_{\Sigma p} = 0.80 \sim 0.90$；$K_{\Sigma q} = 0.85 \sim 0.95$
	由车间干线计算负荷直接相加计算时,取 $K_{\Sigma p} = 0.90 \sim 0.95$；$K_{\Sigma q} = 0.93 \sim 0.97$

在计算多组设备总的计算负荷时,为了简化和统一,各组的设备台数不论多少,各组的计算负荷均按表 A-1 所列需要系数计算,而不必考虑设备台数少而适当增大 K_d 和 $\cos\varphi$ 值的问题。

[**例 2-2**]　在例 2-1 机械厂金工车间的 380V 低压干线上除接有冷加工机床电动机外,还有 3 台桥式起重机（23.2kW 1 台,29.5kW 2 台,$\varepsilon_N = 25\%$）;车间照明面积为 1440m²,照明功率密度为 12W/m²。试确定此线路上的计算负荷。

解：先求各组的计算负荷。

(1) 金属切削机床组

由例 2-1 已计算出　　　　　$P_{30(1)} = 170.53\text{kW}$

　　　　　　　　　　　　　　$Q_{30(1)} = 295.02\text{kvar}$

(2) 桥式起重机组

查表 A-1,$K_d = 0.1 \sim 0.15$（取 0.15）,$\cos\varphi = 0.5$,$\tan\varphi = 1.73$

故　　　　　　　　　　$P_{30(2)} = 0.15 \times (23.2 + 29.5 \times 2)\text{kW} = 12.33\text{kW}$

　　　　　　　　　　　　$Q_{30(2)} = 12.33\text{kW} \times 1.73 = 21.33\text{kvar}$

(3) 金工车间照明

查表 A-1,$K_d = 0.8 \sim 1$（取 1）,$\cos\varphi = 1.0$,$\tan\varphi = 0$

故 $P_{30(3)} = 1 \times 12 \times 1440\text{W} = 17280\text{W} = 17.28\text{kW}$

$Q_{30(3)} = 17.28\text{kW} \times 0 = 0$

线路上的计算负荷为（取 $K_{\Sigma p} = 0.95$，$K_{\Sigma q} = 0.97$）

$P_{30} = 0.95 \times (170.53 + 12.33 + 17.28)\text{kW} = 190.13\text{kW}$

$Q_{30} = 0.97 \times (295.02 + 21.33)\text{kvar} = 306.86\text{kvar}$

$S_{30} = \sqrt{190.13^2 + 306.86^2}\text{kVA} = 360.99\text{kVA}$

$I_{30} = \dfrac{360.99\text{kVA}}{\sqrt{3} \times 0.38\text{kV}} = 548.48\text{A}$

在实际工程设计说明书中，为了便于审核，常采用计算表格的形式给出负荷计算结果，见表 2-2。

表 2-2 例 2-2 的电力负荷计算表（按需要系数法）

序号	用电设备组名称	台数	设备容量 P_e/kW	需要系数 K_d	$\cos\varphi$	$\tan\varphi$	计算负荷			
							$\dfrac{P_{30}}{\text{kW}}$	$\dfrac{Q_{30}}{\text{kvar}}$	$\dfrac{S_{30}}{\text{kVA}}$	$\dfrac{I_{30}}{\text{A}}$
1	金属切削机床	49	682.10	0.25	0.5	1.73	170.53	295.02		
2	桥式起重机	3	82.20	0.15	0.5	1.73	12.33	21.33		
3	车间照明		17.28	1	1	0	17.28	0		
车间总计		52	781.58				200.14	316.35		
			取 $K_{\Sigma p} = 0.95$ $K_{\Sigma q} = 0.97$				190.13	306.86	360.99	548.48

2.2.3 按二项式系数法确定计算负荷

1. 用电设备组计算负荷的确定

二项式法是考虑一定数量大容量用电设备对计算负荷的影响而得出的计算方法。用二项式系数法确定用电设备组计算负荷的基本公式是

$$P_{30} = bP_e + cP_x \tag{2-19}$$

式中，bP_e 表示用电设备组的平均负荷，其中 P_e 是用电设备组的设备容量；cP_x 表示用电设备组中 x 台容量最大的设备投入运行时增加的附加负荷，其中 P_x 是 x 台最大容量设备的总容量；b、c 为二项式系数。

Q_{30}、S_{30} 和 I_{30} 的计算与需要系数法相同。

表 A-1 列出了部分用电设备组的二项式系数 b、c 和最大容量设备的台数 x 值，供参考。

应注意：按二项式系数法确定计算负荷时，如果设备总台数 n 少于表 A-1 中规定的最大容量设备台数 x 的 2 倍（即 $n < 2x$）时，其最大容量设备台数 x 宜适当取小，建议取 $x = n/2$，且按"四舍五入"规则取整数。如果用电设备组只有 1~2 台用电设备时，则 $P_{30} = P_e$。对于单台电动机，则 $P_{30} = P_N/\eta$。在设备台数较少时，$\cos\varphi$ 也宜适当取大。

由于二项式系数法不仅考虑了用电设备组的平均负荷，而且考虑了少数容量最大的设备投入运行时对总计算负荷的影响，所以按二项式系数法计算的结果较按需要系数法计算的结果偏大。并且二项式计算系数 x、b、c 是经验统计数据，这些数据目前只有机械工业方面的，所以二项式系数法比较适于确定机械加工车间、机械装配车间以及热处理车间中用电设

备台数较少而容量差别较大的低压干线和分支线的计算负荷。

[例2-3] 试用二项式系数法确定例2-1中机床组的计算负荷。

解：由表A-1查出：$b=0.14$，$c=0.5$，$x=5$，$\cos\varphi=0.5$，$\tan\varphi=1.73$，则

$$bP_e = 0.14 \times 682.10\text{kW} = 95.49\text{kW}$$

$$P_x = (85 \times 2 + 65 + 40 + 20)\text{kW} = 295\text{kW}$$

$$cP_x = 0.5 \times 295\text{kW} = 147.5\text{kW}$$

$$P_{30} = 95.49\text{kW} + 147.5\text{kW} = 242.99\text{kW}$$

$$Q_{30} = 242.99\text{kW} \times 1.73 = 420.37\text{kvar}$$

$$S_{30} = \frac{242.99\text{kW}}{0.5} = 485.98\text{kVA}$$

$$I_{30} = \frac{485.98\text{kVA}}{\sqrt{3} \times 0.38\text{kV}} = 738.39\text{A}$$

比较例2-1和例2-3的计算结果可以看出，按二项式系数法计算的结果比按需要系数法计算的结果要大。

2. 多组用电设备计算负荷的确定

采用二项式系数法确定多组用电设备的计算负荷时，除了要考虑各用电设备组的平均负荷外，对大容量设备投入运行所引起的附加负荷，只计入各用电设备组中最大一组附加负荷$(cP_x)_{\max}$。其基本公式为

$$P_{30} = \Sigma(bP_e)_i + (cP_x)_{\max}$$

$$Q_{30} = \Sigma(bP_e\tan\varphi)_i + (cP_x)_{\max}\tan\varphi_{\max}$$

式中，$\tan\varphi_{\max}$为最大附加负荷$(cP_x)_{\max}$的用电设备组的平均功率因数角的正切值。

S_{30}和I_{30}可按式（2-17）和式（2-18）计算。

[例2-4] 试用二项式系数法确定例2-2金工车间380V线路上的计算负荷。

解：先求各组的bP_e和cP_x。

（1）金属切削机床组

由例2-1已计算出
$$bP_{e(1)} = 95.49\text{kW}$$
$$cP_{x(1)} = 147.50\text{kW}$$

（2）桥式起重机组

查表A-1得$b=0.06$，$c=0.2$，$x=3$（由于$n<2x$，所以取$x=2$），$\cos\varphi=0.5$，$\tan\varphi=1.73$，故

$$bP_{e(2)} = 0.06 \times 82.2\text{kW} = 4.93\text{kW}$$

$$cP_{x(2)} = 0.2 \times 29.5\text{kW} \times 2 = 11.80\text{kW}$$

（3）车间照明

由于对车间照明无二项式计算系数，所以只考虑平均负荷，故

$$P_{30(3)} = 17.28\text{kW}$$

以上各组设备中，附加负荷以$cP_{x(1)}$为最大，因此总计算负荷为

$$P_{30} = (95.49 + 4.93 + 17.28)\text{kW} + 147.50\text{kW} = 265.20\text{kW}$$

$$Q_{30} = (95.49 \times 1.73 + 4.93 \times 1.73 + 17.28 \times 0)\text{kvar} + 147.50 \times 1.73\text{kvar} = 428.90\text{kvar}$$

$$S_{30} = \sqrt{265.20^2 + 428.90^2}\,\text{kVA} = 504.27\,\text{kVA}$$

$$I_{30} = \frac{504.27\,\text{kVA}}{\sqrt{3} \times 0.38\,\text{kV}} = 766.18\,\text{A}$$

以上负荷计算可列成表 2-3 所示电力负荷计算表。

表 2-3 例 2-4 的电力负荷计算表（按二项式系数法）

序号	用电设备组名称	设备台数		容量		二项式系数		$\cos\varphi$	$\tan\varphi$	计算负荷			
		台数	最大容量台数	$\frac{P_e}{\text{kW}}$	$\frac{P_x}{\text{kW}}$	b	c			$\frac{P_{30}}{\text{kW}}$	$\frac{Q_{30}}{\text{kvar}}$	$\frac{S_{30}}{\text{kVA}}$	$\frac{I_{30}}{\text{A}}$
1	切削机床	49	5	682.10	295	0.14	0.5	0.5	1.73	95.49 + 147.50	165.20 + 255.18		
2	起重机	3	2	82.20	59	0.06	0.2	0.5	1.73	4.93 + 11.80	8.53 + 20.41		
3	车间照明			17.28	0			1	0	17.28	0		
总计		52		781.58						265.20	428.90	504.27	766.18

2.3 单相用电设备组计算负荷的确定

2.3.1 概述

供配电系统中，除了广泛应用三相设备（如三相交流电动机）外，还有照明、电焊机、电炉等单相用电设备。这些单相用电设备有的接在相电压上，有的接在线电压上，通常将这些单相用电设备尽可能均衡地分配在三相线路中，使三相负荷平衡。如果三相线路中单相设备的总容量小于三相设备总容量的 15%，则单相设备可与三相设备综合按三相负荷平衡计算。如果单相设备总容量超过三相设备总容量的 15% 时，则应将单相设备容量换算成三相设备容量，以确定其计算负荷。

2.3.2 单相设备组等效三相负荷的计算

1. 单相设备接于相电压时的等效三相负荷计算

等效三相设备容量 P_e 等于最大负荷相上的单相设备容量 $P_{e.m\varphi}$ 乘以 3，即

$$P_e = 3P_{e.m\varphi} \tag{2-20}$$

等效三相计算负荷则按前述方法计算。

2. 单相设备接于线电压时的等效三相负荷计算

等效三相设备容量 P_e 按单相设备容量 $P_{e.\varphi}$ 的 $\sqrt{3}$ 倍计算，即

$$P_e = \sqrt{3}P_{e.\varphi} \tag{2-21}$$

等效三相计算负荷则按前述方法计算。

3. 单相设备既有接于相电压又有接于线电压时的等效三相负荷计算

1）先将接于线电压上的单相设备容量换算为接于相电压上的单相设备容量。将接于线

电压上的单相设备容量换算为接于相电压上的单相设备容量可按下列换算公式进行换算：

A 相
$$P_A = p_{AB-A}P_{AB} + p_{CA-A}P_{CA} \quad (2-22)$$
$$Q_A = q_{AB-A}P_{AB} + q_{CA-A}P_{CA} \quad (2-23)$$

B 相
$$P_B = p_{BC-B}P_{BC} + p_{AB-B}P_{AB} \quad (2-24)$$
$$Q_B = q_{BC-B}P_{BC} + q_{AB-B}P_{AB} \quad (2-25)$$

C 相
$$P_C = p_{CA-C}P_{CA} + p_{BC-C}P_{BC} \quad (2-26)$$
$$Q_C = q_{CA-C}P_{CA} + q_{BC-C}P_{BC} \quad (2-27)$$

式中，P_{AB}、P_{BC}、P_{CA} 为接于 AB、BC、CA 相间的有功设备容量；P_A、P_B、P_C 为换算到 A、B、C 相的有功设备容量；Q_A、Q_B、Q_C 为换算到 A、B、C 相的无功设备容量；p_{AB-A}、p_{CA-A}、q_{AB-A}、q_{CA-A}、p_{BC-B}、p_{AB-B}、q_{BC-B}、q_{AB-B}、p_{CA-C}、p_{BC-C}、q_{CA-C}、q_{BC-C} 为有功和无功功率换算系数，其值见表 2-4。

表 2-4 相间负荷换算为相负荷的功率换算系数

功率换算系数	负荷功率因数								
	0.35	0.4	0.5	0.6	0.65	0.7	0.8	0.9	1.0
p_{AB-A}、p_{BC-B}、p_{CA-C}	1.27	1.17	1.0	0.89	0.84	0.8	0.72	0.64	0.5
p_{AB-B}、p_{BC-C}、p_{CA-A}	−0.27	−0.17	0	0.11	0.16	0.2	0.28	0.36	0.5
q_{AB-A}、q_{BC-B}、q_{CA-C}	1.05	0.86	0.85	0.38	0.3	0.22	0.22	−0.05	−0.29
q_{AB-B}、q_{BC-C}、q_{CA-A}	1.63	1.44	1.16	0.96	0.88	0.8	0.8	0.53	0.29

2）分别计算各相的设备容量和计算负荷。

3）确定总的等效三相计算负荷。总的等效三相有功计算负荷为其最大有功负荷相的有功计算负荷 $P_{30.m\varphi}$ 的 3 倍，即

$$P_{30} = 3P_{30.m\varphi} \quad (2-28)$$

总的等效三相无功计算负荷为最大有功负荷相的无功计算负荷 $Q_{30.m\varphi}$ 的 3 倍，即

$$Q_{30} = 3Q_{30.m\varphi} \quad (2-29)$$

最后再按式（2-17）、式（2-18）计算出 S_{30} 和 I_{30}。

2.4 供配电系统计算负荷和年电能需要量的计算

2.4.1 供配电系统计算负荷的确定

供配电系统计算负荷是选择电能用户变电所电源进线和主要电气设备的基本依据，也是计算供配电系统的功率因数和电能需要量的基本依据。供配电系统计算负荷的方法很多，可按具体情况选用。

1. 按需要系数法确定供配电系统的计算负荷

将供配电系统中用电设备的总容量 ΣP_e（不计备用容量）乘以不同类型用户总的需要系数 K_d（查表 A-2），即可得到用户总的有功计算负荷

$$P_{30} = K_d \Sigma P_e \quad (2-30)$$

总的无功计算负荷 Q_{30}、视在计算负荷 S_{30} 和计算电流 I_{30} 可分别按式（2-12）、式（2-13）和式（2-14）计算。该方法适用于在无完整供电系统图的基础上确定总的计算负荷的估算值。

2. 按年产量和单位产品耗电量估算供配电系统的计算负荷

将供配电系统全年的生产量 A 乘以单位产品耗电量 a，就可以得到供配电系统全年耗电量，即

$$W_a = Aa \tag{2-31}$$

再将供配电系统全年耗电量除以年最大负荷利用小时 T_{max}，就可以求出供配电系统的有功计算负荷，即

$$P_{30} = \frac{W_a}{T_{max}} \tag{2-32}$$

而 Q_{30}、S_{30}、I_{30} 的计算，与上述需要系数法相同。该方法适用在初步设计阶段对供电方案作比较时，由此计算给用户带来粗略的估计值。

3. 按逐级计算法确定供配电系统的计算负荷

在施工图设计时，供配电系统计算负荷的确定，一般采用逐级计算法。该方法可分别计算配电干线、配电母线以及进线端的计算负荷，且计算出来的负荷较准确。

按逐级计算法确定供配电系统的计算负荷，是从用电末端逐级向上推至电源进线端。对图 2-7 所示的小型工厂供电系统，负荷计算过程如下：

1）用需要系数法或二项式系数法确定用电设备组的计算负荷 $P_{30.6}$。

2）将车间干线上各用电设备组计算负荷相加后乘以同时系数 $K_{\Sigma p}$ 就得到车间干线总的计算负荷，即 $P_{30.5} = K_{\Sigma p} \Sigma P_{30.i}$。

3）低压干线计算负荷 $P_{30.5}$ 加上低压配电线 WL2 的损耗 ΔP_{WL2} 就得到低压出线计算负荷 $P_{30.4}$，即 $P_{30.4} = P_{30.5} + \Delta P_{WL2}$。

4）低压母线上各出线计算负荷 $P_{30.4}$ 相加后乘以同时系数 $K_{\Sigma p}$ 就得到低压母线计算负荷 $P_{30.3}$，即 $P_{30.3} = K_{\Sigma p} \Sigma P_{30.i}$。

5）高压配电线的计算负荷 $P_{30.2}$，应该是该线路所供车间变电所低压侧的计算负荷 $P_{30.3}$，加上变压器的功率损耗 ΔP_T 和高压配电线的功率损耗 ΔP_{WL1}，即 $P_{30.2} = P_{30.3} + \Delta P_{WL1} + \Delta P_T$。

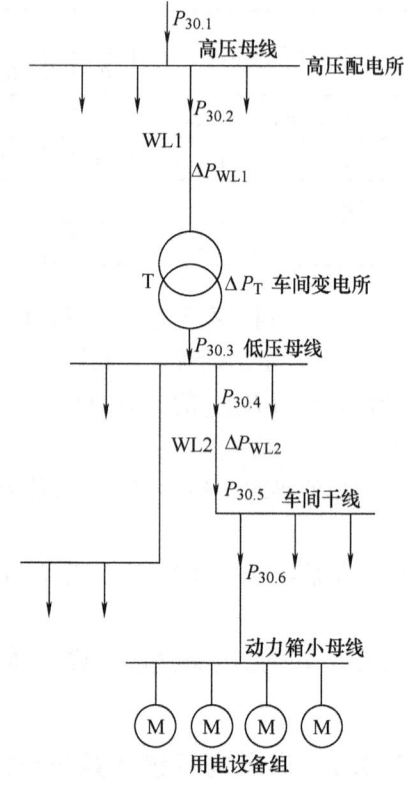

图 2-7 工厂供电系统中各部分的计算负荷和功率损耗

6）工厂总的计算负荷 $P_{30.1}$ 应该是高压配电所母线上所有高压配电线计算负荷 $P_{30.2}$ 之和，再乘上一个同时系数 $K_{\Sigma p}$，即 $P_{30.1} = K_{\Sigma p} \Sigma P_{30.i}$。

对于一般的企业供配电系统来说，由于高低压配电线路一般不长，配电线路功率损耗往往略去不计。

在负荷计算中低损耗电力变压器的功率损耗可按下列简化公式近似计算：

有功损耗 $\Delta P_T = 0.015 S_{30}$

无功损耗 $\Delta Q_T = 0.06 S_{30}$

式中，S_{30} 为变压器二次侧的视在计算负荷。如果供配电系统在低压侧进行无功补偿，则 S_{30} 为补偿后的视在功率。

2.4.2 供配电系统年电能需要量的计算

供配电系统的年电能需要量可用用户全年生产量和单位产品耗电量估算，如式（2-31）所示。供配电系统的年电能需要量也可用用户的有功和无功计算负荷 P_{30} 和 Q_{30} 计算，即

年有功电能需要量 $\quad\quad\quad\quad W_{pa} = \alpha P_{30} T_a \quad\quad\quad\quad (2\text{-}33)$

年无功电能需要量 $\quad\quad\quad\quad W_{qa} = \beta Q_{30} T_a \quad\quad\quad\quad (2\text{-}34)$

式中，α 为年平均有功负荷系数，一般取 $0.7\sim 0.75$；β 为年平均无功负荷系数，一般取 $0.76\sim 0.82$；T_a 为年实际工作小时数，按每周 5 个工作日计，生产企业一班制可取 2000h，两班制可取 4000h，三班制可取 6000h。

2.5 供配电系统功率因数及无功功率补偿

功率因数是电力企业的一项重要技术经济指标，提高功率因数几乎是每一个用电单位都面临的问题。配电网中的电动机、变压器等电力负荷属于感性负荷，这些电力负荷在运行过程中要消耗无功功率。无功功率的存在使得电网功率因数下降，从而降低了发供电设备的出力，造成电网电压的波动，也增大了电能损耗。无功补偿就是把容性负荷与感性负荷并联接在同一电路中，用容性负荷输出的无功功率补偿感性负荷所需要的无功功率，从而提高供电系统的功率因数。

2.5.1 功率因数的分类及供电部门要求

1. 瞬时功率因数

瞬时功率因数可由功率因数表（相位表）直接读出，也可以用瞬间测取的有功功率表、电压表、电流表的读数计算得到，即

$$\cos\varphi = \frac{P}{\sqrt{3} UI} \quad\quad\quad\quad (2\text{-}35)$$

式中，P 为功率表测出的三相功率读数（kW）；U 为电压表测出的线电压读数（kV）；I 为电流表测出的线电流读数（A）。

瞬时功率因数可用来了解和分析工厂或设备在生产过程中某一时刻的功率因数值，借以了解无功功率变化情况，研究是否需要和如何进行无功补偿的问题。

2. 平均功率因数

平均功率因数又称为加权平均功率因数。依据记录企业用电量的有功电能表及无功电能表每月积累的数字，可计算月平均功率因数，即

$$\cos\varphi = \frac{W_p}{\sqrt{W_p^2 + W_q^2}} = \frac{1}{\sqrt{1 + \left(\dfrac{W_q}{W_p}\right)^2}} \quad\quad\quad\quad (2\text{-}36)$$

式中，W_p 为某一段时间（通常取一个月）内消耗的有功电能（kWh），由有功电能表读取；

W_q 为某一段时间内消耗的无功电能（kvarh），由无功电能表读取。

月平均功率因数是电力部门每月向企业收取电费时作为调整收费标准的依据。如果平均功率因数高于规定值，就减收电费，而低于规定值，则要加收电费，以鼓励用户积极提高功率因数，降低电能损耗。

3. 最大负荷时的功率因数

最大负荷时的功率因数是指在最大负荷（即计算负荷）时的功率因数，即

$$\cos\varphi = \frac{P_{30}}{S_{30}} \tag{2-37}$$

在《供电营业规则》中规定："用户在当地供电企业规定的电网高峰负荷时的功率因数应达到下列规定：100kVA 级以上高压供电的用户功率因数为 0.90 以上，其他电力用户和大、中型电力排灌站、趸购转售电企业，功率因数为 0.85 以上。"并规定，凡功率因数未达到上述规定的，应增加无功补偿装置，一般采取并联电容器进行补偿。这里所指的功率因数即为最大负荷时的功率因数。

2.5.2 无功补偿装置的选择

无功补偿装置类型很多，目前广泛应用的有静止电容器、静止补偿器和静止无功发生器等。装设这些装置的主要目的是平衡电网的无功功率，改善输配电网的功率因数，提高系统终端变电所的母线电压，补偿变电所主变压器和供配电线路的无功损耗。

（1）静止电容器　无功补偿静止电容器是补偿无功功率的传统方法，目前在国内外应用较为广泛。静止电容器与电路中感性负荷并联，补偿线路和感性负荷所需要的无功功率。采用电容器进行无功补偿，一次性投资和运行费用都比较低，且安装调试简单、损耗低、效率高，是目前国内外电力系统中常用的补偿方法。但是并联电容器供给的无功功率与所在节点电压的二次方成正比（$Q_C = U^2/X_C$），当节点电压下降，需要增加无功功率时，其供给系统的无功功率反而减小。从补偿效果上说，系统电压变动时，并联电容器补偿效果不理想。同时电容器无功功率的调节性能比较差，投入切出过程分组进行，不能连续平滑的调节电压。

（2）静止无功补偿装置（SVC）　是指使用晶闸管的静止无功补偿装置，包括晶闸管控制电抗器（Thyristor Controlled Reactor, TCR）和晶闸管投切电容器（Thyristor Switched Capactor, TSC），以及这两者的混合装置（TCR + TSC）等。它由静止电容器和电抗器组成，电容器可发出无功功率，电抗器可吸收无功功率，两者结合起来再配以调控电抗器的电力电子调节装置，就成为能够平滑改变输出或吸收无功功率的静止补偿器。与静止电容器相比，静止补偿器能平滑调节无功功率，克服了电容器作为无功补偿调节不连续的缺点，还能做到分相补偿以适应不平衡负荷的变化，对冲击性负荷有较强的适应性。目前，静止型动态无功补偿装置（SVC）在冶金、电气化铁路、煤炭等工业领域已广泛使用，它有效抑制了用户大型电动机等负荷在频繁启动中对电网所产生的无功冲击，电能质量明显提高。

（3）静止无功发生器（SVG）　随着电力电子技术进一步发展，出现了采用自变换变流电路的静止无功补偿装置，即静止无功发生器（SVG），或称为静止同步补偿器。在 SVG 中采用全控型器件（GTO 或 IGBT），通过控制交流侧电压幅值和相位来改变交流侧电流的幅值和相位，实现交流侧电流相位超前或者滞后电网电压相位的作用，完成发出无功功率或者吸收无功功率的功能。静止无功发生器（SVG）具有响应速度快、吸收无功连续、产生的高

次谐波量小等优点，代表着无功补偿技术的发展方向。

SVC 和 SVG 都是动态无功补偿装置，不但可以补偿感性无功，而且可以补偿容性无功，补偿的跟随性能好，可以实现一个正弦波周期内做出响应。

2.5.3 无功补偿容量的确定

图 2-8 表示功率因数提高与无功功率和视在功率的关系。若用户所需的有功功率 P_{30} 不变，加装无功补偿装置后，功率因数由 $\cos\varphi_1$ 提高到 $\cos\varphi_2$，无功功率将由 $Q_{30.1}$ 减小到 $Q_{30.2}$，视在功率将由 $S_{30.1}$ 减小到 $S_{30.2}$，相应地负荷电流 I_{30} 也将减小。这将使系统的电能损耗和电压损耗相应降低，既节约了电能，又提高了电压质量，而且还可以降低供电系统的造价。

要将功率因数由 $\cos\varphi_1$ 提高到 $\cos\varphi_2$，由图 2-8 可知，所需补偿的无功容量为

$$Q_C = Q_{30.1} - Q_{30.2} = P_{30}(\tan\varphi_1 - \tan\varphi_2) \quad (2-38)$$

或

$$Q_C = \Delta q_c P_{30} \quad (2-39)$$

式中，$\Delta q_c = \tan\varphi_1 - \tan\varphi_2$，称为无功补偿率，或称比补偿容量。它表示功率因数由 $\cos\varphi_1$ 提高到 $\cos\varphi_2$ 时单位有功功率所需补偿的无功功率。

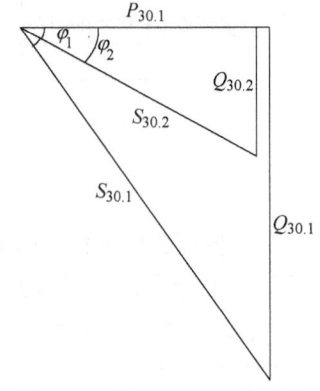

图 2-8 功率因数提高与无功功率和视在功率的关系

在中小型企业中，使用较多的补偿设备是并联静电电容器。表 B-1 列出了并联电容器的无功补偿率，供参考。常见的并联电容器的技术数据见表 B-2。低压并联电容器柜通常与低压配电屏配套安装，根据负荷变化相应循环投切的电容器的组数一般有 4、6、8、10、12 等。

在计算出总的补偿容量后，即可根据所选并联电容器的单个容量 q_c 来确定电容器的个数，即

$$n = Q_C/q_c \quad (2-40)$$

由式（2-40）计算所得的数值，对三相电容器应取相近偏大的整数；若为单相电容器，则应取 3 的整数倍，以便三相均衡分配。三相电容器通常在其内部接成三角形。单相电容器的电压若与电网额定电压相等时，则应将电容器接成三角形；只有当电容器的电压低于电网额定电压时，才接成星形。

2.5.4 并联电容器的装设位置

供配电系统各级配电网络和变配电设备都要产生一定数量的无功功率，无功补偿设备的配置应按照"分级补偿，就地平衡"的原则最大限度地减少传输损耗，提高输配电设备的效率。无功补偿装置的装设位置一般有三种：分散就地补偿、低压集中补偿和高压集中补偿。采用电容器补偿时装设位置和补偿效果如图 2-9 所示。

(1) 分散就地补偿 电容器直接安装在用电设备附近就地补偿，补偿范围最大，经济效果最好。但是这种补偿方式设备总的投资大，且电容器在用电设备停止工作时，也一并被切除，所以利用率不高。分散就地补偿只适用于个别补偿容量大的用电设备，如大型感应电动机、高频感应电炉等。

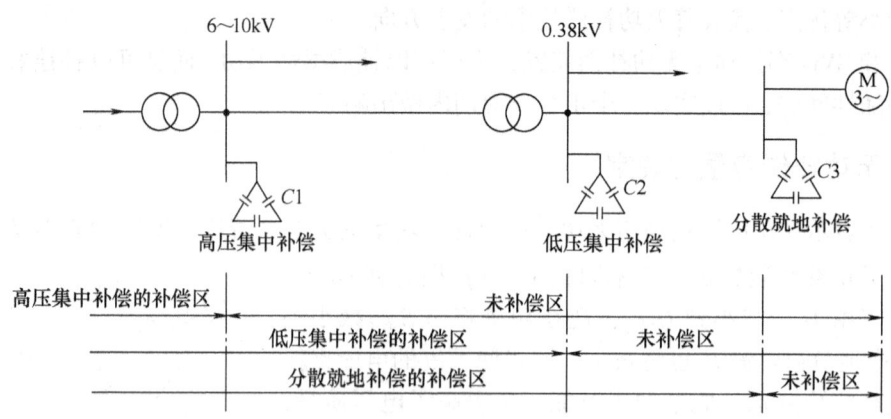

图 2-9　并联电容器补偿的装设位置

（2）低压集中补偿　电容器安装在功率因数较低的车间配电母线上集中补偿。这种补偿可直接补偿低压侧的无功功率，特别是减少变压器的视在功率，从而使主变压器的容量选得较小，因而在实际工程中应用特别普遍。低压补偿装置可以选用成套的电容器柜并集中装设在变配电所低压配电室内，和低压配电屏并列安装，便于运行维护。

（3）高压集中补偿　电容器集中安装在总降压变电所二次侧（6~10kV 侧）母线上，这种补偿能对企业高压侧的无功功率进行补偿。从节约电能的角度来衡量，高压集中补偿最差，补偿范围小，但便于集中管理，适用于一些大中型企业，以满足企业总功率因数的要求。

上述补偿，电容器的投切多为自动投切方式，其中电容器可以三相电容自动补偿或分相电容自动补偿。

三相电容自动补偿适用于三相负载平衡的供配电系统。因三相回路平衡，回路中无功电流相同，在补偿时，三相同时投切以保证三相电压的质量。

分相动态自动无功补偿能自动检测各相负载的功率，同时自动分相投入各相所需的电容补偿量，以使各相的无功功率补偿达到最佳状态。对于大量使用单相用电负载，易产生三相不平衡的用电单位，如住宅小区、宾馆、饭店、大型商场等民用建筑的配电系统，宜选用分相动态自动无功补偿。它有提高功率因数、改善电压质量、节约用电、增大变压器有功容量等显著效果。电容器共补与分补如图 2-10 所示。

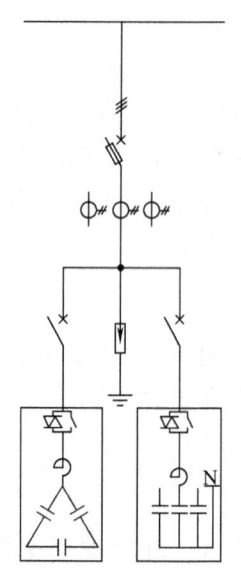

图 2-10　电容器共补与分补

2.5.5　无功补偿后的工厂计算负荷

工厂或车间装设了无功补偿装置后，能使装设地点前的供电系统减少相应的无功损耗，所以在确定补偿地点以前的总计算负荷时，应扣除无功补偿容量。补偿后计算负荷可按下式确定，即

有功计算负荷　　　　　　　　　$P'_{30} = P_{30}$ 　　　　　　　　　　　　　　(2-41)

无功计算负荷　　　　　　　　　$Q'_{30} = Q_{30} - Q_C$ 　　　　　　　　　　　　(2-42)

视在计算负荷
$$S'_{30} = \sqrt{P'^2_{30} + Q'^2_{30}} \tag{2-43}$$

计算电流
$$I'_{30} = S'_{30}/\sqrt{3}U_N \tag{2-44}$$

由上述公式可以看出，若在变电所低压侧装设无功补偿装置，由于低压侧总的视在计算负荷减小了，从而可使变电所总变压器的容量选得小一些，这不仅可降低变电所的初投资，而且可减少工厂的电费开支。所以提高功率因数不仅对整个电力系统大有好处，而且对工厂本身也有一定的经济效益。

[例 2-5] 某小型工厂变电所，其变压器低压母线的有功计算负荷为 420kW，无功计算负荷为 350kvar。为了使工厂的功率因数不低于 0.9，如在变电所低压侧装设并联电容器进行补偿时，需装设多少补偿容量？

解：（1）补偿前的变压器容量和功率因数

变压器低压侧的视在计算负荷为
$$S_{30(2)} = \sqrt{420^2 + 350^2}\text{kVA} = 546.72\text{kVA}$$

变压器低压侧的功率因数为
$$\cos\varphi_{(2)} = 420/546.72 = 0.77$$

（2）无功补偿容量

显然变压器低压侧的功率因数较低，考虑到变压器本身的无功功率损耗远大于有功功率损耗，因此在变压器低压侧进行无功功率补偿时，低压侧的功率因数应略高于 0.90，才能满足要求。现取 $\cos\varphi' = 0.93$。

由式（2-38）可得低压侧无功补偿容量为
$$Q_C = 420 \times (\tan\arccos 0.77 - \tan\arccos 0.93)\text{kvar} = 182.61\text{kvar}$$

考虑无功自动补偿控制器可控制电容器，选择成套并联电容器屏，电容器投切的回路数为 10 组，安装的电容器为 BSMJ0.4-18-3 自愈式并联电容器，每组容量为 18kvar，则总容量为
$$Q_C = 10 \times 18\text{kvar} = 180\text{kvar}$$

（3）补偿后的功率因数

补偿后变压器低压侧 $P'_{30(2)} = P_{30(2)} = 420\text{kW}$ 不变
$$Q'_{30(2)} = Q_{30(2)} - Q_C = (350 - 180)\text{kvar} = 170\text{kvar}$$
$$S'_{30(2)} = \sqrt{420^2 + 170^2}\text{kVA} = 453.25\text{kVA}$$

变压器损耗 $\Delta P_T = 0.015 S'_{30(2)} = 0.015 \times 453.25\text{kW} = 6.79\text{kW}$
$$\Delta Q_T = 0.06 S'_{30(2)} = 0.06 \times 453.25\text{kvar} = 27.18\text{kvar}$$

变压器高压侧的计算负荷为
$$P'_{30(1)} = (420 + 6.79)\text{kW} = 426.79\text{kW}$$
$$Q'_{30(1)} = (165 + 27.18)\text{kvar} = 192.18\text{kvar}$$
$$S'_{30(1)} = \sqrt{426.79^2 + 192.18^2}\text{kVA} = 468\text{kVA}$$

补偿后工厂的功率因数为
$$\cos\varphi' = P'_{30(1)}/S'_{30(1)} = 426.79/468 = 0.91 > 0.9 \quad \text{满足要求。}$$

由此例可以看出，采用无功补偿来提高功率因数能使工厂取得可观的经济效果。

[例 2-6] 某六层住宅楼有 4 个单元，每单元有 12 户，均为基本型住户，每户设备功

率按8kW计。每户采用单相配电,每电源采用三相配电。试用需要系数法计算各单元及整栋楼的计算负荷 P_{30}、Q_{30}、S_{30} 及 I_{30}。

解:(1)各单元的计算负荷

每个单元的有功功率: $P_e = 12 \times 8\text{kW} = 96\text{ kW}$

查表 A-4 可知住宅用户: $K_d = 0.95, \cos\varphi = 0.9, \tan\varphi = 0.44$

故
$$P_{30(1)} = 0.95 \times 96\text{kW} = 91.2\text{kW}$$
$$Q_{30(1)} = 91.2 \times 0.44\text{kvar} = 40.128\text{kvar}$$
$$S_{30(1)} = \frac{91.2\text{kW}}{0.9} = 101.3\text{kVA}$$
$$I_{30(1)} = \frac{101.3\text{kVA}}{\sqrt{3} \times 0.38\text{kV}} = 153.96\text{A}$$

(2)整栋楼的计算负荷

取同时系数 $K_{\Sigma p} = 0.95$,$K_{\Sigma q} = 0.97$
$$P_{30} = 0.95 \times 4 \times 91.2\text{kW} = 346.56\text{kW}$$
$$Q_{30} = 0.97 \times 4 \times 40.128\text{kvar} = 155.7\text{kvar}$$
$$S_{30} = \sqrt{346.56^2 + 155.7^2}\text{kVA} = 379.93\text{kVA}$$
$$I_{30} = \frac{379.93\text{kVA}}{\sqrt{3} \times 0.38\text{kV}} = 577.26\text{A}$$

2.6 尖峰电流的计算

供电系统在运行中,由于电动机的起动、电压波动等因素会出现持续时间很短的、比计算电流大很多的电流,这种电流称为尖峰电流,其持续时间一般为 1~2s。尖峰电流主要用来选择熔断器、整定低压断路器、整定继电保护装置以及计算电压波动等。

2.6.1 单台用电设备尖峰电流的计算

对于只接单台电动机或电焊机的分支线,尖峰电流就是其起动电流,即
$$I_{pk} = I_{st} = K_{st}I_N \tag{2-45}$$

式中,I_N 为用电设备的额定电流;I_{st} 为用电设备的起动电流;K_{st} 为用电设备的起动电流倍数,可查产品样本或设备铭牌。

2.6.2 多台用电设备尖峰电流的计算

对接有多台电动机或电焊机的配电线路,其尖峰电流可按下式计算
$$I_{pk} = K_\Sigma \sum_{i=1}^{n-1} I_{N \cdot i} + I_{stmax} \tag{2-46}$$

或
$$I_{pk} = I_{30} + (I_{st} - I_N)_{max} \tag{2-47}$$

式中,I_{stmax} 和 $(I_{st} - I_N)_{max}$ 分别为用电设备中起动电流与额定电流之差为最大的那台设备的起动电流及其起动电流与其额定电流之差;$\sum_{i=1}^{n-1} I_{N \cdot i}$ 为将起动电流与额定电流之差为最大的那

台设备除外的其他 $n-1$ 台设备的额定电流之和;K_Σ 为上述 $n-1$ 台设备的同时系数,按台数的多少可取 $0.7\sim1$;I_{30} 为全部设备投入运行时,线路上的计算电流。

[**例 2-7**] 某车间有一条 380V 线路供电给表 2-5 所列 5 台交流电动机。试计算该线路的尖峰电流。

解:取 $K_\Sigma=0.9$,则 $I_{30}=K_\Sigma\Sigma I_N=0.9\times(10.2+32.4+30+6.1+20)\text{A}=88.83\text{A}$

由表 2-5 知,电动机 2M 的 $(I_{st}-I_N)=(227-32.4)\text{A}=194.6\text{A}$ 为最大,所以

$$I_{pk}=I_{30}+(I_{st}-I_N)_{max}=88.83\text{A}+(227-32.4)\text{A}=283.43\text{A}$$

表 2-5 例 2-7 的负荷资料

参 数	电 动 机				
	1M	2M	3M	4M	5M
额定电流/A	10.2	32.4	30	6.1	20
起动电流/A	66.3	227	163	34	140

基本能力训练 中小型工厂计算负荷的确定

某机械厂变电所采用单回路 10kV 架空线路进线,给 10 个车间及全厂照明供电。用电设备的电压均为 380V,其主接线图如图 2-11 所示。本厂多数车间为三班制,年最大负荷利用小时为 4600h,日最大负荷持续时间为 6h。该厂除铸造车间、电镀车间和锅炉房属二级负荷外,其余均属三级负荷。试确定工厂的计算负荷。本厂的负荷统计资料见表 2-6。

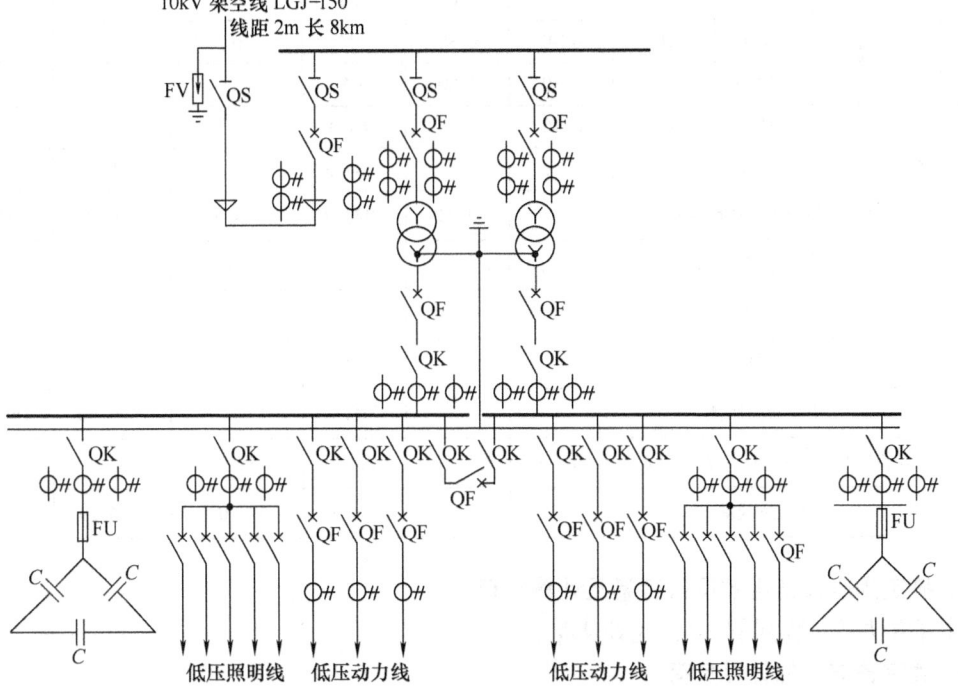

图 2-11 某机械厂变电所主接线图

表 2-6 工厂负荷统计资料及全厂负荷计算表

厂房编号	厂房名称	负荷类别	设备容量/kW	需要系数 K_d	功率因数 $\cos\varphi$	计算负荷			
						P_{30}/kW	Q_{30}/kvar	S_{30}/kVA	I_{30}/A
1	铸造车间	动力	300	0.30	0.70	90.0	91.8		
		照明	6	0.80	1.00	4.8	0		
2	锻压车间	动力	350	0.30	0.65	105.0	122.8		
		照明	8	0.70	1.00	5.6	0		
3	金工车间	动力	764	0.25	0.50	191.0	330.8		
		照明	17	1.00	1.00	17.0	0		
4	工具车间	动力	360	0.30	0.60	108.0	144		
		照明	7	0.90	1.00	6.3	0		
5	电镀车间	动力	250	0.30	0.80	125.0	93.8		
		照明	5	0.80	1.00	4.0	0		
6	热处理车间	动力	150	0.60	0.80	90.0	67.5		
		照明	5	0.80	1.00	4.0	0		
7	装配车间	动力	180	0.30	0.70	54.0	55.1		
		照明	6	0.80	1.00	4.8	0		
8	机修车间	动力	160	0.20	0.65	32.0	37.4		
		照明	4	0.80	1.00	3.2	0		
9	锅炉房	动力	50	0.70	0.80	35	26.3		
		照明	1	0.80	1.00	0.8	0		
10	仓库	动力	20	0.40	0.80	8	6		
		照明	1	0.80	1.00	0.8	0		
	生活区	照明	350	0.70	0.90	245.0	118.7		
	合计		2994			1134.3	1094.2	1576.0	2394.6
	变压器低压侧（取 $K_\Sigma=0.9$）				0.72	1020.9	984.8	1418.5	2155.3
	补偿低压电容器总容量						560		
	补偿后变压器低压侧				0.92	1020.9	424.8		
	变压器损耗					15.57	66.29		
	变压器高压侧					1036.47	491.09	1146.92	66.29
	架空进线的功率损耗（取 $R_0=0.24\Omega/km$，$X_0=0.36\Omega/km$）					25.3	38.0		
	高压进线端				0.90	1061.77	529.09	1186.29	68.5

1. 确定用电设备组的设备容量及计算负荷

计算方法及过程同例 2-1，此处从略。

2. 确定各车间的计算负荷

根据式（2-10）、式（2-12）、式（2-13）和式（2-14）及负荷统计表的数据，其中铸造

车间的计算负荷为

$$P_{30(1)} = K_d P_e = (0.3 \times 300 + 6 \times 0.8)\text{kW} = 94.8\text{kW}$$

$$Q_{30(1)} = P_{30}\tan\varphi = (90 \times 1.02 + 4.8 \times 0)\text{kvar} = 91.82\text{kvar}$$

$$S_{30(1)} = \sqrt{P_{30(1)}^2 + Q_{30(1)}^2} = \sqrt{94.8^2 + 91.82^2}\text{kVA} = 131.98\text{kVA}$$

$$I_{30(1)} = \frac{S_{30(1)}}{\sqrt{3}U_N} = \frac{131.98}{\sqrt{3} \times 0.38}\text{A} = 200.52\text{A}$$

其余车间负荷计算过程与此相同，此处从略，计算结果见表 2-6。

3. 确定变电所变压器低压侧的计算负荷

考虑到全厂负荷的同时系数（取 $K_\Sigma = 0.9$）后，工厂变电所变压器低压侧的计算负荷为

$$P_{30(2)} = K_\Sigma \Sigma P_{30(1)} = 0.9 \times 1134.3\text{kW} = 1020.9\text{kW}$$

$$Q_{30(2)} = K_\Sigma \Sigma Q_{30(1)} = 0.9 \times 1094.2\text{kvar} = 984.8\text{kvar}$$

$$S_{30(2)} = \sqrt{P_{30(2)}^2 + Q_{30(2)}^2} = \sqrt{1020.9^2 + 984.8^2}\text{kVA} = 1418.5\text{kVA}$$

$$I_{30(2)} = \frac{S_{30(2)}}{\sqrt{3}U_N} = \frac{1418.5}{\sqrt{3} \times 0.38}\text{A} = 2155.3\text{A}$$

$$\cos\varphi_{(2)} = \frac{P_{30(2)}}{S_{30(2)}} = \frac{1020.9}{1418.5} = 0.72$$

变压器低压侧的功率因数较低，高压侧的功率因数肯定不满足电力部门 0.9 的要求，因此要进行无功功率补偿。补偿电容器集中装设在变压器低压母线上。考虑到变压器的损耗，可设低压侧补偿后的功率因数为 0.92。

所需补偿电容器的容量为

$$Q_C = 1020.9 \times (\tan\arccos 0.72 - \tan\arccos 0.92)\text{kvar} = 549\text{kvar}$$

取

$$Q_C = 560\text{kvar}$$

补偿后变压器低压侧

$$P'_{30(2)} = P_{30(2)} = 1020.9\text{kW} \quad \text{不变}$$

$$Q'_{30(2)} = Q_{30(2)} - Q_C = (984.8 - 560)\text{kvar} = 424.8\text{kvar}$$

$$S'_{30(2)} = \sqrt{1020.9^2 + 424.8^2}\text{kVA} = 1104.9\text{kVA}$$

4. 确定变电所变压器高压侧的计算负荷

变压器的损耗

$$\Delta P_T = 0.015 S'_{30(2)} = 0.015 \times 1104.9\text{kW} = 15.57\text{kW}$$

$$\Delta Q_T = 0.06 S'_{30(2)} = 0.06 \times 1104.9\text{kvar} = 66.29\text{kvar}$$

变压器高压侧的计算负荷

$$P_{30} = P'_{30(2)} + \Delta P_T = (1020.9 + 15.57)\text{kW} = 1036.47\text{kW}$$

$$Q_{30} = Q'_{30(2)} + \Delta Q_T = (424.8 + 66.29)\text{kvar} = 491.09\text{kvar}$$

$$S_{30} = \sqrt{P_{30}^2 + Q_{30}^2} = \sqrt{1036.47^2 + 491.09^2}\text{kVA} = 1146.92\text{kVA}$$

$$I_{30} = \frac{S_{30}}{\sqrt{3}U_N} = \frac{1146.92}{\sqrt{3} \times 10}\text{A} = 66.29\text{A}$$

考虑该企业未来增容的需要，选择两台 S11-800，10/0.4kV 的三相双绕组油浸式电力变压器。

5. 高压电源进线端的计算负荷

变电所高压进线端采用 LGJ-150，其线距为 2m，长度为 8km。由手册可查出该导线的 $R_0 = 0.24\Omega/\text{km}$，$X_0 = 0.36\Omega/\text{km}$，则

高压架空进线端的有功功率损耗为

$$\Delta P_{WL} = 3I^2 R_0 L = 3 \times 66.29^2 \times 0.24 \times 8 \text{W} = 25.3 \text{kW}$$

高压架空进线端的无功功率损耗为

$$\Delta Q_{WL} = 3I^2 X_0 L = 3 \times 66.29^2 \times 0.36 \times 8 \text{kvar} = 38.0 \text{kvar}$$

高压电源进线端的计算负荷为

$$P'_{30} = P_{30} + \Delta P_{WL} = (1036.47 + 25.3)\text{kW} = 1061.77 \text{kW}$$

$$Q'_{30} = Q_{30} + \Delta Q_{WL} = (491.09 + 38.0)\text{kvar} = 529.09 \text{kvar}$$

$$S'_{30} = \sqrt{P'^2_{30} + Q'^2_{30}} = \sqrt{1061.77^2 + 529.09^2}\text{kVA} = 1186.29 \text{kVA}$$

$$I'_{30} = \frac{S'_{30}}{\sqrt{3} U_N} = \frac{1186.29}{\sqrt{3} \times 10}\text{A} = 68.5 \text{A}$$

$$\cos\varphi' = \frac{P'_{30}}{S'_{30}} = \frac{1061.77}{1186.29} = 0.9 \quad 满足要求$$

高压电源进线端的计算负荷可以作为工厂向电力部门申请用电容量的依据。

思考题与习题

2-1 什么叫年最大负荷利用小时？什么叫年最大负荷和年平均负荷？

2-2 什么叫计算负荷？确定此值的目的何在？

2-3 确定计算负荷的需要系数法和二项式系数法各有什么特点？各适用于哪些场合？

2-4 如何在三相系统中分配单相用电设备？简述单相负荷换算为三相负荷的具体方法。

2-5 电力变压器的有功和无功功率损耗如何计算？这些损耗与负荷有何关系？如何估算变压器的损耗？

2-6 提高功率因数有何意义？无功功率的人工补偿有哪些方法？

2-7 什么叫平均功率因数和最大负荷时的功率因数？各如何计算？有何用途？

2-8 某车间拥有小批量生产的冷加工机床电动机 40 台，总容量为 122kW，其中较大容量的电动机有 10kW 的 1 台，7kW 的 3 台，4.5kW 的 3 台，2.8kW 的 12 台。试分别用需要系数法和二项式系数法确定其计算负荷。

2-9 某机修车间，拥有冷加工机床 52 台，共 200kW；行车 1 台，共 5.1kW（$\varepsilon = 15\%$）；通风机 6 台，共 5kW；点焊机 3 台，共 10.5kW（$\varepsilon = 65\%$）。车间采用 220/380V 三相四线制（TN-C 系统）配电。试确定该车间的计算负荷。

2-10 某实验室拟装设 5 台 220V 单相加热器，其中 1kW 的 3 台，3kW 的 2 台。试合理分配上述各加热器于 220/380V 线路上，并计算其计算负荷 P_{30}、Q_{30}、S_{30}、I_{30}。

2-11 某 220/380V 线路上，接有表 2-7 所列的用电设备。试确定该线路的计算负荷 P_{30}、Q_{30}、S_{30}、I_{30}。

表 2-7 题 2-11 的负荷资料

设 备 名 称	380V 单头手动弧焊机			220V 电热箱		
接入相序	AB	BC	CA	A	B	C
设备台数	1	1	2	2	1	1
单台设备容量	21kVA (ε=65%)	17kVA (ε=100%)	10.3 kVA (ε=50%)	3kW	6kW	4.5kW

2-12 某厂变电所装有一台 S11-630/10 型电力变压器，其二次侧（380V）的有功计算负荷为 420kW，无功计算负荷为 350kvar。试求此变压器一次侧的计算负荷及其最大负荷时的功率因数。若此功率因数未达到 0.91 时，则在变电所低压母线上应装设多大并联电容器容量才能达到要求？如果并联电容器采用 BSMJ0.4-14-3 型，需采用多少个？

第 3 章　短路电流及其计算

[内容提要]　供配电系统在设计和运行中，不仅要考虑系统正常的运行状态，还要考虑系统不正常和故障的情况。第 2 章负荷计算讨论的是供配电系统在正常运行状况下的计算问题，本章重点介绍供配电系统在短路故障状态下三相短路电流的计算以及短路电流产生的效应。通过本章的学习使学生熟悉三相短路时的物理过程和相关的物理量，掌握供配电系统短路电流的计算方法，了解短路电流产生的效应，会进行导体或电气设备的短路校验。

3.1　短路的原因、后果及形式

正常运行的电力系统，除中性点之外，相与相和相与地之间是绝缘的。如果电力系统出现了正常运行以外的相与相或相与地之间的低阻性短接，则称电力系统发生了短路。

3.1.1　短路的原因

造成短路的主要原因有：

1) 电气设备载流部分的绝缘损坏。如，绝缘材料的自然老化、脏污；电气设备本身绝缘强度不够而被正常电压击穿；电气设备本身设计、安装和运行维护不良；电气设备绝缘正常而被过电压击穿；电气设备绝缘受到外力损伤而造成短路等。

2) 工作人员违反操作规程而发生误操作，如带负荷拉、合隔离开关，检修后忘拆除地线合闸；或者误将低电压设备接入较高电压的电路中，也可能造成短路。

3) 鸟兽危害或自然灾害。鸟兽跨越在裸露的相线之间或者相线与接地物体之间，或者咬坏导线的绝缘；以及大风、雨雪、冰雹、地震等自然灾害，也是造成短路的一个常见因素。

3.1.2　短路的后果

电力系统发生短路时，系统的总阻抗显著减少，短路所产生的电流随之剧烈增加，如在大容量的电力系统中短路电流可达几万安甚至几十万安。在电流急剧增加的同时，系统中的电压将大幅度下降。所以短路的后果往往都是破坏性的。

(1) 短路电流的热效应　短路电流要超过正常工作电流的十几倍甚至几十倍，这将使导体或电气设备大量发热，温度急剧升高，绝缘受到损伤，甚至可能把电气设备烧毁。

(2) 短路电流的电动力效应　巨大的短路电流将在导体和电气设备中产生很大的电动力，有可能使导体或电气设备发生永久性的变形，甚至损坏。

(3) 短路电流的磁效应　当系统发生不对称短路时，不对称短路电流将产生不平衡的交变磁场，对附近的通信线路、电子设备及其他弱电控制系统产生电磁干扰，影响其正常工作，甚至误动作。

(4) 短路电流产生的电压降　很大的短路电流通过电力线路时，在线路上产生很大的电压降,使系统的电压水平骤降,影响电动机及照明负荷的正常工作,甚至可能导致大量产品报废、生产中断、设备损坏等严重后果。

(5) 短路电流对电力系统稳定性的影响 严重的短路故障有可能使电力系统的运行稳定遭到破坏,可使并列运行的发电机组失去同步,导致电力系统解裂,甚至"崩溃",引起大面积的停电,这是短路故障最严重的后果。

由此可见,短路的后果是十分严重的。所以在供电系统的设计和运行中,应设法消除可能引起短路的一切原因,减轻短路的一切后果,防止故障的扩大。

3.1.3 短路的形式

在三相供电系统中,短路的形式有三相短路、两相短路、单相短路和两相接地短路等,如图 3-1 所示。

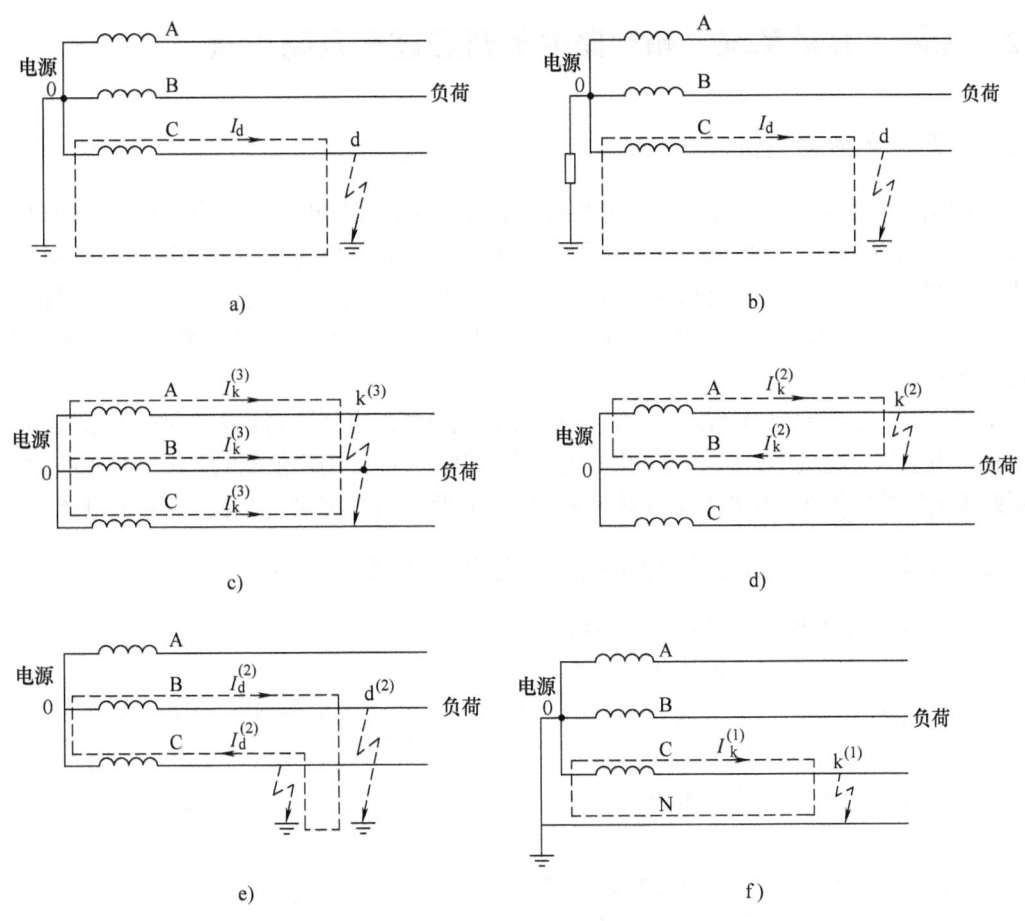

图 3-1 短路的类型

$k^{(3)}$—三相短路 $k^{(2)}$—两相短路 $k^{(1)}$—单相短路 $d^{(2)}$—两相接地短路 $d^{(1)}$—单相接地短路

三相短路属对称性短路,其他形式的短路均为不对称性短路。为了表明短路的类别,凡是三相短路电流,可在相应的电流符号右上角加标 (3),例如三相短路稳态电流写作 $I_\infty^{(3)}$。同样地,两相或单相短路电流,则在相应的电流符号右上角分别标 (2) 或 (1)。在不致引起混淆时,三相短路电流各量可不标注(3)。

在电力系统中,发生单相短路的概率最多,而发生三相短路的可能性最小。但是三相短路时的短路电流最大,造成的危害也是最严重的。为了使电力系统中的电气设备在最严重的短路状态下也能可靠地工作,作为选择和校验电气设备用的短路计算中,应以三相短路计算为主。而不对称短路可按对称分量法将不对称的短路电流分解为对称的正序、负序和零序分量,然后按对称量分析和计算,所以三相对称短路是研究其他不对称短路的基础。

短路电流计算的目的是:

1)正确地选择和校验各种电器设备。
2)计算和整定保护短路的继电保护装置。
3)选择限制短路电流的电器设备。
4)确定合理地主接线方案和主要运行方式。

3.2 无限大容量系统三相短路时的暂态过程及物理量

3.2.1 无限大容量系统

所谓无限大容量电力系统,是一个相对的概念,它是指供电电源的容量相对于用户供配电系统容量大得多的电力系统。其特点是,当用户供配电系统的负荷变动甚至发生短路时,电力系统馈电母线上的电压能基本维持不变。在工程计算中常把电力系统的电源总阻抗小于短路回路总阻抗的10%,或电力系统的容量超过用户供配电系统容量的50倍的电源,视为无限大容量系统。

对于一般的电能用户的供配电系统,由于距供电电源的电气距离较远,供配电系统的容量又远比电力系统总容量小,而阻抗又比电力系统大得多,因此用户供配电系统发生短路时,电力系统变电所馈电母线上的电压几乎维持不变,即可将电力系统视为无限大容量的电源。

3.2.2 无限大容量系统三相短路的暂态过程及物理量

1. 无限大容量系统三相短路的暂态过程

图3-2a为无限大容量供电系统发生三相短路的电路图。图中,R_{WL}、X_{WL}为线路的电阻和电抗,R_L、X_L为负荷的电阻和电抗。由于三相短路对称,所以可用单相等效电路来分析,如图3-2b所示。

系统正常运行时,电路中的电流取决于电源的电压和电路中所有元件在内的总阻抗。当发生三相短路时,短路点k的右侧,因为没有电源,电流衰减到零;短路点k的左侧有电源,回路阻抗减小,回路电流要突然增大。但是电路中存在电感,电流又不能突变,因而将引起一个过渡过程(短路暂态过程),当过渡过程

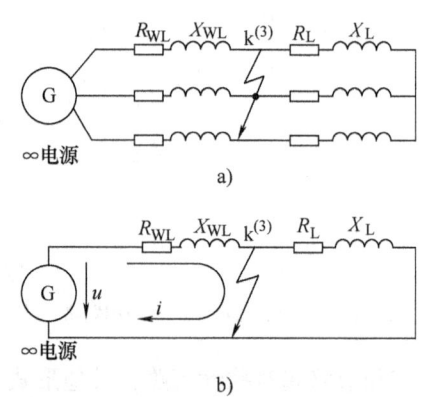

图3-2 无限大容量电力系统中发生三相短路
a) 三相电路图 b) 等效单相电路图

结束后，短路电流达到一个新的稳定状态。

由于暂态过程中的短路电流比起稳态值要大很多，所以暂态过程虽然时间很短，但它对电器设备的危害却远比稳态短路电流要严重得多。

图 3-3 表示了无限大容量系统中发生三相短路前后的电压、电流变动曲线。由图 3-3 所示曲线可以看出，无限大容量供电系统发生三相短路时，短路全电流是由两个分量组成的：周期分量和非周期分量。周期分量属于强制电流，它的大小取决于短路回路的电源电压和回路的阻抗，其幅值在整个短路过程中保持不变；非周期分量属于自由分量，是为了使电感电路中的电流不突变而产生的感应电流，它的值在短路瞬间最大，以一定的时间常数按指数规律衰减，直到衰减为零，短路过渡过程结束，系统进入短路的稳定状态。在图 3-3 中，i_p 为短路电流周期分量；i_{np} 为短路电流非周期分量；i_k 为短路全电流；i_{sh} 为短路冲击电流。

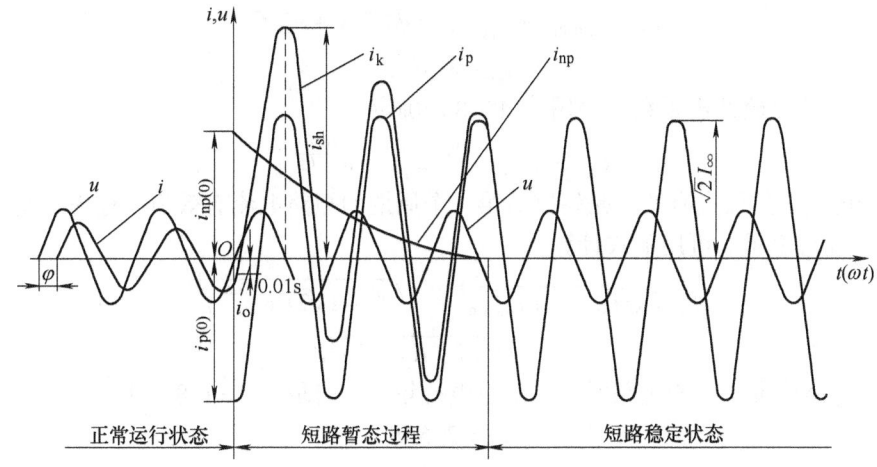

图 3-3　无限大容量系统发生三相短路时的电压、电流变动曲线

2. 短路有关的物理量

（1）短路电流周期分量　假设短路发生在电压瞬时值 $u=0$ 时，短路电流周期分量为

$$i_p = I_{km}\sin(\omega t - \varphi_k) \tag{3-1}$$

式中，短路电流周期分量的幅值 $I_{km} = U_m/(\sqrt{3}|Z_\Sigma|)$，其中 $|Z_\Sigma| = \sqrt{R_\Sigma^2 + X_\Sigma^2}$ 为短路回路总阻抗的模，U_m 为线电压最大值；短路回路的阻抗角 $\varphi_k = \arctan(X_\Sigma/R_\Sigma)$。

由于短路回路的 $X_\Sigma \gg R_\Sigma$，因此 $\varphi_k \approx 90°$。因此短路瞬间（$t=0$ 时）的短路电流周期分量为

$$i_{p(0)} = -I_{km} = -\sqrt{2}I'' \tag{3-2}$$

式中，I'' 为短路次暂态电流有效值，即短路后第一个周期的短路电流周期分量 i_p 的有效值，在无限大容量系统中 $I'' = I_p$，其中 I_p 为短路电流周期分量的有效值。

（2）短路电流非周期分量　由于短路回路中存在电感，在发生短路时，电路中要产生一个与 $i_{p(0)}$ 方向相反的感应电流，以维持短路瞬间（$t=0$ 时刻）电路中的电流和磁链不突变。它的初始绝对值为

$$i_{np(0)} = |i_0 - I_{km}| \approx I_{km} = \sqrt{2}I'' \tag{3-3}$$

由于短路回路存在电阻，所以 i_{np} 要衰减，回路中的电阻越大或电感越小，则衰减越快。

短路电流非周期分量是按指数规律衰减的，其表达式为

$$i_{np} = i_{np(0)} e^{-\frac{t}{\tau}} \approx \sqrt{2} I'' e^{-\frac{t}{\tau}} \tag{3-4}$$

式中，τ 称为短路电流非周期分量衰减时间常数，$\tau = L_\Sigma / R_\Sigma = X_\Sigma / 314 R_\Sigma$。

（3）**短路全电流** 任一瞬间的短路全电流 i_k 为短路电流周期分量 i_p 和非周期分量 i_{np} 之和。某一瞬时 t 的短路全电流有效值 $I_{k(t)}$，是以时间 t 为中点的一个周期内的 i_p 有效值 $I_{p(t)}$ 与 i_{np} 在 t 的瞬时值 $i_{np(t)}$ 的方均根值，即

$$I_{k(t)} = \sqrt{I_{p(t)}^2 + i_{np(t)}^2} \tag{3-5}$$

（4）**短路冲击电流**

短路全电流的最大瞬时值，成为短路冲击电流。由图 3-3 所示短路全电流 i_k 的曲线可以看出，短路后经过半个周期（0.01s），i_k 达到最大，这一瞬时电流即为短路冲击电流 i_{sh}，即

$$i_{sh} = i_{p(0.01)} + i_{np(0.01)} \approx \sqrt{2} I'' (1 + e^{-\frac{0.01}{\tau}}) \tag{3-6}$$

或

$$i_{sh} \approx K_{sh} \sqrt{2} I'' \tag{3-7}$$

式中，K_{sh} 为短路电流冲击系数，可用式（3-8）确定

$$K_{sh} = 1 + e^{-\frac{0.01}{\tau}} = 1 + e^{-\frac{0.01 R_\Sigma}{L_\Sigma}} \tag{3-8}$$

短路全电流 i_k 的最大有效值是短路后第一个周期的短路电流有效值，称为短路冲击电流的有效值，用 I_{sh} 表示。可用下式计算

$$I_{sh} = \sqrt{I_{p(0.01)}^2 + i_{np(0.01)}^2} \approx \sqrt{I''^2 + (\sqrt{2} I'' e^{-\frac{0.01}{\tau}})^2}$$

或

$$I_{sh} \approx \sqrt{1 + 2(K_{sh} - 1)^2} I'' \tag{3-9}$$

在高压电路中发生三相短路时，一般总电抗较大，可取 $K_{sh} = 1.8$，所以有

$$i_{sh} = 2.55 I'' \tag{3-10}$$

$$I_{sh} = 1.51 I'' \tag{3-11}$$

在 1000kVA 及以下的电力变压器的二次侧及低压电路中发生三相短路时，一般总电阻较大，可取 $K_{sh} = 1.3$，因此

$$i_{sh} = 1.84 I'' \tag{3-12}$$

$$I_{sh} = 1.09 I'' \tag{3-13}$$

（5）**短路稳态电流** 短路电流非周期分量衰减完毕以后的短路全电流，称为短路稳态电流，其有效值用 I_∞ 表示。在无限大容量系统中，短路电流周期分量的有效值在短路全过程中始终是恒定不变的，所以有

$$I'' = I_\infty = I_k = I_p \tag{3-14}$$

3.3 供配电系统三相短路电流的计算

无限大容量系统发生三相短路时，只要求出短路电流周期分量有效值，就可计算有关短路的所有物理量。因此，短路计算首先应计算周期分量有效值。计算短路电流的方法，常用的有欧姆法和标幺制法。

3.3.1 欧姆法计算三相短路电流

欧姆法，又叫有名单位制法，是因其短路计算中的阻抗都采用有名单位"欧姆"而得

名，是基本的短路计算方法。

1. 短路计算公式

对无限大容量系统，三相短路电流周期分量有效值可按下式计算

$$I_k^{(3)} = \frac{U_C}{\sqrt{3}|Z_\Sigma|} = \frac{U_C}{\sqrt{3}\sqrt{R_\Sigma^2 + X_\Sigma^2}} \tag{3-15}$$

式中，Z_Σ、R_Σ、X_Σ 分别为短路回路的总阻抗、总电阻和总电抗值；U_C 为短路点的短路计算电压，按线路首端电压考虑，比线路额定电压高 5%，即 $U_C = 1.05 U_N$，按我国电压标准，U_C 有 0.4kV、0.69kV、6.3kV、10.5kV、37kV、69kV、115kV 等。

在高压电路的短路计算中，通常总电抗远比总电阻大，所以一般只计电抗，不计电阻。在低压电路的短路计算中，只有当短路电路的 $R_\Sigma > X_\Sigma/3$ 时才计入电阻。若不计电阻，三相短路电流周期分量的有效值为

$$I_k^{(3)} = \frac{U_C}{\sqrt{3} X_\Sigma} \tag{3-16}$$

三相短路容量为

$$S_k^{(3)} = \sqrt{3} U_C I_k^{(3)} \tag{3-17}$$

由上面的分析可知，要计算短路电流，就需要计算短路回路的总阻抗。短路回路的总阻抗由各元件阻抗组成，主要包括电力系统（电源）、电力变压器和电力线路的阻抗。对于供电系统中的母线、电流互感器一次绕组、低压断路器过电流脱扣器线圈等阻抗及开关接触电阻等，相对来说很小，在一般短路计算中可略去不计。下面介绍各元件阻抗的计算。

2. 供配电系统元件阻抗的计算

（1）电力系统的阻抗　电力系统的电阻相对于电抗来说很小，可不计。其电抗可由变电所馈电线出口断路器的断流容量 S_{oc} 来估算，将断路器的断流容量看作是系统的极限短路容量 S_k，因此电力系统的电抗为

$$X_s = \frac{U_C^2}{S_{oc}} \tag{3-18}$$

式中，U_C 为电力系统馈电线的短路计算电压，但为了便于计算短路回路总阻抗，免去阻抗换算的麻烦，此式中的 U_C 可直接采用短路点的短路计算电压；S_{oc} 为系统出口断路器的断流容量，可查有关的手册、产品样本。如果只有断路器的开断电流 I_{oc} 数据，则其断流容量 $S_{oc} = \sqrt{3} I_{oc} U_N$，$U_N$ 为断路器的额定电压。在计算中当不知道无限大容量系统的短路容量时，可认为系统电抗等于零。

（2）电力变压器的阻抗

1）变压器的电阻 R_T，可由变压器的短路损耗 ΔP_k 近似地计算，即

$$R_T \approx \Delta P_k \left(\frac{U_C}{S_N}\right)^2 \tag{3-19}$$

式中，U_C 为短路点的短路计算电压；S_N 为变压器的额定容量；ΔP_k 为变压器的短路损耗，可查有关手册、产品样本或附录 C。

2）变压器的电抗 X_T，可由变压器的短路电压 $U_k\%$ 近似地计算，即

$$X_T \approx \frac{U_k\%}{100} \times \frac{U_C^2}{S_N} \tag{3-20}$$

式中，$U_k\%$ 为变压器的短路电压百分值，可查有关手册、产品样本或附录 C。

(3) 电力线路的阻抗

1) 线路的电阻 R_{WL}，可由导线或电缆的单位长度的电阻 R_0 值求得，即

$$R_{WL} = R_0 L \tag{3-21}$$

式中，R_0 为导线或电缆的单位长度的电阻，可查有关手册、产品样本或表 E-1；L 为线路长度。

2) 线路的电抗 X_{WL}，可由导线或电缆的单位长度的电抗 X_0 值求得，即

$$X_{WL} = X_0 L \tag{3-22}$$

式中，X_0 为导线或电缆的单位长度的电抗，可查有关手册、产品样本或表 E-1；L 为线路长度。

如果线路的数据不详时，X_0 可按表 3-1 取其电抗平均值。

表 3-1 电力线路每相的单位长度电抗平均值 （单位：Ω/km）

线 路 结 构	线 路 电 压		
	35kV 及以上	6~10kV	220/380V
架空线路	0.40	0.35	0.32
电缆线路	0.12	0.08	0.066

(4) 电抗器的阻抗 由于电抗器的电阻很小，所以只需计算其电抗值，即

$$X_R = \frac{X_R\%}{100} \times \frac{U_N}{\sqrt{3} I_N} \tag{3-23}$$

式中，$X_R\%$ 为电抗器的电抗百分值；U_N 为电抗器的额定电压；I_N 为电抗器的额定电流。

注意：在计算短路电路阻抗时，若电路中含有电力变压器，则各元件阻抗都应统一换算到短路点的短路计算电压去，阻抗等效换算的条件是元件的功率损耗不变。所以阻抗换算的公式为

$$R' = R (U'_C/U_C)^2 \tag{3-24}$$

$$X' = X (U'_C/U_C)^2 \tag{3-25}$$

式中，R、X 和 U_C 为换算前元件的电阻、电抗和元件所在处的短路计算电压；R'、X' 和 U'_C 为换算后元件的电阻、电抗和短路点的短路计算电压。

实际上，短路计算中所考虑的几个元件的阻抗，只有电力线路和电抗器的阻抗需要换算。而电力系统和电力变压器的阻抗，由于它们的计算公式中均含有 U_C^2，因此计算阻抗时，公式中的 U_C 直接用短路点处的短路计算电压，就相当于阻抗已经换算到短路点一侧了。

采用有名值法进行短路计算的步骤归纳为：

1) 绘制短路计算电路图，将短路计算所需考虑的各元件的额定参数都表示出来，并将各元件依次编号，然后确定短路计算点。短路计算点要选择得使需要进行短路校验的电气元件有最大可能的短路电流通过。

2) 计算短路回路中各元件的阻抗。

3) 绘出短路等效电路图，标明各元件的序号和阻抗值，一般是分子标序号，分母标阻抗值，求短路点的等效总阻抗（一般采用阻抗串并联的方法即可）。

4) 计算三相短路电流和短路容量。

5）列短路计算表。

[**例3-1**] 有一地区变电所通过一条长4km的6kV电缆线路供电给某厂一个装有两台并列运行的S11-800型主变压器的变电所。地区变电站出口断路器的断流容量为300MVA。试计算该厂变电所6kV母线上k-1点短路和变压器380V低压母线上k-2点短路的三相短路电流和短路容量。

解：由题意绘出短路计算电路图如图3-4所示。

1. 求k-1点的三相短路电流和短路容量（$U_{c1}=6.3$kV）

（1）计算短路回路中各元件的电抗和总电抗

1）电力系统的电抗。由式（3-18）电力系统的电抗为

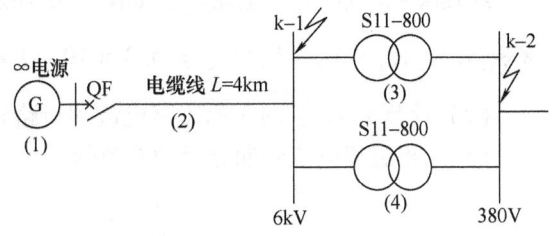

图3-4 例3-1 短路计算电路图

$$X_1 = \frac{U_C^2}{S_{oc}} = \frac{6.3^2}{300}\Omega = 0.13\Omega$$

2）电缆线路的电抗。查表3-1得$X_0=0.08\Omega/\text{km}$，由式（3-22）电缆线路的电抗为

$$X_2 = X_0 L = 0.08 \times 4\Omega = 0.32\Omega$$

绘制k-1点的等效电路图，如图3-5a所示，其短路回路总阻抗为

$$X_{\sum(k-1)} = X_1 + X_2 = 0.45\Omega$$

（2）计算k-1点的三相短路电流和短路容量

1）三相短路电流周期分量有效值

$$I_{k-1}^{(3)} = \frac{U_{C1}}{\sqrt{3} X_{\sum(k-1)}} = \frac{6.3\text{kV}}{\sqrt{3}\times 0.45\Omega} = 8.08\text{kA}$$

2）三相短路次暂态电流和稳态电流

$$I''^{(3)} = I_\infty^{(3)} = I_{k-1}^{(3)} = 8.08\text{kA}$$

3）三相短路冲击电流及第一个周期短路全电流有效值

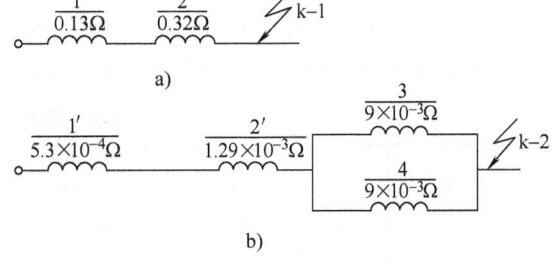

图3-5 例3-1的短路等效电路图（欧姆法）

$$i_{sh}^{(3)} = 2.55 I''^{(3)} = 2.55 \times 8.08\text{kA} = 20.60\text{kA}$$

$$I_{sh}^{(3)} = 1.51 I''^{(3)} = 1.51 \times 8.08\text{kA} = 12.20\text{kA}$$

4）三相短路容量

$$S_{k-1}^{(3)} = \sqrt{3} U_{C1} I_{k-1}^{(3)} = \sqrt{3} \times 6.3\text{kV} \times 8.08\text{kA} = 88.06\text{MVA}$$

2. 求k-2点的短路电流和短路容量（$U_{C2}=0.4$kV）

（1）计算短路回路中各元件的电抗及总电抗

1）电力系统的电抗。由式（3-18）的电力系统的电抗为

$$X_1' = \frac{U_{C2}^2}{S_{oc}} = \frac{(0.4\text{kV})^2}{300\text{MVA}} = 5.3 \times 10^{-4}\Omega$$

2）电缆线路的电抗。由表3-1查得$X_0=0.08\Omega/\text{km}$，电缆线路的电抗需换算到U_{C2}下，即

$$X_2' = X_0 L \left(\frac{U_{C2}}{U_{C1}}\right)^2 = 0.08(\Omega/\text{km}) \times 4\text{km} \times \left(\frac{0.4\text{kV}}{6.3\text{kV}}\right)^2 = 1.29 \times 10^{-3}\Omega$$

3）电力变压器的电抗。由表 C-1 查出该变压器的 $U_k\% = 4.5$，所以电力变压器的电抗为

$$X_3 = X_4 \approx \frac{U_k\%}{100} \cdot \frac{U_{C2}^2}{S_N} = \frac{4.5}{100} \times \frac{(0.4\text{kV})^2}{800\text{kVA}} = 9 \times 10^{-3}\Omega$$

绘制 k-2 点的等效电路图，如图 3-5b 所示。其短路回路总阻抗为

$$X_{\Sigma(k-2)} = X_1' + X_2' + X_3//X_4 = 5.3 \times 10^{-4}\Omega + 1.29 \times 10^{-3}\Omega + \frac{9 \times 10^{-3}\Omega}{2} = 6.32 \times 10^{-3}\Omega$$

（2）计算 k-2 点的三相短路电流和短路容量

1）三相短路电流周期分量的有效值

$$I_{k-2}^{(3)} = \frac{U_{C2}}{\sqrt{3}X_{\Sigma(k-2)}} = \frac{0.4\text{kV}}{\sqrt{3} \times 6.32 \times 10^{-3}\Omega} = 36.5\text{kA}$$

2）三相短路次暂态电流和稳态电流

$$I''^{(3)} = I_\infty^{(3)} = I_{k-2}^{(3)} = 36.5\text{kA}$$

3）三相短路冲击电流及第一个周期短路全电流有效值

$$i_{sh}^{(3)} = 1.84 I''^{(3)} = 1.84 \times 36.5\text{kA} = 67.16\text{kA}$$

$$I_{sh}^{(3)} = 1.09 I''^{(3)} = 1.09 \times 36.5\text{kA} = 39.79\text{kA}$$

4）三相短路容量

$$S_{k-2}^{(3)} = \sqrt{3} U_{C2} I_{k-2}^{(3)} = \sqrt{3} \times 0.4\text{kV} \times 36.5\text{kA} = 25.29\text{MVA}$$

在工程设计说明书中，要列出短路计算表，见表 3-2。

表 3-2 例 3-1 的短路计算表

短路计算点	三相短路电流/kA					三相短路容量/MVA
	$I_k^{(3)}$	$I''^{(3)}$	$I_\infty^{(3)}$	$i_{sh}^{(3)}$	$I_{sh}^{(3)}$	$S_k^{(3)}$
k-1	8.08	8.08	8.08	20.60	12.20	88.06
k-2	36.5	36.5	36.5	67.16	39.19	25.29

3.3.2 标幺制法计算三相短路电流

计算具有多个电压等级供电系统的短路电流时，若采用有名值法计算，必须将所有元件的阻抗都折算到同一个电压下才能求出短路回路的总阻抗，从而计算出短路电流，计算过程烦琐，这种情况下采用标幺制法较为简单。标幺制法又称为相对单位制法，因其短路计算中的有关物理量采用标幺值而得名。

1. 标幺值

任一物理量的标幺值为该物理量的实际量 A 与所选定的基准值 A_d 的比值，即

$$A_d^* = \frac{A}{A_d} \tag{3-26}$$

标幺值用上标〔*〕表示，基准值用下标〔d〕表示。

用标幺制法进行短路计算时，一般应先选定基准容量 S_d 和基准电压 U_d。为计算方便，

工程设计中通常取基准容量 $S_d = 100\text{MVA}$；基准电压通常取元件所在处的短路计算电压，即 $U_d = U_C$。选定了基准容量 S_d 和基准电压 U_d 后，基准电流和基准电抗按下式计算

$$I_d = \frac{S_d}{\sqrt{3}U_d} \tag{3-27}$$

$$X_d = \frac{U_d}{\sqrt{3}I_d} = \frac{U_d^2}{S_d} \tag{3-28}$$

2. 采用标幺制法计算的优点

图 3-6 所示为短路计算电路图，k 点发生三相短路，则线路 WL1 的阻抗应换算到短路点 k 的短路计算电压 U_{C4} 上去，即

$$X'_{WL1} = X_{WL1}\left(\frac{U_{C2}}{U_{C1}}\right)^2\left(\frac{U_{C3}}{U_{C2}}\right)^2\left(\frac{U_{C4}}{U_{C3}}\right)^2 = X_{WL1}\left(\frac{U_{C4}}{U_{C1}}\right)^2 \tag{3-29}$$

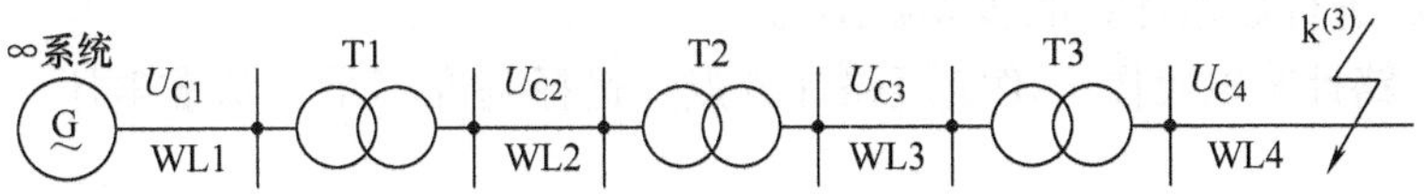

图 3-6 短路计算电路图

而线路 WL1 的阻抗换算到短路点 k 的电压等级的等效电抗标幺值为

$$\begin{aligned}X^*_{WL1} &= \frac{X'_{WL1}}{Z_d} = X'_{WL1}\frac{S_d}{U_{d4}^2} = X_{WL1}\left(\frac{U_{C2}}{U_{C1}}\right)^2\left(\frac{U_{C3}}{U_{C2}}\right)^2\left(\frac{U_{C4}}{U_{C3}}\right)^2\frac{S_d}{U_{C4}^2}\\ &= X_{WL1}\frac{S_d}{U_{C1}^2} = X_{WL1}\frac{S_d}{U_{d1}^2}\end{aligned} \tag{3-30}$$

由式（3-30）可知，用基准容量和元件所在电压等级的基准电压计算的阻抗标幺值，和将元件阻抗换到短路点所在的电压等级，再用基准容量和短路点所在基准电压计算的阻抗标幺值相同。因此用标幺值法计算各元件电抗，与短路计算点的电压无关，无须进行电压换算，这也是标幺制法的优点。

3. 短路回路各元件电抗标幺值的计算

取 $S_d = 100\text{MVA}$，$U_d = U_C$，则

1）电力系统电抗标幺值

$$X^*_S = \frac{S_d}{S_{oc}} \tag{3-31}$$

2）电力变压器电抗标幺值

$$X^*_T = \frac{U_k\%}{100}\frac{S_d}{S_N} \tag{3-32}$$

3）电力线路电抗标幺值

$$X^*_{WL} = X_0 L \frac{S_d}{U_C^2} \tag{3-33}$$

4）电抗器电抗标幺值

$$X^*_R = \frac{X_R\%}{100}\frac{U_N}{I_N}\frac{S_d}{\sqrt{3}U_C^2} \tag{3-34}$$

4. 用标幺制法进行短路计算的公式

无限大容量系统三相短路电流周期分量有效值的标幺值可按下式计算

$$I_k^{(3)*} = \frac{I_k^{(3)}}{I_d} = \frac{U_C}{\sqrt{3}X_\Sigma I_d} = \frac{X_d}{X_\Sigma} = \frac{1}{X_\Sigma^*} \tag{3-35}$$

由此可得三相短路电流周期分量的有效值及三相短路容量的计算公式为

$$I_k^{(3)} = I_k^{(3)*} I_d = \frac{I_d}{X_\Sigma^*} \tag{3-36}$$

求出 $I_k^{(3)}$ 后，可由式（3-10）～式（3-14）求出其他短路电流。

三相短路容量的计算公式为

$$S_k^{(3)} = \sqrt{3} I_k^{(3)} U_C = \frac{\sqrt{3} I_d U_C}{X_\Sigma^*} = \frac{S_d}{X_\Sigma^*} \tag{3-37}$$

用标幺制法进行短路计算的步骤归纳为：

1）绘制短路计算电路图，确定短路计算点，选择基准容量、基准电压、计算短路点的基准电流。

2）计算短路回路中各元件的电抗标幺值。

3）绘出短路等效电路图，求短路回路总电抗标幺值。

4）计算三相短路电流和短路容量。

5）列短路计算表。

[例 3-2] 试用标幺制法计算例 3-1 所示的供电系统中 k-1 及 k-2 点的三相短路电流及短路容量。

解：（1）确定基准值

取 $S_d = 100\text{MVA}$，$U_{C1} = 6.3\text{kV}$，$U_{C2} = 0.4\text{kV}$

而

$$I_{d1} = \frac{S_d}{\sqrt{3}U_{C1}} = \frac{100\text{MVA}}{\sqrt{3} \times 6.3\text{kV}} = 9.16\text{kA}$$

$$I_{d2} = \frac{S_d}{\sqrt{3}U_{C2}} = \frac{100\text{MVA}}{\sqrt{3} \times 0.4\text{kV}} = 144.34\text{kA}$$

（2）计算短路回路各元件的电抗标幺值

1）电力系统的电抗标幺值。由式（3-31）得

$$X_1^* = \frac{S_d}{S_{oc}} = \frac{100\text{MVA}}{300\text{MVA}} = 0.33$$

2）电缆线路的电抗标幺值。查表 3-1，$X_0 = 0.08\Omega/\text{km}$，由式（3-33）得

$$X_2^* = X_0 L \frac{S_d}{U_{C1}^2} = 0.08(\Omega/\text{km}) \times 4\text{km} \times \frac{100\text{MVA}}{(6.3\text{kV})^2} = 0.81$$

3）电力变压器的电抗标幺值。查附表 3-1 知，$U_k\% = 4.5$，由式（3-32）得

$$X_3^* = X_4^* = \frac{U_k\%}{100} \frac{S_d}{S_N} = \frac{4.5 \times 100\text{MVA}}{100 \times 800\text{kVA}} = 5.63$$

绘制短路等效电路图如图 3-7 所示。

（3）计算 k-1 电的短路电路总电抗标幺值及三相短路电流和短路容量

1）总电抗标幺值

$$X^*_{\Sigma(k-1)} = X^*_1 + X^*_2 = 0.33 + 0.81 = 1.14$$

2) 三相短路电流周期分量的有效值。由式 (3-36) 得

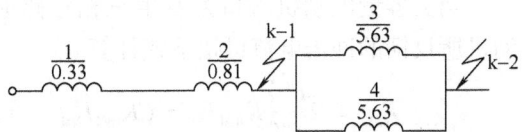

图 3-7 例 3-2 的短路等效电路图（标幺制法）

$$I^{(3)}_{k-1} = \frac{I_{d1}}{X^*_{\Sigma(k-1)}} = \frac{9.16\text{kA}}{1.14} = 8.05\text{kA}$$

3) 其他短路电流

$$I''^{(3)} = I^{(3)}_{\infty} = I^{(3)}_{k-1} = 8.05\text{kA}$$

$$i^{(3)}_{sh} = 2.55 I''^{(3)} = 2.55 \times 8.05\text{kA} = 20.53\text{kA}$$

$$I^{(3)}_{sh} = 1.51 I''^{(3)} = 1.51 \times 8.05\text{kA} = 12.16\text{kA}$$

4) 三相短路容量。由式 (3-37) 得

$$S^{(3)}_{k-1} = \frac{S_d}{X^*_{\Sigma(k-1)}} = \frac{100\text{MVA}}{1.14} = 87.72\text{MVA}$$

(4) 计算 k-2 点的短路回路总电抗标幺值及三相短路电流和短路容量

1) 总电抗标幺值

$$X^*_{\Sigma(k-2)} = X^*_1 + X^*_2 + X^*_3 // X^*_4 = 0.33 + 0.81 + \frac{5.63}{2} = 3.96$$

2) 三相短路电流周期分量的有效值。由式 (3-36) 得

$$I^{(3)}_{k-2} = \frac{I_{d2}}{X^*_{\Sigma(k-2)}} = \frac{144.34\text{kA}}{3.96} = 36.45\text{kA}$$

3) 其他短路电流

$$I''^{(3)} = I^{(3)}_{\infty} = I^{(3)}_{k-2} = 36.45\text{kA}$$

$$i^{(3)}_{sh} = 1.84 I''^{(3)} = 1.84 \times 36.45\text{kA} = 67.07\text{kA}$$

$$I^{(3)}_{sh} = 1.09 I''^{(3)} = 1.09 \times 36.45\text{kA} = 39.73\text{kA}$$

4) 三相短路容量。由式 (3-37) 得

$$S^{(3)}_{k-2} = \frac{S_d}{X^*_{\Sigma(k-1)}} = \frac{100\text{MVA}}{3.96} = 25.25\text{MVA}$$

由此可见，采用标幺制法的计算结果与例 3-1 采用欧姆法计算的结果基本相同。短路计算表略。

通常欧姆法用于 1000V 及以下电网的短路计算，标幺制法则适宜于高压电网的短路计算。

3.3.3 大容量电动机对短路电流的影响

电网发生短路时，如果短路点距大容量电动机较远，其外加电压虽有降低，但可能仍大于电动机本身的电动势，电动机仍可从电网继续吸收功率，只是电动机的转速因电压降低而有所下降。如果短路点距大容量电动机较近时，短路点的电压为零，由于惯性，电动机的转速又不能立即降到零，其反电动势有可能大于外加电压，此时电动机将和发电机一样，向短路点馈送电流，如图 3-8 所示。由于反馈电流将使电动机迅速制动，反馈电流衰减极快，因此该反馈电流仅影响短路冲击电流，而且只有当单台电动机容量大于 100kW 或电动机组的总容量大于 100kW 时才考虑其影响。

当大容量电动机端口处发生三相短路时,电动机所反馈的冲击电流可按下式计算

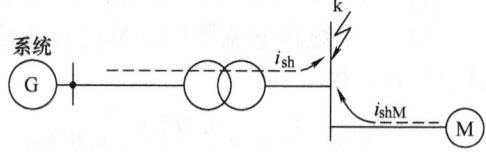

$$i_{\text{shM}} = \sqrt{2}\frac{E_M''^*}{X_M''^*}K_{\text{shM}}I_{\text{NM}} = CK_{\text{shM}}I_{\text{NM}} \qquad (3\text{-}38)$$

图 3-8 大容量电动机对短路点反馈冲击电流

式中,$E_M''^*$、$X_M''^*$ 为电动机次暂态电势和次暂态电抗的标幺值;C 为电动机反馈冲击系数(感应电动机取 6.5,同步电动机取 7.8,同步补偿机取 10.6,综合性负荷取 3.2);K_{shM} 为电动机短路电流冲击系数(对高压电动机可取 1.4~1.7,对低压电动机可取 1);I_{NM} 为电动机的额定电流。

计入电动机的反馈冲击电流后,短路点的总短路冲击电流为

$$i_{\text{sh}\Sigma} = i_{\text{sh}} + i_{\text{shM}} \qquad (3\text{-}39)$$

3.4 两相和单相短路电流的计算

3.4.1 两相短路电流的计算

在无限大容量系统中发生两相短路时,其两相短路电流可由式(3-40)计算,即

$$I_k^{(2)} = \frac{U_C}{2|Z_\Sigma|} \qquad (3\text{-}40)$$

式中,U_C 为短路点的短路计算电压(线电压)。

如果只计电抗,则两相短路电流为

$$I_k^{(2)} = \frac{U_C}{2X_\Sigma} \qquad (3\text{-}41)$$

将式(3-41)与式(3-16)比较,则两相短路电流与三相短路电流的关系为

$$I_k^{(2)} = \frac{\sqrt{3}}{2}I_k^{(3)} = 0.866 I_k^{(3)} \qquad (3\text{-}42)$$

式(3-42)说明,在无限大容量系统中,同一地点的两相短路电流为三相短路电流的 86.6%。因此,无限大容量系统中的两相短路电流可由式(3-42)求出。其他两相短路电流均可按前面三相短路的对应短路电流公式计算。

3.4.2 单相短路电流的计算

在大接地电流系统或三相四线制系统中发生单相短路时,根据对称分量法可知单相短路电流为

$$\dot{I}_k^{(1)} = \frac{\sqrt{3}\dot{U}_C}{Z_{1\Sigma} + Z_{2\Sigma} + Z_{0\Sigma}} \qquad (3\text{-}43)$$

式中,$Z_{1\Sigma}$、$Z_{2\Sigma}$、$Z_{0\Sigma}$ 为单相短路回路的正序、负序、零序阻抗。

在工程设计中,常用式(3-44)~式(3-46)计算低压配电线路单相短路电流,即

$$I_k^{(1)} = \frac{U_\varphi}{|Z_{\varphi-0}|} \qquad (3\text{-}44)$$

$$I_{\mathrm{k}}^{(1)} = \frac{U_{\varphi}}{|Z_{\varphi\text{-PE}}|} \tag{3-45}$$

$$I_{\mathrm{k}}^{(1)} = \frac{U_{\varphi}}{|Z_{\varphi\text{-PEN}}|} \tag{3-46}$$

式中，U_{φ} 为线路的相电压；$Z_{\varphi\text{-0}}$ 为相线与 N 线短路回路的阻抗；$Z_{\varphi\text{-PE}}$ 为相线与 PE 线短路回路的阻抗；$Z_{\varphi\text{-PEN}}$ 为相线与 PEN 线短路回路的阻抗。

在无限大容量系统中或远离发电机处短路时，两相短路电流和单相短路电流均较三相电路电流小，因此选择和校验电器设备应采用三相短路电流，两相短路电流主要用来校验相间短路保护的灵敏度，单相短路电流主要用于单相短路保护的整定及校验。

3.5 短路电流的力效应和热效应

3.5.1 短路产生的效应及电气设备进行校验的必要性

当电流通过电气设备和载流导体时，电气设备或载流导体间存在的作用力，称为电动力。正常时因工作电流不大，电动力也不易察觉。当供电系统发生短路时，特别是流过短路冲击电流的瞬间，产生的电动力最大，可能导致导体变形或破坏电气设备，所以必须要求电气设备有承受足够电动力的能力，即动稳定性。另外，系统发生短路时，通过导体或电气设备的短路电流要比正常工作电流大很多倍，强大的短路电流所产生的热量，会使导体或电气设备的温度急速升高，加速绝缘老化，使绝缘强度降低，过高的温度甚至使绝缘损坏。所以必须要求导体或电气设备有承受足够高温的能力，即热稳定性，才能可靠地工作。

3.5.2 短路电流的力效应

1. 短路时的最大电动力

根据电路的原理可知，处在空气中的两平行导体分别通以电流 i_1、i_2 时，两导体间由于电磁场的相互作用，导体上即产生力的相互作用，其值大小为

$$F = \mu_0 i_1 i_2 \frac{l}{2\pi a} \times 10^{-7} \text{N/A}^2 \tag{3-47}$$

式中，a 为两导体的轴线间距离（m）；l 为导体的两相邻支持点间距离（m），即档距；μ_0 为真空和空气的磁导率，$\mu_0 = 4\pi \times 10^{-7} \text{N/A}^2$。

如果三相系统中发生三相短路，则在三相导体的两两导体间将产生电动力的相互作用，如图 3-9 所示。根据分析可知，三相短路冲击电流 i_{sh} 在中间相上产生的电动力最大，其值为

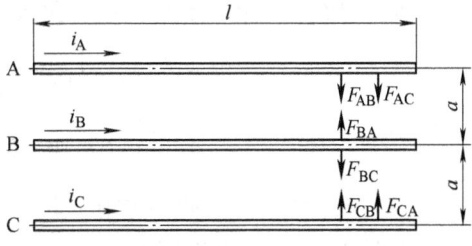

图 3-9 三相短路时产生的电动力

$$F^{(3)} = \sqrt{3} i_{\mathrm{sh}}^{(3)2} \frac{l}{a} \times 10^{-7} \text{N/A}^2 \tag{3-48}$$

校验电器和载流导体的动稳定度时，通常采用三相短路冲击电流 $i_{\mathrm{sh}}^{(3)}$ 或三相短路全电流有效值 $I_{\mathrm{sh}}^{(3)}$ 以及三相短路时产生的电动力 $F^{(3)}$。

2. 短路动稳定度的校验

电器和导体的动稳定度的校验，根据校验对象的不同而采用不同的校验条件。

（1）对于一般电器　动稳定度校验条件是

$$i_{\max} \geq i_{\text{sh}}^{(3)} \qquad (3\text{-}49)$$

或

$$I_{\max} \geq I_{\text{sh}}^{(3)} \qquad (3\text{-}50)$$

式中，$i_{\max}$、$I_{\max}$ 为电器极限通过电流的峰值和有效值，可查有关的手册和产品样本。

（2）对于绝缘子　动稳定度校验的条件是

$$F_{\text{al}} \geq F_{\text{c}}^{(3)} \qquad (3\text{-}51)$$

式中，F_{al} 为绝缘子的最大允许载荷，可查有关手册或产品样本；$F_{\text{c}}^{(3)}$ 为短路时作用在绝缘子上的计算力，如果母线在绝缘子上平放，则 $F_{\text{c}}^{(3)} = F^{(3)}$，如果母线竖放，则 $F_{\text{c}}^{(3)} = 1.4 F^{(3)}$。

（3）对于硬母线　动稳定度校验的条件是

$$\sigma_{\text{al}} \geq \sigma_{\text{c}} \qquad (3\text{-}52)$$

式中，σ_{al} 为母线材料的最大允许应力（Pa），硬铜母线为 140MPa，硬铝母线为 70MPa；σ_{c} 为母线通过 $i_{\text{sh}}^{(3)}$ 时所受到的最大计算应力。其最大计算应力可按下式计算，即

$$\sigma_{\text{c}} = M/W \qquad (3\text{-}53)$$

式中，M 为母线通过 $i_{\text{sh}}^{(3)}$ 时所受到的弯曲力矩，当母线的档数为 1~2 时，$M = F^{(3)} L/8$，当档数大于 2 时，$M = F^{(3)} L/10$，这里的 L 为母线的档距；W 为母线的截面系数，当母线水平放置时，$W = b^2 h/6$，此处 b 为母线截面的水平宽度，h 为母线截面的垂直高度。

对于电缆，因其机械强度较高，可不必校验其动稳定度。

[例 3-3] 设例 3-1 所示工厂变电所 380V 侧母线上接有一台 500kW 的同步电动机，$\cos\varphi = 1$ 时，$\eta = 94\%$。该母线采用 LMY-80×10 的硬铝母线，水平平放，相邻两母线间的轴线距离为 0.2m，档距为 0.9m，档数大于 2，试校验此母线的动稳定度。

解：（1）计算母线短路时所受的最大电动力

由例 3-1 知，380V 母线的短路冲击电流 $i_{\text{sh}}^{(3)} = 67.16\text{kA}$，而接于 380V 母线的同步电动机反馈冲击电流为（取 $C = 7.8$，$K_{\text{shM}} = 1$）

$$i_{\text{shM}} = C K_{\text{shM}} I_{\text{NM}} = 7.8 \times 1 \times \frac{500}{\sqrt{3} \times 1 \times 0.94 \times 380} \text{kA} = 6.3\text{kA}$$

因此母线在三相短路时所受的最大电动力为

$$\begin{aligned} F^{(3)} &= \sqrt{3}(i_{\text{sh}} + i_{\text{shM}})^2 \frac{l}{a} \times 10^{-7} \text{N/A}^2 \\ &= \sqrt{3} \times (67.16 + 6.30)^2 \times \frac{0.9}{0.2} \times 10^{-7} \text{N/A}^2 = 4205.93 \text{N/A}^2 \end{aligned}$$

（2）校验母线短路时的动稳定度

母线在 $F^{(3)}$ 作用时的弯曲力矩为

$$M = \frac{F^{(3)} L}{10} = \frac{4205.93 \times 0.9}{10} \text{N} \cdot \text{m} = 378.53 \text{N} \cdot \text{m}$$

母线的截面系数为

$$W = \frac{b^2 h}{6} = \frac{0.08^2 \times 0.01}{6} \text{m}^3 = 1.07 \times 10^{-5} \text{m}^3$$

母线在三相短路时所受到的计算应力为

$$\sigma_c = \frac{M}{W} = \frac{378.53}{1.07 \times 10^{-5}} \text{Pa} = 35.38 \text{MPa}$$

而硬铝母线的允许应力为 $\sigma_{al} = 70\text{MPa} > \sigma_c$，所以该母线满足动稳定要求。

3.5.3 短路电流的热效应

1. 短路时导体的发热过程和发热计算

当系统发生短路时，极大的短路电流通过导体和电气设备。由于短路后系统的保护装置很快动作，切除短路故障，所以短路电流通过导体的时间不长（一般不会超过 3s），其热量来不及向周围介质中散发。因此，可以认为全部热量都用来使导体和电气设备的温度升高。

图 3-10 表示短路前后导体的温度变化情况。导体在短路前正常负荷时的温度为 θ_L。假设在 t_1 时发生短路，导体温度按指数规律迅速升高，而在 t_2 时线路保护装置将短路故障切除，这时导体温度已达到 θ_k。短路切除后，导体不再产生热量，而只按指数规律向周围介质散热，直到导体温度等于周围介质温度 θ_0 为止。

按照导体和电气设备的允许发热条件，每一种导体和电气设备都有在正常负荷和短路时的最高允许温度的要求，如果导体和电气设备在短路时的发热温度不超过短路时的最高允许温度，则认为其短路热稳定度是满足要求的。

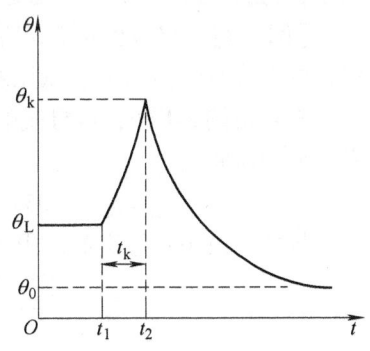

图 3-10 短路前后导体的温度变化

导体和电气设备在短路时达到的最高发热温度与短路前的温度、短路电流的大小及通过短路电流的时间等许多因素有关，而且短路电流是变化的，其中还含有非周期分量。因此，要准确计算短路时导体产生的热量和达到的最高温度是非常困难的。

在工程计算中常采用等效方法来计算其发热量 Q_k，即采用一个恒定的短路稳态电流 I_∞，假定一个时间 t_{ima}，在此时间内设导体通过 I_∞ 所产生的热量，恰好与实际短路电流 i_k 在实际短路时间 t_k 内所产生的热量相等。这一假定的时间 t_{ima}，称为短路发热的假想时间，也称热效时间，如图 3-11 所示。

即

$$Q_k = \int_0^{t_k} I_{kt}^2 R \mathrm{d}t = I_\infty^2 R t_{ima} \quad (3\text{-}54)$$

式中，t_{ima} 为短路发热假想时间，可用式 (3-55) 计算，即

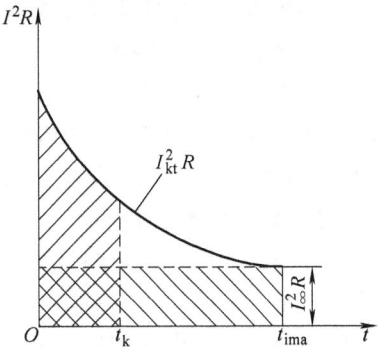

图 3-11 导体发热假想时间

$$t_{ima} = t_k + 0.05 \left(\frac{I''}{I_\infty}\right)^2 \quad (3\text{-}55)$$

在无限大容量系统中发生短路时，由于 $I'' = I_\infty$，因此有

$$t_{ima} = t_k + 0.05\text{s} \quad (3\text{-}56)$$

当 $t_k > 1\text{s}$ 时，可认为 $t_{ima} = t_k$。

短路时间 t_k 为短路保护装置实际最长的动作时间 t_{op} 与断路器的断路时间 t_{oc} 之和，即

$$t_k = t_{op} + t_{oc} \tag{3-57}$$

对于一般高压油断路器,可取 $t_{oc} = 0.2s$;对于高速断路器,可取 $t_{oc} = 0.1 \sim 0.15s$。

2. 短路热稳定度的校验

(1) 对于一般电器 热稳定度校验的条件是

$$I_t^2 t \geq I_\infty^{(3)2} t_{ima} \tag{3-58}$$

式中,I_t 为电器的热稳定电流;t 为电器的热稳定时间,可从有关手册或产品样本查得。

(2) 对于母线及绝缘导线和电缆等导体 热稳定度校验的条件是

$$S \geq S_{min} = I_\infty^{(3)} \sqrt{\frac{t_{ima}}{C^2}} = \frac{I_\infty^{(3)}}{C} \sqrt{t_{ima}} \tag{3-59}$$

式中,S_{min} 为导体的最小热稳定截面积;C 为导体的短路热稳定系数,可查表 E-4。

[**例 3-4**] 试校验例 3-3 所示工厂变电所 380V 侧硬铝母线的短路热稳定度。已知短路保护的动作时间为 0.5s,低压断路器的断路时间为 0.05s。

解:由例 3-1 知,该母线的三相短路电流稳态值为 36.50kA,查表 E-4 得 $C = 87$,短路发热假想时间为

$$t_{ima} = t_k + 0.05s = t_{op} + t_{oc} + 0.05s = (0.5 + 0.05 + 0.05)s = 0.6s$$

导体的最小热稳定截面积为

$$S_{min} = \frac{I_\infty^{(3)}}{C} \sqrt{t_{ima}} = \frac{36.50 \times 1000}{87} \times \sqrt{0.6} \, mm^2 = 325 \, mm^2$$

由于母线的实际截面积为 $S = 80 \times 10 mm^2 = 800 mm^2$,大于 $325 mm^2$,因此该母线满足短路热稳定度的要求。

基本能力训练 中小型工厂变电所短路电流计算

某机械厂变电所主接线图如图 2-11 所示,试确定短路计算点,并计算各点的短路电流。

1. 绘出计算电路图

根据变电所主接线图绘出短路计算电路图,将短路计算中各元件的额定参数都表示出来,并将各元件依次编号,如图 3-12 所示。

2. 确定短路计算点

在短路计算中,短路计算点应选择在可能产生最大短路电流的地方。一般来说,高压侧选择在高压母线位置;低压侧选择在低压母线位置;系统中装有限流电抗器时,应选择在电抗器之后,如图 3-12 中的 k-1 及 k-2 点。

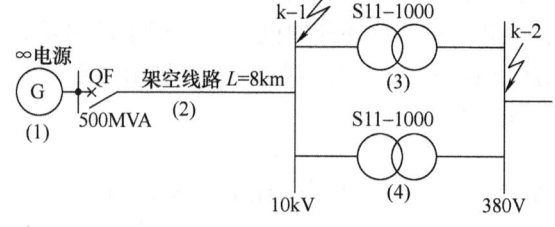

图 3-12 短路计算电路

3. 选定短路计算方法,计算各元件的电抗标幺值,并按短路计算点绘出短路等效电路图

本例采用标幺制法计算短路电流。

(1) 确定基准值

取 $S_d = 100MVA$,$U_{C1} = 10.5kV$,$U_{C2} = 0.4kV$,

而

$$I_{d1} = S_d/\sqrt{3}U_{C1} = 100MVA/(\sqrt{3} \times 10.5kV) = 5.50kA$$

$$I_{d2} = S_d/\sqrt{3}U_{C2} = 100\text{MVA}/(\sqrt{3} \times 0.4\text{kV}) = 144\text{kA}$$

(2) 计算短路电路中各主要元件的电抗标幺值

1) 电力系统电抗标幺值

$$X_1^* = 100\text{MVA}/500\text{MVA} = 0.2$$

2) 架空线路的电抗标幺值（查附录表得 $X_0 = 0.36\Omega/\text{km}$）

$$X_2^* = 0.36(\Omega/\text{km}) \times 8\text{km} \times \frac{100\text{MVA}}{(10.5\text{kV})^2} = 2.61$$

3) 电力变压器的电抗标幺值（查表 C-1 得 $U_k\% = 4.5$）

$$X_3^* = X_4^* = \frac{4.5}{100} \times \frac{100\text{MVA}}{1000\text{kVA}} = 4.5$$

绘制短路等效电路如图 3-13 所示，图中标出各元件的序号和电抗标幺值。

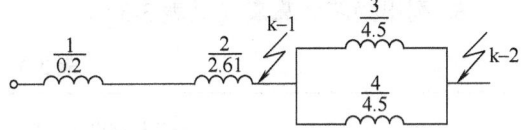

图 3-13 短路等效电路

4. 确定各短路计算点的短路回路总电抗标幺值，计算各短路点的短路电流和短路容量

(1) 求 k–1 点的短路回路总电抗标幺值及三相短路电流和短路容量

1) 总电抗标幺值

$$X_{\Sigma(k-1)}^* = X_1^* + X_2^* = 0.2 + 2.61 = 2.81$$

2) 三相短路电流周期分量有效值

$$I_{k-1}^{(3)} = \frac{I_{d1}}{X_{\Sigma(k-1)}^*} = \frac{5.50\text{kA}}{2.81} = 1.96\text{kA}$$

3) 其他三相短路电流

$$I''^{(3)} = I_\infty^{(3)} = I_{k-1}^{(3)} = 1.96\text{kA}$$

$$i_{sh}^{(3)} = 2.55 \times 1.96\text{kA} = 5.00\text{kA}$$

$$I_{sh}^{(3)} = 1.51 \times 1.96\text{kA} = 2.96\text{kA}$$

4) 三相短路容量

$$S_{k-1}^{(3)} = S_d/X_{\Sigma(k-1)}^* = 100\text{MVA}/2.81 = 35.59\text{MVA}$$

5) 两相短路电流

$$I_{k-1}^{(2)} = I''^{(2)} = I_\infty^{(2)} = 0.866 I_{k-1}^{(3)} = 1.70\text{kA}$$

$$i_{sh}^{(2)} = 0.866 i_{sh}^{(3)} = 4.33\text{kA}$$

$$I_{sh}^{(2)} = 0.866 I_{sh}^{(3)} = 2.56\text{kA}$$

(2) 求 k–2 点的短路回路总电抗标幺值及三相短路电流和短路容量

1) 总电抗标幺值

$$X_{\Sigma(k-2)}^* = X_1^* + X_2^* + X_3^*/2 = 0.2 + 2.61 + 4.5/2 = 5.06$$

2) 三相短路电流周期分量有效值

$$I_{k-2}^{(3)} = I_{d2}/X_{\Sigma(k-2)}^* = 144\text{kA}/5.06 = 28.46\text{kA}$$

3) 其他三相短路电流

$$I''^{(3)} = I_\infty^{(3)} = I_{k-2}^{(3)} = 28.46\text{kA}$$

$$i_{sh}^{(3)} = 1.84 \times 28.46\text{kA} = 52.37\text{kA}$$

$$I_{\text{sh}}^{(3)} = 1.09 \times 28.46\text{kA} = 31.02\text{kA}$$

4）三相短路容量

$$S_{\text{k}-2}^{(3)} = S_{\text{d}}/X_{\Sigma(\text{k}-2)}^{*} = 100\text{MVA}/5.06 = 19.76\text{MVA}$$

5）两相短路电流

$$I_{\text{k}-2}^{(2)} = I''^{(2)} = I_{\infty}^{(2)} = 0.866 I_{\text{k}-2}^{(3)} = 24.65\text{kA}$$

$$i_{\text{sh}}^{(2)} = 0.866 i_{\text{sh}}^{(3)} = 45.35\text{kA}$$

$$I_{\text{sh}}^{(2)} = 0.866 I_{\text{sh}}^{(3)} = 26.86\text{kA}$$

5. 列出短路计算表（见表3-3）

表3-3 短路计算表

短路计算点	三相短路电流/kA					两相短路电流/kA			三相短路容量/MVA
	$I_{\text{k}}^{(3)}$	$I''^{(3)}$	$I_{\infty}^{(3)}$	$i_{\text{sh}}^{(3)}$	$I_{\text{sh}}^{(3)}$	$I_{\text{k}}^{(2)}$	$i_{\text{sh}}^{(2)}$	$I_{\text{sh}}^{(2)}$	$S_{\text{k}}^{(3)}$
k－1 点	1.96	1.96	1.96	5.00	2.96	1.70	4.33	2.56	35.59
k－2 点	28.46	28.46	28.46	52.37	31.02	24.65	45.35	26.86	19.76

思考题与习题

3-1 短路的原因有哪些？短路的类型有哪些？哪种短路对系统危害最大？哪种短路发生的可能性最大？

3-2 什么叫无限大容量的电力系统？它有什么特点？在无限大容量供电系统中短路电流将如何变化？

3-3 什么是短路冲击电流？什么是稳态电流？

3-4 试比较欧姆法与标幺制法计算短路电流的优缺点。

3-5 短路计算电压与线路额定电压有什么关系？

3-6 在无限大容量系统中，两相短路电流与三相短路电流有什么关系？

3-7 什么是短路电流的电动力效应和热效应？

3-8 在短路点附近有大容量交流电动机运行时，电动机对短路计算有什么影响？

3-9 对一般开关电器，其短路动稳定度和热稳定度校验的条件各是什么？

3-10 对母线，其短路动稳定度和热稳定度校验的条件各是什么？

3-11 某区域变电所通过一条长为5km 的10kV 架空线路，给某厂变电所供电，该厂变电所装有两台并列运行的 S11-1000 型变压器，区域变电所出口断路器的断流容量为300MVA。试分别用欧姆法和标幺制法，求该厂变电所高压侧和低压侧的短路电流和短路容量。

3-12 某车间变电所380V 母线上接有大型感应电动机组250kW，平均$\cos\varphi = 0.7$，效率$\eta = 0.75$。该母线采用截面积为$100 \times 10\text{mm}^2$ 的硬铝母线，水平平放，档距为0.9m，档数大于2，相邻两母线的轴线距离为0.16m，电力系统提供的三相短路冲击电流为$i_{\text{sh}}^{(3)} = 41\text{kA}$。试校验该母线在三相短路时的动稳定度。

3-13 设题3-12 所述380V 母线的短路保护动作时间为0.5s，低压断路器的断路时间为0.05s。试校验此母线的短路热稳定度。

第4章 供配电系统的电气设备及选择

[内容提要] 本章首先概述供配电系统电气设备的分类,然后分别讲述电力变压器和互感器、高低压开关电器、熔断器和避雷器、无功补偿等设备的功用、结构特点、主要性能及使用注意事项,最后介绍高低压成套配电装置的类型和结构特点等,该章内容将为后面进一步学习电气主接线的知识打下基础。

4.1 电气设备概述

4.1.1 电气一次设备及其分类

供配电系统中担负输送和分配电能任务的电路,称为一次电路,也称主电路。一次电路中的所有电气设备,称为一次设备。

按功能一次设备分以下几类:

(1) 变换设备 指按系统工作要求来改变电压或电流的设备,例如电力变压器、电压互感器、电流互感器及变流设备等。

(2) 控制设备 指按系统工作要求来控制电路通断的设备,例如各种高低压开关。

(3) 保护设备 指用来对系统进行过电流和过电压保护的设备,例如高低压熔断器和避雷器。

(4) 无功补偿设备 指用来补偿系统中的无功功率、提高功率因数的设备,例如并联电容器。

(5) 成套配电装置 它是按照一定的线路方案的要求,将有关一次设备和二次设备组合一体的电气装置,例如高低压开关柜、动力和照明配电箱等。

供配电系统主要一次设备的图形符号和文字符号见表4-1。

表4-1 主要一次设备的图形符号和文字符号

序号	设备名称	图形符号	文字符号	序号	设备名称	图形符号	文字符号
1	双绕组变压器		T	5	避雷器		FV
2	三绕组变压器		T	6	火花间隙		FG
3	电抗器		L	7	电力电容器		C
4	分裂电抗器		L	8	有一个二次绕组电流互感器		TA

(续)

序号	设备名称	图形符号	文字符号	序号	设备名称	图形符号	文字符号
9	具有两个二次绕组的电流互感器	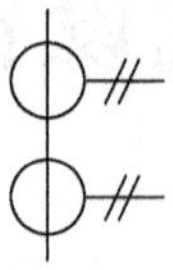	TA	17	熔断器		FU
10	电压互感器	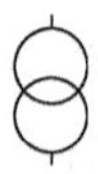	TV	18	跌落式熔断器		FD
11	三绕组电压互感器	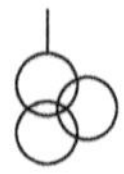	TV	19	负荷型跌落式熔断器		FDL
12	母线		WB	20	刀熔开关		QKF
13	断路器		QF	21	接触器		KM
14	隔离开关		QS	22	电缆终端头		W
15	负荷开关		QL	23	输电线路		WL
16	刀开关		QK	24	插头和插座		

4.1.2 电气设备运行中的电弧问题与灭弧方法

1. 电弧的危害

高低压开关电器通断负荷电路，特别是通断存在着短路故障的电路，就会在开关电器的触头间产生电弧。电弧是一种高温、强光的电游离现象。电弧的产生对供电系统的安全运行有很大的影响。主要危害有：

1）当开关分断短路电流时，触头间的电弧延长了短路电流持续的时间，使短路故障蔓延，从而给供配电系统造成更大的损坏。

2）高温可使开关触头变形、熔化，从而接触不良甚至损坏。

3）高温可能造成人员灼伤甚至直接或间接的死亡，强光可能损害人的视力。

4）引起弧光短路，严重时造成爆炸事故。

电弧产生的根本原因是开关触头在分断电流时，触头间电场强度很大，使触头本身的电子及触头周围介质中的电子被游离而形成电弧电流。在电弧产生的过程中，游离和去游离是共同存在的两个过程。当游离率等于去游离率时，电弧在间隙中稳定燃烧。要使电弧熄灭，必须使触头间电弧中的去游离率大于游离率。熄灭电弧的去游离方式主要有"复合"和

"扩散"两种。

维持电弧稳定燃烧所需电压很低,当电气触头间有大于 10V 的电压、大于 80mA 的电流就会产生电弧。为了保证供配电系统的安全运行和人员的生命安全,开关电器必须采取有效措施迅速熄灭电弧。

2. 开关电器中常用的灭弧方法

对于开关电器,其触头间电弧的产生和熄灭问题直接影响到开关电器的结构性能。因此电器元件在制造过程中都要考虑灭弧的方法。

高低压开关电器中常用的灭弧方法有:

(1) 速拉灭弧法 迅速拉长电弧,使弧隙的电场强度骤降,使离子的复合迅速增强,从而加速灭弧。这是开关电器最基本的一种灭弧法。开关电器中装设的断路弹簧,目的就在于加速触头的分断速度,迅速拉长电弧。

(2) 冷却灭弧法 降低电弧温度,可使电弧中的热游离减弱,正负离子的复合增强,从而有助于电弧熄灭。

(3) 吹弧或吸弧灭弧法 利用外力(如气流、油流或电磁力)来吹动或吸动电弧,使电弧加速冷却,同时拉长电弧,降低电弧中的电场强度,使电弧中离子的复合和扩散加强,从而加速灭弧。按吹弧的方向分,有横吹(见图 4-1a)和纵吹(见图 4-1b)。按外力的性质分,有气吹、油吹、电动力吹及磁力吹弧或吸弧等。低压刀开关在拉开刀闸时,开关的电流回路产生的电动力会使电

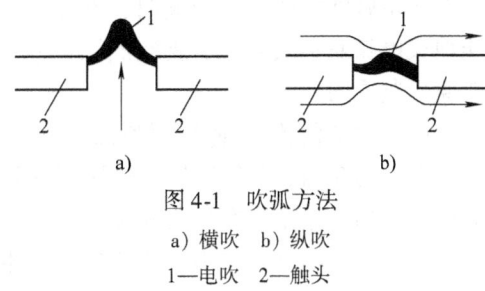

图 4-1 吹弧方法
a) 横吹 b) 纵吹
1—电吹 2—触头

弧拉长,如图 4-2 所示。有的开关采用专门的磁吹线圈来吹动电弧,如图 4-3 所示。也有的开关利用铁磁物质如钢片来吸引电弧,如图 4-4 所示,这相当于反向吹弧。

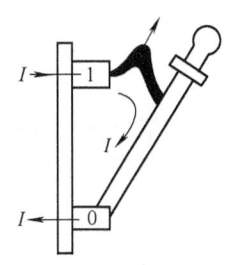

图 4-2 电动力吹弧

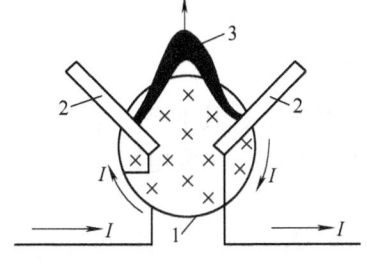

图 4-3 磁力吹弧
1—磁吹线圈 2—灭弧触头 3—电弧

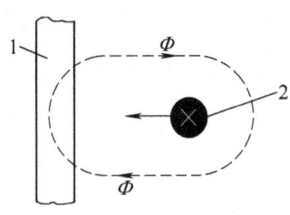

图 4-4 铁磁吸弧
1—刚片 2—电弧

(4) 长弧切短灭弧法 由于电弧的电压降主要降落在阴极和阳极上,其中以阴极电压降最大,而弧柱(电弧中间部分)的电压降极小。因此如果利用金属片将长弧切割成若干短弧,则电弧中的电压降将近似地增大若干倍。当外施电压小于电弧中总的电压降时,则电弧就不能维持而迅速熄灭。图 4-5 为钢灭弧栅将长弧切割成若干短弧的情形。电弧进入钢灭弧栅

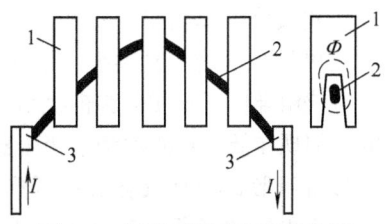

图 4-5 钢灭弧栅对电弧的作用
1—钢栅片 2—电弧 3—触头

内，一是利用图 4-2 所示的电动力吹弧，另一是利用图 4-4 所示的铁磁吸弧。钢片对电弧还有冷却降温作用。

（5）粗弧分细灭弧法　将粗大的电弧分散成若干平行的细小电弧，使电弧与周围介质的接触面增大，改善电弧的散热条件，降低电弧的温度，从而使电弧中离子的复合和扩散都得到增强，加速电弧的熄灭。

（6）狭沟灭弧法　使电弧在固体介质所形成的狭沟中燃烧，由于电弧的冷却条件改善，从而使去游离增强，同时固体介质表面的复合也比较强烈，从而有利于加速灭弧。有一种用耐弧的绝缘材料如陶瓷制成的灭弧栅，就是利用这种狭沟灭弧原理，如图 4-6 所示。有的熔断器在装有熔丝的熔管内充填石英砂，也是利用狭沟灭弧原理来加速熔丝的熔断。

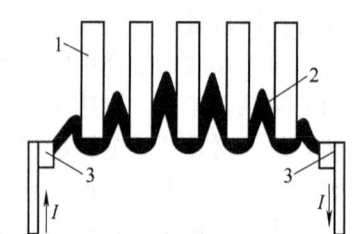

图 4-6　绝缘灭弧栅对电弧的作用
1—绝缘栅片　2—电弧　3—触头

（7）真空灭弧法　真空具有相当高的绝缘强度。装在真空容器内的触头分断时，在交流电流过零时即能熄灭电弧而不致复燃。真空断路器就是利用真空灭弧原理制成的。

（8）六氟化硫（SF_6）灭弧法　SF_6 气体具有优良的绝缘性能和灭弧性能，其绝缘强度约为空气的 3 倍，其绝缘恢复的速度约为空气的 100 倍，因此它能快速灭弧。六氟化硫断路器就是利用 SF_6 作绝缘介质和灭弧介质的。

在现代的电气开关中，常常根据具体情况综合利用上述某几种灭弧方法来实现快速灭弧的目的。

4.2　电力变压器

4.2.1　电力变压器的分类及特点

电力变压器是变电所中关键的一次设备，其主要功能是将电力系统中的电能电压升高或降低，以利于电能的合理输送、分配和使用。供配电系统中电力变压器可以从不同的方面进行分类。

按功能分为升压变压器和降压变压器两种。在远距离输配电系统中，为了把发电机发出的较低电压升高为较高的电压级，需采用升压型变压器；而对于直接供电给各类用户的终端变电所，则采用降压变压器。

按相数分为单相变压器和三相变压器。其中三相变压器广泛用于供配电系统的变电所中，而单相变压器一般供小容量的单相设备专用。

按绕组导体的材质分为铜绕组变压器和铝绕组变压器。过去我国工厂变电所大多采用铝绕组的，但现在低损耗的铜绕组变压器，尤其是大容量的铜绕组变压器得到更为广泛的应用。

按绕组形式分有双绕组变压器、三绕组变压器和自耦式变压器三种。双绕组变压器用于变换一个电压的场所；三绕组变压器用于需变换两个电压的场所，它有一个一次绕组、两个二次绕组。自耦式变压器大多用在实验室中作调压用。

按电压调节方式分为无载调压变压器和有载调压变压器两种。其中，无载调压变压器一般用于对电压水平要求不高的场所，特别是 10kV 及以下的配电变压器；在 10kV 以上的电力系统和对电压水平要求较高的场所主要采用有载调压变压器。

按冷却方式和绕组绝缘分为油浸式变压器、干式变压器和充气式（SF_6）变压器等，其中油浸式变压器具有较好的绝缘和散热性能，且价格较低，便于检修，因此被广泛采用，但由于油的可燃性，不便用于易燃易爆和安全要求较高的场合。干式变压器结构简单、体积小、质量轻，且防火、防尘、防潮，价格较同容量的油浸式变压器贵，在安全防火要求较高的场所，尤其是大型建筑物内的变电所、地下变电所和矿井内变电所被广泛使用。充气式变压器是利用充填的气体进行绝缘和散热，具有优良的电气性能，主要用于安全防火要求较高的场所，并常与其他充气电器配合，组成成套装置。

按用途分为普通变压器和防雷变压器两种。6~10kV/0.4kV 的变压器称为配电变压器，安装在总降压变电所的变压器通常称为主变压器。

目前我国电力变压器的容量采用 IEC 推荐的 R10 系列来确定，即容量按 R10 = $\sqrt[10]{10}$ = 1.26 的倍数递增，常用的有 100kVA、125kVA、160kVA、200kVA、250kVA、315kVA、400kVA、500kVA、630kVA、800kVA、1000kVA、1250kVA、1600kVA、2000kVA、2500kVA、3150kVA 等，其中容量在 500kVA 以下为小型，630~6300kVA 的为中型，8000kVA 以上的为大型。

4.2.2 电力变压器的结构及型号

电力变压器的结构包括铁心和一、二次绕组两大部分。图 4-7 为 10kV 级三相油浸式电力变压器 S11 外形结构图。图 4-8 为 10kV 级树脂浇注绝缘干式电力变压器 SCB10 型外形结构图。

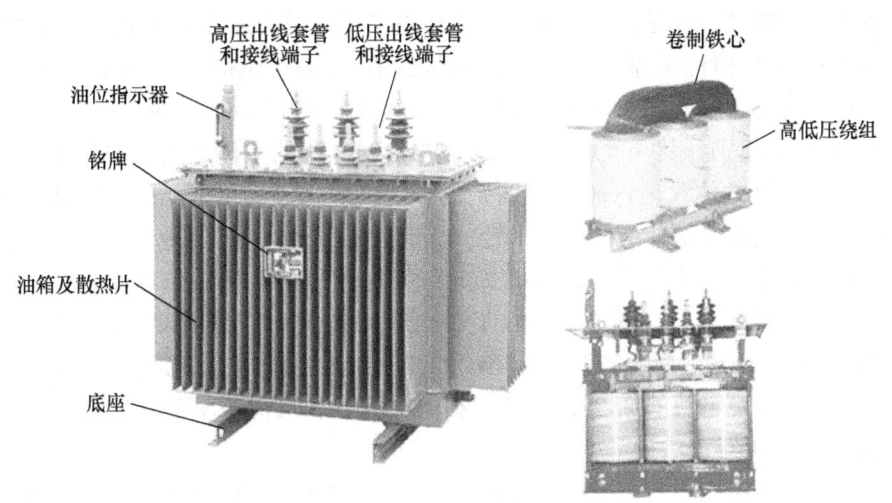

图 4-7 10kV 级三相油浸式电力变压器 S11 外形结构

电力变压器全型号的表示和含义如下：

例如 S11-1000/10，为三相铜绕组油浸电力变压器，设计序号为 11，高压绕组电压为 10kV，额定容量为 1000kVA。

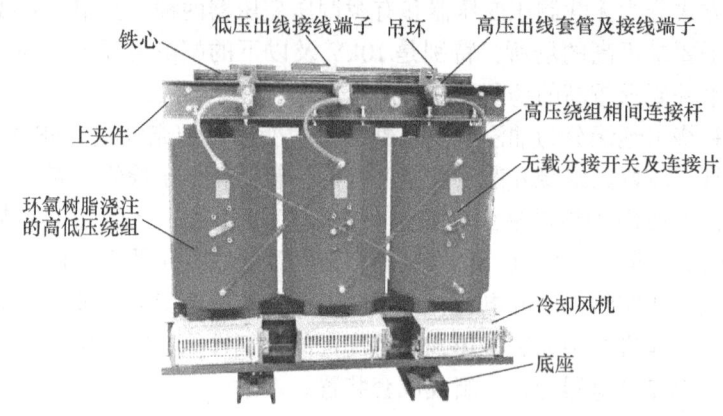

图 4-8　10kV 级树脂浇注绝缘干式变压器 SCB10 型外形结构

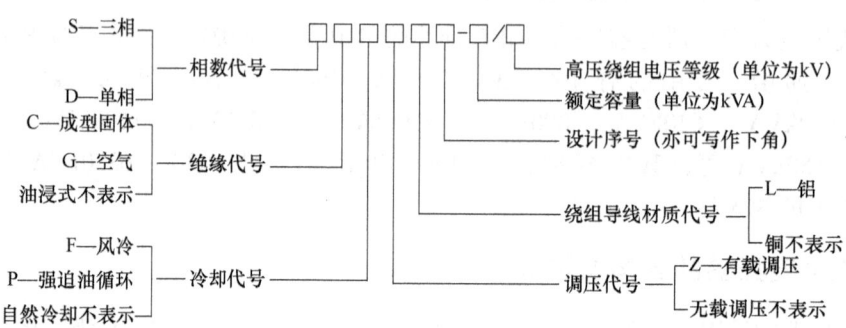

4.2.3　电力变压器的联结组别

电力变压器的联结组别是指变压器一、二次绕组所采用的连接方式的类型及相应的一、二次侧对应线电压的相位关系。常用的联结组别有 Yyn0、Dyn11、Yzn11、Yd11、YNd11 等。6~10kV 配电变压器（二次电压为 220/380V）有 Yyn0 和 Dyn11 两种常用的联结组。

（1）Yyn0 联结组别　其一次线电压和对应二次线电压的相位关系如同时钟在零点（12 点）时，时针与分针的位置。Yyn0 联结组别的一次绕组采用星形联结，二次绕组为带中性线的星形联结，其线路中可能有的 $3n$ 次谐波电流会注入公共的高压电网中；而且，其中性线的电流规定不能超过相线电流的 25%。因此，负荷严重不平衡或 $3n$ 次谐波比较突出的场合不宜采用这种联结方式，但该联结组别的变压器一次绕组的绝缘强度要求较低（与 Dyn11 比较），因而造价比 Dyn11 型的稍低。在 TN 和 TT 系统中由单相不平衡电流引起的中性线电流不超过二次绕组额定电流的 25%，且任一相的电流在满负荷都不超过额定电流时可选用 Yyn0 联结组别的变压器。

（2）Dyn11 联结组别　其一次线电压和对应二次线电压的相位关系如同时钟在 11 点时，时针与分针的位置。Dyn11 联结组别一次绕组为三角形联结，$3n$ 次谐波电流在其三角形的一次绕组中形成环流，不致注入公共电网，有抑制高次谐波的作用；其二次绕组为带中性线的星形联结，按规定，中性线电流容许达到相电流的 75%，因此其承受单相不平衡电流的能力远远大于 Yyn0 联结组别的变压器。对于现代供电系统中单相负荷急剧增加的情况，尤其在 TN 和 TT 系统中，Dyn11 联结的变压器得到大力的推广和应用。

4.2.4 电力变压器的实际容量及过载能力

1. 电力变压器的额定容量与实际容量

电力变压器的额定容量（铭牌容量）是指它在规定的环境温度条件下，室外安装时，在规定的使用年限（一般规定为 20 年）内所能连续输出的最大视在功率（单位为 kVA）。

电力变压器正常使用的最高年平均气温为 20℃。如果变压器安装地点的年平均气温 $\theta_{0.av} \neq 20℃$，则年平均气温每升高 1℃，变压器的容量应相应减小 1%。因此变压器的实际容量应计入一个温度校正系数 K_θ。

对室外变压器，其实际容量为

$$S_T = K_\theta S_{N.T} = \left(1 - \frac{\theta_{0.av} - 20}{100}\right) S_{N.T} \tag{4-1}$$

式中，$S_{N.T}$ 为变压器的额定容量。

上述温度指的是室外温度，对室内运行的变压器来说，由于散热条件差，其运行发热的影响有所升高。一般室内运行的变压器的环境温度比户外温度高出 8℃，因此其容量还要减少 8%，故室内变压器的实际容量为

$$S'_T = K'_\theta S_{N.T} = \left(0.92 - \frac{\theta_{0.av} - 20}{100}\right) S_{N.T} \tag{4-2}$$

2. 电力变压器的正常过负荷能力

电力变压器在运行中，其负荷总是在变化、不均匀的。就一昼夜来说，很大一部分的负荷都低于最大负荷，而变压器容量又是按最大负荷来选择的，因此变压器运行时实际上没有充分发挥其负荷能力。从维持变压器规定的使用年限来考虑，变压器在必要时完全可以过负荷运行。对于油浸式电力变压器，其允许过负荷包括以下两部分：①由于昼夜负荷不均匀而考虑的过负荷；②由于夏季欠负荷而在冬季考虑的过负荷。同时考虑以上两点，对室内变压器，允许过负荷 20%；对室外变压器，允许过负荷 30%。

3. 电力变压器的事故过负荷能力

电力变压器在事故情况下，允许短时间较大幅度地过负荷运行，但运行时间有一定的限制，必须符合表 4-2 所规定的时间。

表 4-2 电力变压器的事故过负荷允许值

油浸自冷式变压器	过负荷百分值（%）	30	45	60	75	100	200
	过负荷时间/min	120	80	45	20	10	1.5
干式变压器	过负荷百分值（%）	10	20	30	40	50	60
	过负荷时间/min	75	60	45	32	16	5

4.2.5 电力变压器的选择

1. 变电所主变压器选型原则

电力变压器型式的选择应遵循以下原则：

1）一般应优先采用 S11、S13 及 SH15 等系列低损耗变压器。

2）在多尘或有腐蚀性气体以致严重影响变压器安全运行的场所，应选用密闭式电力变

压器,如 BSL₁ 型。

3) 对于高层建筑、地下建筑、化工等单位对消防要求较高的场所,宜采用干式变压器,如 SCB10、SBK、SG、DG 等系列。

4) 对电网电压波动较大的,为改善电能质量应采用有载调压电力变压器,如 SZ7、SF-SZ、SGZ3 等系列。

2. 变电所主变压器台数的选择

选择主变压器台数时应考虑下列原则:

1) 应满足用电负荷对供电可靠性的要求。对供有大量一、二级负荷的变电所,宜采用两台变压器,当一台变压器发生故障或检修时,另一台变压器能对一、二级负荷继续供电。对只有二级而无一级负荷的变电所,也可以只采用一台变压器,但必须在低压侧敷设与其他变电所相连的联络线作为备用电源。

2) 对季节性负荷或昼夜负荷变动较大而宜于采用经济运行方式的变电所,可考虑采用两台变压器。

3) 除上述情况外,一般车间变电所宜采用一台变压器。但是负荷集中而容量相当大的变电所,虽为三级负荷,也可以采用两台或以上变压器。

4) 在确定变电所主变压器台数时,应适当考虑负荷的发展,留有一定的余地。

3. 变电所主变压器容量的选择

(1) 只装一台主变压器的变电所 主变压器容量 $S_{N.T}$ 应满足全部用电设备总计算负荷 S_{30} 的需要,即

$$S_{N.T} \geq S_{30} \tag{4-3}$$

(2) 装有两台主变压器的变电所 每台变压器的容量 $S_{N.T}$ 应同时满足以下两个条件:

1) 任一台变压器单独运行时,宜满足总计算负荷 S_{30} 60%~70% 的需要,即

$$S_{N.T} \geq (0.6 \sim 0.7) S_{30} \tag{4-4}$$

2) 任一台变压器单独运行时,应满足全部一、二级负荷 $S_{30(I+II)}$ 的需要,即

$$S_{N.T} \geq S_{30(I+II)} \tag{4-5}$$

(3) 车间变电所主变压器单台容量的选择 车间变电所主变压器的单台容量,一方面受到低压断路器断流能力和短路稳定度的限制,另一方面考虑应使变压器更接近于车间负荷中心,因此容量一般不宜大于 1250kVA。

对居住小区变电所内的油浸式变压器,一般配置的保护比较简单,因此单台容量不宜大于 630kVA。

(4) 适当考虑今后 5~10 年电力负荷的增长 选择的变压器容量留有一定的余地。干式变压器的过负荷能力较小,更宜留有较大裕量。

必须指出,变电所主变压器台数和容量的最后确定,应结合变电所主接线方案的选择,通过对几个较合理方案的技术经济比较后择优确定。

[**例 4-1**] 某工厂企业拟建造一座 10/0.4kV 变电所,所址设在厂房建筑内。已知总计算负荷为 1400kVA,其中一、二级负荷为 730kVA,$\cos\varphi = 0.8$。试选择其变压器的形式、台数和容量。

解:(1) 选择变压器的形式

考虑到变压器在厂房建筑内,故选用低损耗的 SCB10 型 10/0.4kV 三相干式双绕组电力

变压器。变压器采用无励磁调压方式，分接头为±5%，联结组别为Dyn11，带风机冷却并配置温控仪自动控制。

（2）选择变压器的台数

因有较多的一、二级负荷，故选择两台主变压器。

（3）选择每台变压器的容量

变压器容量是根据无功功率补偿后的计算负荷确定的。由于负荷自然功率因数未达供电部门的规定，故需采取低压无功功率补偿方式将功率因数提高到0.92，以使高压侧功率因数达到0.9。

无功功率补偿后的总计算负荷

$$S_{30} = 1400 \text{kVA} \times 0.8/0.92 = 1217 \text{kVA}，其中一、二级负荷$$

$$S_{30(\text{I}+\text{II})} = 730 \text{kV} \cdot \text{A} \times 0.8/0.92 = 635 \text{kV} \cdot \text{A}$$

每台变压器容量 $S_{N.T} \approx 0.7 \times 1217 \text{kV} \cdot \text{A} \approx 852 \text{kV} \cdot \text{A}$，且 $S_{N.T} \geq 635 \text{kV} \cdot \text{A}$，查表C-3，选择变压器容量为1000kV·A。

4.3 互感器

互感器是供配电系统中一次电路和二次电路间的联络元件，用以分别向测量仪表、继电器的电压线圈和电流线圈供电，以反映电气设备的正常运行和故障情况。互感器分为电流互感器和电压互感器两大类。电流互感器简称CT，它能将高低压线路的大电流变成标准小电流（额定值为5A、1A）；电压互感器简称PT，它能将高电压变成标准的低电压（额定值为100V、$100/\sqrt{3}$V）。

在供配电系统中互感器的功能主要是：

1）将一次回路的高电压和大电流变为二次回路标准的低电压和小电流，以扩大仪表、继电器等二次设备的应用范围，并使测量仪表和保护装置标准化、小型化、便于屏内安装。

2）用来使仪表、继电器等二次设备与主电路绝缘，这既可避免一次电路的高电压直接引入仪表、继电器等二次设备，又可防止仪表、继电器等二次设备的故障影响一次电路，提高一、二次电路的安全性和可靠性。

从基本结构和工作原理来说，互感器就是一种特殊变压器。

4.3.1 电流互感器

1. 电流互感器的结构原理

电流互感器的结构与原理如图4-9所示，它由一次绕组、铁心、二次绕组组成。其结构特点是：

1）一次绕组串联在电路中，并且匝数少、导线粗，故一次绕组中的电流完全取决于被测电路的负荷电流，而与二次电流大小无关；

2）二次绕组匝数多，导体较细，与所接仪表、继电器等的电流线圈串联，形成一个闭合回路。二次绕组的额定电流一般为5A。

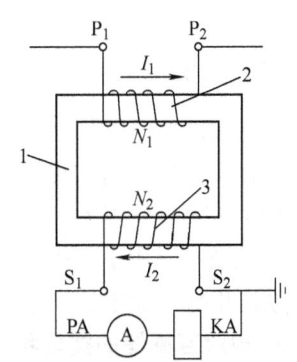

图4-9 电流互感器的结构与接线
1—铁心 2——次绕组 3—二次绕组

3)正常工作时,二次绕组所接的仪表、继电器等电流线圈的阻抗很小,因此电流互感器二次回路接近于短路状态。

电流互感器的一次电流 I_1 与其二次电流 I_2 之间有下列关系:

$$I_1 \approx \frac{N_2}{N_1} I_2 \approx K_i I_2 \tag{4-6}$$

式中,N_1、N_2 为电流互感器一次和二次绕组匝数;K_i 为电流互感器的电流比,一般表示为额定的一次和二次电流之比,即 $K_i = I_{1N}/I_{2N}$,例如 100A/5A。电流互感器参考方向规定,一次侧以流入极性端 P_1 为正方向,二次侧以流出极性端 S_1 为正方向。

2. 电流互感器的接线方案

电流互感器在三相电路中有 4 种常用的接线方案,如图 4-10 所示。

(1)一相式接线 如图 4-10a 所示,电流线圈中通过的电流,反应一次电路相应相的电流,一般用于负载平衡的三相电路如低压动力线路中,供测量电流或接过负荷保护装置用。

(2)两相 V 形接线 如图 4-10b 所示,这种接线也叫两相不完全星形接线。在继电保护中,这种接线则称为两相三继电器接线。在 35kV 及以下中性点不接地的三相三线制电路中,这种接线广泛用于测量三相电流、电能及作过电流继电保护用。电流互感器通常装于

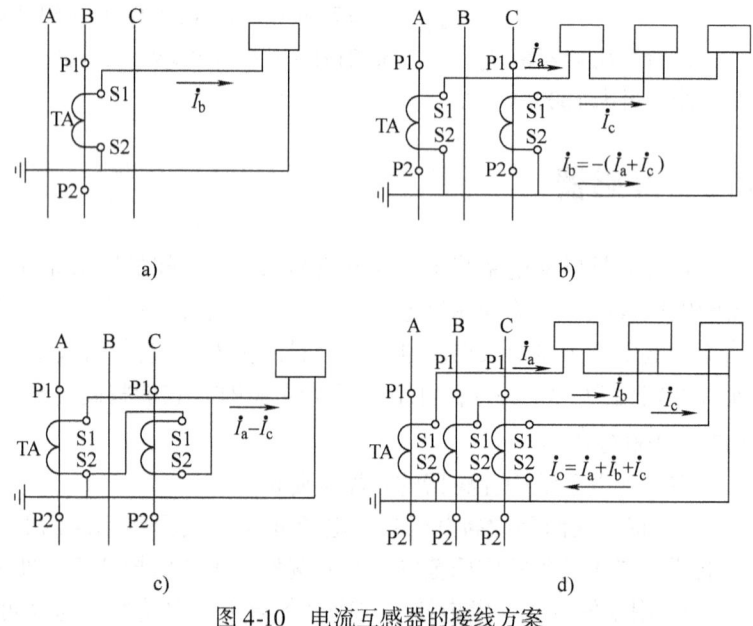

图 4-10 电流互感器的接线方案
a)一相式 b)两相 V 形 c)两相电流差 d)三相星形

A、C 两相,由图 4-11 所示的相量图可知,其二次侧公共线上的电流正好等于 B 相电流,即 $\dot{I}_a + \dot{I}_b = \dot{I}_c$,反映的是未接电流互感器那一相的相电流。

(3)两相电流差式接线 如图 4-10c 所示,这种接线又叫两相一继电器式接线,流过电流继电器线圈的电流为 $\dot{I}_a - \dot{I}_c$,由相量图 4-12 可知,其量值是相电流的 $\sqrt{3}$ 倍。这种接线适用于中性点不接地的三相三线制系统中,作过电流继电保护用。

(4)三相星形接线 如图 4-10d 所示,这种接线中的 3 个电流线圈正好反映了各相电流,因此被广泛用于三相负荷不平衡的三相四线制系统中,也用在负荷可能不平衡的三相三线制系统中作三相电流、电能测量及过电流继电保护用。

3. 电流互感器的类型和型号

1)根据安装地点的不同,可分为户内式和户外式。20kV 及以下制成户内式;35kV 以上多制成户外式。

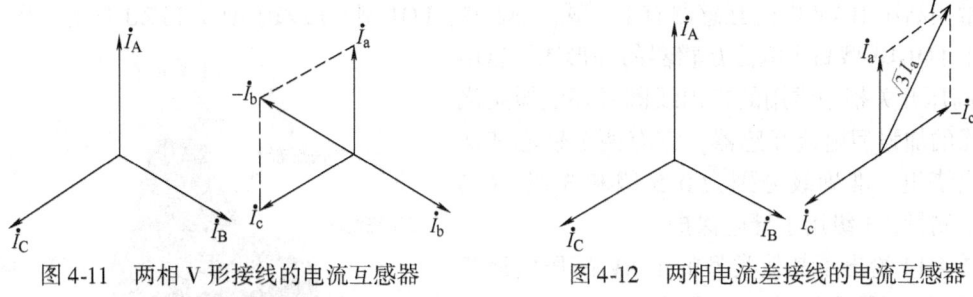

图 4-11 两相 V 形接线的电流互感器一、二次侧的电流相量图

图 4-12 两相电流差接线的电流互感器一、二次侧的电流相量图

2) 根据一次绕组匝数的不同, 分为单匝式和多匝式。单匝式结构有母线式、心柱式、套管式; 多匝式有线圈式、线环式和串级式。

3) 根据一次电压的不同, 分高压和低压两大类。高压电流互感器多制成不同准确度级的两个铁心和两个二次绕组, 分别接测量仪表和继电器; 低压电流互感器二次侧只有一个二次绕组, 用于接仪表或继电器。

4) 根据用途的不同, 分为测量用和保护用两大类。按准确度等级分, 测量用电流互感器有 0.1、0.2、0.5、1、3、5 等级; 保护用电流互感器有 5P 和 10P 两级。在实验室进行精确测量多选用 0.1 或 0.2 级的; 计量用的电流互感器选 0.2 级在工程上用于连接功率表或电能表, 应选用 0.5 级的; 在运行中只作监视或估算电量用的, 可选 1、3 级; 供辨别被测值是否存在或大致估算的仪表所用电流互感器选 5 级; 供一般保护装置用的电流互感器, 可选用准确度等级为 5P 或 10P 级的。如果一只电流互感器既要供给仪表又要供给保护装置, 可以选择具有两个铁心, 不同准确度级的电流互感器。

例如, 高压电流互感器规格型号为 LZZBJ9-10, 400/5。0.5/5P, 其中 0.5/5P 则表示准确度等级。0.5 级为测量绕组的; 5P 为保护绕组的 (保护绕组在短路电流达到 20 倍的额定一次电流时, 二次输出的复合误差不大于 5%)。

电流互感器全型号的表示及含义如下:

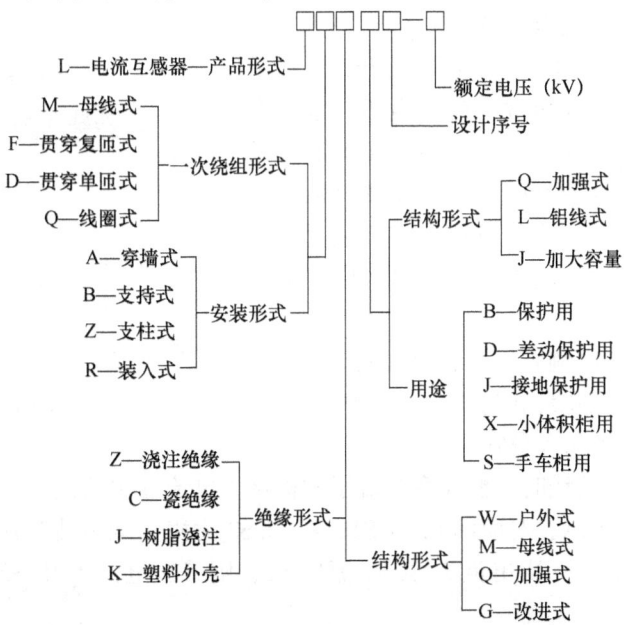

常用高压10kV电流互感器有LA型、LAJ型、LQJ型、LZZBJ型及LFZB型等。图4-13给出了LQJ-10型高压电流互感器的外形图。LQJ-10是高压开关柜中常用的户内线圈式环氧树脂浇注绝缘的加强型电流互感器，它有两个铁心和两个二次绕组，准确级分别为0.5级和3级，0.5级用于测量，3级用于继电保护。

图4-14给出了其他类型的10kV高压电流互感器形式。低压电流互感器有LMZ1、LMZJ1、LMZB1型，或LMK1、LMKJ1、LMKB1、BH型。图4-15所示为LMZJ1-0.5型电流互感器的外形图。LMZJ1-0.5是户内母线式环氧树脂浇注绝缘加大容量的电流互感器，广泛用于低压配电屏和其他低压电路中，它本身无一次绕组，穿过其铁心的母线就是一次绕组。图4-16为BH-0.66型塑壳式电流互感器，广泛应用于成套柜体中作为电流、电能测量，一次导线可为母线或电缆。

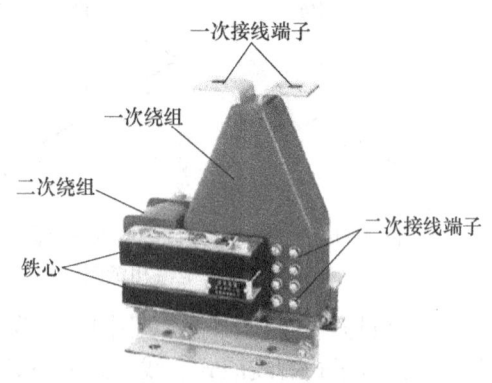

图4-13　LQJ-10型高压电流互感器

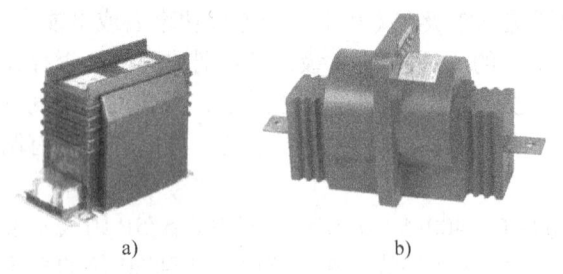

图4-14　其他型号的高压电流互感器
a) LZZBJ12-10型　b) LFZB9-10型

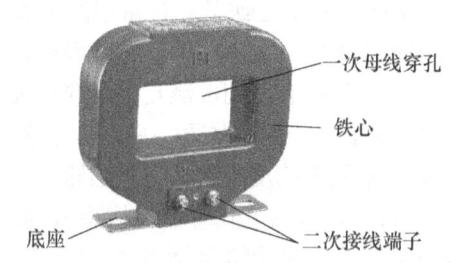

图4-15　LMZJ1-0.5型电流互感器

4. 电流互感器使用注意事项

1）电流互感器在工作时二次侧不得开路。如果开路，二次侧可能会感应出危险的高电压，危及人身和设备安全；同时，互感器铁心会由于磁通剧增而过热，产生剩磁，导致互感器准确度的降低。因此，电流互感器二次侧不允许开路。在安装时，二次接线必须可靠、牢固，决不允许在二次回路中接入开关或熔断器。

2）电流互感器二次侧有一端必须接地。这是为了防止一、二次绕组间绝缘击穿时，一次侧高电压窜入二次侧，危及设备和人身安全。

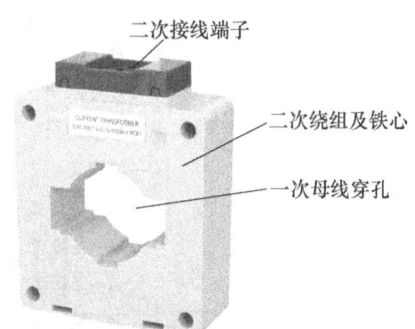

图4-16　BH-0.66型塑壳式电流互感器

3）电流互感器在接线时，要注意其端子的极性。电流互感器的一、二次绕组端子分别用P1、P2和S1、S2表示，对应的P1和S1、P2和S2为用"减极性"法规定的"同名端"，又称"同极性端"。如果一次电流I_1从P1流向P2，则二次电流I_2由S2流向S1，如图4-9所示。

在安装和使用电流互感器时,一定要注意其端子极性,否则将造成不良后果或事故。例如图 4-10b 中 C 相电流互感器的 S1 和 S2 如果接反,则二次侧公共线中的电流就不是相电流,而是相电流的$\sqrt{3}$倍,可能使电流表烧毁。

4.3.2 电压互感器

1. 电压互感器的结构原理

电压互感器的结构与接线如图 4-17 所示,也是由一次绕组、铁心、二次绕组组成。它的特点是:

1) 一次绕组匝数很多,二次绕组匝数很少,相当于降压变压器。

2) 工作时,一次绕组并联在一次电路中,而二次绕组并联仪表、继电器的电压线圈。

3) 由于这些电压线圈的阻抗很大,所以电压互感器工作时二次绕组接近于空载状态。

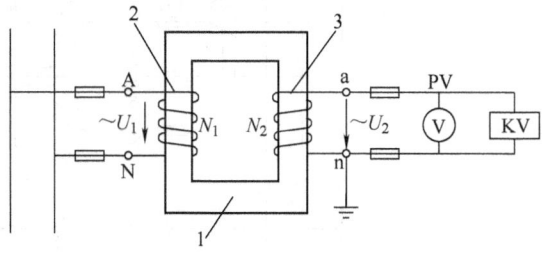

图 4-17 电压互感器的结构与接线
1—铁心 2——次绕组 3—二次绕组

4) 二次绕组的额定电压一般为 100V。

电压互感器的一次电压 U_1 与其二次电压 U_2 之间有下列关系:

$$U_1 \approx \left(\frac{N_1}{N_2}\right)U_2 \approx K_u U_2 \tag{4-7}$$

式中,N_1、N_2 为电压互感器一次和二次绕组匝数;K_u 为电压互感器的电压比,一般表示为其额定一、二次电压比,即 $K_u \approx \dfrac{U_{1N}}{U_{2N}}$,例如 10000V/100V。

2. 电压互感器的接线方案

电压互感器在三相电路中有 4 种常见的接线方案,如图 4-16 所示。

1) 一个单相电压互感器的接线,如图 4-18a 所示,供仪表和继电器测量某两相之间的线电压,适用于电压对称的三相电路。

2) 两个单相电压互感器接成 V/V 形,如图 4-18b 所示,供仪表和继电器接于三相三线制电路的各个线电压,它广泛应用在电能用户变配电所的 6~10kV 高压配电装置中。

3) 三个单相三绕组电压互感器构成 Y_0/Y_0 接线,如图 4-18c 所示,供电给要求线电压的仪表和继电器。在小电流接地系统中,供电给接相电压的绝缘监视电压表,这种接线方式中测量相电压的电压表应按线电压选择。

4) 三个单相三绕组电压互感器或一个三相五心柱三绕组电压互感器接成 $Y_0/Y_0/\triangle$ 形,如图 4-18d 所示。接成 Y_0 的二次绕组,供电给需要线电压的仪表、继电器及绝缘监视用电压表;辅助二次绕组接成开口三角形,接电压继电器,测量零序电压。当一次电压正常时,由于三个相电压对称,开口三角形两端电压接近于零。当某一相接地时,开口三角形两端将出现近 100V 的零序电压,使电压继电器动作,发出信号。

3~35kV 电压互感器一般经隔离开关和熔断器接入高压电网。在 110kV 及以上配电装置中,考虑到互感器及配电装置可靠性高,且高压熔断器制造比较困难,一般电压互感器只经过隔离开关与电网连接。

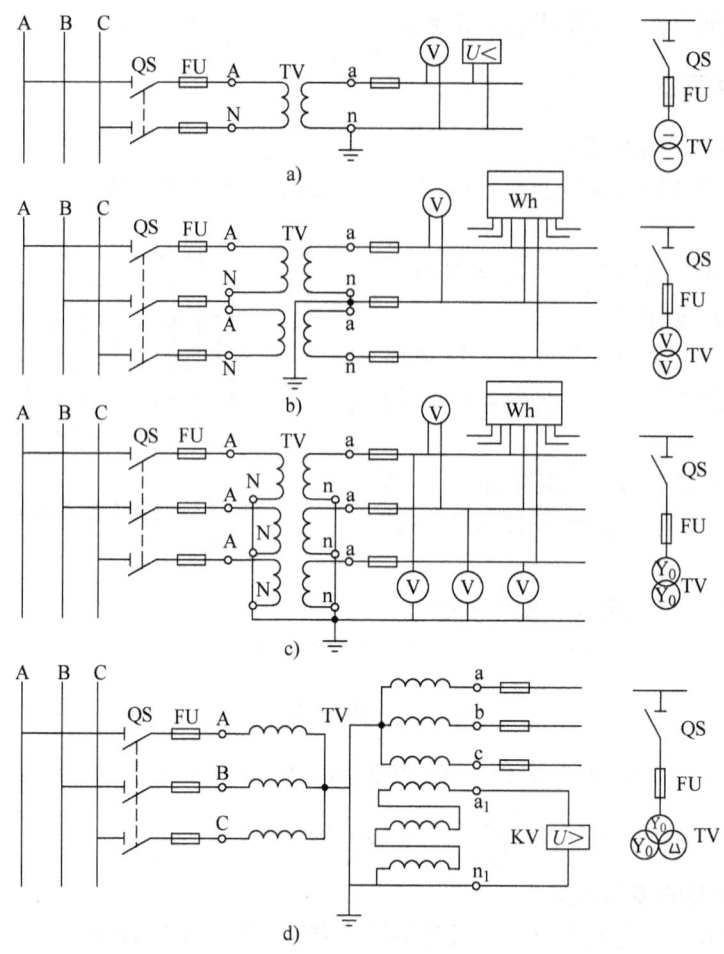

图 4-18 电压互感器的接线方式

a) 一个单相电压互感器　b) 两个单相电压互感器接成 V/V 形　c) 三个单相电压互感器接成 Y_0/Y_0 形
d) 三个单相三绕组电压互感器或一个三相五心柱三绕组电压互感器接成 $Y_0/Y_0/\triangle$ 形

3. 电压互感器的类型与型号

1) 根据安装地点的不同，又可分为户内式和户外式。
2) 根据相数的不同，可分为单相式和三相式，只有 20kV 以下有三相式。
3) 按绝缘方式的不同，可分为干式、浇注式、油浸式等。
4) 按使用电压的不同，可分为高压和低压。
5) 按用途来分，有测量用的，其准确度要求较高，一般计量用 0.2 级以上，一般测量用 0.5~1.0 级；有保护用的，准确度较低，一般有 3P 级和 6P 级，其中用于小接地系统电压互感器（如三相五心柱式）的辅助二次绕组准确度级规定为 6P 级。
6) 按结构原理分，有电容分压式、电磁感应式、新型光电式互感器。

电压互感器的全型号表示及含义如下：

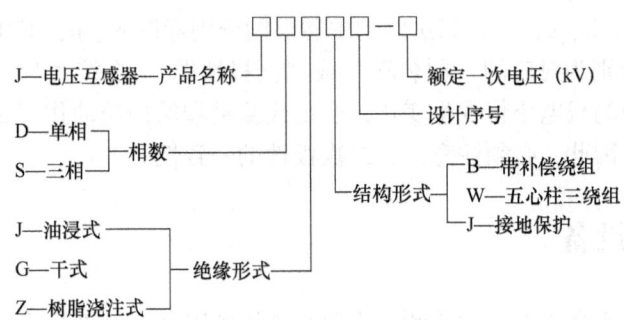

6~35kV 屋内配电装置中，一般采用油浸式或浇注式电压互感器。6~10kV 电压互感器有 JDZ、JDZJ、JDJ、JSJB、JSJW 型等。JDZ 高压电压互感器外形结构如图 4-19 所示。该系列电压互感器为环氧树脂浇注式绝缘结构，铁心为叠片式，心柱上套装一、二次绕组，一次绕组与二次绕组为同心式，绕在同一个骨架上，整个线圈外部用环氧树脂浇注成形，二次绕组的引线通过浇注体上的两个嵌装螺母引出为 a、x。一次绕组的引线通过浇注体上的两个高压接线端子引出为 A、X。

JDZX 及 JDJ2 型高压电压互感器外形结构如图 4-20 所示。JDZX12 型互感器为支柱式结构，采用环氧树脂全封闭浇注，二次出线端子处安装接线端子盒，端子盒正面和侧面各有一个孔与出线端配合供引出接线用，安全可靠。JDJ2-35 型为单相双线圈、户外油浸式电压互感器，适用于 35kV 交流系统中，供测量电压、电能及继电保护用。

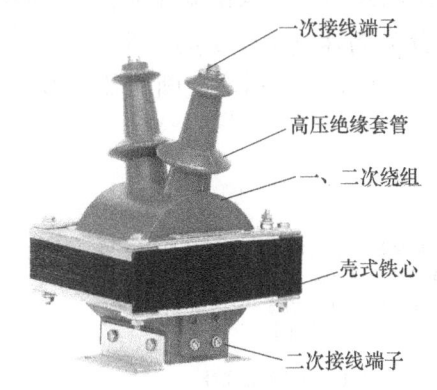

图 4-19　JDZ12-10 型电压互感器

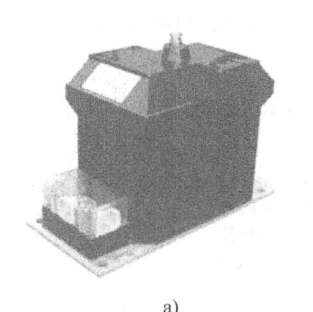 

图 4-20　高压电压互感器
a) JDZX12—10　b) JDJ2—35 型

4. 使用注意事项

1) 电压互感器在工作时其二次侧不得短路。由于电压互感器二次回路中的负载阻抗较大，其运行状态接近开路，当发生短路时，将产生很大的短路电流，有可能烧毁互感器，甚至影响一次电路的安全运行。因此电压互感器的一、二次侧必须装设熔断器以进行短路保护。

2) 电压互感器的二次侧有一端必须接地。主要是为了防止一、二次绕组间的绝缘击穿时，一次侧的高电压窜入二次侧，危及人身和设备的安全。通常将公共端接地。

3) 电压互感器在连接时，也要注意其端子的极性。我国规定，单相电压互感器的一次绕组端子标以 A、N，二次绕组端子标以 a、n，其中 A 与 a、N 与 n 分别为对应的"同名端"或"同极性端"。三相电压互感器，按照相序，一次绕组端子分别标以 A、B、C，二次绕组端子分别标以 a、b、c，一、二次侧的中性点则分别标以 N、n，其中端子 A 与 a、B 与 b、C 与 c、N 与 n 分别为对应的"同名端"或"同极性端"。在接线时，若将其中的一相绕组接反，二次回路中的线电压将发生变化，会造成测量和保护误动作（或误信号），甚至可能对仪表造成损害。因此，必须注意一、二次极性的一致性。

4.4 高压开关设备

高压开关设备用于高压电路的通断，主要有高压断路器、隔离开关、负荷开关等。

4.4.1 高压断路器

1. 高压断路器的功能

高压断路器 QF 是高压输配电线路中最为重要的电气设备，它的性能直接关系到线路运行的安全性和可靠性。高压断路器具有完善的灭弧装置，它在电网中的作用归纳为两方面：一是控制作用，即根据电网的运行需要，将部分电器设备或线路投入和退出运行；二是保护作用，即在电器设备或电力线路发生故障时，继电保护装置发出跳闸信号，启动断路器，将故障部分的设备或线路从电网中迅速切除，确保电网中无故障部分的正常运行。

2. 高压断路器的分类及型号

高压断路器按灭弧介质的不同分为油断路器、真空断路器、六氟化硫（SF_6）断路器；按使用场合不同分为户内式和户外式；按分断速度分为高速（<0.01s）、中速（0.1~0.2s）、低速（>0.2s）。目前 110kV 及以下供配电系统中主要采用真空断路器和 SF_6 断路器。

高压断路器全型号的表示和含义如下：

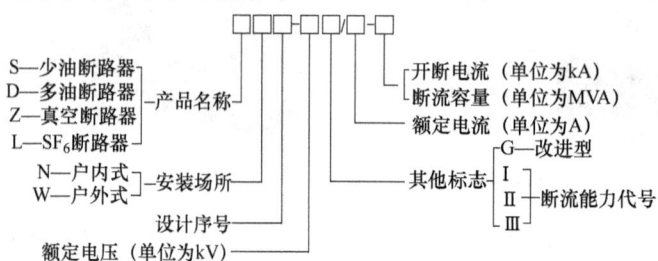

（1）真空断路器 指采用真空高绝缘强度来灭弧的断路器。真空断路器的主要组成部分是真空灭弧室，动、静触头密封在真空泡内，其结构如图 4-21 所示。灭弧室具有较高的真空度。当动、静触头在操动机构作用下带电分闸时，在触头间将会产生真空电弧。同时，由于触头的特殊结构，在触头间歇中也会产生适度的纵向磁场，促使真空电弧保持为扩散型，并使电弧均匀地分布在触头表面燃烧，维持低的电弧电压，在电流自然过零时，残留的离子、电子和金属蒸气在微秒数量级的时间内就可复合或凝聚在触头表面和屏蔽罩上。灭弧室断口的介质绝缘强度很快就被

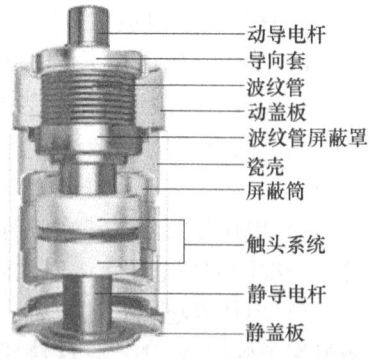

图 4-21 真空灭弧室结构

恢复，从而电弧被熄灭达到分断的目的。

真空断路器具有不爆炸、噪声低、体积小、寿命长、结构简单、可靠性高等优点，主要用于频繁操作的场所，尤其是安全要求较高的工矿企业、住宅区、商业区等。

目前 10kV 电压等级选用较多的真空断路器有 VS1-12 及 ZN28-12，其外形如图 4-22 和图 4-23 所示。VS1（ZN63A）-12 真空断路器适于安装在手车式开关柜中，而 ZN28-12 真空断路器适于安装在各种固定式开关柜中。

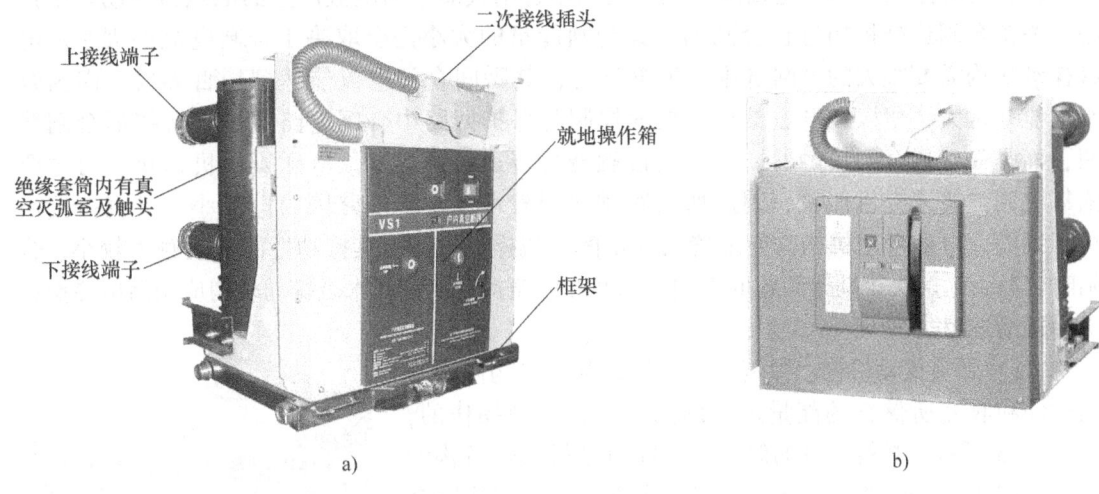

图 4-22　真空断路器外形图
a) VS1-12 型　b) CV2-12 型

（2）六氟化硫（SF_6）断路器　指利用 SF_6 气体作为灭弧介质和绝缘介质的断路器。由于 SF_6 气体是无色、无臭、不燃烧、无毒的惰性气体，在 150℃ 以下时其化学性能相当稳定。它的绝缘能力约高于空气 2.5 倍，而灭弧能力则高达百倍。因此 SF_6 断路器具有灭弧能力强，绝缘强度高，开断电流大，燃弧时间短，检修周期长，断开电容电流或电感电流时，无重燃，过电压低等优点。但是 SF_6 断路器要求加工精度高，密封性能要求严，价格相对昂贵。

SF_6 断路器主要用于需频繁操作及有易燃易爆危险的场所，特别是用作全封闭组合电器中。LW8-40.5 型 SF_6 断路器外形结构如图 4-24 所示。

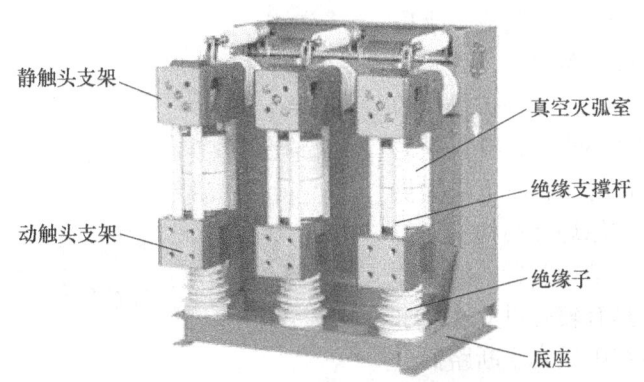

图 4-23　ZN28-12 真空断路器外形图

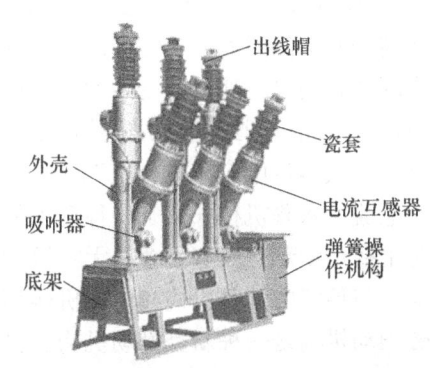

图 4-24　LW8-40.5 型户外高压 SF_6 断路器

3. 断路器的操作机构

断路器在工作中需要依靠操动机构来完成合、分闸操作。断路器的操动机构最早采用的是电磁机构，而后改进为弹簧机构，目前应用在电力市场中的断路器产品仍以弹簧机构为主。近年来，永磁操动机构的诞生和不断推广应用使断路器的故障率降低，可靠性和耐用性大幅度提高。无论何种类型的操动机构，一般均由合闸机构、分闸机构和保持合闸机构等三部分组成。操动机构的辅助开关还可以指示开关设备工作状态及实现联锁作用。

（1）电磁操动机构　电磁操动机构是利用合闸线圈中的电流产生的电磁力驱动合闸铁心，撞击合闸连杆机构进行合闸的。其合闸能量的大小完全取决于合闸电流的大小。电磁操动机构需要很大的合闸电流产生电磁力，其瞬间合闸电流能达到一百多安。因为合闸电流非常大，所以在电磁操动机构的控制与保护回路中合闸电路不是直接接通合闸线圈，而是先接通合闸接触器，由合闸接触器再接通合闸线圈。电磁操动机构跳闸时主要依靠跳闸弹簧来提供能量，因此所需跳闸电流较小。跳闸回路因为电流小，可直接接通跳闸线圈。电磁操动机构需要配置大容量的直流操作电源，其操动性能受接触力较小、合闸时容易引起触头跳动等问题的影响，因此在弹簧操动机构和永磁操动机构应用后电磁操动机构逐渐被淘汰。

（2）弹簧操动机构　弹簧操动机构是利用机构内弹簧的拉伸和收缩所储存的能量进行断路器合、分闸操作的，如图4-25所示。弹簧能量的储存由储能电动机减速机构的运行来实现，而断路器的合、分闸动作靠合、分闸线圈来控制，因此断路器合、分闸操作的能量取决于弹簧储存的能量而与电磁力的大小无关，不需要太大的合、分闸电流。由于合、分闸电流都不大，因此弹簧操动机构不需要大功率的操作电源，且储能电动机功率小，可交直流两用，使得弹簧操动机构得到广泛应用。弹簧操动机构既可远方电动储能，电动合、分闸，也可就地手动储能，手动合、分闸，且能快速自动重合闸。但弹簧机构也存在零部件数量多、要求加工精度高、制造工艺复杂、成本高、产品可靠性不易保证的缺点。

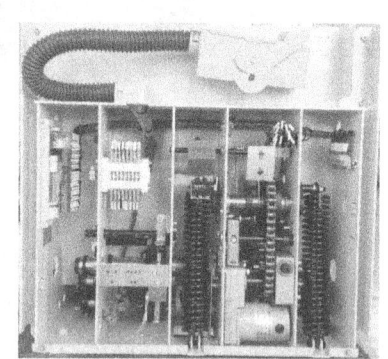

图4-25　弹簧操作机构

（3）永磁操动机构　永磁操动机构是利用永久磁铁将真空灭弧室的动、静触头保持在断开或关合两个极限位置实现合、分闸控制的操动机构，如图4-26所示。永磁操动机构主动轴为永磁材料制成，永磁体周围有电磁线圈。正常情况下电磁线圈不带电，当开关要分闸或合闸时，通过改变线圈的极性利用磁力相吸或排斥的原理，驱动分闸或合闸。虽然这个电流也不小，但开关是通过一个大容量电容来"储能"，动作时通过电容放电来提供大电流。永磁机构采用了一种全新的工作原理和结构，工作时主要运动部件只有一个，无需机构脱、锁扣装置，故障源少，与传统的弹簧机构和电磁机构相比具有较高可靠性。永磁操动机构是一种新型操动机构，目前在中压真空断路器上应用。

图4-26　永磁操作机构

真空断路器的操动机构一般和真空灭弧室部件前后布置组成统一整体的结构形式,该结构可使真空断路器达到小型化、高性能、高可靠的要求。

4.4.2 隔离开关

1. 隔离开关的功能

高压隔离开关(QS)是高压电气装置中保证工作安全的开关电器。作用主要有以下三种:

(1) 隔离电源,保证安全 利用隔离开关将高压电气装置中需要检修的部分与其他带电部分可靠地隔离,这样,工作人员可以安全地进行作业,不影响其余部分的正常工作。隔离开关断开后有明显可见的断开间隙,能充分保证人身和设备的安全。

(2) 倒闸操作 隔离开关经常用来进行电力系统运行方式改变时的倒闸操作。例如,当主接线为双母线时,利用隔离开关将设备或线路从一组母线切换到另一组母线。

(3) 接通或切断小电流电路 可以利用隔离开关通断一定的小电流,如励磁电流不超过 2A 的空载变压器、电容电流不超过 5A 的空载线路以及电压互感器和避雷器电路等。

特别强调,隔离开关没有专门的灭弧装置,在任何情况下,均不能接通或切断负荷电流和短路电流,并应设法避免可能发生的误操作。

当隔离开关与断路器配合操作时,其顺序应为:断电时,先拉开断路器,再拉开隔离开关;送电时,先合隔离开关,再合断路器。总之,在隔离开关与断路器配合操作时,隔离开关必须在断路器处于断开(分闸)位置时才能进行操作。

2. 隔离开关的分类和型号

按装设地点的不同,隔离开关分为户内和户外两种;按绝缘支柱数目,分为单柱式、双柱式和三柱式;按有无接地刀闸,分为无接地刀闸、一侧有接地刀闸、两侧有接地刀闸三种;按操动机构分为手动式、电动式、气动式和液压式。

高压隔离开关全型号的表示和含义如下:

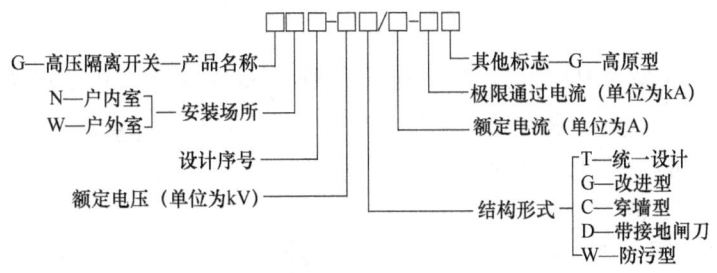

户内隔离开关(型号为 GN)其额定电压一般在 35kV 以下。10kV 高压隔离开关型号较多,常用的有 GN19、GN22、GN24、GN28、GN30 等户内式系列。其中图 4-27 所示为 GN19-12 型高压隔离开关的外形结构图。GN19-12C 型为穿墙式结构,三相平行安装,导电部分由触刀和静触头组成,每相触刀中间均连有拉杆绝缘子,拉杆绝缘子与安装在底架上的主轴相连,主轴通过拐臂与连杆和 CS6-1(T)型操动机构相连,操动机构与连动杆接至辅助开关一起连动。GN19-12 为平装式隔离开关。

GN30-12 型旋转式户内高压隔离开关是一种旋转触刀式的新型隔离开关,主要结构是在三相共底架的上、下两个平面上,固定两组绝缘子及触头,通过旋转触刀,从而实现开关的分合闸。GN30-12D 型开关是在 GN30-12 型开关基础下增加带接地刀的形式，可满足不同电力系统的需要。图 4-28 所示为 GN30-12 型高压隔离开关的外形结构图。

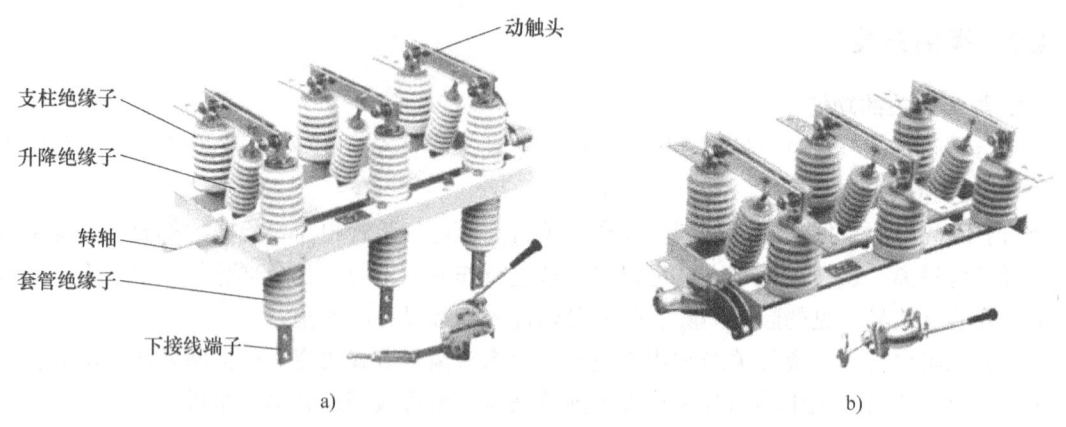

图 4-27　GN19-12 型高压隔离开关
a) GN19-12C 型　b) GN19-12 型

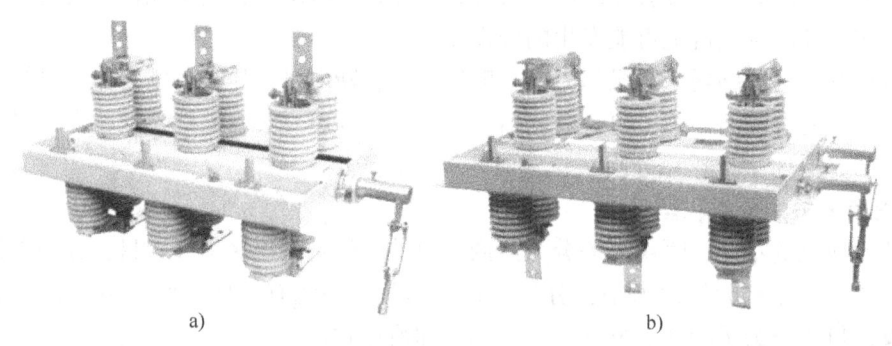

图 4-28　GN30-12 型高压隔离开关
a) GN30-12 型　b) GN30-12D 型

户外隔离开关（型号为 GW）其额定电压一般在 35kV 以上。由于触头暴露在大气中，工作条件比较恶劣，一般要求有较高的绝缘等级和机械强度。35kV 常用的隔离开关有 GW4-40.5（D）和 GW5-40.5 型。图 4-29 给出了 GW5-40.5（D）型户外式高压隔离开关的外形结构。该隔离开关是由 3 个独立的单极隔离开关组成的三相高压电器，单极隔离开关由两个棒式支柱绝缘子分别固定在同一个底座上，交角为 50°，呈 V 形结构，主回路导电结构为铜管式软连接结构，中间触头为"握手"式结构，

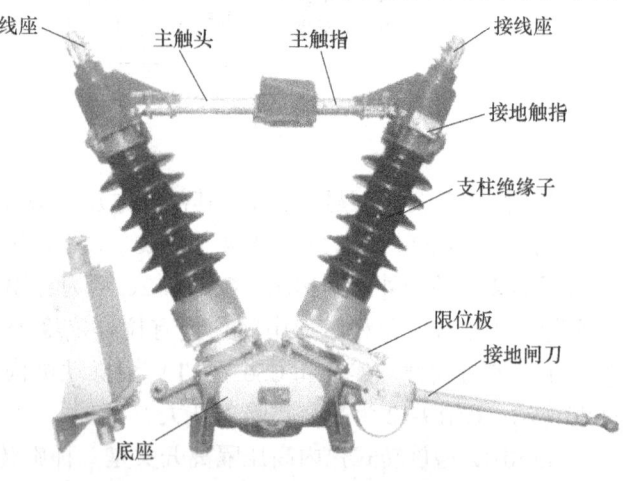

图 4-29　GW5-40.5 户外高压隔离开关

双柱水平断口中间开启式。GW5-40.5（D）型为带有接地开关的隔离开关，接地开关一般是用来将退出运行的电气设备和成套设备部分接地和短接。

4.4.3 高压负荷开关

1. 高压负荷开关的功能

高压负荷开关 QL 具有简单的灭弧装置，因而能通断一定的负荷电流和过负荷电流，但它不能断开短路电流，它必须与高压熔断器串联使用，以借助熔断器来切断短路故障。负荷开关断开后，与隔离开关一样，具有明显可见的断开间隙，因此，它也具有隔离电源、保证安全检修的功能。

2. 高压负荷开关分类和型号

高压负荷开关按安装地点的不同分为户内式和户外式；按灭弧方式的不同分为产气式、压气式、油浸式、真空式和 SF_6 式。

高压负荷开关全型号的表示和含义如下：

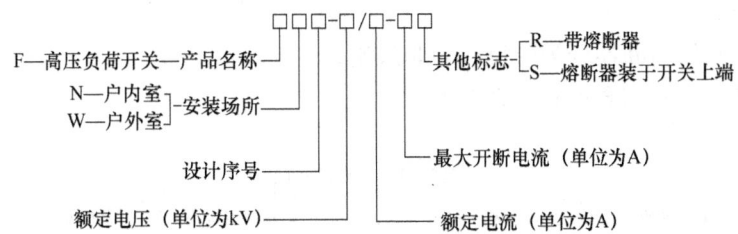

实际上，35kV 以上的高压电路中高压负荷开关应用很少，目前主要用于 10kV 及以下配电系统中，常用的型号有户内压气式 FN5-12、FN12-12D.R（R 表示带有熔断器）型及户内高压真空式 FZN21-12 型等。图 4-30 为 FZN21 系列高压真空负荷开关的外形图。

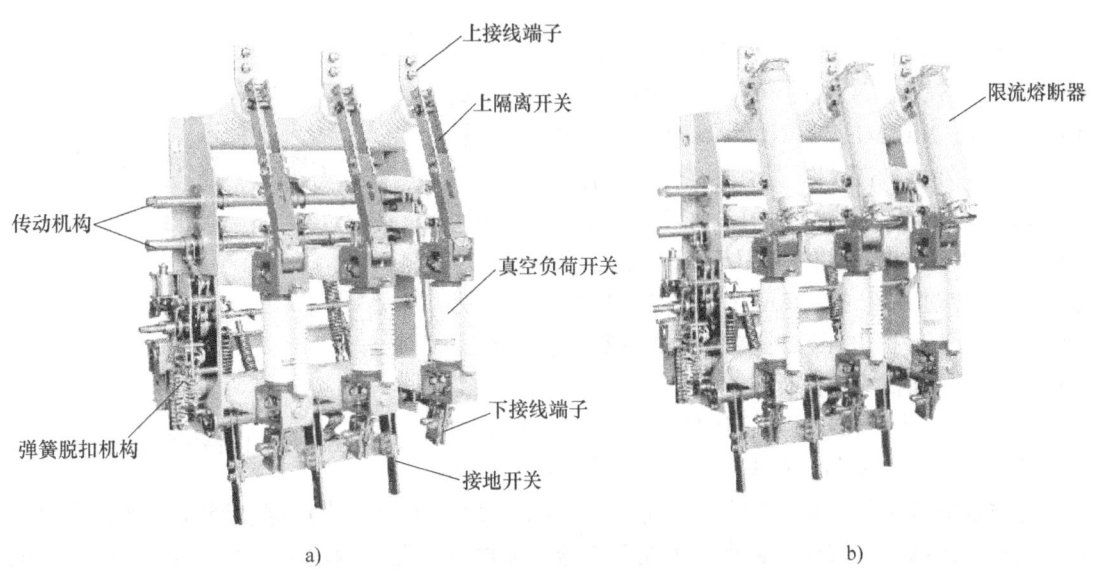

图 4-30 FZN21 系列高压真空负荷开关
a) FZN21-12 高压真空负荷开关　b) FZRN21-12 高压真空负荷开关—熔断器组合电器

FZN21-12 型适用于无油化、不检修及频繁操作的场所，可配置于环网开关设备、箱式变电站和墙上安装等，具有手动和电动操作两种功能。FZRN21-12 型户内高压真空负荷开关—熔断器组合电器，是该负荷开关与熔断器组合而成，除具有上述功能外，还具有保护功能。

4.5 熔断器

4.5.1 高压熔断器

熔断器是最简单和最早使用的一种过电流保护电器。它串联在电路中，正常工作时，熔体载流不大于其额定电流，熔断器长期安全地工作而不发生熔断现象。当所在电路发生短路或过载时，熔体被加热，在被保护设备的温度未达到破坏其绝缘之前熔体熔断，电路断开，电气设备得到保护。熔断器的功能主要是对电路及电路设备进行短路保护，但有的也具有过负荷保护的功能。

按限流特性高压熔断器分为限流式和非限流式。

高压熔断器全型号的表示和含义如下：

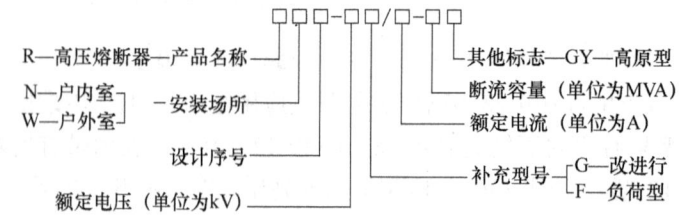

（1）RN 系列户内高压管式熔断器　目前户内 6~66kV 供电系统中常用的高压熔断器有 RN1、RN2、RN3、RN5、XRNM1、XRNT1、XRNT2、XRNT3 等管式熔断器，外形如图 4-31 所示。它们均为填充石英砂的限流型熔断器。其中 RN1、RN3、RN5、XRNM1、XRNT1、XRNT2、XRNT3 型用于高压电力线路和变压器的短路和过载保护；RN2 和 RN4 型额定电流为 0.5~10A，为保护电压互感器的专用熔断器；RN6 主要作为高压电动机的短路保护。

图 4-32 所示为 RN 系列高压熔断器熔管内部结构图。熔管一般为瓷质管，熔丝由单根或多根镀银的细

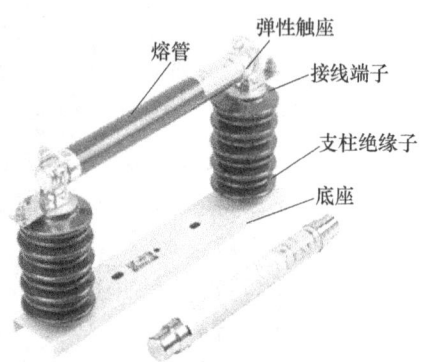

图 4-31　XRNT3 高压限流式熔断器

铜丝并联绕成螺旋状，熔丝埋放在石英砂填料中，熔丝上焊有小锡球。当过负荷电流通过时，铜丝上锡球受热熔化，铜锡分子相互渗透形成熔点较低的铜锡合金（冶金效应），使铜熔丝能在较低的温度下熔断；当短路电流发生时，几根并联铜丝熔断时可将产生的电弧粗弧分细、长弧切短和狭沟灭弧。因此，熔断器的灭弧能力很强，能在短路后不到半个周期即短

路电流未达到冲击电流值时就能完全熄灭电弧、切断短路电流。具有这种特性的熔断器称为"限流"式熔断器。

（2）RW系列户外高压跌开式熔断器 RW系列跌开式熔断器又称跌落式熔断器，被广泛用于环境正常的室外场所，既可以作6～10kV线路和设备的短路保护，又可在一定条件下，直接用高压绝缘棒（俗称"令克棒"）来操作熔管的分合。一般型跌开式熔断器，只能无负荷下操作，或通断小容量的空载变压器和空载线路等，其操作要求与高压隔离开关相同。而负荷型跌开式熔断器，则能带负荷操作，其操作要求与高压负荷开关相同。

图4-33是RW4-12（G）型高压跌落式熔断器外形结构图。

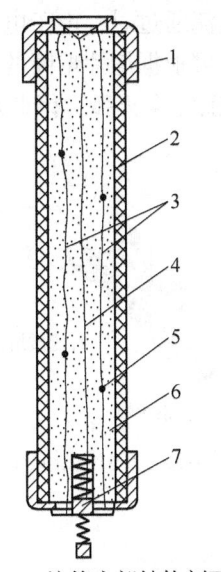

图4-32 熔管内部结构剖面图
1—金属管帽 2—瓷管 3—工作熔体
4—指示熔体 5—锡球 6—石英砂填料
7—熔断指示器（熔断后弹出状态）

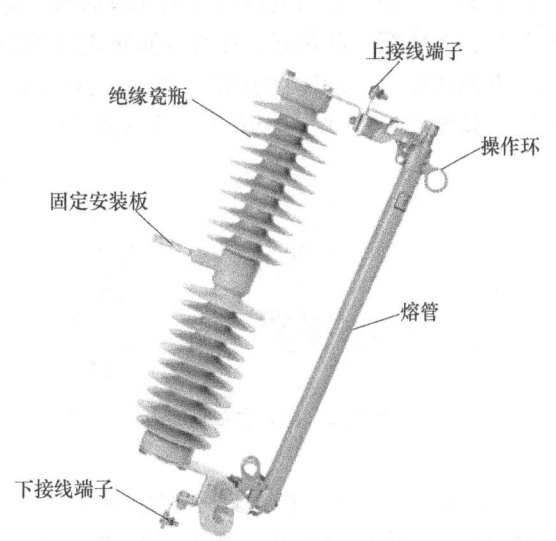

图4-33 RW4-12高压跌落式熔断器

4.5.2 低压熔断器

低压熔断器的功能，主要是实现低压配电系统的短路保护，有的熔断器也能实现过负荷保护。它们的主要缺点是熔体熔断后必须更换，引起短时停电，保护特性和可靠性相对较差，在一般情况下，须与其他电器配合使用。

低压熔断器的类型很多，如螺旋式（RL□）、无填料密封管式（RM□）、有填料封闭管式（RT□）以及引进技术生产的有填料管式gF、aM系列、高分断能力的NT型等。供电系统中用得最多的是密闭管式（RM10）和有填料封闭管式（RT0）两种。

国产低压熔断器全型号的表示和含义如下：

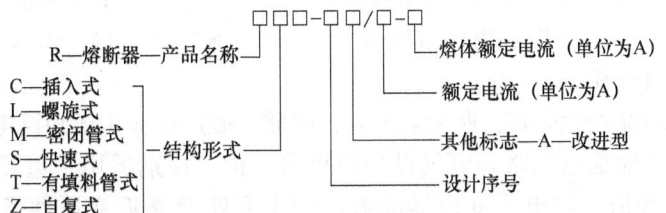

下面介绍常用的几种低压熔断器。

(1) RL 系列螺旋式熔断器　图4-34 所示是 RL6 型熔断器的结构。其瓷质熔体装在瓷帽和瓷底座间，内装熔丝和熔断指示器（红色色点），并充填石英砂。它的灭弧能力强，属"限流"式熔断器；并且体积小、质量轻、价格低、使用方便，熔断指示明显，具有较高的分断能力和稳定的电流特性。因此被广泛用于500V 以下的低压动力干线和支线上作短路保护用。

(2) RM 系列无填料密闭管式熔断器　RM10 型熔断器如图4-35 所示，由纤维熔管、变截面锌片和触刀、管帽、管夹等组成。当短路电流通过时，熔片窄部由于截面积小电阻大而首先熔断，并将产生的电弧切短成几段而易于熄灭；在过负荷电流通过时，由于电流加热时间较长，而窄部的散热好，往往在宽窄之间的斜部熔断。由此，可根据熔片熔断的部位来判断过电流的性质。RM10 型的熔断器不能在短路冲击电流出现以前完全灭弧，因此属"非限流"式熔断器。RM10 结构简单、价格低廉、更换熔体方便。

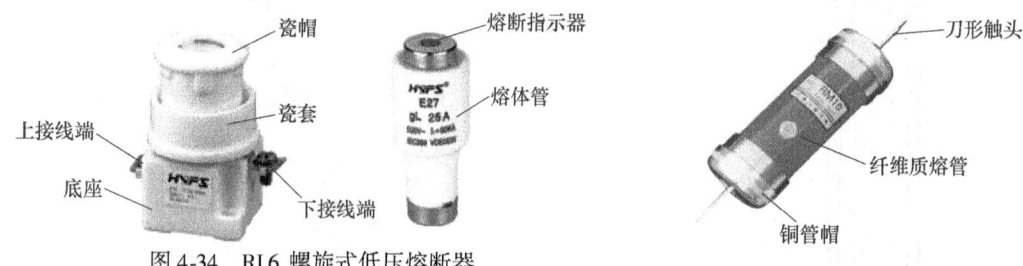

图4-34　RL6 螺旋式低压熔断器　　　　图4-35　RM10 型低压熔断器

(3) RT 系列有填料封闭管式熔断器　这种熔断器结构比较复杂，其外形及结构如图4-36 所示。这种熔断器主要由瓷熔管、铜熔体（栅状）和底座三部分组成。熔管内装石英砂。熔体有变截面小孔和引燃栅，变截面小孔可使熔体在短路电流通过时熔断，将长弧分割为多段短弧，引燃栅具有等电位作用，使粗弧分细，电弧电流在石英砂中燃烧，形成狭沟灭弧。这种熔断器具有较强的灭弧能力，因而属于"限流"熔断器。熔体还有"锡桥"，利用"冶金效应"可使熔体在较小的短路电流和过负荷时熔断。熔体熔断后，其熔断指示器（红色）弹出，以方便工作人员识别故障线路和进行处理。熔断后的熔体不能再用，须重新更换，更换时应采用绝缘操作手柄进行操作。

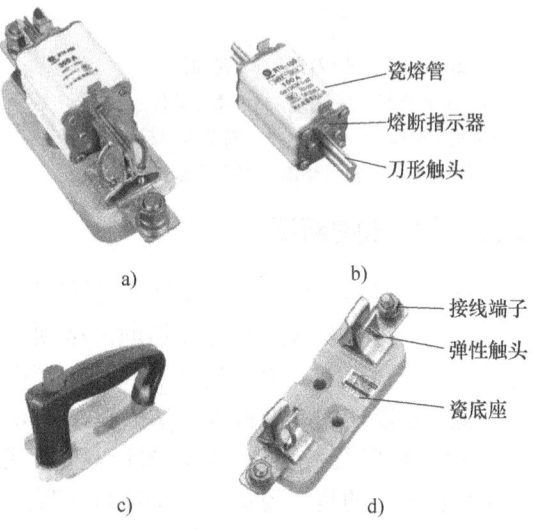

图4-36　RT0 型低压熔断器
a) 熔断器　b) 熔管　c) 操作手柄　d) 底座

RT0 型熔断器的保护性能好，断流能力大，因此，被广泛应用于短路电流较大的低压网络和配电装置中，作输配电线路和电气设备的短路保护，特别适用于重要的供电线路（或断流能力要求高的场所，如电力变压器的低压侧主回路及靠近变压器场所出线端的供电线路。

(4) 引进技术生产的高分断能力熔断器介绍

1) NT 系列熔断器（国内型号为 RT16 系列）是引进技术生产的一种高分断能力熔断器，现广泛应用于低压开关柜中，适用于 660V 及以下电力网络及配电装置作过载和保护。该系列熔断器由熔管、熔体和底座组成，外形结构与 RT0 型相似，如图 4-37 所示。熔管为高强度陶瓷管，内装优质石英砂，熔体采用优质材料制成；主要特点为体积小，重量轻、功耗小、分断能力高、限流特性好。

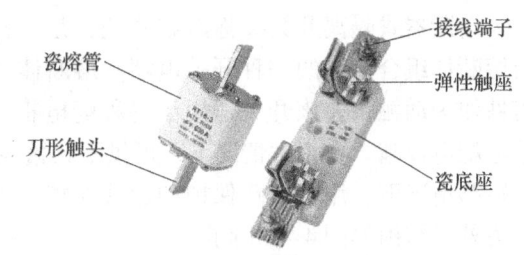

图 4-37 RT16 型低压熔断器

2) gF、Am（RT18）系列圆柱形管状有填料熔断器也属引进技术生产的熔断器，具有体积小、密封好、分断能力高、指示灵敏、动作可靠、安装方便等优点，适用于低压配电系统，其中，gF 系列用于线路的短路和过负荷保护，aM 系列用于电动机的短路保护。

图 4-38 为 RT18 有填料封闭管式圆筒帽形熔断器外形图。本系列熔断器由熔断体和熔断器底座二部分组成。熔断体由纯铜片（或铜丝、银丝、银片）制成的变截面熔体封装于由高强度瓷制成的熔管内，熔管中充满经化学处理过的高纯度石英砂作为灭弧介质，熔体两端与端帽牢固电连接，组成圆筒帽形结

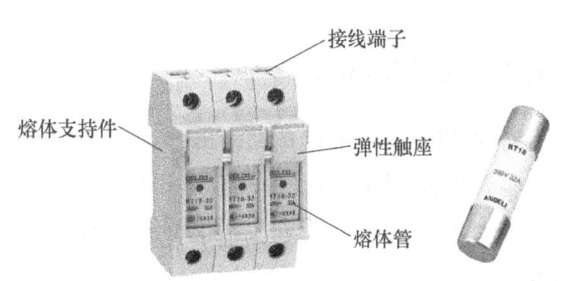

图 4-38 RT18 有填料封闭管式圆筒帽形熔断器

构。熔断器底座由树脂或塑料压制的外壳装上触头和载熔件后，或经铆合连接而成，可作为相应尺码熔断体的支持件。

4.6 低压开关设备

低压开关设备用于低压电路的通断，主要有低压负荷隔离开关、低压刀熔开关和低压断路器等。

4.6.1 低压负荷隔离开关

低压负荷隔离开关主要用于不频繁接通与分断电路之用，该开关有灭弧栅可以带负荷通断电路但不具备保护作用。常用于低压开关柜中的配套元件，该类开关用于额定工作电压 AC 660V 以下，额定直流工作电压 DC 440V 以下，额定工作电流为 125~1600A，具有体积小、电流大、结构紧凑的特点。图 4-39 为 MKG2 型低压负荷开关的外形图。

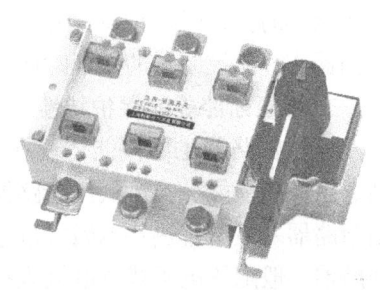

图 4-39 MKG2 型低压负荷隔离开关

4.6.2 低压刀熔开关

熔断器式隔离开关又称刀熔开关,是一种由低压隔离开关与熔断体组合而成的一种开关电器,熔断体或带有熔断体的载熔件作为动触头。该开关适用于各种配电柜、箱变、电缆分支箱等配电设施。在正常情况下,可供不频繁地接通和断开电路,在短路情况下,用于短路保护和过载保护。常见的熔断式隔离开关外形结构如图 4-40 所示。

图 4-40 熔断器式隔离开关

低压刀熔开关全型号的表示和含义如下:

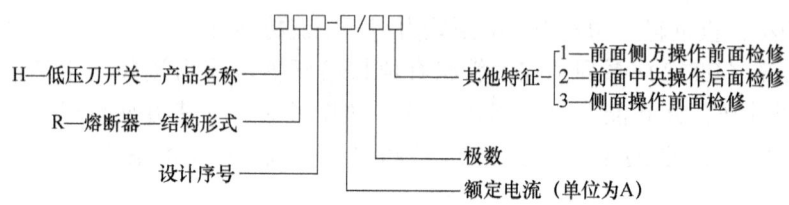

4.6.3 低压断路器

1. 低压断路器的作用和种类

低压断路器是低压配电系统中重要的电器元件,它不仅能带负荷不频繁地接通和切断电路,而且能在电路发生短路、过负荷和低电压(或失电压)时自动跳闸,切断故障电路。

低压断路器的种类很多。按用途分有配电用、电动机用、照明用和漏电保护用等;按灭弧介质分,有空气断路器和真空断路器;按安装方式分有固定式、插入式和抽屉式断路器;按极数分,有单极、双极、三极和四级断路器。

2. 低压断路器的工作原理

低压断路器一般由过电流脱扣器或智能控制器、灭弧装置、触头系统、操动机构、外壳、接线端子等部分组成,具有如下性能:

1)断路器作合、分电路时,依靠扳动其手柄或采用电动机操动机构使动、静触头闭合或断开。

2)在正常情况下,触头能接通和分断电流;当电路出现过载时,通过过载脱扣器或智能控制器的长延时保护特性使断路器跳闸;当电路出现短路时,一定值的短路电流通过短路脱扣器或智能控制器的短延时或瞬时保护特性使断路器分断。

3. 低压断路器的保护特性

低压断路器主要性能体现在电路出现短路或过载时对电源或负载进行的过电流保护特性。从保护性能分类,低压断路器有 A 类和 B 类,A 类为非选择型,B 类为选择型。非选择型断路器一般配置热—电磁式过电流脱扣器,具有短路瞬时和过载长延时保护特性;选择型断路器一般配置电子式过电流脱扣器或智能控制器,可灵活设置为两段保护、三段保护或四段保护的动作特性组合。两段保护可以是短路瞬时和过载长延时的组合,也可以是过载长延时和短路短延时的组合；三段保护由短路瞬时、短路短延时和过载长延时三段组合；四段保护由短路瞬时、短路短延时、过载长延时和接地短延时四段组合。过电流保护选择性的协调配合，可以使它们按一定的顺序先后动作，缩小多支路多级供配电线路的事故范围，避免不必要的停电。

图 4-41 所示为低压断路器的保护特性曲线。

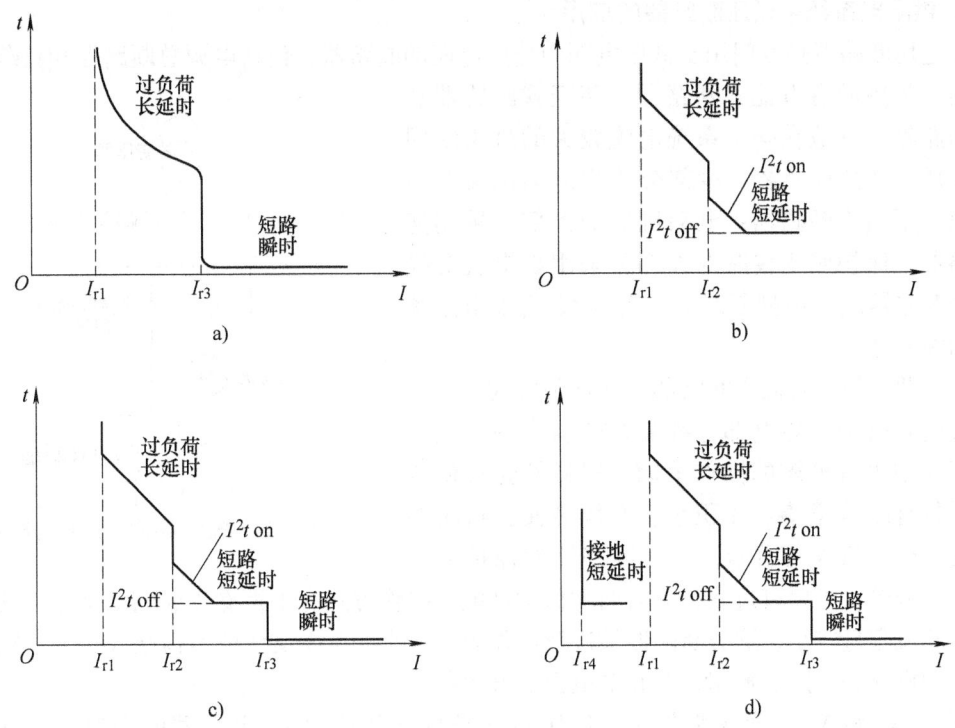

图 4-41 低压断路器的保护特性
a) 非选择型 b) 选择型二段式 c) 选择型三段式 d) 选择型四段式

(1) 长延时保护 当断路器中通过过负荷电流时，开关按反时限或定时限设定的时间进行动作的保护。反时限时电流越大，动作时间越短；定时限按设定的时间来动作。

(2) 短延时保护 当断路器中通过的电流超过保护的整定值时，开关有一个短时间的延时后再断开短路电流的保护。一般短延时的时间有 0.2s、0.4s、0.6s 三种。

(3) 瞬时保护 指开关遇到短路大电流超过开关设定的短路电流值时，可瞬时动作使断路器跳闸保护。瞬时过电流一般是断路器控制线路或设备的最大短路电流。

(4) 接地保护 当接地电流超过整定值时，断路器将按照整定的接地短延时时间进行跳闸。一般接地保护的中性线电流和时间参数按比例自动跟踪相线整定值。

除过电流保护外，低压断路器一般还具有欠电压保护特性，即当断路器的工作电压下降到额定电压以下 15% 时，保护动作，切断电源。

目前低压断路器型号的表示方式很多，不同生产厂家也有自己的表示方式。国产低压断路器通用型号表示和含义如下：

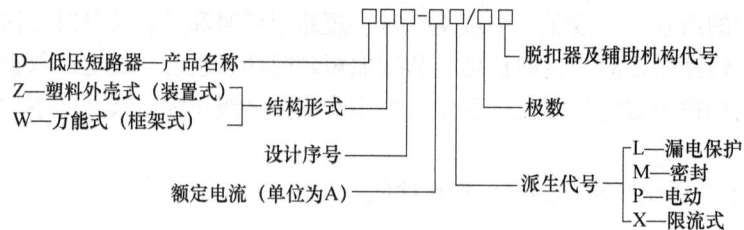

4. 供配电系统中低压断路器的应用

配电用断路器是专门用于低压电网中分配电能的断路器，包括电源总断路器和负载支路断路器。常用的有万能式断路器、塑壳式断路器和小型断路器。一般在配电系统电流较大的进出线回路，采用万能式断路器，少部分用户因为电流等级小，也采用塑壳断路器；电动机保护大部分采用塑壳断路器；保护照明线路的大部分采用小电流等级的塑壳断路器或者小型断路器。图 4-42 为配电系统所用的断路器。

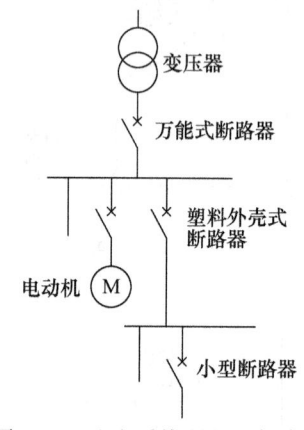

图 4-42 配电系统所用的断路器

（1）塑料外壳式低压断路器 又称装置式自动开关，其所有机构及导电部分都装在塑料壳内，仅在塑壳正面中央有外露的操作手柄。塑料外壳式低压断路器具有结构紧凑、体积小、操作简便，封闭型外壳使用较为安全等优点。这种断路器的保护大多是非选择型的，主要有过载和瞬时两种保护性能；操作方式有手柄操作或电动操作。其电流容量和断流容量较小，这类断路器被广泛用作容量较小的配电支线的负荷端开关、不频繁起动的电动机开关、照明控制开关和漏电保护开关等。

图 4-43 为 CM2 系列塑料外壳式低压断路器的结构图。塑壳断路器的壳架电流范围为 80～1250A，目前常用的还有 DZ20、CM2、TM30、NM8 等系列。

图 4-44 为小型断路器外形结构图，该类断路器主要用于建筑物和用电设备的终端配电箱内，具有体积小、分断能力高、限流性能好、操作轻便，可以方便地在单极结构基础上组合成二极、三极、四极断路器的优点。小型断路器的额定电流范围为 1～125A。目前常用的型号有 DZ47、C65N 系列。

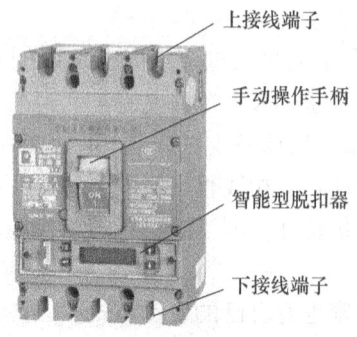

图 4-43 CM2 系列塑料外壳式断路器

图 4-44 小型断路器外形图

(2) 万能式低压断路器　万能式低压断路器也称框架式断路器，是以具有绝缘衬垫的框架结构底座将所有构件组成一个整体并具有多种结构变化方式和用途的断路器。万能式断路器的电流范围为 630~6300A，容量较大，具有较高的短路分断能力和较高的动稳定性，主要用于低压配电系统的进线、母联及其他大电流回路的关合。图 4-45 为 DW17 型万能式低压断路器外形结构图。

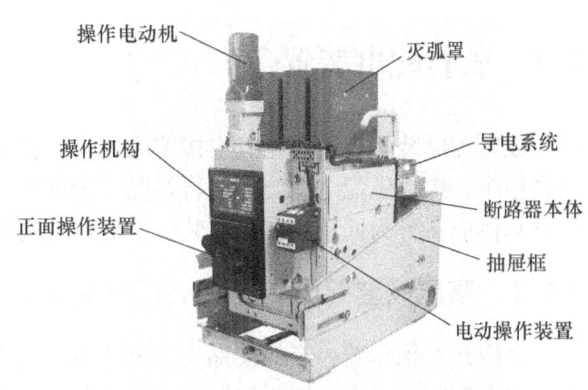

图 4-45　DW17 型万能式低压断路器

目前在配电系统中，智能型万能式断路器得到广泛应用。智能型万能式断路器是带有多功能智能控制器的新一代断路器，具有全智能、高分断、零飞弧、带隔离，精确选择保护功能等特点，特别适用于需要提高供电可靠性，避免不必要停电的配电网络中。

智能型万能式断路器的控制核心元件为智能控制器，它采用了以微处理器或单片机为核心的智能控制器（智能脱扣器），它不仅具备普通断路器的各种保护功能，同时还具备实时显示电路中的各种电气参数（电流、电压、功率、功率因数等），对电路进行在线监视、自行调节、测量、试验、自诊断、可通信等功能，能够对各种保护功能的动作参数进行显示、设定和修改，保护电路动作时的故障参数能够存储在非易失存储器中以便查询等功能。具有通信功能的断路器可以与上位机连接，进行远程控制，实现"四遥"功能。新型智能断路器还具有区域选择性联锁（ZSI）功能。区域选择性保护是将多台上下级断路器通过控制线连接在一起，当发生短路短延时故障或接地故障时，检测到故障的智能控制器发出信号给上级断路器，并检查有无下级断路器送来信号。如果断路器检测到有下级断路器送来的信号，则在脱扣延时期间保持合闸。如果没有检测到来自下级断路器的信号，断路器则瞬时断开。区域选择性联锁功能可确保断路器上下级完全选择性保护，防止越级跳闸，缩小断电范围，缩短断路器的分断时间，对提高线路和设备寿命、降低投资成本、提高供电可靠性具有积极意义。

图 4-46 为 CW2 型智能型万能式低压断路器外形结构图。

配电系统的网络化发展，将使断路器智能化功能得以充分发挥。从国内外新一代智能化断路器发展情况看，将保护、测量、故障预警、自诊断、监控、能量管理等功能集中于一体将是智能型断路器的发展方向。

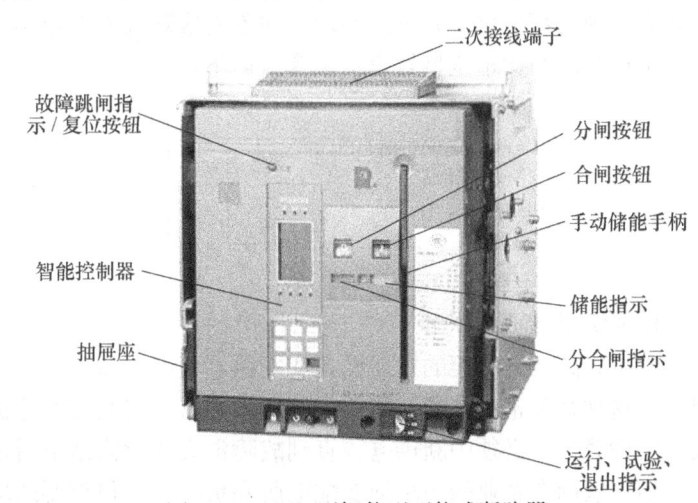

图 4-46　CW2 型智能型万能式断路器

4.7 成套配电装置

成套配电装置是按照电气主接线的要求，把一、二次电气设备组装在全封闭或半封闭的金属柜中，构成供配电系统中进行接受、分配和控制电能的总体装置。成套配电装置由制造厂成套供应，分为低压成套配电装置、高压成套配电装置及动力和照明配电箱。

4.7.1 高压成套配电装置（高压开关柜）

高压开关柜是按一定的线路方案将有关一、二次设备组装而成的一种高压成套配电装置。在变配电所中作为控制和保护变压器及高压线路用，也可作为大型高压交流电动机的起动和保护用，其中安装有高压开关设备、保护电器、监测仪表和母线、绝缘子等。

高压开关柜按其主要设备元件的安装方式，有固定式和移开式（手车式）两大类；按开关柜隔式结构，分为铠装型、间隔型、箱型和半封闭型等；按其母线结构，分为单母线的、单母线带旁路母线的和双母线等形式；按功能作用划分，主要由馈线柜、电压互感器柜、高压电容器柜（GR-1型）、电能计量柜（PJ型）、高压环网柜（HXGN型）等。

各种高压开关柜必须具有"五防"功能，即：

1）防止误跳、误合断路器；
2）防止带负荷拉、合隔离开关；
3）防止带电挂接地线；
4）防止带接地线合隔离开关；
5）防止人员误入开关柜的带电间隔。高压开关柜通过装设防误闭锁装置来实现"五防"功能，从而防止电气误操作和保障人身安全。

常规防误闭锁方式主要有4种：机械闭锁、程序锁、电气联锁和微机防误闭锁。目前应用较多的是微机防误闭锁装置。该装置是一种采用计算机技术用于高压开关设备防止电气误操作的装置，它通过软件将现场大量的二次闭锁回路变为计算机中的五防闭锁规则库，实现了防误闭锁的数字化，并可以实现以往不能实现或者是很难实现的防误功能。

国产高压开关柜全型号表示及含义如下：

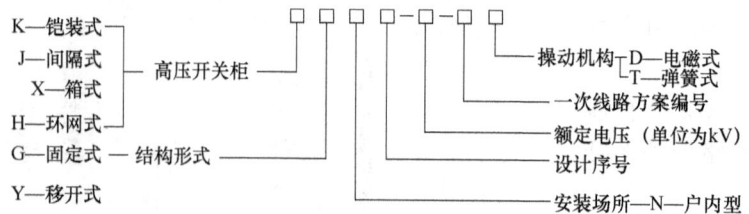

1. 固定式高压开关柜

固定式高压开关柜的主要设备如断路器、互感器和避雷器等都固定安装在不能移动的台架上。这种开关柜具有构造简单、制造成本低、安装方便等优点；但内部主要设备发生故障或需要检修时，必须中断供电，直到故障消失或检修结束后才能恢复供电，因此固定式高压开关柜一般用在企业的中小型变配电所和负荷不是很重要的场所。

近年来，我国设计生产的新型固定式高压开关柜有 XGN 系列（交流金属箱型固定式封闭高压开关柜）、KGN 系列（交流金属铠装固定式高压开关柜）和 HXGN 系列（固定式高压环网柜）。

图 4-47 为 XGN2-12 型固定式金属封闭高压开关柜，柜体骨架由角钢焊接而成，为箱形结构。柜内由钢板分割成断路器室、仪表室、母线室、电缆室，布局合理、运行操作及检修维护方便。在柜与柜之间加装了母线隔离套管，避免了一柜故障，波及邻柜。该产品可采用 ZN28A-12 系列真空断路器，隔离开关可采用 GN30-10 型旋转式隔离开关，技术性能高，设计新颖。

图 4-47　XGN2-12 型固定式金属封闭高压开关柜

2. 手车式（移开式）高压开关柜

手车式高压开关柜主要设备如断路器、电压互感器和避雷器等是装设在可以拉出和推入开关柜的手车上的。这些设备如发生故障或需要检修试验时，可随时将其手车拉出，再推入同类备用手车，即可恢复供电，停电时间很短，大大提高了供电可靠性。手车式开关柜较之固定式开关柜，具有检修安全、供电可靠性高等优点，但制造成本较高，主要用于大中型变配电所及负荷比较重要、要求供电可靠性高的场所。

手车式高压开关柜的主要产品有 KYN 系列、JYN 系列等。

图 4-48 所示为 KYN 系列金属铠装移开式高压开关柜。该开关柜由金属板分隔成手车室、母线室、电缆式、继电仪表室，每一个单元的金属外壳均独立接地。根据用途不同，手车分断路器手车、电压互感器手车、计量手车、隔离手车。手车在柜内有断开位置、试验位置和工作位置，每一位置都分别有到位装置，以保证联锁可靠。各种手车均采用蜗轮、蜗杆摇动推进、退出。当手车需要移开柜体时，用一辆专用运转车，就可以方便取出，进行各种检查、维护；当手车用运转车运入柜体断路器室时，便可锁定在断开位置或试验位置，只有完全锁定后，才能摇动推进机构，将手车推向工作位置。手车到工作位置后，推进手柄即摇不动，其对应位置显示灯便显示其所在位置。

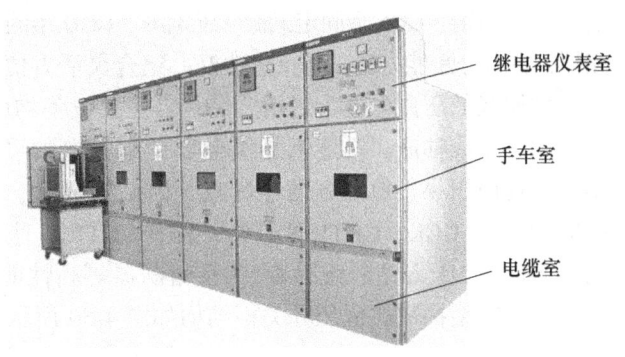

图 4-48　KYN 系列金属铠装移开式高压开关柜

移开式高压开关柜具有可靠的"五防"联锁装置，为操作人员与维护人员提供可靠的安全保护，其作用如下：

1）断路器手车在试验或工作位置时，断路器才能进行合分操作，而且在断路器合闸后，手车无法移动，防止了带负荷误推拉断路器。

2）仅当接地开关处在分闸位置时，断路器手车才能从试验、断开位置移至工作位置；仅当断路器手车处于试验、断开位置时，接地开关才能进行合闸操作（接地开关可带电压显示装置），实现了防止带电误合接地开关。

3）接地开关处于分闸位置时，下门及后门都无法打开，防止了误入带电间隔。

4）断路器手车确实在试验或工作位置，而没有控制电压时，仅能手动分闸，不能合闸。

5）断路器手车在工作位置时，二次插头被锁定不能拔除。

4.7.2 低压成套配电装置（低压配电屏）

低压配电屏是按一定的线路方案将有关一、二次设备组装而成的一种低压成套配电装置，在低压配电系统中作受电、馈电、照明、电动机控制及功率因数补偿之用。因应用场合的不同，屏内可装有断路器、刀开关、接触器、熔断器、仪用互感器、母线以及信号和测量装置等不同设备。低压配电屏按结构形式分，有固定式、抽屉式和组合式。

国产新系列低压配电屏全型号表示及含义如下：

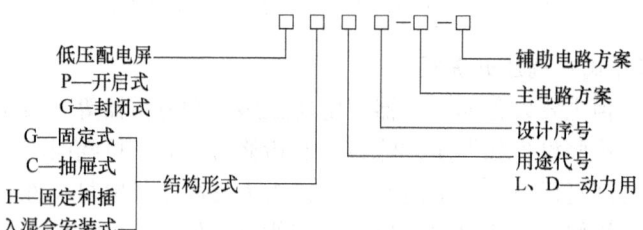

固定式低压配电屏将一、二次设备均固定的安装在柜中。柜面上部安装测量仪表，中部装带开关的操作手柄，柜下部为外开的金属门。母线装在柜顶，断路器和电流互感器都装在柜后。目前多采用 GGD、GGL 型固定式低压配电屏。GGD 型的外形如图 4-49 所示。该型柜采用先进的断路器，具有分断能力高、动稳定性好、组合灵活方便、结构新颖和安全可靠等特点。

抽屉式低压配电屏为封闭式结构，主要设备均放在抽屉内或手车上。回路故障时，可换上备用手车或抽屉，迅速恢复供电以提高供电的可靠性。抽屉式低压配电屏还具有布置紧凑、占地面积小、检修方便等优点，但结构复杂、钢材消耗多、价格较贵。目前常用的有 GCL、GCS、GCK、GHT1 等型号。其中 GHT1 型是 GCK（L）1A 型的更新换代产品，它采用了 ME、CM1 等型断路器和 NT 型熔断器等高性能新型元件，因此性能大为改善，但价格较贵。GCS 型抽屉式低压开关柜结构如图 4-50 所示。

图 4-49　GGD 型固定式低压开关柜　　　图 4-50　GCS 型抽屉式低压开关柜

目前我国应用的组合式低压配电屏有 GZL1、GZL2、GZL3 型及引进国外技术生产的多米诺（DOMINO）、科必可（CUBIC）等型低压配电柜，它们采用模数化组合结构，标准化程度高，通用性强，柜体外形美观，而且安装灵活方便。

4.7.3　动力和照明配电箱

从低压配电屏引出的低压配电线路一般经动力或照明配电箱接至各用电设备，它们是车间和民用建筑的供配电系统中对用电设备的最后一级控制和保护设备。

动力和照明配电箱的类型很多。按其安装方式分，有靠墙式、悬挂式和嵌入式。靠墙式是靠墙落地安装，悬挂式是挂在墙壁上明装，嵌入式是嵌在墙壁里暗装。

（1）动力配电箱　通常具有配电和控制两种功能，主要用于动力配电和控制，但也可用于照明的配电与控制。常用的动力配电箱有 XL、XLL2、XF-10、BGL、BGM 型等，其中，BGL 和 BGM 型多用于高层建筑的动力和照明配电。动力配电箱外形如图 4-51 所示。

（2）照明配电箱　主要用于照明和小型动力线路的控制、过负荷和短路保护。照明配电箱的种类和组合方案繁多，其中 XXM 和 XRM 系列适用于工业和民用建筑的照明配电，也可用于小容量动力线路的漏电、过负荷和短路保护。照明配电箱外形如图 4-52 所示。

图 4-51　动力配电箱外形

图 4-52　照明配电箱外形

4.8　高压开关电器的选择

4.8.1　电气设备选择的一般原则

正确地选择电气设备是供配电系统安全、经济运行的重要条件。电气设备在正常运行和短路状态下都必须可靠地工作，为此电气设备选择的一般程序是：先按正常工作条件选出元件，再按短路条件校验。按正常工作条件下选择，就是要考虑电气装置的环境条件和电气要求。环境条件是指电气装置所处的位置（室内或室外）、环境温度、海拔高度以及有无防尘、防腐、防火、防爆等要求。电气要求是指电气装置对设备的电压、电流等方面的要求；对于断路器、熔断器等，还应考虑其断流能力。按短路状态校验，就是要按最大可能的短路故障时的动稳定度和热稳定度校验。

由于各种高低压电气设备具备不同的性能特点，选择与较验条件不尽相同。表 4-3 给出了高低压电气设备选择与校验的项目与条件。

表 4-3　高低压电气设备选择与校验的项目与条件

电气设备名称	电压/kV	电流/A	断流能力/kA	短路电流校验 动稳定度	短路电流校验 热稳定度	环境条件
高压断路器	√	√	√	√	√	√
高压隔离开关	√	√	—	√	√	√
高压负荷开关	√	√	√	√	√	√
熔断器	√	√	√	—	—	√
电流互感器	√	√	—	√	√	√
电压互感器	√	—	—	—	—	√
低压刀开关	√	√	√	⊿	⊿	√
低压断路器	√	√	√	⊿	⊿	√
支柱绝缘子	√	—	—	√	—	√
套管绝缘子	√	√	—	√	√	√
母线	—	√	—	√	√	√
电缆、绝缘导线	√	√	—	—	√	√

注：表中"√"表示必须校验，"⊿"表示一般可不校验，"—"表示不需要校验。

4.8.2　高压隔离开关、负荷开关和断路器的选择与校验

1. 按电压和电流选择

高压隔离开关、负荷开关和断路器的额定电压 U_N 不得低于装设地点电网的额定电压 U_{WN}；它们的额定电流 I_N 则不得小于通过它们的计算电流 I_{30}，即

$$U_N \geqslant U_{WN} \tag{4-8}$$

$$I_N \geqslant I_{30} \tag{4-9}$$

2. 断流能力的校验

高压隔离开关不允许带负荷操作，只作隔离电源用，因此不校验其断流能力。

高压负荷开关能带负荷操作，但不能切断短路电流，因此其断流能力应按切断最大可能的过负荷电流来校验，满足的条件为

$$I_{oc} \geqslant I_{ol.\,max} \tag{4-10}$$

式中，I_{oc} 为负荷开关的最大分断电流；$I_{ol.\,max}$ 为负荷开关所在电路的最大可能的过负荷电流，可取 (1.5~3)I_{30}，这里 I_{30} 为电路计算电流。

高压断路器可分断短路电流，其断流能力应满足的条件为

$$I_{oc} \geqslant I_k^{(3)} \tag{4-11}$$

或

$$S_{oc} \geqslant S_k^{(3)} \tag{4-12}$$

式中，I_{oc}、S_{oc} 分别为断路器的最大开断电流和断流容量；$I_k^{(3)}$、$S_k^{(3)}$ 分别为断路器安装地点的三相短路电流周期分量有效值和三相短路容量。

3. 短路稳定度的校验

高压隔离开关、负荷开关和断路器均需进行短路动稳定度和热稳定度的校验，以保证电气设备在短路故障时不致损坏。

(1) 热稳定校验 通过短路电流时,导体和电器各部件的发热温度不应超过短时发热最高温度,即

$$I_t^2 t \geq I_\infty^{(3)2} t_{ima} \tag{4-13}$$

式中,$I_\infty^{(3)}$ 为电气设备安装地点的三相短路电流;t_{ima} 为短路发热假想时间;I_t 为电器的热稳定电流;t 为电器的热稳定时间。I_t 和 t 可从有关手册或产品样本查得。

(2) 动稳定校验 动稳定是指导体和电器承受短路电流机械效应的能力,即

$$i_{max} \geq i_{sh}^{(3)} \tag{4-14}$$

或

$$I_{max} \geq I_{sh}^{(3)} \tag{4-15}$$

式中,$i_{sh}^{(3)}$、$I_{sh}^{(3)}$ 为设备安装地点的三相短路冲击电流峰值和有效值;i_{max}、I_{max} 为电器极限通过电流的峰值和有效值,可查有关的手册和产品样本。

[**例 4-2**] 如图 4-53 所示为某 35/10kV 总降压变电所主接线简图,一台主变压器的容量为 6300kVA,其短路电压百分值为 $U_k\% = 7.5$,变电所由无限大容量系统供电,10kV 母线上短路电流为 $I'' = 13.8$kA。作用于高压断路器的定时限保护装置的动作时限为 $t_{op} = 1.4$s,拟采用高速动作的高压断路器,其固有开断时间为 0.05s,灭弧时间为 0.05s,断路时间则为 $t_{oc} = 0.05\text{s} + 0.05\text{s} = 0.1\text{s}$,试选择 10kV 侧的高压断路器 QF 与隔离开关 QS。

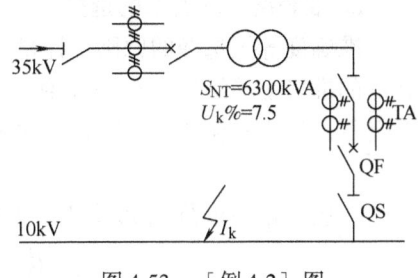

图 4-53 [例 4-2] 图

解:通过所选断路器的工作电流为

$$I_{30} = \frac{S_{NT}}{\sqrt{3} U_N} = \frac{6300}{\sqrt{3} \times 10}\text{A} = 364\text{A}$$

短路电流冲击值为

$$i_{sh} = 2.55 I'' = 2.55 \times 13.8\text{kA} = 35.19\text{kA}$$

短路电流热效应的假想时间与实际短路时间相等,即为

$$t_{ima} = t_k = t_{op} + t_{oc} = 1.4\text{s} + 0.1\text{s} = 1.5\text{s}$$

根据上述计算数据结合具体情况和选择条件,选择户内 ZN28-12/630 型的高压真空断路器和 GN19-12/600 型的隔离开关,经短路稳定性校验,均合格。将计算数据和其额定数据列于表 4-4 中。

表 4-4 高压断路器和高压隔离开关选校表

装置地点的电气条件	ZN28-12/630	GN19-12/600
电压 10kV	$U_N = 12$kV	$U_N = 12$kV
电流 $I_{30} = 364$A	$I_N = 630$A	$I_N = 600$A
短路电流 $I'' = I_\infty = 13.8$kA	$I_{oc} = 20$kA	
短路冲击电流 $i_{sh} = 35.19$kA	$i_{max} = 50$kA	$i_{max} = 52$kA
热校验计算值 $I_\infty^2 t_{ima} = (13.8\text{kA})^2 \times 1.5\text{s} = 286(\text{kA})^2\text{s}$	$I_t^2 t = (20\text{kA})^2 \times 4\text{s} = 1600(\text{kA})^2\text{s}$	$I_t^2 t = (20\text{kA})^2 \times 5\text{s} = 2000(\text{kA})^2\text{s}$

4.9 互感器的选择及校验

4.9.1 电流互感器的选择及校验

1. 额定电压和电流的选择

电流互感器一次回路额定电压 U_N 应不低于装设地点电网的额定电压 U_{WN}；其额定一次电流 I_{1N} 则不得小于电路的计算电流 I_{30}，即

$$U_N \geq U_{WN} \tag{4-16}$$

$$I_{1N} \geq I_{30} \tag{4-17}$$

电流互感器的二次额定电流有 5A 和 1A 两种，一般弱电系统用 1A，强电系统用 5A。

2. 准确度等级要求的选择

准确度等级选择的原则：计量用的电流互感器的准确度等级选 0.2 级，测量用的电流互感器的准确度等级选 0.5~1.0 级。为了保证互感器的准确度等级，互感器二次侧所接负荷 S_2 应不大于该准确度等级所规定的额定容量 S_{N2}，即

$$S_{2N} \geq S_2 \tag{4-18}$$

二次回路的负荷 S_2 取决于二次回路的总阻抗 Z_2 的值，即

$$S_2 = I_{2N}^2 |Z_2| \approx I_{2N}^2 (\sum |Z_i| + R_{WL} + R_{tou}) \tag{4-19}$$

$$S_2 = I_{2N}^2 |Z_2| \approx \sum S_i + I_{2N}^2 (R_{WL} + R_{tou}) \tag{4-20}$$

式中，$\sum S_i$、$\sum Z_i$ 为二次回路中的所有串联的仪表、继电器线圈的额定负荷容量（VA）之和与阻抗（Ω）之和，其值均可由仪表、继电器的产品样本查得；R_{tou} 为二次回路中所有接头、触点的接触电阻，一般取 0.1Ω；R_{WL} 为二次回路导线电阻，计算公式为 $R_{WL} = \dfrac{L_c}{\gamma S}$，这里，$\gamma$ 为导线的电导率，铜线 $\gamma_{Cu} = 53\text{m}/(\Omega \cdot \text{mm}^2)$，铝线 $\gamma_{Al} = 32\text{m}/(\Omega \cdot \text{mm}^2)$，$S$ 为导线的截面积（mm²）；L_c 为二次回路导线的计算长度（m）。

电流互感器二次回路的计算长度 L_c 与其接线方式有关。设从互感器二次端子到仪表、继电器端子的单向长度为 l_1，则互感器二次为 Y 形接线时，$L_c = l_1$；如互感器二次为 V 形接线时，$L_c = \sqrt{3} l_1$；如互感器二次为一相式接线时，$L_c = 2l_1$。

如果电流互感器不满足式（4-18）的条件，则应改选较大二次容量或较大电流比的互感器或者适当加大二次接线的导线截面积。按规定，电流互感器二次接线应采用电压不低于500V、截面积不小于 2.5mm² 的铜芯绝缘导线。

3. 热稳定和动稳定的校验

电流互感器热稳定能力常以 1s 允许通过的一次额定电流 I_{1N} 的倍数 K_t 来表示，故热稳定应按下式校验

$$(K_t I_{1N})^2 \geq I_\infty^{(3)2} t_{ima} \tag{4-21}$$

电流互感器常以允许通过一次额定电流最大值（$\sqrt{2} I_{1N}$）的倍数 K_{es}（称动稳定电流倍数）表示，故动稳定可用下式校验

$$K_{es} \sqrt{2} I_{1N} \geq i_{sh}^{(3)} \tag{4-22}$$

[**例 4-3**] 按例 4-2 的电气条件，选择柜内电流互感器。已知电流互感器采用两相式接线，如图 4-54 所示，两个二次绕组，其中 1 级二次绕组供给继电保护，0.5 级二次绕组用于测量，接有三相有功电能表和三相无功电能表各一只，每一电流线圈消耗功率 0.5VA，电流表一只，消耗功率 3VA。电流互感器二次回路采用 BV-500-1×2.5mm² 的铜芯塑料线，互感器距仪表的单向长度为 2m，$t_{ima} = 1.2s$。

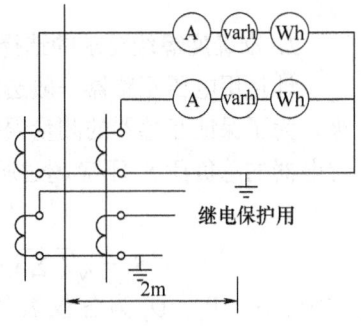

图 4-54 电流互感器与仪表接线

解：根据变压器二次侧额定电压 10kV，额定电流 364A，查电流互感器产品资料，选电流比为 400/5A 的 LQJ-10 型高压电流互感器，$K_{es} = 160$，$K_t = 75$，$t = 1s$，0.5 级二次绕组的 $Z_{2N} = 0.4\Omega$。

（1）准确度校验

$$S_{2N} \approx I_{N2}^2 Z_{2N} = 5^2 \times 0.4\text{VA} = 10\text{VA}$$

$$\begin{aligned} S_2 &= I_{2N}^2 |Z_2| \approx \sum S_i + I_{2N}^2 (R_{WL} + R_{tou}) \\ &= \{(0.5 + 0.5 + 3) + 5^2 \times [\sqrt{3} \times 2/(53 \times 2.5) + 0.1]\}\text{VA} \\ &= 7.15\text{VA} < S_{2N} = 10\text{VA} \end{aligned}$$

满足准确度要求。

（2）动稳定校验

$$K_{es}\sqrt{2}I_{1N} = 160 \times \sqrt{2} \times 0.4\text{kA} = 90.50\text{kA} > i_{sh}^{(3)} = 35.19\text{kA}$$

满足动稳定要求。

（3）热稳定校验

$$(K_t I_{1N})^2 = (75 \times 0.4)^2 = 900 (\text{kA})^2 \text{s} > I_\infty^{(3)2} t_{ima} = (13.8\text{kA})^2 \times 1.2\text{s} = 228.5 (\text{kA})^2 \text{s}$$

满足热稳定要求。

所以选 LQJ-10 型 400/5A 的电流互感器满足要求。

4.9.2 电压互感器的选择及校验

1. 电压的选择

电流互感器一次回路额定电压 U_N 应不低于装设地点电网的额定电压 U_{WN}；其额定二次电压应满足保护和测量使用标准仪表的要求。电压互感器的电压比，等于其一次额定电压与二次额定电压的比值。通常一次绕组接于电网线电压时，二次绕组额定电压选为 100V；一次绕组接于电网相电压时，二次绕组额定电压选为 $100/\sqrt{3}$ V。当电网为中性点直接接地系统时，电压互感器二次辅助绕组产生的零序电压等于相电压，故二次辅助绕组额定电压选为 100V；当电网为中性点非直接接地系统时，电压互感器二次辅助绕组产生的零序电压等于 3 倍的相电压，故互感器二次辅助绕组额定电压选为 100/3V。

现场实际应用的电压互感器多具有一个一次绕组及两个二次绕组，其中二次主绕组用于测量相电压或线电压；二次辅助绕组专门用于测量零序电压。例如：当电压互感器接线为 $Y_0/Y_0/\triangle$ 时，在额定电压为 110kV 的系统，电压互感器绕组的额定电压比为 $\dfrac{110}{\sqrt{3}} \bigg/ \dfrac{0.1}{\sqrt{3}} \bigg/$

0.1kV；额定电压为10kV的系统，电压互感器的电压比为$\frac{10}{\sqrt{3}}/\frac{0.1}{\sqrt{3}}/\frac{0.1}{3}$kV。

2. 准确度等级要求的选择

计量用电压互感器一般选0.2级以上，测量用的0.5~1.0级，保护用的有3P级和6P级。为了保证互感器的测量误差不超出准确度所允许的误差，电压互感器二次侧所接仪表和继电器的总负荷S_2不应超过所要求准确度等级下的额定容量S_{2N}，即

$$S_{2N} \geqslant S_2 \tag{4-23}$$

$$S_2 = \sqrt{(\sum S_i\cos\varphi_i)^2 + (\sum S_i\sin\varphi_i)^2} = \sqrt{(\sum P_i)^2 + (\sum Q_i)^2} \tag{4-24}$$

式中，S_i、P_i、Q_i为各仪表的视在功率、有功功率和无功功率；$\cos\varphi_i$为各仪表的功率因数。

由于电压互感器三相负荷常不相等，为了满足准确度等级的要求，通常以最大相负荷进行比较。

电压互感器的一、二次侧均有熔断器保护，因此不需要校验动稳定和热稳定。

[**例4-4**] 例4-2总降压变电所10kV母线配置3只单相三绕组电压互感器，采用$Y_0/Y_0/\triangle$接法，作母线电压、各回路有功电能和无功电能测量及母线绝缘监视用。电压互感器和测量仪表的接线如图4-55所示。该母线共有4路出线，每路出线装设三相有功电能表、三相无功电能表及功率表各一只，母线设4只电压表，其中3只分别接于各相，作绝缘监视用，另一只电压表用于测量各线电压，二次侧电压线圈

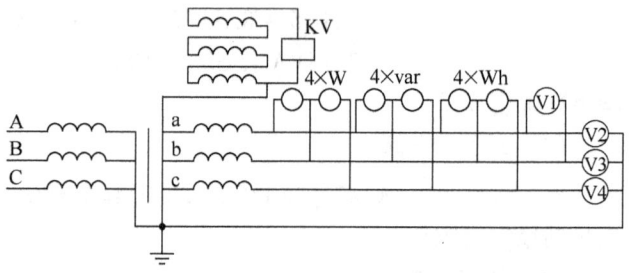

图4-55 电压互感器与仪表接线

消耗的总功率为30VA。(1) 试选择电压互感器，并校验其二次负荷是否满足准确度要求；(2) 一次系统正常运行时电压表V1、V2、V3及V4的电压为多少伏？开口三角形两端电压KV为多少伏？(3) 当A相接地时，则电压表V1、V2、V3及V4的电压为多少伏？开口三角形两端电压KV为多少伏？

解：(1) 根据要求查附表D-5，选3只JDZX12-10型电压互感器，该电压互感器的两个二次绕组用于一次系统的绝缘监视和测量，三个绕组电压比选为$\frac{10}{\sqrt{3}}/\frac{0.1}{\sqrt{3}}/\frac{0.1}{3}$kV，准确度为0.5级，二次绕组（单相）额定负荷为80VA。

电压互感器二次侧所接仪表的总负荷$S_2=30VA<80VA$，故二次负荷满足准确级要求。

(2) 由图可知，电压表V1、V2、V3、V4均接于二次主绕组侧，其中电压表V1测量的是线电压，V2、V3、V4用于测量相电压；电压继电器KV接于二次辅助绕组侧，专门用于测量零序电压。在一次系统正常时，电压表V1实际测量值为线电压100V，表头显示值应为一次侧的电压10kV；电压表V2、V3及V4实际测量值为相电压$\frac{0.1}{\sqrt{3}}=57.7V$，显示值为一次侧的电压，即为5.77kV。正常运行时三相电压对称，开口三角形电压为0V。

(3) 10kV系统为中性点不接地系统。当A相接地时，电压表V2的电压降为0V，V3

及 V4 测量的电压值升高为线电压 100V，电压表显示值由 5.77kV 升高为 10kV，开口三角形出现 100V 零序电压。

4.10 低压熔断器的选择

在供配电系统中熔断器常作为电力线路、电动机及其他电器的过负荷及短路保护，因其装置简单经济，在 500V 低压系统应用非常广泛。熔断器的选择首先是熔体电流的选择。

4.10.1 熔断器熔体电流的选择

1）熔体额定电流 $I_{N.FE}$ 应不小于线路的计算电流 I_{30}，即

$$I_{N.FE} \geq I_{30} \tag{4-25}$$

2）熔体额定电流 $I_{N.EF}$ 还应躲过线路的尖峰电流 I_{PK}，以使熔体在线路出现正常尖峰电流时也不致熔断。由于尖峰电流是短时最大电流，而熔体加热熔断需一定时间，所以满足的条件为

$$I_{N.FE} \geq K I_{PK} \tag{4-26}$$

式中，K 为小于 1 的计算系数。对供单台电动机的线路来说，电动机的起动时间 $t<3s$（轻载起动）时，宜取 $K=0.25 \sim 0.35$；$t=3 \sim 8s$（重载起动）时，宜取 $K=0.35 \sim 0.5$；$t>8s$ 或频繁起动、反接制动时，宜取 $K=0.5 \sim 0.6$。

3）熔断器保护还应与被保护的线路相配合，当过负荷和短路引起绝缘导线或电缆过热时，熔断器应保证熔断，因此还应满足条件

$$I_{N.FE} \leq K_{OL} I_{al} \tag{4-27}$$

式中，I_{al} 为绝缘导线和电缆的允许载流量；K_{OL} 为绝缘导线和电缆的允许短时过负荷系数：若熔断器只作短路保护时，对电缆和穿管绝缘导线，取 2.5，对明敷绝缘导线，取 1.5；若熔断器既作短路保护又作过负荷保护时，则取 1（当 $I_{N.FE} \leq 25A$ 时则取为 0.85）；对有爆炸气体区域内的线路，应取为 0.8。

若按式 (4-25) 和式 (4-26) 两个条件选择的熔体电流不满足式 (4-27) 的要求，则应改选熔断器的型号规格，或者适当增大导线或电缆的芯线截面积。

4.10.2 熔断器的选择及校验

选择熔断器时应满足下列条件：

1）熔断器的额定电压应不小于装置安装处的工作电压。
2）熔断器的额定电流应不小于它所装设的熔体额定电流。
3）熔断器的断流能力应进行校验。

为了使熔断器能可靠的分断电路，须按短路电流校验熔断器的分断能力。熔断器没有触头，分断短路电流后熔体熔断，不必校验动稳定和热稳定。

1）限流式熔断器能在短路电流达到冲击值之前完全熄灭电弧、切除短路，因此只需满足条件

$$I_{oc} \geq I''^{(3)} \tag{4-28}$$

式中，I_{oc} 为熔断器的最大分断电流；$I''^{(3)}$ 为熔断器安装处的三相次暂态短路电流有效值，在

无限大系统中 $I''^{(3)} = I_\infty^{(3)}$。

2）非限流式熔断器不能在短路电流达到冲击值之前熄灭电弧、切除短路，因此需满足条件

$$I_{oc} \geq I_{sh}^{(3)} \quad (4\text{-}29)$$

式中，$I_{sh}^{(3)}$ 为熔断器安装处的三相短路冲击电流有效值。

[例 4-5] 有一台 Y 型电动机，其额定电压为 380V。额定功率为 18.5kW，额定电流为 35.5A，启动电流倍数为 7。现采用 BLV 型导线穿焊接钢管敷设，已知导线截面积 $S = 10\text{mm}^2$，$I_{al} = 41A$。该电动机采用 NT0 型熔断器作短路保护，短路电流 $I_k^{(3)}$ 最大可达 13kA。试选择熔断器及其熔体的额定电流。

解：（1）选择熔体及熔断器的额定电流

$$I_{N.FE} \geq I_{30} = 35.5A，且 I_{N·FE} \geq KI_{pk} = 0.3 \times 35.5A \times 7 = 74.45A$$

选 RT16-00.160 型熔断器，其 $I_{N.FE} = 80A$，$I_{N.FU} = 160A$。

（2）校验熔断器的断流能力。查产品手册知 RT16-00.160 型熔断器的 $I_{oc} = 50kA > I'' = 13kA$，因此该熔断器的断流能力是足够的。

（3）校验导线与熔断器保护的配合。假设熔断器只作短路保护用，则由式（4-27）知，导线与熔断器保护的配合条件为 $I_{N.FE} \leq 2.5I_{al}$。现 $I_{N.FE} = 80A < 2.5 \times 41A = 102.5A$，因此满足配合要求。

4.10.3 前后熔断器之间的选择性配合

在低压配电系统中，如果上下两级线路都采用熔断器作短路保护时，应使它们的动作具有选择性。如图 4-56 所示，k 点发生故障时，靠近故障点的 FU2 熔断器最先熔断，切除故障部分，FU1 不再熔断，从而使系统的其他部分迅速恢复正常运行。为此，上级熔体的熔断时间 t_1 与下级熔体的熔断时间 t_2 应满足 $t_1 > 3t_2$。如果不满足这一要求时，则应将前一熔断器的熔体电流提高 1~2 级再校验。

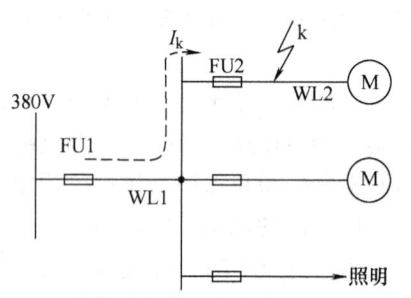

图 4-56 熔断器在低压线路中的选择性配合

4.11 低压断路器的选择

低压断路器是低压电网中常用的控制和保护电器，应用非常广泛。合理地选择与应用低压断路器，将有助于提高配电系统的可靠性、安全性和经济性。如果设置的断路器整定值不正确，将导致不能在要求的时间内切断故障电路，从而损坏电线、电缆，甚至扩大事故，或者导致非选择性动作，扩大停电范围。

1. 低压断路器类型的选择

1）在低压配电系统中，变压器低压侧进线断路器、母联断路器、800A 及以上的馈出线断路器一般选用框架式断路器；630A 及以下的线路保护用断路器选用塑壳式断路器；末端线路保护用断路器选用塑壳式断路器或微型断路器。

2）配电变压器低压侧进线断路器、母联断路器一般设二段保护，即长延时、短延时

（或瞬时）过电流脱扣器；配电线路用断路器一般设三段保护，为长延时、瞬时（或短延时）及接地故障过电流脱扣器；末级配电线路用断路器一般设三段保护，为长延时、瞬时及接地故障过电流脱扣器。

3）依据保护对象的不同，相应选择配电线路保护用断路器、电动机保护用断路器、照明保护用断路器和剩余电流动作保护用断路器。

2. 低压断路器过电流脱扣器的选择及整定

选择低压断路器主要是脱扣器的选择及整定。

(1) 过电流脱扣器额定电流的选择

过电流脱扣器的额定电流 $I_{N.OR}$ 应不小于线路的计算电流 I_{30}，即

$$I_{N.OR} \geq I_{30} \tag{4-30}$$

(2) 过电流脱扣器动作电流的整定

1）瞬时过电流脱扣器动作电流 $I_{op(o)}$ 应躲过线路的尖峰电流 I_{pk}，即

$$I_{op(o)} \geq K_{rel} I_{pk} \tag{4-31}$$

式中，K_{rel} 为可靠系数，对动作时间 $t > 0.02s$ 的万能式断路器（DW 型），可取 1.35；$t \leq 0.02s$ 的塑壳式断路器（DZ 型），则宜取 2~2.5。

2）短延时过电流脱扣器的动作电流 $I_{op(s)}$ 应躲过线路短时间出现的负荷尖峰电流 I_{pk}，即

$$I_{op(s)} \geq K_{rel} I_{pk} \tag{4-32}$$

式中，K_{rel} 为可靠系数，一般取 1.2。

短延时过电流脱扣器的动作时间通常为 0.1~0.4s，应按前后保护装置保护选择性要求来确定，应使前一级保护的动作时间比后一级保护的动作时间长一个时间级差 0.2s。

3）长延时过电流脱扣器主要用来保护过负荷，因此其动作电流 $I_{op(t)}$ 只需躲过线路的最大负荷电流 I_{30}，即

$$I_{op(t)} \geq K_{rel} I_{30} \tag{4-33}$$

式中，K_{rel} 为可靠系数，一般取 1.1。

长延时过电流脱扣器的动作时间，应躲过允许过负荷的持续时间。其动作特性通常是反时限的，即过负荷电流越大，其动作时间越短。

需要特别说明的是，实际过电流脱扣器的动作电流，是按照其额定电流的倍数来整定，即选择过电流脱扣器的整定倍数 K。各种型号断路器的脱扣器动作电流整定倍数不一样。过电流脱扣器的动作电流，应不大于整定倍数乘以过电流脱扣器的额定电流。

4）过电流脱扣器与被保护线路的配合要求。为了不致发生因过负荷或短路引起绝缘导线或电缆过热起燃而其低压断路器不跳闸的事故，低压断路器过电流脱扣器的动作电流 I_{op} 还应满足条件

$$I_{op} \leq K_{ol} I_{al} \tag{4-34}$$

式中，I_{al} 为绝缘导线和电缆的允许载流量；K_{ol} 为绝缘导线和电缆的允许短时过负荷系数，对瞬时和短延时过电流脱扣器，一般取 4.4；对长延时过电流脱扣器，可取 1；对有爆炸气体区域内的线路，应取为 0.8。如果不满足以上配合要求，则应改选过电流脱扣器动作电流，或者适当加大导线和电缆的线芯截面积。

3. 低压断路器的选择及校验

选择低压断路器时应满足下列条件：

1) 低压断路器的额定电压应不小于保护线路的额定电压。
2) 低压断路器的额定电流应不小于它所装设的脱扣器额定电流。
3) 低压断路器应按短路电流校验其分断能力。

断路器的分断能力的校验如下：

$$I_{\text{OC}} \geqslant I_k^{(3)} \tag{4-35}$$

式中，I_{OC} 为断路器极限分断电流；$I_k^{(3)}$ 为三相短路电流周期分量有效值。

4. 低压断路器灵敏度的校验

为了使低压断路器的瞬时或短时过电流脱扣器在系统最小运行方式下，在其保护区内发生最轻微的短路故障时能可靠地动作，低压断路器保护灵敏度必须满足下列要求，即

$$K_{\text{sen}} = \frac{I_{\text{k.min}}}{I_{\text{op}}} \geqslant 1.3 \tag{4-36}$$

式中，$I_{\text{k.min}}$ 为低压断路器保护的线路末端在系统最小运行方式下的单相短路电流（对 TN 和 TT 系统）或两相短路电流（对 IT 系统）；I_{op} 为瞬时或短延时过电流脱扣器的动作电流。

5. 前后级断路器选择性的配合

前后低压断路器的选择性要求可以从动作电流和动作时间上进行配合。

（1）动作电流选择性配合　前一级过电流脱扣器的动作电流应大于后一级过电流脱扣器的动作电流的 1.3 倍，即

$$I_{\text{op(1)}} \geqslant 1.3 I_{\text{op(2)}} \tag{4-37}$$

（2）动作时间选择性配合　前一级低压断路器宜采用带短延时的过电流脱扣器，后一级低压断路器则采用瞬时过电流脱扣器。如果前后级都采用短延时过电流脱扣器，则前一级短延时时间应至少比后一级短延时时间大一级。

[例 4-6]　某 380V 动力线路，采用低压断路器保护，线路计算电流为 125A，尖峰电流为 390A，线路首端最大三相短路电流为 7.6kA，末端最小单相短路电流为 2.5kA，线路允许的载流量为 168A（BLV 三芯绝缘导线穿塑料管，30℃时），试选择低压断路器。

解：低压断路器用于配电线路保护，选择 CM2 系列断路器，确定配置瞬时和长延时过电流脱扣器。

（1）瞬时脱扣器额定电流选择及动作电流整定

$I_{\text{N.OR}} \geqslant I_{30} = 125\text{A}$，故选取 $I_{\text{N.OR}} = 140\text{A}$ 脱扣器额定电流。

$$I_{\text{op(o)}} \geqslant K_{\text{rel}} I_{\text{pk}} = 1.35 \times 390\text{A} = 527\text{A}$$

查表 D-7 的整定倍数，选择 5 倍整定倍数的瞬时脱扣器，则动作电流整定为

$$5 \times 140\text{A} = 600\text{A} > 527\text{A}$$

与保护线路的配合

$$I_{\text{op(o)}} = 600\text{A} \leqslant 4.4 I_{\text{al}} = 4.4 \times 168\text{A} = 756\text{A}$$

故满足要求。

（2）长延时过电流脱扣器的动作电流整定

动作电流整定

$$I_{\text{op(t)}} \geqslant K_{\text{rel}} I_{30} = 1.1 \times 125\text{A} = 137.5\text{A}$$

查表 D-7，选取 125~140~160 中整定电流为 140A 的脱扣器，则

$$I_{\text{op(t)}} = 140\text{A}$$

与保护线路的配合

$$I_{\text{op}(t)} = 140 \leq A \leq K_{\text{ol}} I_{\text{al}} = 1 \times 168\text{A} = 168\text{A}$$

故满足要求。

（3）断路器额定电流选择

$$I_{\text{N} \cdot \text{QF}} \geq I_{\text{N} \cdot \text{OR}} = 140\text{A}$$

查表 D-7，选 CM2-225M 系列断路器。

（4）断流能力校验

$$I_{\text{OC}} = 35\text{kA} \geq I_{\text{k}}^{(3)} = 7.6\text{kA}$$

故满足要求。

（5）灵敏度校验

$$K_{\text{sen}} = \frac{I_{\text{k.min}}}{I_{\text{op}}} = \frac{2.5 \times 10^3}{600} = 4.2 \geq 1.3$$

故满足要求。

所选低压断路器为 CM2-225M，过电流脱扣器额定电流为 140A。

[**例 4-7**] 如图 4-57 所示配电系统，需选用各级断路器。在选用前对各级故障点进行短路电流计算，计算结果如下：$I_{k1} = 31.5\text{kA}$；$I_{k2} = 29.7\text{kA}$；$I_{k3} = 19.12\text{kA}$；$I_{k4} = 12.22\text{kA}$；末端单相对地短路电流 $I_{k41} = 4.9\text{kA}$。变压器参数为 1000kVA，$I_{\text{N.T}} = 1445\text{A}$；电动机 M1 容量为 100kW，其额定电流为 $I_e = 182.5\text{A}$；起动电流倍数为 6.5 倍；电动机 M2 容量为 180kW，$I_e = 329\text{A}$，起动电流倍数为 5.8 倍。

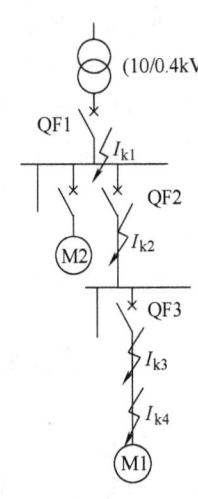

图 4-57 各级断路器选择性配合

解：(1) 选择断路器 QF3

由于 QF3 是保护电动机的，应选用电动机保护断路器，具有两段保护功能。已知电动机额定电流为 182.5A，可选择额定电流为 200A 的断路器。由于 $I_{k3} = 19.12\text{kA}$，应选择额定短路分断能力大于该值的断路器。查有关资料或表 D-7 可知 CM2-225/200A（短路分断能力为 35kA）可满足此要求。

按电动机保护用断路器的选用原则。

1）瞬时脱扣器动作电流整定

$$I_{\text{op}(o)} \geq K_{\text{rel}} I_{\text{pk}} = 1.35 \times 6.5 \times 182.5\text{A} = 1601.44\text{A}$$

选择 10 倍整定倍数的瞬时脱扣器，则动作电流整定为

$$10 \times 200\text{A} = 2000\text{A} > 1600.56\text{A}$$

2）长延时过电流脱扣器的动作电流整定

$$I_{\text{op}(t)} \geq K_{\text{rel}} I_{30} = 1.1 \times 182.5\text{A} = 200.75\text{A}$$

查表 D-7，选取整定电流为 200A 的脱扣器。

灵敏度校验

$$K_{\text{sen}} = \frac{I_{\text{k.min}}}{I_{\text{op}}} = \frac{4.9 \times 10^3}{2000} = 2.45 \geq 1.3$$

当线路末端发生单相对地短路时,断路器 QF3 可动作而起保护作用。考虑到电动机 M1 为感应电动机,轻载起动,长延时动作电流整定值的返回时间取 3s。

(2) 选择断路器 QF2

由于 QF2 是保护配电线路,需采用选择型配电断路器,具有三段保护功能。线路计算负载电流为 600A,故可选用 630A 断路器。但由于 $I_{k2}=29.7\text{kA}$,故选用短时耐受电流≥30kA 的断路器。选用 CW2-1600/630A 断路器,其短时耐受电流为 50kA。断路器 QF2 是配电系统的第二级,故短延时时间整定在 0.2s。

短延时动作电流整定值按下式选用

$$I_{op(s)} \geq K_{rel}I_{pk} = 1.2 \times (600 + 1.35 \times 6.5 \times 182.5)\text{A} = 2641.7\text{A}$$

可整定在 5 倍的额定电流,即 3150A。

长延时过电流脱扣器的动作电流整定

$$I_{op(t)} \geq K_{rel}I_{30} = 1.1 \times 600\text{A} = 660\text{A}$$

选取整定电流为 630A 的脱扣器。

长延时动作电流整定值时的可返回时间取 8s。

瞬时脱扣器动作电流整定为 10 倍的额定电流,即 6300A。

(3) 选择断路器 QF1

由于 QF1 是变压器主保护开关,变压器额定电流为 1445A,故可选用 CW2-1600/1600A 的选择型断路器,其短时耐受电流为 50kA,比 $I_{k1}=31.5\text{kA}$ 的要求大,有充分的裕度。

短延时时间可取 0.2s+0.2s=0.4s。

短延时动作电流整定值 ≥1.2×(1445+1.35×5.8×329)A=4825A,故可整定在 5000A。

长延时动作电流整定在 1600A,长延时动作电流整定值时的可返回时间取 15s。

基本能力训练 电气设备的运行监视与操作

1. 变压器正常运行的操作、监视与维护

(1) 变压器正常停送电操作原则

1) 变压器的停送电必须使用断路器而不能用隔离开关,对空载变压器也如此。

2) 变压器停送电操作顺序:变压器送电时,先送电源侧,后送负荷侧。停电时与上述顺序相反。

3) 高压侧装隔离开关,低压侧装低压断路器或负荷开关的配电变压器,合闸时应先合高压侧后合低压侧;分闸时则相反。

4) 变压器的投入或停用,均应先合上各侧中性点接地隔离开关。

5) 变压器的保护使用原则。送电前,变压器的保护应全部投入,禁止将无保护的变压器送电和运行。

6) 变压器分接开关的切换。分接开关用于变压器的调压。无载分接开关的切换应在变压器停电状态下进行。有载分接开关在变压器带负荷状态下,可手动或电动改变分接头位置。

(2) 变压器正常运行的监视与维护

1) 安装在变电所内的变压器,以及无人值班变电所内有远方监测装置的变压器,应经常监视仪表的指示,及时掌握变压器运行情况。

2) 变压器一般要进行日常巡视检查,巡视的次数根据运行规程的规定确定。变压器日常巡视检查一般包括以下内容:

① 变压器的油温和温度计应正常,储油柜的油位应与温度相对应。各部位无渗油、漏油。

② 套管油位应正常,套管外部无破损裂纹、无油污、无放电痕迹及异常现象。

③ 变压器声响正常。

④ 各冷却器手感温度应相近,风扇、油泵、水泵运转正常。

⑤ 引线接头、电缆、母线应无发热迹象。

⑥ 压力释放器或安全气道及防爆膜应完好无损。

⑦ 有载分接开关的分接位置及电源指示应正常。

⑧ 气体继电器内应无气体。

⑨ 各控制箱和二次端子箱应关严、无受潮。

2. 断路器的正常运行与巡视检查

(1) 断路器的运行总则

1) 在正常运行时,断路器的工作电流、最大工作电压、额定开断电流不得超过额定值。

2) 为使运行中的断路器正常工作,应检查其操作电源完备可靠,气体断路器的气压正常,液压操动断路器的油压、弹簧操动断路器的储能、电磁操动断路器的合闸电源及远距离操作电源均应符合运行要求。

3) 所有运行中的断路器,对具有远距离操作接线的断路器,在带有工作电压时的分(合)操作,一般均应采用远距离操作方式,禁止使用手动机械分闸,或手动就地操作按钮分闸。

4) 明确断路器的允许分、合闸次数,以保证一定的工作年限。根据标准,一般断路器允许空载分、合闸次数(也称机械寿命)应达 1000~2000 次。

5) 禁止将有拒绝分闸缺陷或严重缺油、漏油、漏气等异常情况的断路器投入运行。

6) 一切断路器均应在断路器轴上装有分、合闸机械指示器,以便运行人员在操作或检查时用它来校对断路器断开或合闸的实际位置。

(2) 真空断路器运行中的巡视检查项目

1) 断路器分合位置指示是否正确,其指示应与当时实际运行工况相符。

2) 支持绝缘子有无裂痕、损伤,表面是否光洁。

3) 真空灭弧室有无异常(包括有无异常声响),如果是玻璃外壳可观察屏蔽罩的颜色有无明显变化。

4) 金属框架或底座有无严重锈蚀和变形。

5) 可观察部位的连接螺栓有无松动、轴销有无脱落或变形。

6) 接地是否良好。

7) 引线接触部位或有示温蜡片的部位有无过热现象,引线驰度是否适中。

3. 隔离开关的操作及运行中的巡视检查

(1) 隔离开关的操作及注意事项

1) 严禁用隔离开关来拉、合负荷电流和故障电流（如短路电流等）。由于隔离开关本身具有一定的自然灭弧能力，所以可以利用隔离开关切断电流较小的电路，如电压互感器、避雷器、变压器中性点接地回路等。

2) 隔离开关合闸操作及注意事项：在进行隔离开关合闸操作时必须迅速果断，但合闸终了时用力不可过猛，防止冲击过大损坏隔离开关及其附件。合闸后应检查是否已合到位，动、静触头是否接触良好等。

3) 隔离开关拉闸操作及注意事项：在进行隔离开关拉闸操作前，应首先检查其机械闭锁装置，确认无闭锁后再进行拉闸操作。当刀闸离开静触头时注意有无电弧产生。若无电弧产生等异常情况，则迅速果断地拉开，以利于迅速灭弧。拉闸后应检查是否已拉到位。

4) 隔离开关与断路器配电操作及注意事项：隔离开关与断路器配合操作时的操作顺序是：断开电路时，先拉开断路器，再拉开隔离开关；送电时，先合隔离开关，再合断路器。总之，在隔离开关与断路器配合操作时，隔离开关必须在断路器处于断开（分闸）位置时才能进行操作。

(2) 隔离开关运行中的检查项目

1) 隔离开关触头应无发热现象。隔离开关在正常运行时，其电流不得超过额定电流；温度不得超过70℃。若接触部位的温度超过80℃，应减少其负荷。

2) 绝缘子应完整无裂纹，无电晕和放电现象。

3) 操作机构和各机械部件应无损伤和锈蚀，安装牢固。

4) 闭锁装置应良好，销子锁牢，辅助触头位置正确。

5) 动、静触头的消弧部位应无烧伤、不变形。

6) 动、静触头无脏污、无杂物、无烧痕。

7) 接地用隔离开关应接地良好。

8) 动、静触头间接触良好。

4. 高压负荷开关的操作及运行中的巡视检查

(1) 负荷开关的操作及注意事项

1) 严禁用负荷开关来切断短路电流等。虽然负荷开关具有简单的灭弧装置，但只能接通和开断负荷电流，不能用来切断短路电流。

2) 负荷开关合闸操作及注意事项。若负荷开关没有电动操作机构，只有手动操作机构，那么在进行负荷开关合闸操作时必须迅速果断，但合闸终了时用力不可过猛，防止冲击过大损坏负荷开关及其附件。合闸后应检查是否已合到位，动、静触头是否接触良好。

3) 负荷开关拉闸操作及注意事项。若负荷开关没有电动操作机构，只有手动操作机构，那么在负荷开关拉闸操作的开始期间，要缓慢而又谨慎，当刀闸刚刚离开静触头时注意有无电弧产生。若无电弧产生等异常情况，则迅速果断地拉开，以利于迅速灭弧。负荷开关拉闸后应检查是否已拉到位。

(2) 负荷开关运行中的检查项目　负荷开关在运行中，要加强巡检，及时发现异常和缺陷并进行处理，防止异常和缺陷转化为事故。具体检查项目如下：

1) 负荷开关触头的应无发热现象。

2）绝缘子应完整无裂纹，无电晕和放电现象。

3）操作机构和各机械部件应无损伤和锈蚀，安装牢固。

4）动、静触头的消弧部位应无烧伤、不变形。

5）动、静触头无脏污、无杂物、无烧痕。

6）动、静触头间应接触良好。

7）接地部分应接地良好。

5. 电压互感器的运行操作及巡视检查

（1）电压互感器的允许运行方式

1）运行中的电压互感器，其二次回路不得短路。

2）运行中的电压互感器，其二次绕组的一端和铁心必须可靠接地。

3）电压互感器运行中的容量（即二次侧负载）不准超过其铭牌上额定值。

4）投入运行的电压互感器绝缘电阻应符合要求，即高压电压互感器的绝缘电阻不得小于 1MΩ；电压互感器二次侧回路的绝缘电阻不得小于 0.5MΩ。

5）电压互感器一、二次侧回路都必须装设熔断器。其一次侧熔断器的熔断电流不得大于 1A，一般为 0.5A；二次侧（即低压侧）熔断器的熔断电流不得大于 2A。

6）电压互感器所带的负载必须并联在二次回路中。

（2）电压互感器的操作及注意事项　分投入运行和退出运行进行讲述。

电压互感器投入运行操作及注意事项如下：

1）检查电压互感器及其附属回路、设备均正常，没有影响送电的异常情况。

2）放上一、二次侧熔丝。

3）合上电压互感器隔离开关。

4）电压互感器投入运行后，应检查电压互感器及其附属回路、设备运行正常。

电压互感器退出运行的操作及注意事项如下：

1）先将接在该电压互感器回路上的可能使该电压互感器退出运行后引起误动作的继电保护和自动装置停用。

2）拉开电压互感器高压侧隔离开关。

3）取下高压侧熔丝。

4）取下低压侧熔丝。

（3）电压互感器运行中的检查项目及注意事项

1）电压互感器高、低压侧熔丝应完好。

2）各连接部位接触良好，无松动现象，辅助开关接点接触良好。

3）电压互感器及其绝缘子无裂纹、无脏污、无破损现象。

4）没有焦味及烧损现象。

5）无放电（声音、弧光）现象。

6）接地部分接地良好。

6. 电流互感器的运行及巡视检查

（1）电流互感器允许的运行方式

1）运行中的电流互感器，其二次回路不得开路。

2）运行中的电流互感器，其二次绕组的一端和铁心必须可靠接地。

3）电流互感器运行中的容量（即二次侧负载）不准超过其铭牌上所标的规定值。

4）投入运行的电流互感器绝缘电阻应符合要求，即高压电流互感器的绝缘电阻不得小于1MΩ；电流互感器二次侧回路的绝缘电阻不得小于0.5MΩ。

5）电流互感器一、二次侧回路都不得装设熔断器。

6）电流互感器所带的负载必须串联在二次回路中。

（2）电流互感器运行中的检查项目

1）电流互感器二次回路无开路现象。

2）各连接部位接触良好，无松动现象，试验端子接触良好。

3）电流互感器及其绝缘子无裂纹、无脏污、无破损现象。

4）没有焦味及烧损现象。

5）无放电（声音、弧光）现象。

6）接地部分接地良好。

7. 低压断路器的操作及运行中的巡视检查

（1）低压断路器的操作及注意事项　由于低压断路器具有开断和接通负荷电流和短路电流的能力，其功能相当于高压断路器在低压回路中的翻版。因此，其操作步骤和注意事项与高压断路器基本一致，共同部分不再赘述。需要注意的是：若低压断路器与继电保护配合工作，则必须将低压断路器自带的保护功能解除；若采用低压断路器自带的保护功能，则应将各种保护装置的动作值整定好，并符合要求。

（2）低压断路器运行中的检查项目

1）低压断路器各导体连接部位应接触良好，无发热现象。

2）绝缘部分应清洁、干燥，无放电现象。

3）操作机构和各机械部件应无损伤和锈蚀，安装牢固，调整符合要求。

4）动、静触头应无烧损现象。

5）检查有无异常声音和放电声。

6）灭弧装置应无破裂或松动现象。

7）外壳接地应良好。

思考题与习题

4-1　确定供配电系统中变电所变压器容量和台数的原则是什么？某10/0.4kV的车间附设式变压器，总计算负荷为780kVA，其中一、二级负荷为460kVA。当地的年平均气温为25℃。试初步选择该变压器主变压器的台数和容量。

4-2　常用的高压设备有哪些？根据所给电气元件的图形符号，写出其名称，并标出文字符号。

4-3　高压少油断路器和高压真空断路器各自的灭弧介质是什么？比较其灭弧性能。各适用于什么场合？

4-4　电流互感器和电压互感器在结构上各有什么特点？使用时应注意哪些事项？

4-5　低压断路器有哪些功能？按结构形式分为哪两大类？请分别列举其中的几个。

4-6　电气设备选择的一般原则是什么？高压断路器和隔离开关如何选择？

4-7 电流互感器按哪些条件选择？二次绕组的负荷如何计算？电流互感器准确度及如何选用？

4-8 某企业总降压变电所的变压器容量为10000kVA，电压比为35/10kV，变压器所配置的定时限过电流保护装置的动作时间为1.5s，10kV的母线上最大短路电流为$I''=I_\infty=7kA$，环境温度$\theta_0=35℃$，试选择变压器10kV出线的高压断路器和隔离开关。

4-9 某用户的有功计算负荷为2000kW，功率因数为0.92。该用户10kV进线上拟装设一台CV2-12型高压断路器，已知主保护的动作时间为0.5s，断路器的动作时间为0.05s，用户10kV母线上的$I_\infty=10kV$，试选择此高压断路器的规格。

4-10 如图4-58所示为10kV母线电压互感器在一次电路中的接线，指出一次绕组、两个二次绕组的额定电压，并根据接线形式写出电压比的表达式。

图4-58 电压互感器在一次电路中表示的单线图

4-11 如图4-59所示为110kV母线电压互感器在二次电路中的接线图，请问（1）正常时A630、B630、C630对N600电压为多少伏？L630对N600'电压为多少伏？（2）如果C相接地，则A630、B630、C630对N600的电压为多少伏？L630对N600'的电压为多少伏？

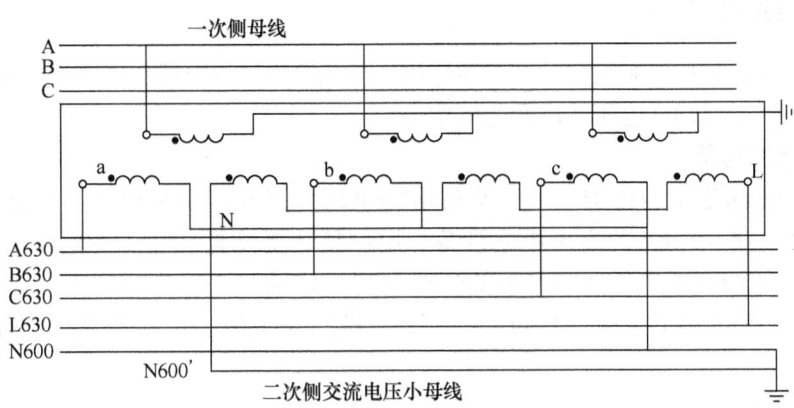

图4-59 电压互感器在二次电路中的展开接线图

第 5 章　变配电所的电气主接线及结构

[内容提要]　变配电所是供配电系统的核心；电气主接线是表示变配电系统中电能输送和分配路线的电路。本章为本书的重点内容，首先介绍变配电所的作用、类型，然后介绍变配电所中主接线的基本接线形式及变配电所的主接线方案，最后介绍变配电所的布置和结构。本章内容是从事供配电设计与运行必备的知识。

5.1　变配电所的任务和类型

5.1.1　变配电所的任务

变配电所是供配电系统的核心，在供配电系统中占有特殊的重要地位。作为各类工厂和民用建筑电能供应的中心，变电所担负着从电力系统受电，经过变压，然后配电的任务；配电所担负着从电力系统受电，然后直接配电的任务。

5.1.2　变电所的类型

变电所按其在供配电系统中的地位和作用，分为总降压变电所、车间变电所、独立变电所、楼上变电所、移动变电所及成套变电所等。

1. 总降压变电所

总降压变电所通常是将 35~110kV 的电源电压降至 6~10kV 电压，再送至附近的车间变电所或某些 6~10kV 的高压用电设备。用户是否要设置总降压变电所，是由地区供电电源的电压等级和用户负荷的大小及分布情况而定的。一般来讲，大型用户和某些电源进线电压为 35kV 及以上的中型用户，设总降压变电所，中小型用户不设总降压变电所。

2. 车间变电所

车间变电所按其变压器的安装位置不同，分为以下两类：

（1）车间附设变电所　附设变电所的一面墙或几面墙与车间的墙共用，变压器的大门朝车间外开，按变压器室位于车间的墙内或墙外，进一步又分为内附式（见图 5-1 中的 1、2）和外附式（见图 5-1 中的 3、4）

内附式变电所要占用一定的车间面积，但其在车间内部，故对车间外观没有影响。外附式变电所在车间外部，不占用车间面积，便于车间设备的布局，而且安全性也比内附式变电所要高一些。

（2）车间内变电所　变压器室位于车间内单独房间内（见图 5-1 中的 5）。车间内变电所占用了车间内的面积，但它处于负荷中心，因而可以减少线路上的电能损耗和有色金属消耗量。由于设在车间内其安全性要差一些，故适用于负荷较大的多跨厂房内，在大型冶金企业中较多见。

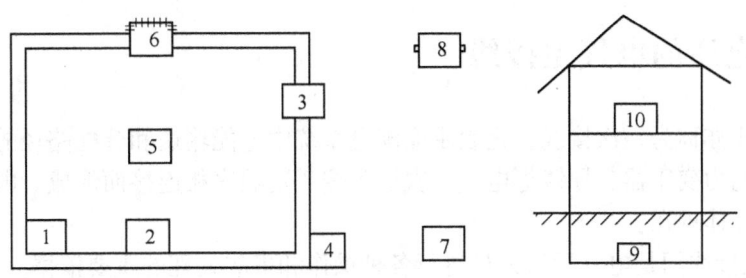

图 5-1 变电所的类型

1、2—内附式 3、4—外附式 5—车间内式 6—露天和半露天式 7—独立式 8—杆上式 9—地下式 10—楼上式

3. 露天（半露天）变电所

变压器安装在车间外面抬高的地面上（见图 5-1 中的 6），变压器上方没有任何遮蔽物的称为露天式变电所；变压器上方设有顶板或挑檐的，则称为半露天变电所。该类型比较简单经济，通风散热好，但安全可靠性较差。因此只要周围环境条件允许，无腐蚀性、爆炸性气体和粉尘，不靠近易燃易爆的厂房就可以采用，这种形式的变电所在小型用户中较为常见。

4. 独立变电所

独立变电所是相对车间附设变电所而言的，是指整个变电所设在与车间有一定距离的单独建筑物内（见图 5-1 中的 7）。独立变电所建筑费用较高。设置独立变电所主要是因为相邻几个车间负荷大，将变电所建到某一车间不适宜；或者由于车间环境的限制，如制药车间、化工车间之间由于管道较多或有腐蚀性气体、易燃易爆气体等环境，必须建立独立变电所；或者中小型企业负荷不太大，建立一个全厂独立变电所，向全厂各车间供电。

5. 杆上变电所

变压器装在室外的电杆上，称为杆上变电所（见图 5-1 中的 8）。杆上变电所最为简单经济，一般用于容量在 315kVA 及以下的变压器，多用于生活区供电。

6. 地下变电所

整个变电所设置在地下（见图 5-1 中的 9），通风散热条件较差，湿度较大，但相对安全，且不影响美观。有些高层建筑、地下工程和矿井采用这种类型的变电所。

7. 楼上变电所

整个变电所设置在楼上（见图 5-1 中的 10），适用于高层，要求结构尽可能轻型、安全。其变压器通常采用干式变压器，不少采用成套变电所。

8. 移动式变电所

整个变电所装设在可移动的车上，适用于坑道作业及临时施工现场的供电。

9. 成套变电所

成套变电所一般也称为箱式变电所，是由电器制造厂按一定接线方案成套制造、现场装配的变电所，安装或迁移比较方便。

车间变电所、独立变电所、地下变电所和楼上变电所，均属室内型（户内式）变电所。露天（半露天）变电所、杆上变电所，则属室外型（户外式）变电所。移动式变电所和成套变电所，则有室内和室外两种类型。

5.2 变配电所的电气主接线

电气主接线亦称为一次接线，是表示变配电系统中电能输送和分配路径的电路。它由各种开关电器、电力变压器、导线等电气一次设备按一定顺序相连接而形成。电气主接线在变配电所的重要性体现在：

1) 电气主接线图是电气运行人员进行各种操作和事故处理的重要依据。
2) 电气主接线图表明了变压器等电气设备的数量、规格、连接形式及可能的运行方式。它对供配电系统继电保护和控制方式的拟定也有着很大的影响。
3) 电气主接线的好坏直接关系到供配电所的安全、可靠、灵活和经济的运行。

对电气主接线有下列基本要求：

1) 安全性。应符合国家标准有关技术规范的要求，充分保证人身和设备的安全。
2) 可靠性。应满足用电设备特别是其中一、二级负荷对供电可靠性的要求。
3) 灵活性。能适应各种不同的运行方式，便于操作和检修，并能适应负荷发展。
4) 经济性。在满足以上要求的前提下，尽可能使主接线简单，投资少，运行费用低。

电气主接线中的一次设备和元件必须采用国家规定的图形符号和文字符号来表示。其上所有电器均按正常状态画出。所谓正常状态，就是电器所处的电路中既无电压也无外力作用的状态。对于断路器和隔离开关，是画出它们的断开位置。电气主接线图通常画成单线图的形式，即用一根相线表示三相对称电路，在个别情况下（如三相电路不对称），可采用三线图。

电气主接线图有系统式和装置式两种绘制形式。

(1) 系统式主接线图　这种形式按照电能输送的顺序依次绘制其中的设备和线路连接关系，它全面系统地反映出主接线中电能的传输过程，不反映其中各成套配电装置之间相互排列的位置，一般在主接线图上只标出设备的图形符号。这种主接线图多用在变配电所的运行和方案设计阶段。

(2) 装置式主接线图　这种形式按照主接线中高压或低压成套配电装置之间相互连接关系和排列位置而绘制的一种简图，通常按不同电压等级分别绘制。在主接线中除画出代表设备的图形符号外，还在图形符号旁边写明设备的型号与规范。从这种主接线图上可以一目了然地看出某一电压等级的成套配电装置内部设备的连接关系及装置之间相互排列位置，并可以看出各配电装置在系统中的作用是进线、出线、测量（计量）、无功补偿、分段、母联等。这种主接线图多在变配电所施工图中使用。

5.2.1 变配电所主接线的基本形式

主接线的基本形式就是以电源进线和引出线为基本环节，以母线为中间环节构成的电能输配线路的连接方式。其基本接线形式按有无母线通常分为有母线和无母线两大类。有母线主要包括单母线接线、单母线分段接线和双母线接线；无母线主要有线路—变压器组单元接线、桥形接线等。

1. 单母线接线

如图 5-2 所示，其接线的特点是整个配电装置只有一组母线，电源进线和所有出线都接在同一组母线上。进出回路均装有断路器 QF 和隔离开关 QS。（如果断路器 QF 在手车上，则接线图中没有隔离开关 QS。隔离开关位置由插头插座代替，画法如图中虚线框内所示）断路器用于在正常或故障情况下接通与断开电路，隔离开关用于停电检修断路器时作为隔离电压的隔离电器。其中靠近线路侧的隔离开关称为线路隔离开关，主要是防止在检修断路器时隔离进线电源；靠近母线侧的隔离开关称为母线隔离开关，主要是在检修断路器时隔离母线电源。对于有可能从低压侧反馈送电的出线来说，需要增加出线侧隔离开关。

单母线接线简单清楚、操作方便，投资少，便于扩建；但可靠性和灵活性较差，有如下缺点：

1) 当母线和母线隔离开关检修时，各个回路都必须停止工作。

2) 当母线和母线隔离开关短路及断路器母线侧绝缘套管损坏时，电源回路的断路器会因继电保护动作而自动断开，使整个配电装置在修复的时间内停止工作。

3) 引出线回路的断路器检修时，该回路要停止供电。

因此，单母线接线不能满足对不允许停电的重要用户的供电要求，只适用于对供电连续性要求不高的三级负荷的中、小容量用户。

2. 单母线分段接线

如图 5-3 所示，当有双电源或多电源供电、引出线数目较多时，为提高供电可靠性，可用母线分段断路器 QF3 将母线分段，成为单母线分段接线。接线时每一电源连到一段母线上，并把引出线负荷均分到每段母线上。

单母线分段接线在正常工作时分段断路器可以投入也可以断开运行。两路电源进线一用一备时，分段断路器 QF3 接通运行，此时任一段母线故障，分段断路器与故障段进线断路器便在继电保护装置的作用下自动断开，将故障母线切除后，非故障段母线便可继续运行。而当两路电源同时工作互为备用时，分段断路器则断开运行，此时若任一电源故障，则电源进线断路器自动跳开，分段断路器 QF3 自动投入，保证给全部出线或重要负荷连续供电。

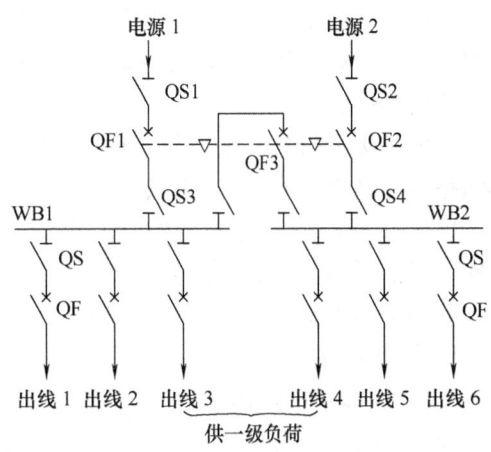

图 5-3 单母线分段接线

单母线分段接线的特点如下：

1) 在母线发生短路故障的情况下，仅故障段停止工作，非故障段仍可继续工作。

2) 对重要用户，可采用从不同母线分段引出的双回线供电，以保证向重要负荷可靠地供电。

3) 当某一段母线故障或检修时，必须断开该段母线上的电源和全部引出线。因此，使部分用户供电受到限制和中断。

4) 任一回路的断路器检修时，该回路必须停止工作。

单母线分段接线与单母线接线相比提高了供电可靠性和灵活性，缩小了母线故障的影响范围,且调度灵活,易于扩建。但对重要一、二级负荷供电时,必须采用两条出线供电。这种接线在中小型变电所中被广泛应用。

3. 双母线接线

如图 5-4 所示,双母线接线是针对单母线分段接线母线故障造成部分出线停电的缺点而提出的。双母线接线具有两组母线 WB1 和 WB2,两组母线通过母线联络断路器 QF3 相连。每一条引出线和电源支路都经一台断路器与两组母线隔离开关分别接至两组母线上,运行的可靠性和灵活性大为提高,双母线接线的特点为:

1)可轮流检修母线而不影响正常供电。
2)检修任一母线侧隔离开关时,只影响该回路供电。
3)工作母线发生故障后,通过倒闸操作将所有出线转移到另一母线,从而保证所有出线供电的可靠性。
4)出线回路断路器检修时,该回路要停止工作。

双母线接线有较高的可靠性、运行灵活,但设备多、操作烦琐,造价高。当母线出现故障时,须短时切换较多电源和负荷;当检修出线断路器时,仍然会使该回路停电。因此这种接线形式一般仅用于有大量一、二级负荷的大、中型变配电所。

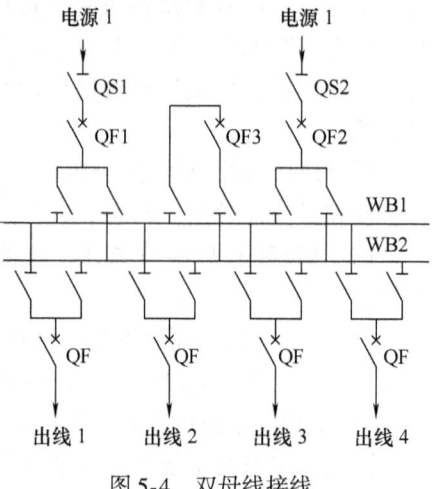

图 5-4 双母线接线

4. 桥形接线

如图 5-5 所示,桥形接线适用于仅有两台变压器和两条电源进线的接线中。桥形接线仅用三台断路器,其特点是有一条横联跨接的"桥",根据桥回路的位置不同,可分为内桥和外桥两种接线。

内桥接线如图 5-5a 所示,桥回路置于线路断路器内侧(靠变压器侧),此时电源线路经断路器和隔离开关接至桥接点;而变压器支路只经隔离开关与桥接点相连。当变压器 T1 发生故障时,首先 QF1、QF3 因故障跳闸,打开 QS5,然后将 QF1、QF3 闭合,才能恢复电源 1 供电,此时倒闸操作多,恢复时间长。当电源 1 线路发生故障时,首先 QF1 断开,打开 QS3,变压器 T1 由电源 2 经桥接断路器 QF3 继续供电,此时倒闸操作少,恢复时间短。因此内桥接线适合于线路较长或不需经常切换变压器的场合。

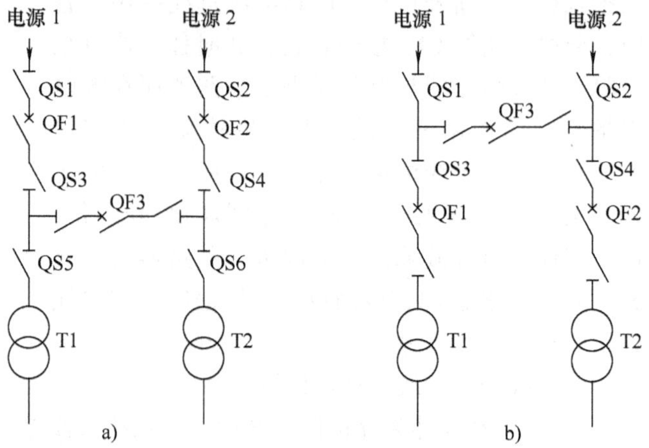

外桥接线如图 5-5b 所示,桥回路置于线路断路器外侧(远离变压器侧),此时变压器经断路器和隔离开关接至桥接点;而电源线路只经隔离开关与桥接点相连。当变压器 T1 发生故障时,首先断开 QF1,打开其两侧隔离开关,电源 1 经桥接断路器

图 5-5 桥形接线
a) 内桥 b) 外桥

QF3 继续使两路电源进线又恢复并列运行。此时倒闸操作少，恢复时间短。当电源 1 线路发生故障时，首先断开 QF1、QF3，打开 QS1，然后再闭合 QF1、QF3，变压器 T1 由电源 2 线路经桥接断路器 QF3 继续供电，倒闸操作多，恢复时间长。因此外桥接线适合于线路较短或需经常切换变压器的场合。

桥形接线采用设备少，接线清晰简单，安全可靠，操作灵活，能适用于多种运行方式。对 35kV 及以上总降压变电所，有两路电源供电及两台变压器时，一般采用桥式接线。这种接线可用于一、二级负荷的供电。

5. 线路—变压器组单元接线

如图 5-6 所示，当变电所只有一路电源进线，只设一台变压器且变电所没有高压负荷和转送负荷的情况下，常常用线路—变压器组接线。其主要特点是接线简单、设备少、经济性好。

在变电所高压侧，即变压器高压侧，可根据进线距离和系统短路容量的大小装设隔离开关 QS、跌落式熔断器 FD 或高压断路器 QF。当供配电线路较短（小于 2km），电源侧继电保护装置能反应变压器内部及低压侧的短路故障，且灵敏度能满足要求时，可只设隔离开关，如图 5-6a 所示。如系统短路容量较小，熔断器能满足要求时，可只设一组跌落式断路器，如图 5-6b 所示。当上述两种接线不能满足，同时又考虑操作方便时，需要采用高压断路器，如图 5-6c 所示。

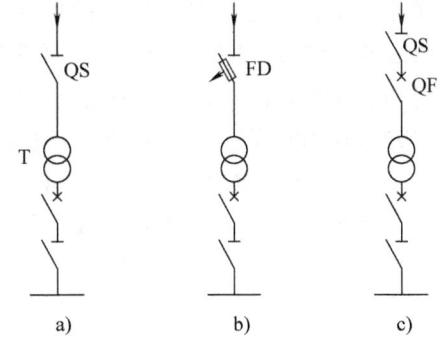

图 5-6 线路—变压器组单元接线

由于线路—变压器组单元接线可靠性不高，因此只可供三级负荷。

5.2.2 变配电所电气主接线方案

变配电所的电气主接线主要是为满足预定的功率传送方式和运行要求而设计的。不同供电要求的用户其主接线的设计方案不同。电气主接线应该根据变配电所在电力系统中的地位、变配电所的规划容量、负荷性质、线路、变压器连接元件总数、设备特点等条件，并考虑供电可靠性、运行灵活性、检修操作方便、节约投资、便于过渡和扩展等要求综合确定。

1. 10kV 变电所电气主接线示例

图 5-7 所示为一路外供电源，并装有两台变压器的变电所装置式主接线图。该变电所变压器一次侧采用单母线接线，二次侧采用单母线分段接线。

该方案高压开关柜采用中置式手车柜，柜内配置真空断路器；低压配电屏采用抽出式柜，其插接头可起到隔离开关的作用，变压器采用低损耗双绕组干式变压器，联结组别为 Dyn11，电压比为 10(1±5%)/0.4kV。在高压侧设有电能计量柜并设置在进线断路器之前（也可设置在进线断路器之后，按当地供电部分的要求定），计量柜中设有计量用的、准确度等级为 0.2 级的电流互感器与电压互感器。为测量高压侧电压和提供交流操作电源而设置的电压互感器，安装于进线隔离柜内（采用中置柜时也可安装于进线断路器柜内，放置在进线断路器之前），以便在操作进线断路器时就提供操作电源。10kV 及以下变电所一般不设所用变压器，所用电电源直接由主变压器低压侧取得。该变电所负荷无功补偿除就地补偿外，还采用了低压母线集中补偿方式，选用低压成套无功自动补偿装置，与低压配电屏并排安装，无功自动补偿控制器电流采样用电流互感器安装在低压进线柜中。低压进线总开关和低压出线开关均采用低压断路器。两台变压器采用互为备用的运行方式，正常运行时，低压母线分段断路器断开，当有一台变压器故障或因负荷较轻而退出运行时，断开其两侧的断路器，将低压母线分段断路器接通，此时由另一台变压器供电给重要负荷或全部轻负荷。

图 5-8 所示为某企业 10/0.4kV 变电所系统式电气主接线图。该主接线为两路电源进线，装有两台变压器，一次侧采用单元接线，二次侧采用单母线分段的接线方式。高压侧有手车式开关柜6面，包括进线柜、计量柜、出线柜等。电能计量柜设在进线断路器之前（也可设置在进线断路器之后，按当地供电部分的要求定），计量柜中设有计量用的、准确度等级为 0.2 级的电流互感器与电压互感器。出线柜内主开关采用 CV2 户内真空断路器，在此开关柜上配装有变压器微机保护单元，对变压器各种故障实现保护。该系统变压器为 2 台 SCB10-1000/10 干式变压器，主要完成 10/0.4kV 电压变换及电能输送；低压侧采用抽出式低压开关柜8台，分别为进线柜、馈线柜、电容器柜及母联柜，低压进线柜内主开关元件为 CW2 （配 H26 智能型控制器），馈线柜主要元件为 CM2 低压智能断路器。

2. 35kV 总降压变电所电气主接线方案

图 5-9 为 35kV 双电源进线，装有两台变压器的总降压变电所接线图。该变电所变压器一次侧采用内桥式接线，变压器二次侧采用分段单母线接线。

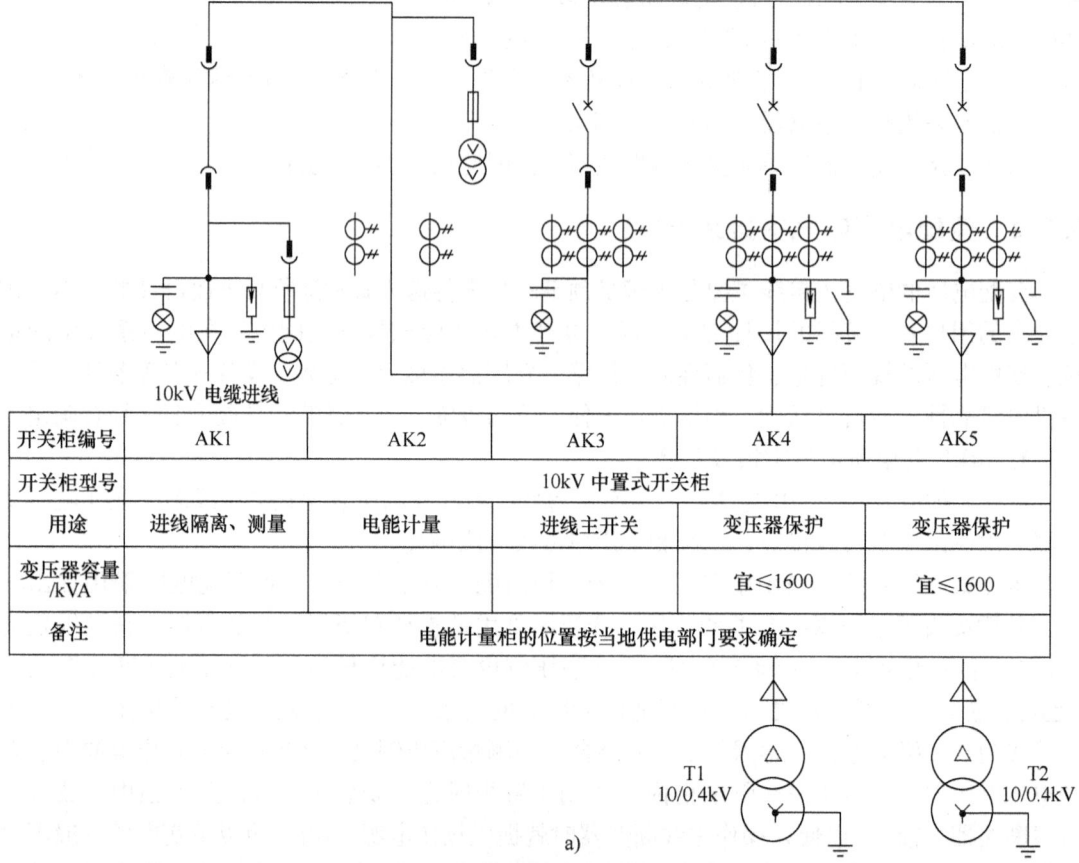

图 5-7 10kV 变电所电气主接线示例

a) 变压器一次侧电气主接线

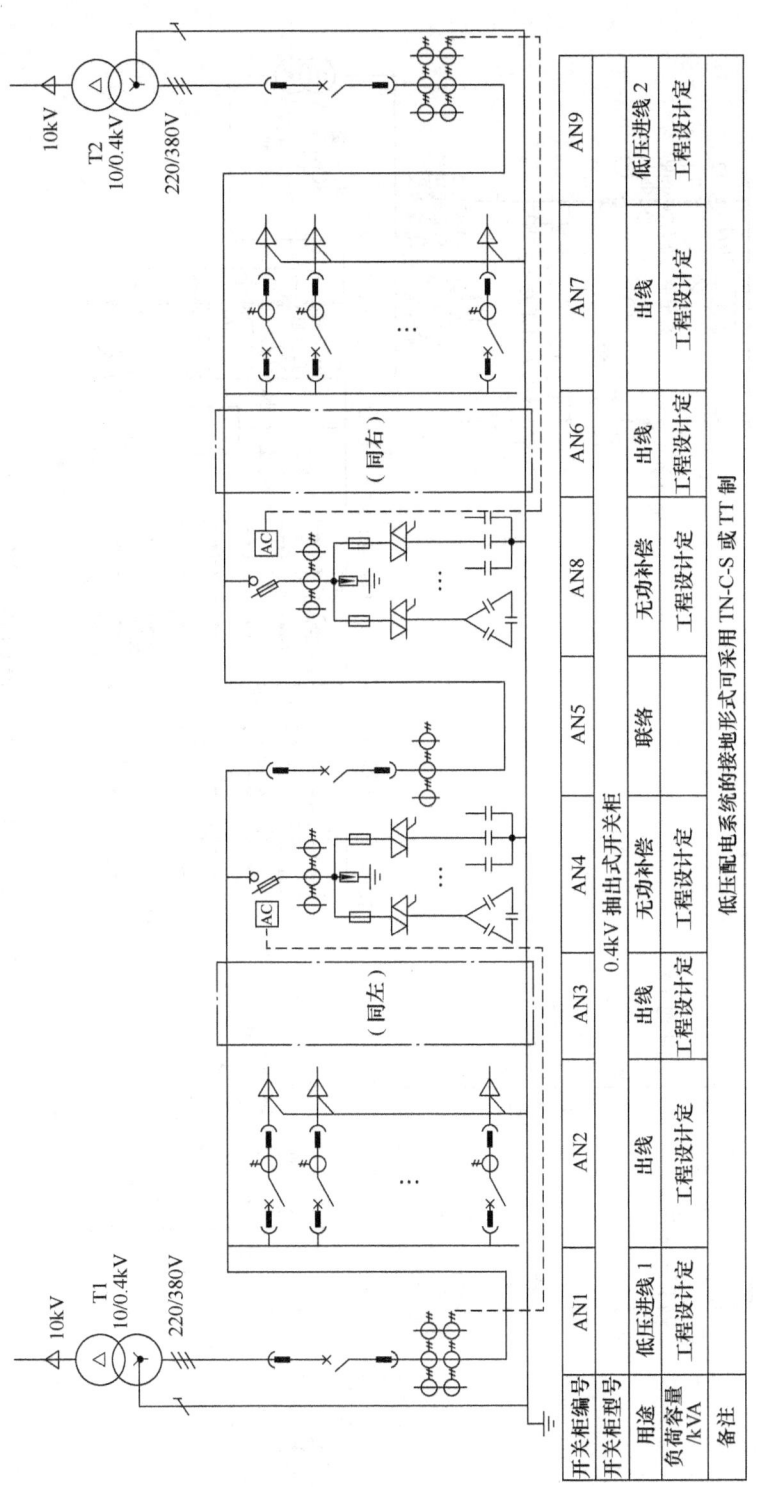

图 5-7 10kV 变电所电气主接线示例（续）
b) 变压器二次侧电气主接线

· 126 ·　供配电技术

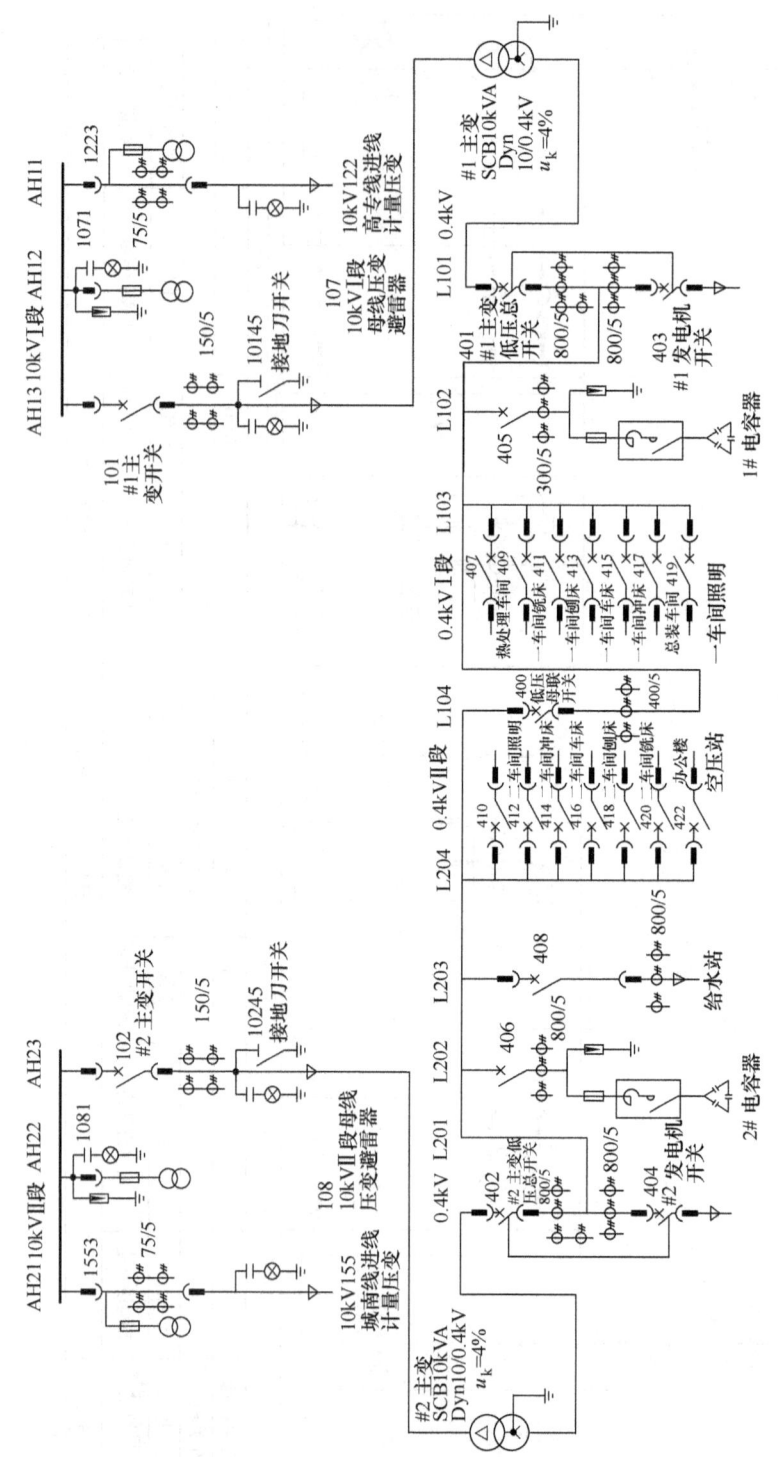

图 5-8　某工厂 10/0.4kV 变配电所电气主接线

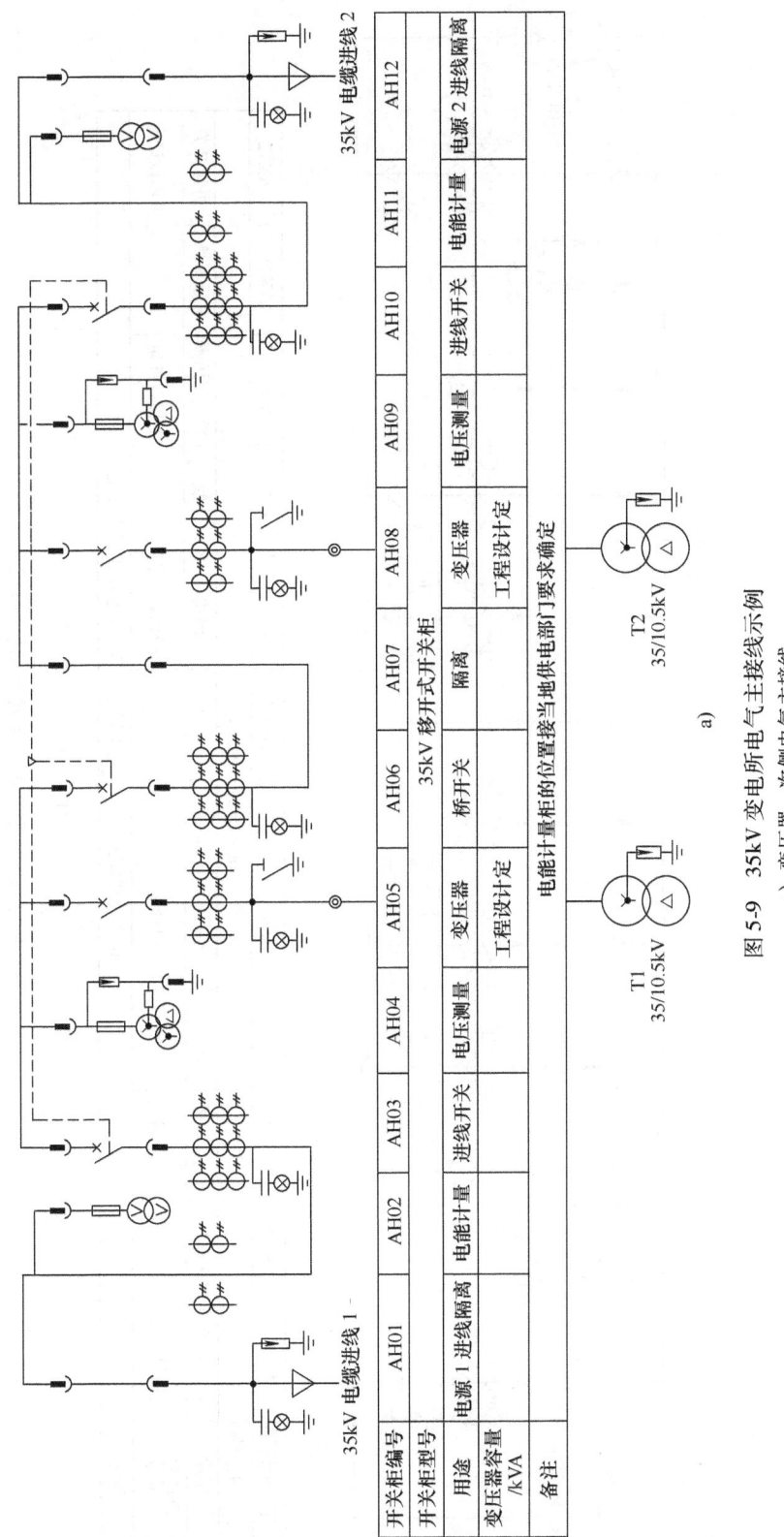

图 5-9 35kV 变电所电气主接线示例
a) 变压器一次侧电气主接线

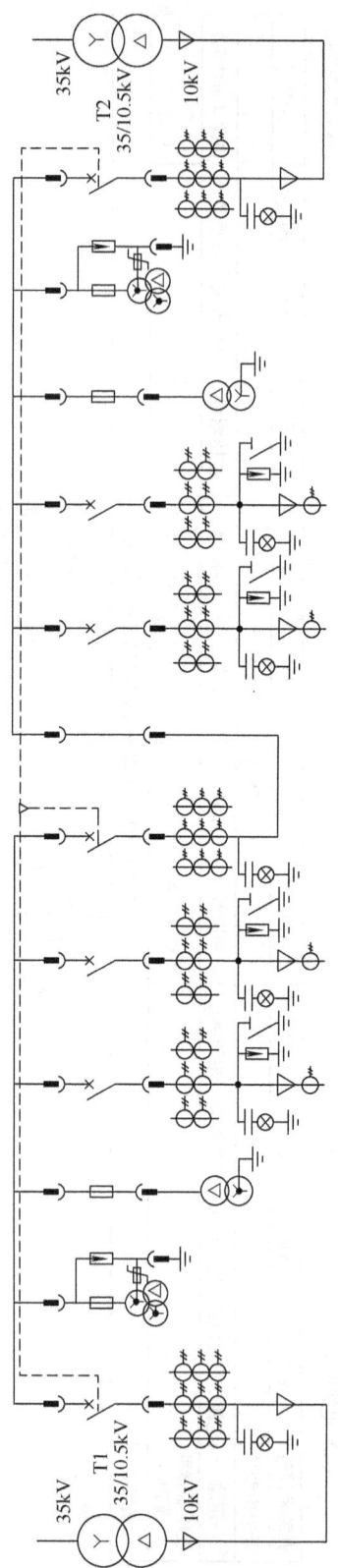

图 5-9 35kV 变电所电气主接线示例（续）
b) 变压器二次侧电气主接线

主变压器选用35kV低损耗双绕组自冷型有载调压油浸式变压器，安装于户外。变压器联结组别为Yd11，电压比为（35±3×2.5%）/10.5kV，正常方式为分列运行以限制10kV线路的短路电流。35kV配电装置采用户内铠装移开式金属封闭开关柜，10kV采用户内中置式金属封闭开关柜，柜内均配置真空断路器。变电所设置两台10.5/0.4kV所用变压器。所用变压器安装在成套开关柜内，分别接于10kV两段母线上，并在其低压侧装设备用电源自动投入装置。

5.3 变配电所选址与布置

变配电所是电能供应、分配的中心，正确选择变电所的位置，对保证供电系统的质量，减少系统电能损耗，降低运行费用是十分重要的。

5.3.1 变配电所所址选择的一般原则

根据10kV及以下变电所设计规范的规定，变配电所所址的选择应综合考虑以下因素：

1）尽量接近或深入负荷中心，以降低线路的电能损耗和有色金属的消耗量，提高电能质量。

2）进出线方便，尽量靠近电源侧，避免高压线路跨越其他设备和建筑物。

3）设备运输方便，特别是大型设备，如电力变压器、高低压开关柜的运输要方便。

4）不应设在有剧烈振动或高温的场所，不应设在多尘或有腐蚀性气体的场所，不应设在正常积水场所的正下方，且不宜和浴室、厕所或其他经常积水场所相邻，不应设在有爆炸危险环境的正上方或正下方。

5）高层建筑的变配电所，宜设置在地下层或首层。设在地下层时，宜选择在通风、散热条件较好的场所。

6）10kV配电所可与临近的10/0.38kV变电所合建为10/0.38kV变配电所

7）在无特殊防火要求的多层建筑中，装有可燃性油的电气设备的变配电所，可设置在底层靠外墙部位，但不应设在人员密集场所的上方、下方、贴邻或疏散出口的两旁。

8）不应妨碍工厂或车间的发展，并应适当考虑今后扩建的可能。

变配电所所址选择可采用负荷指示图法、负荷矩法或按负荷电能矩法确定，具体应用可查阅相关设计手册。

5.3.2 变配电所的总体布置

1. 变配电所布置的要求

（1）便于运行维护与检修　有人值班的变配电所，应设单独的值班室，值班室应尽量靠近高低压配电室，且有门直通。昼夜值班的变配电所，宜设休息室，并有厕所和给水排水设施。变压器、高低压开关柜等电气装置要留有足够的安全净距离和操作维护通道。

（2）便于进出线　如果是高压架空进线，则高压配电室宜位于进线侧。变压器低压出线电流较大，一般采用矩形裸母线，因此变压器的安装位置宜靠近低压配电室。低压配电室宜位于出线侧。

（3）保证运行安全　高低压配电室和电容器室的门应朝值班室开，或朝外开。变电所采用双层布置时，变压器应设在底层。高压电容器组较多时应装设在单独的房间内。所有带电部分离墙和离地的尺寸以及各室维护操作通道的宽度等，均应符合有关规程的要求，以确保运行安全。变配电所应设置防止雨、雪和蛇鼠类小动物从采光窗（通风窗、门、电缆沟等）进入室内的设施。另外，变配电所还应考虑防火、通风等要求。

(4) 节约土地与建筑费用　当干式变压器具有不低于 IP2X 的防护外壳时，就可和高低压配电装置设置在同一房间内，而三相油浸式变压器油量超过 100kg 时应装设在单独的变压器室内。现代高压开关柜和低压配电屏均为封闭外壳，防护等级不低于 IP3X 级，两者可以靠近布置。高压开关柜不多于 6 台时，可与低压配电屏设置在同一房间内，但高压柜与低压屏的间距不得小于 2m。周围环境正常的变电所，可采用露天或半露天式，即变压器安装在户外。高压配电所应尽量与邻近的车间变电所合建。

(5) 适应发展要求　高低压配电室内均应留有适当数量开关柜（屏）的备用位置。变压器室应考虑到扩建时有更换大一级容量变压器的可能。

2. 变配电所的布置方案

变配电所的布置是在其位置与数量、电气接线图、变压器的形式及数量确定的基础上进行的，且与变压器的形式密切相关。变配电所的形式有户内、户外和混合式 3 种。户内式变配电所将变压器、配电装置安装于室内，工作条件好，运行管理方便；户外式变电所将变压器、配电装置全部安装于室外；混合式则部分安装于室内、部分安装于室外。35～110/10(6) kV 总降压变电所一般为全户内或半户内式结构，也即 35 kV 和 10 (6) kV 开关柜放置在屋内，主变压器可放置在屋内或屋外；10(6)/0.38 kV 变电所一般为户内变电所，即变压器和高低压开关柜均置于屋内。

(1) 35/10kV 总降压变电所布置方案　35/10kV 总降压变电所一般为独立建筑物，通常由高压配电室、电力变压器室和低压配电室等组成，有的还设有控制室、值班室，需要进行高压侧功率因数补偿时，还设置高压电容器室。当 35/10kV 总降压变电所采用户内双层布置时，一层设置主变压器、10kV 配电室和 10kV 电容器室，二层设置 35kV 配电室、二次设备室及控制室。

图 5-10 是某用户 35/10kV 室内变电所的常见布置方案示意图。

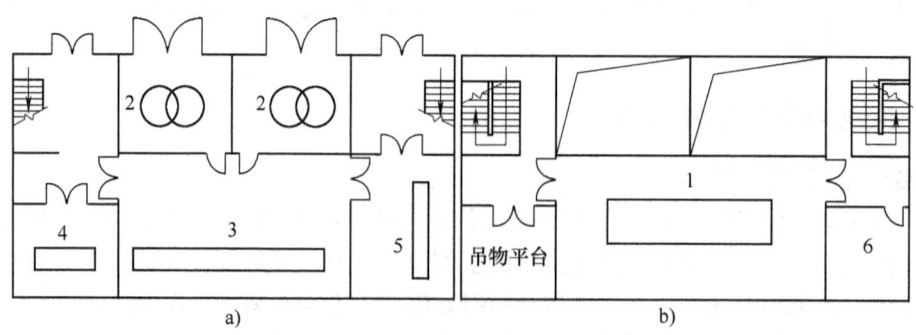

图 5-10　35/10kV 室内变电所的常见布置方案
a) 全户内双层布置（一层）　b) 全户内双层布置（二层）

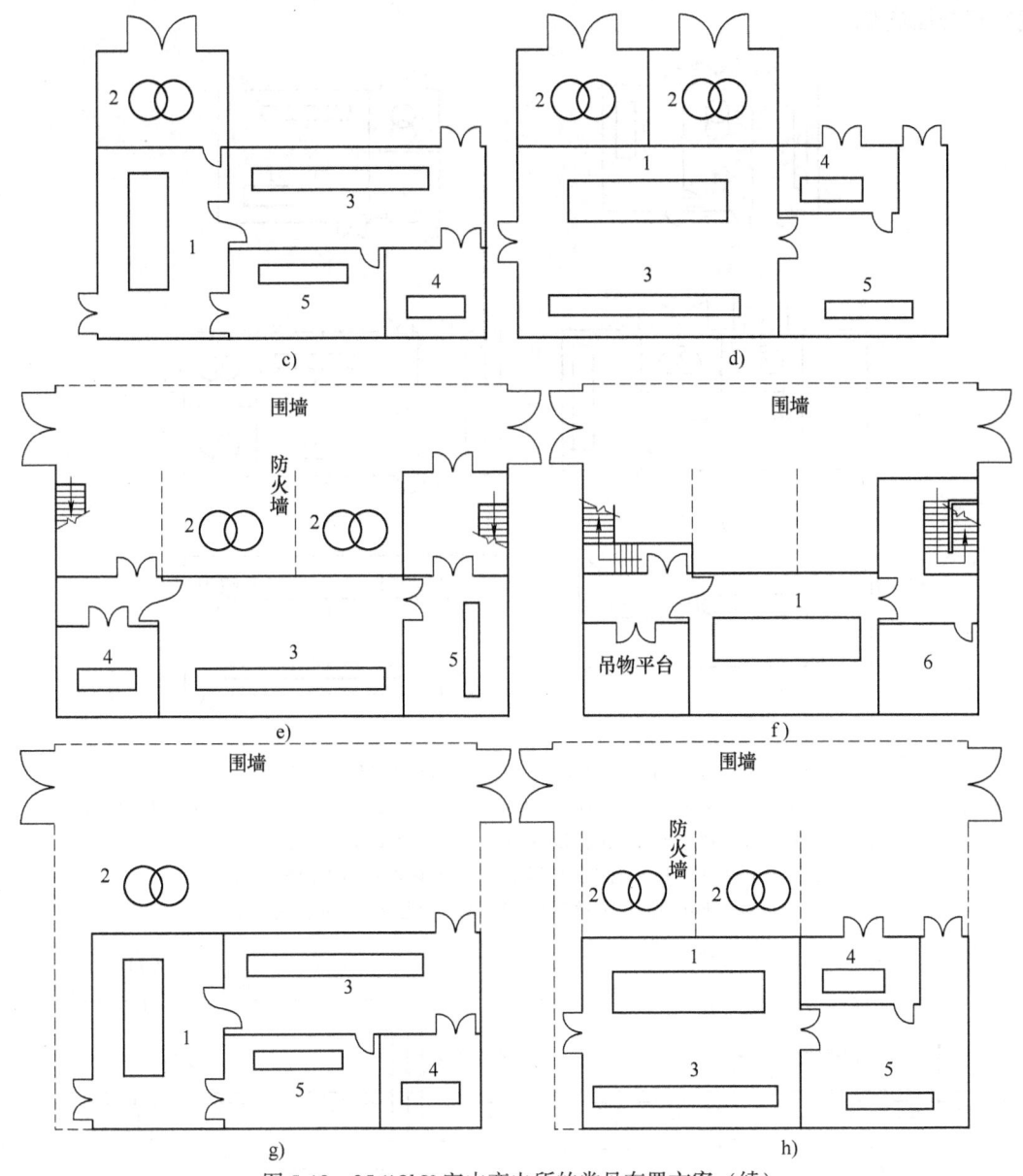

图 5-10 35/10kV 室内变电所的常见布置方案（续）
c) 全户内单层分室布置　d) 全户内单层同室布置
e) 半户内双层布置（一层）　f) 半户内双层布置（二层）　g) 半户内单层分室布置　h) 半户内单层同室布置
1—35kV 开关柜　2—变压器　3—10kV 开关柜　4—电容器　5—控制室　6—休息室

(2) 10kV 高压配电所和附设车间变电所的布置方案　图 5-11 为 6~10/0.4kV 变电所的几种常见电气平面布置方案。

图 5-12 为某用户 10/0.38kV 变电所电气平面布置图，变电所为独立建筑物，设有高压配电室、低压配电室、值班室和检修室等，由于选用的变压器为干式且带 IP4X 级防护外壳，故与低压配电屏并排放置。低压配电屏为双列布置，两者之间采用架空封闭母线桥连接。高压电源进出线及低压出线均采用电力电缆，变配电装置下方及后面设有电缆沟，用于电缆敷设。为操作维护的方便与安全，变配电装置前面留有操作通道，后面留有维护通道，通道的

宽度符合规范要求。

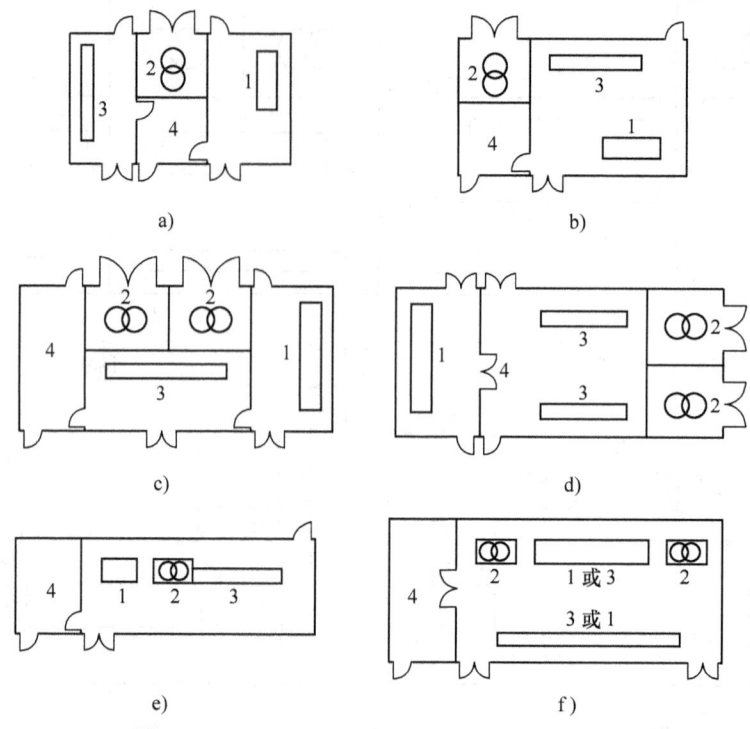

图 5-11 6~10/0.4kV 变电所的布置方案示意图
a) 一台油浸式变压器，高低压配电室分设 b) 一台油浸式变压器，高低压配电室合一 c) 两台油浸式变压器，设值班室
d) 两台油浸式变压器，低压配电室兼值班室 e) 一台干式变压器与高低压配电装置设于同一房间 f) 两台干式变压器与高低压配电装置设于同一房间
1—高压开关柜 2—变压器 3—低压配电屏 4—值班室

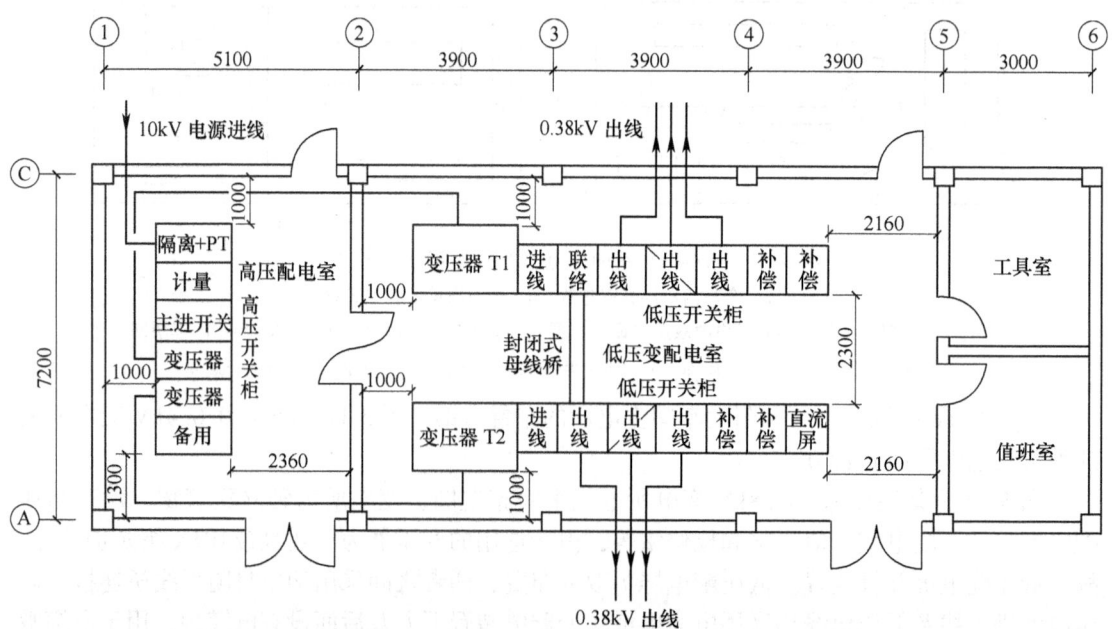

图 5-12 某用户 10/0.38kV 变电所电气平面布置图（示例）

5.3.3 变配电所的结构要求

1. 变压器室的结构

变压器室的结构形式取决于变压器的形式、容量、放置方式、主接线方案及进出线方式和方向等诸多因素，并应考虑运行维护的安全以及通风、放火等问题。考虑到发展，变压器室宜有更换大一级容量的可能性。

为保证变压器安全运行及防止变压器失火时故障蔓延，GB 50053—2013《20kV 及以下变电所设计规范》规定，油浸变压器外廓与变压器室墙壁和门的最小净距离应符合表 5-1 规定。

表 5-1 油浸变压器外廓与变压器室墙壁和门的最小净距

变压器容量/kVA	100~1000	1250 及以上
变压器外廓与后壁、侧壁净距/mm	600	800
变压器外廓与门净距/mm	800	1000

变压器室一般采用自然通风，室内只设通风窗而不设采光窗。进风窗设在变压器室前门的下方，出风窗设在变压器室的上方，并应有防雨、雪和蛇、鼠类小动物从门、窗和电缆沟等进入室内的设施。夏季的排风温度不宜高于 45℃，进风和排风的温度差不宜大于 15℃。通风窗应采用非燃烧材料。

变压器室的门要向外开。变压器室的布置方式，按变压器推进方向，分为宽面推进式和窄面推进式。宽面推进时，变压器低压侧宜朝外，室门较宽；窄面推进时，变压器的储油柜宜朝外，室门较窄。一般变压器室门比变压器的推进方式的宽度大 0.5m。

变压器室的地坪，按通风要求，分为地坪抬高和不抬高两种形式。变压器室的地坪抬高时，通风散热更好，但建筑费用较高。变压器容量在 630kVA 及以下的变压器室地坪，一般不抬高。

选用油浸式变压器时，应设置容量为 100% 变压器油量的储油池，通常的做法是在变压器油坑内设置厚度大于 250mm 的卵石层，卵石层底下设置储油池。在储油池中，砌有两道高出池面的放置变压器的基础。

2. 高压配电室的结构

高压配电室的结构形式，主要取决于高压开关柜（屏）的形式、尺寸和数量，同时要考虑运行维护的方便和安全，留有足够的操作维护通道，并且要照顾今后的发展，留有适当数量的备用开关柜（屏）的位置，但占地面积不宜过大，建筑费用不宜过高。

高压配电室高度与开关柜形式及进出线情况有关，采用架空进出线时，高度为 4.2m 以上；采用电缆线进出线时，高压开关室高度为 3.5m。为了布线和检修的需要，高压开关柜下面设有电缆沟，柜前或柜后也宜设电缆沟。

高压配电室的门应向外开。相邻配电室间有门时，其门应能双向开启。长度大于 7m 的配电室应设两个出口，并宜布置在配电室的两端。高压配电室的耐火等级不应低于二级。

高压配电室内各种通道的最小宽度，按 GB 50053—2013 规定见表 5-2。

表 5-2　高压配电室内各种通道的最小宽度（据 GB 50053—2013）　　（单位：mm）

开关柜布置方式	柜后维护通道	柜前操作通道	
		固定式柜	手车式柜
单列布置	800	1500	单车长度 +1200
双列面对面布置	800	2000	双车长度 +900
双列背对背布置	1000	1500	单车长度 +1200

3. 低压配电室的结构

低压配电室的结构主要决定于低压开关柜（屏）的形式、数量、安装方式及布置方式等因素。

低压配电室内成列布置的配电屏，其屏前、屏后的通道最小宽度，按 GB 50053—2013 规定，见表 5-3。

表 5-3　低压配电室内屏前后通道最小宽度　　（单位：mm）

配电屏形式	配电屏布置方式	屏前通道	屏后通道
固定式	单列布置	1500	1000
	双列面对面布置	2000	1000
	双列背对背布置	1500	1500
抽屉式	单列布置	1800	1000
	双列面对面布置	2300	1000
	双列背对背布置	1800	1000

低压配电室的高度，应与变压器室综合考虑，以便变压器低压出线。当配电室与抬高地坪的变压器室相邻时，低压配电室高度不应低于 4m；与不抬高地坪的变压器室相邻时，配电室高度不应低于 3.5m。为了布线需要，低压配电屏下面也应设电缆沟。

低压配电室的耐火等级不应低于三级。

4. 高压电容器室的结构

高压电容器室采用的电容器柜，通常都是成套型的。按 GB 50053—2013 规定，成套电容器柜单列布置时，柜正面与墙面距离不应小于 1.5m；当双列布置时，柜面之间距离不应小于 2.0m。电容器室应有良好的自然通风。当自然通风不能满足排热要求时，可增设机械排风。电容器室应设温度指示装置。

高压电容器室的耐火等级不应低于二级。

5. 值班室的结构

值班室的结构形式，要结合变配电所的总体布置和值班工作要求全盘考虑，以利于值班工作运行。值班室要有良好的自然采光，采光窗宜朝南。在采暖地区，值班室应采暖，采暖计算温度为 18℃，采暖装置宜采用排管焊接。在蚊子和其他昆虫较多的地区，值班室应装纱窗、纱门。通往外边的门，应向外开。

图 5-13 ~ 图 5-16 为变配电所的高低压布置及结构示例。

图 5-13　10kV 高压室双列布置

图 5-14　10kV 高压室单列布置

图 5-15　低压室单列布置

图 5-16　低压室双列布置

基本能力训练　变配电所的倒闸操作

1. 变配电所送电和停电操作的顺序

（1）变配电所的送电操作　变配电所送电时，一般应从电源侧的开关合起，依次合到负荷侧的开关。按这种程序操作，可使开关的闭合电流减至最小，比较安全；万一某部分存在故障，也容易发现。但是在有高压隔离开关—高压断路器及有低压刀开关—低压断路器的电路中，送电时一定要按下列程序操作：①合母线侧隔离开关或刀开关；②合负荷侧隔离开关或刀开关；③合高压或低压断路器。

如果变配电所是事故停电以后的恢复送电，则操作程序视变配电所所装设的开关类型而定。如果电源进线是装设的高压断路器，则高压母线发生短路故障时，断路器自动跳闸。在故障消除后，则可直接合上断路器来恢复送电。如果电源进线是装设的高压负荷开关，则在故障消除后，先更换熔断器的熔管，然后合上负荷开关即可恢复送电。如果电源进线装设的是高压隔离开关—熔断器，则在故障消除后，先更换熔断器的熔管，并断开所有出线开关，然后合上隔离开关，最后合上所有出线开关以恢复送电。如电源进线装设的是跌开式熔断器，送电操作的程序与进线装设隔离开关—熔断器的操作程序相同。

（2）变配电所的停电操作　变配电所停电时，一般应从负荷侧的开关拉起，依次拉到电源侧的开关。按这种程序操作，可使开关的开断电流减至最小，也比较安全。但是在有高压隔离开关—高压断路器及有低压刀开关—低压断路器的电路中，停电时一定要按下列程序操作：①拉高压或低压断路器；②拉负荷侧隔离开关或刀开关；③拉母线侧隔离开关或刀开关。

2. 倒闸操作

电气设备通常有三种状态，分别为运行、备用（包括冷备用及热备用）、检修。电气设备由于周期性检查、试验或处理事故等原因，需操作断路器、隔离开关等电气设备来改变电气设备的运行状态，这种将设备由一种状态转变为另一种状态的过程叫作倒闸，所进行的操作叫作倒闸操作。

倒闸操作是电气值班人员及电工的一项经常性的重要工作，其操作、验电、挂地线是倒闸操作的基本功。倒闸操作有正常情况下的操作和事故情况下的操作两种。在正常情况下应严格执行"倒闸操作票"制度。

（1）倒闸操作步骤

1）接受主管人员的预发命令。在接受预发命令时，要停止其他工作，并将记录内容向主管人员复诵，核对其正确性。对枢纽变电所等处的重要倒闸操作应有两人同时听取和接受主管人员的命令。

2）填写操作票。值班人员根据主管人员的预发令，核对模拟图，核对实际设备，参照典型操作票，认真填写操作票，在操作票上逐项填写操作项目。操作票中应填入如下内容：应拉合的开关和刀开关；检查开关和刀开关的位置；检查负载分配；装拆接地线；安装或拆除控制回路、电压互感器回路的熔断器；切换保护回路并检验是否确无电压。

3）审查操作票。操作票填写完毕后，写票人自己应进行核对，认为确定无误后，再交监护人审查。监护人应对操作票的内容逐项审查，对上一班预填的操作票，即使不是在本班执行，也要根据规定进行审查。审查中若发现错误，应由操作人重新填写。

4）接受操作命令。在主管人员发布操作任务或命令时，监护人和操作人应同时在场，仔细听清主管人员发布的命令，同时要核对操作票上的任务与主管人员所发布的是否完全一致，并由监护人按照填写好的操作票向发令人复诵，经双方核对无误后，在操作票上填写发令时间，并由操作人和监护人签名。这样，这份操作票才合格可用。

5）预演。操作前，操作人、监护人应先在模拟图上按照操作票所列的顺序逐项唱票预演，再次对操作票的正确性进行核对，并相互提醒操作的注意事项。

6）核对设备。到达操作现场后，操作人应先站准位置核对设备名称和编号，监护人核对操作人所站的位置、操作设备名称及编号是否正确无误。检查核对后，操作人穿戴好安全用具，眼看编号，准备操作。

7）唱票操作。当操作人准备就绪，监护人按照操作票上的顺序高声唱票，每次只准唱一步。严禁凭记忆不看操作票唱票，严禁看编号唱票。此时操作人应仔细听监护人唱票并看准编号，核对监护人所发命令的正确性。当操作人认为无误时，开始高声复诵并用手指向编号，做出操作手势。在监护人认为操作人复诵正确，两人一致认为无误后，监护人发出"对，执行"的命令，操作人方可进行操作并记录操作开始时间。

8）检查。每一步操作完毕后，应由监护人在操作票上打一个"√"号，同时两人应到现场检查操作的正确性，如设备的机械指示、信号指示灯、表计变化情况等，用以确定设备的实际分合位置。监护人勾票后，应告诉操作人下一步的操作内容。

9）汇报。操作结束后，应检查所有操作步骤是否全部执行，然后由监护人在操作票上填写操作的结束时间，并向主管人员汇报。对已执行的操作票，在工作日志和操作记录本上做好记录，并将操作票归档保存。

10）复查评价。变配电所值班负责人要召集全班，对本班已执行完毕的各项操作进行复查，评价总结经验。

（2）倒闸操作实例　执行某一操作任务时，首先要掌握电气接线的运行方式、保护的配置、电源及负荷的功率分布情况，然后依据命令的内容填写操作票。操作项目要全面，顺序要合理，以保证操作的正确、安全。

下面给出某工厂 10/0.4kV 变配电所部分倒闸操作实例。

[例 5-1]　图 5-17 为该工厂变配电所的电气接线图。

任务：填写全所送电操作票。操作完成后的运行方式：102、101、402、401 合上，400 开关拉开，其操作详见表 5-4。

表 5-4　变配电所倒闸操作票　　　　　　　编号 04-05

操作开始时间：2013 年 5 月 15 日 8 时 30 分；结束时间：2013 年 5 月 15 日 8 时 49 分		
操作任务：全所送电操作票。操作后运行方式：102；101；402；401 合上，400 开关拉开（热备用）		
顺序		操 作 项 目
1		拉开 10145 接地刀开关，从柜体前后观察接地刀开关确已在分位置
2		将#1 主变开关 101 由试验位置转至运行位置，并观察表盘指示灯亮
3		合上#1 主变开关 101
4		检查#1 主变开关 101 确已在合位，带电显示装置有显示
5		将#1 主变低压总开关 401 由试验位置操作至连接位置
6		合上#1 主变开关低压总开关 401
7		检查#1 主变开关低压总开关 401 确已在合位，电压表有指示
8		合上一车间各出线开关，即 407、409、411、413、415、417、419
9		检查一车间各出线开关均已在合位，指示灯亮
10		合上#1 电容器开关 405
11		检查电容器开关 405 在合位，指示灯亮
12		拉开 10245 接地刀开关，从柜体前后观察接地刀开关确已在分位置
13		将#2 主变开关 102 由试验位置转至运行位置，并观察表盘指示灯亮
14		合上#2 主变开关 102
15		检查#2 主变开关 102 确已在合位，带电显示装置有显示
16		将#2 主变低压总开关 402 由试验位置操作至连接位置
17		合上#2 主变开关低压总开关 402
18		检查#2 主变开关低压总开关 402 确已在合位，电压表有指示
19		合上二车间各出线开关，即 410、412、414、416、418、420、422
20		检查二车间各出线开关均已在合位，指示灯亮
21		合上给水站开关 408
22		检查给水站开关 408 在合位，指示灯亮
(23)		合上#2 电容器开关 406
(24)		检查电容器开关 406 在合位，指示灯亮
		全面检查
备注：		已执行章

操作人：　　　　　　监护人：　　　　　　值班长：

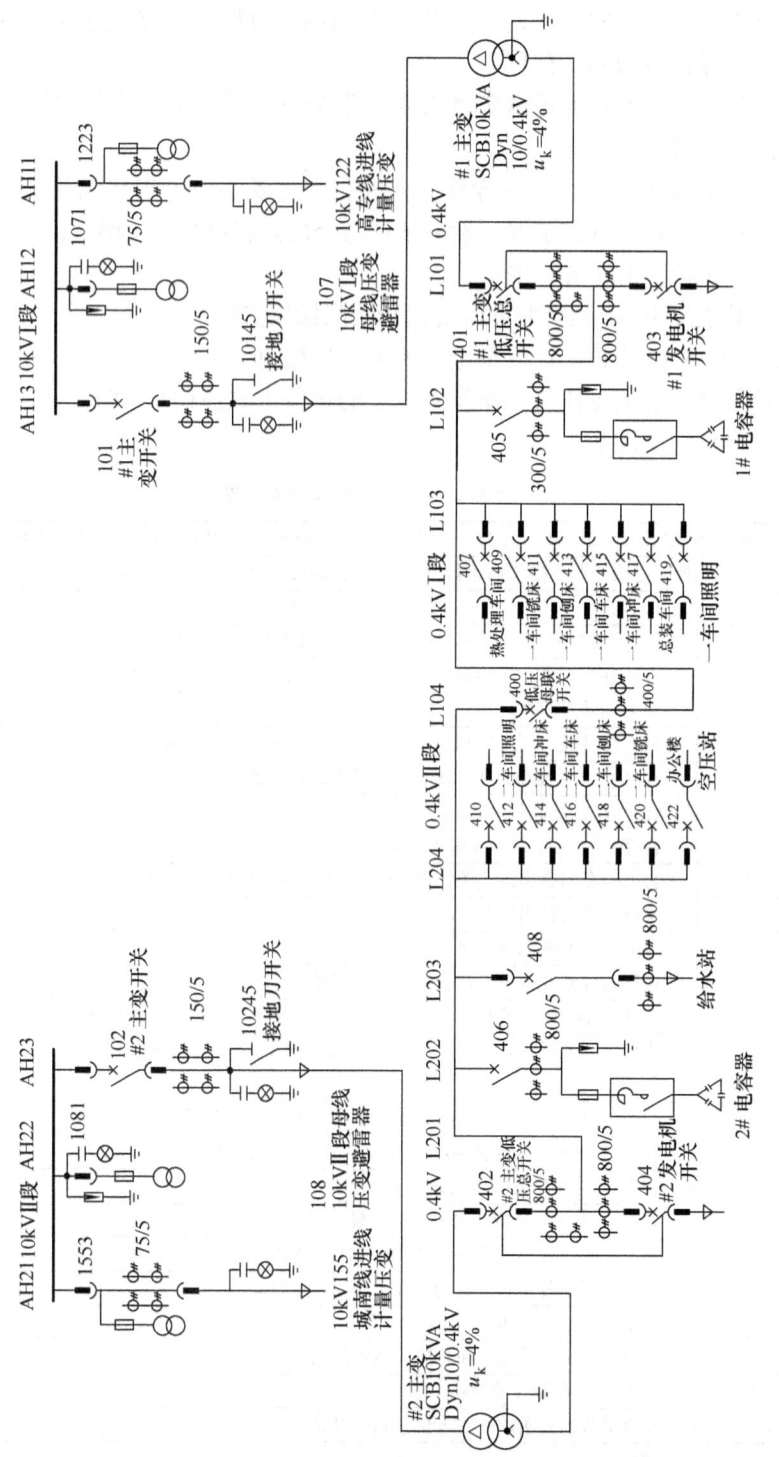

图 5-17 某工厂 10/0.4kV 变配电所电气主接线图

思考题与习题

5-1 变配电所分为哪几种类型？说明它们的特点。

5-2 什么是变配电所的电气主接线？对电气主接线有哪些基本要求？

5-3 变配电所的电气主接线有哪些常用的基本接线方式？分析说明其优缺点和适用范围。

5-4 什么是内桥接线和外桥接线？各适用于什么场合？

5-5 在采用高压隔离开关—断路器的电路中，送电操作时应如何操作？停电时又应如何操作？

5-6 在什么情况下断路器两侧需要装设隔离开关？在什么情况下断路器可只在一侧装设隔离开关？

5-7 变配电所选址应考虑哪些条件？变电所为何要靠近负荷中心？如何确定负荷中心？

5-8 变配电所总体布置应考虑哪些要求？变压器室、低压配电室、高压配电室、高压电容器室和值班室相互之间的位置通常是如何考虑的？

5-9 倒闸操作的步骤有哪些？图 5-18 所示的 10kV 供电线路，简述 QF1、QS1 与 QS2 的送电操作与停电操作顺序。

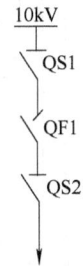

图 5-18　10kV 供电线路

5-10　35/10kV 总降压变电所和 10/0.4kV 独立变电所常用的电气主接线有哪些？说明其优缺点和适用范围。

5-11　某工厂总计算负荷为 6000kVA，约 45% 为二级负荷，其余的为三级负荷，拟采用两台变压器供电。可从附近取得两回 35kV 电源，假设变压器采用并联运行方式，试确定两台变压器的型号和容量，并画出主接线方案草图。

5-12　图 5-19 为某化工厂 1# 专线供电的 10kV 高压一次系统图。分析各高压开关柜在系统中的作用。解释每个间隔中各个元件的作用，并说出选择依据。

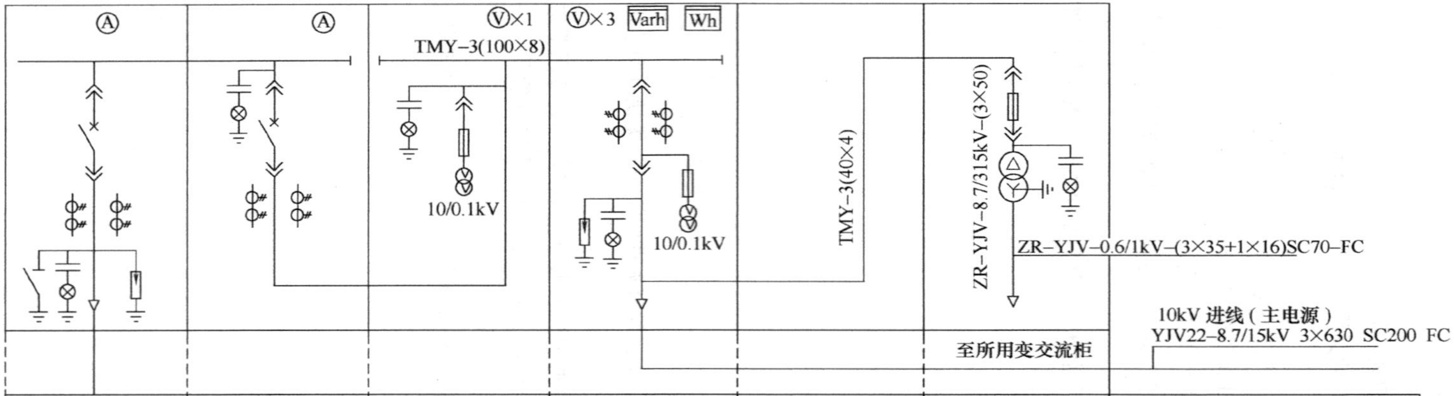

图5-19 10kV高压一次系统图（1#专线）

一次线图号	1-4H	1-3H	1-2H	1-1H	1-MT	1-SB	回路名称
高压开关柜编号	1-4H	1-3H	1-2H	1-1H	1-MT	1-SB	
高压开关柜型号	KYN48-12-003	KYN48-12-019	KYN48-12-031	KYN48-12-026改	KYN48-12改	KYN48-12改	
开关柜尺寸（宽×高×深）	800×2300×1500	800×2300×1500	800×2300×1500	800×2300×1500	600×2300×1500	1200×2300×1500	
真空断路器 CV2-12/[ ]-31.5kA	630A/31.5kA	630A/31.5kA					
操作机构（随车手车配套）	弹簧储能，AC220V	弹簧储能，AC220V					
高压熔断器 XRNP-1, 0.5A/50kA						1	
电压互感器 JDZX9-10, 0.23P, 30VA			1	2		3	
电流互感器 LZZBJ9-10	400/5 0.5级	400/5 0.5级		400/5 0.2S级			
	2	2		2			
	3	3		3			
避雷器 HY5WZ3-17/50						1	
电压显示装置 DXN7-10Q	1	1	1	1			
接地开关 JN15-10							
高压熔断器（配手车）RNP1-203A						3	
变压器 SC10-50/10±2×2.5%, 0.4kV						1	$Dyn11,U_d=4\%$
安装容量kVA/负荷电流A							
电缆型号及规格	YJV22-8.7/15kV(3×240)mm²			10/0.1kV 0.2S级		10/0.1kV	
	一、二期变电所 5700/329.1		电压互感器及母联	主电源进线及计量 5750/332			
	电源-7/13 主电源总开关	电源-6/13	电源-5/13	电源-4/13 1#主电源进线及计量 YJV22-8.7/15kV(3×630)mm²			

注：
1. 高压设备选型为10kV。
2. 现供电容量5700KVA。
3. 1-1H, 1-3H柜之间设机械联锁和电气联锁，以防计量表手车带负荷拉闸。
4. 计量柜（1-1H）内的电能计量表计由供电部门配置，1-1H柜的计量表计设于计量手车上（通过联合接线盒，不另设中间过渡端子）。
5. 继电保护的整定数据由供电部门提供。
6. 配电柜采用优质敷铝锌板材制作，并具有"五防"功能。
7. 1-1H, 1-2H, 1-3H柜后需加电磁锁。
8. 干变外壳门设电磁锁，以确保只有在断开电源才能打开变压器保护外壳门。
9. 成套厂制作配电柜时需对照平面布置图。

第6章 供配电线路

[内容提要] 供配电线路是供配电系统的重要组成部分，担负着电源与用电负荷之间电能输送与分配的任务。本章首先介绍高低压供配电线路的接线方式，其次讲述架空线路、电缆线路和低压配电线路的结构与敷设，最后讲述供配电线路的导线和电缆选择与计算方法。

6.1 供配电线路的接线方式

供配电线路主要作用是将变配电所与电能用户或用电设备连接起来，实现电能的输送与分配。其接线方式是指由电源端向负荷端输送电能时所采用的网络形式。

按电压等级来分，供配电线路可分为高压线路（1kV 以上）和低压线路（1kV 以下）。

6.1.1 高压供配电线路的接线方式

高压供配电线路有放射式、树干式、环形三种基本接线形式。

1. 放射式接线

高压放射式接线是指从变配电所高压母线上引出的一回或两回线路直接向一个车间变电所或高压用电设备供电，沿线不接其他负荷，如图 6-1 所示。

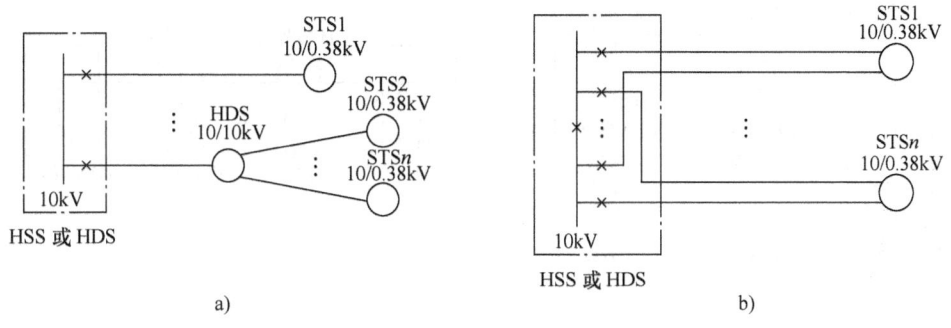

图 6-1 放射式接线
a）单回路放射式接线 b）双回路放射式接线

图 6-1a 为单回路放射式接线，只有一路电源进线，只能用于三级负荷或容量较大及较重要的专用设备，供二级负荷时宜有备用电源。图 6-1b 为双回路放射式接线，有两路电源进线，供电可靠性高，可供给二级负荷。若双回路来自两个独立电源，还可供一级负荷。

放射式接线的优点是接线清晰，操作维护方便，各供电线路互不影响，供电可靠性较高，还便于装设自动装置，保护装置也较简单。但高压开关设备用得较多，投资高，而且某一线路发生故障或需检修时，该线路供电的全部负荷都要停电。

2. 高压树干式接线

高压树干式接线是指由变配电所高压母线上引出的每路高压配电干线上均沿线连接了数个负荷点的接线方式，如图 6-2 所示。高压电缆线路的分支通常采用专用电缆分支箱。

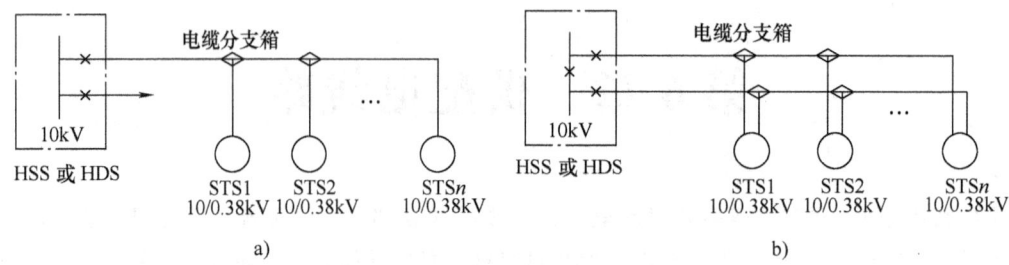

图 6-2 树干式接线
a) 单回路树干式接线 b) 双回路树干式接线

图 6-2a 为单回路树干式接线。该接线方式较之单回路放射式，变配电所的出线大大减少，高压开关柜数量也相应减少，同时可节约有色金属的消耗量。但因多个用户采用一条公用干线供电，各用户之间互相影响，当某条干线发生故障或需检修时，将引起干线上的全部用户停电，所以供电可靠性差，且不容易实现自动化控制。一般用于对三级负荷配电，而且干线上连接的变压器不得超过 5 台，总容量不应大于 3000kVA。树干式接线在城镇街道应用较多。为提高供电可靠性，可采用如图 6-2b 所示的单侧供电的双回路树干式接线方式。该接线方式可供电给二级负荷，但投资也相应有所增加。

3. 环形接线

环形接线实际上是两端供电的树干式接线，如图 6-3 所示，两路树干式接线连接起来就构成了环形接线。

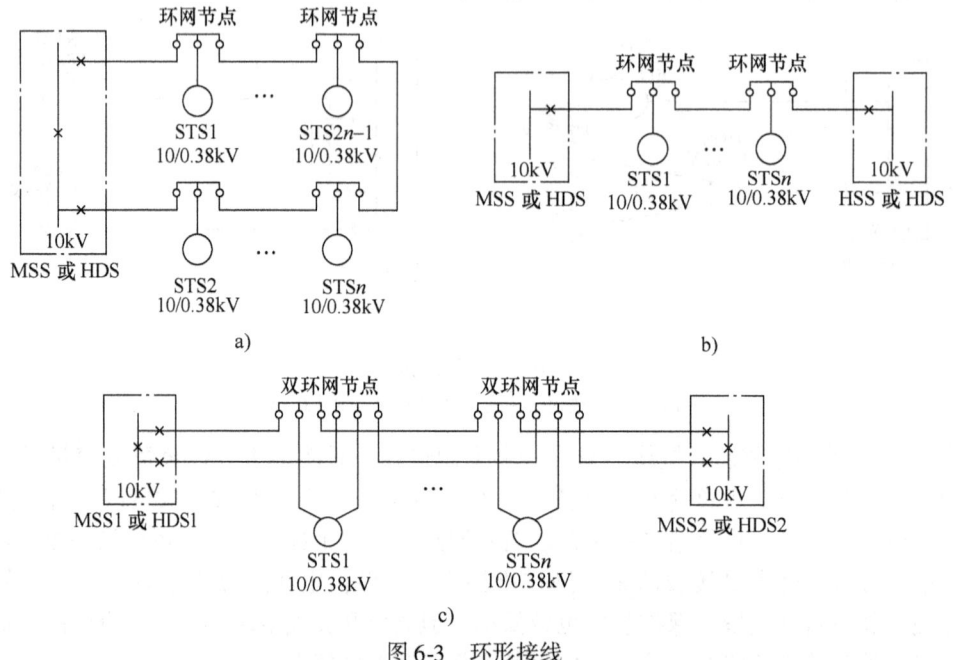

图 6-3 环形接线
a) 普通环式接线 b) 拉手环式接线 c) 双线拉手环式接线

图 6-3a 为普通环式的结构，环式线路的两端接至同一变电所并分别接至两段母线上。当环中任一点发生故障时，只要查明故障点，经过短时"倒闸"操作，断开故障点两侧的

负荷开关,即可恢复非故障部分的供电。普通环式可供二、三级负荷。

图 6-3b 为拉手环式的结构,环式线路的两端分别接至两个变电所的配电母线上。拉手环式比普通环式多了一侧电源,因而供电可靠性相应提高,可供二级负荷。

图 6-3c 为双线拉手环式的结构,是在拉手环式的基础上再增加一回线形成的。这种接线方式对重要负荷基本上可以做到不停电,可供一级负荷。

环形接线运行灵活,供电可靠性高。为避免环形线路上发生故障时影响整个电网,大多数环形线路采用"开环"运行方式,即环形线路中有一处开关是断开的。环形接线通常采用以负荷开关为主开关的高压环网柜作为配电设备,在现代化城市电网中应用较广泛。

实际应用中,高压供配电系统的接线往往是几种接线方式的组合,究竟采用什么接线方式,应根据具体情况,对供电可靠性的要求,经技术、经济综合比较后才能确定。一般地说,高压配电系统宜优先考虑采用放射式,对于供电可靠性要求不高的辅助生产区可用树干式,负荷较大的高层建筑,多属二级和一级负荷,可用分区树干式或环式,以减少配电电缆线路和高压开关柜数量,从而相应少占电缆竖井和高压配电室的面积。住宅区多属三级负荷,也有高层住宅属于二级和一级负荷,因此以环式或树干式为主,但根据线路路径等情况也可用放射式。

GB 50052—2009《供配电系统设计规范》规定:"供配电系统应简单可靠,同一电压等级的配电级数高压不宜多于两级。"例如,由二次侧为 10kV 的总降压变电所或地区变电所配电至 10kV 配电所为一级,再从该配电所以 10kV 配电给配电变压器或高压用电设备,则认为 10kV 配电级数为二级。

[**例 6-1**] 某工厂设有一座 35/10kV 总降压变电所 HSS 和 4 座 10/0.38kV 车间变电所 STS1~STS4。已知车间变电所 STS1 设置两台变压器,一、二级负荷占总计算负荷的 70%;车间变电所 STS2 设置一台变压器,主要为三级负荷,其中二级负荷仅占总负荷的 10%;车间变电所 STS3 和 STS4 处于同一方位,均设置一台变压器,为三级负荷。试设计该工厂高压配电系统接线图。

解:车间变电所 STS1 设置两台变压器,一、二级负荷占总计算负荷的 70%,因此从总降压变电所 HSS 采用 10kV 双回路放射式配电。

车间变电所 STS2 设置一台变压器,主要为三级负荷,其中二级负荷仅占总负荷的 10%,因此从总降压变电所 HSS 采用 10kV 单回路放射式配电。为保证少量二级负荷的供电可靠性,可从车间变电所 STS1 处引来一路低压联络线,专供二级负荷。

车间变电所 STS3 和 STS4 处于同一方位,均设置一台变压器,为三级负荷,因此从总降压变电所 HSS 采用 10kV 单回路树干式配电。

该工厂高压配电系统接线图如图 6-4 所示。

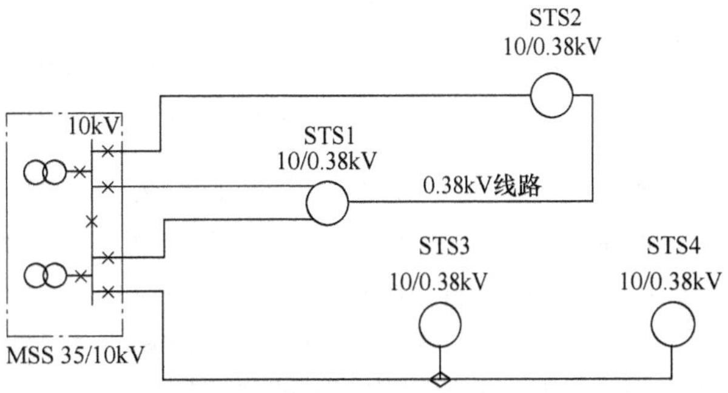

图 6-4 某工厂高压配电系统接线图

6.1.2 低压供配电线路的接线方式

低压线路的作用是从车间变电所或建筑物变电所以 220/380V 的电压向车间或建筑物各

用电设备或负荷点配电。低压供配电线路也有放射式、树干式和环形等接线方式。

1. 低压放射式接线

图 6-5 是低压放射式接线。图 6-5a 为单回路放射式，AP 为动力配电箱；图 6-5b 为双回路放射式，AT 为双电源自动切换箱。此接线方式是由变压器低压母线上引出若干条回路，由变配电所低压配电屏再分别配电给各配电箱或低压用电设备。放射式接线的特点是供电线路独立，引出线发生故障时互不影响，供电可靠性较高，但有色金属消耗量较多。放射式接线多用于设备容量大或对供电可靠性要求较高的场合，例如大型消防泵、电热器、生活水泵和中央空调的冷冻机组。

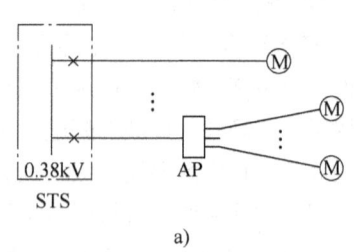 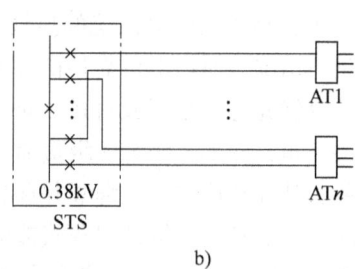

图 6-5 低压放射式接线
a) 单回路放射式　b) 双回路放射式

2. 低压树干式接线

图 6-6 是低压树干式接线。图 6-6a 为单回路树干式，图 6-6b 为双回路树干式。这种接线方式是从变配电所低压母线上引出干线，沿干线再引出若干条支线，然后再引至各用电设备。树干式接线的特点正好与放射式接线相反。树干式采用的开关设备较少，有色金属消耗量也较少，但干线发生故障时，影响范围大，因此供电可靠性较低。

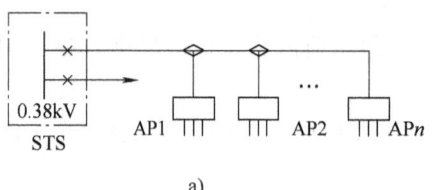 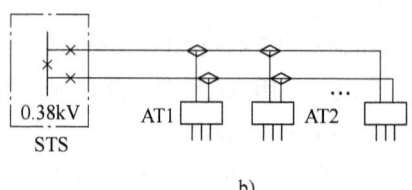

图 6-6 低压树干式接线
a) 单回路树干式　b) 双回路树干式

图 6-7a、b 是一种变形的树干式接线，通常称为链式接线。图中，AP 为动力配电箱，AL 为照明配电箱。链式接线的特点与树干式基本相同，适于用电设备彼此相距很近、而容量均较小的次要用电设备，如生产线上的一组小容量电动机、一组照明灯具、一组电源插座等。链式接线的用电设备一般不宜超过 5 台，配电箱不宜超过 3 台，总容量不宜超过 10kW。

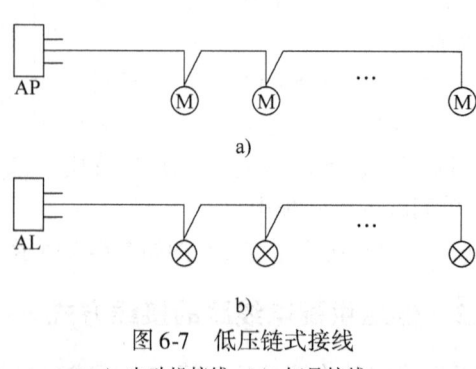

图 6-7 低压链式接线
a) 电动机接线　b) 灯具接线

3. 低压环形接线

工厂内的一些车间变电所低压侧，也可以通过低压联络线相互连接成为环形，如图 6-8 所示。环形接线供电可靠性较高，任一段上的线路发生故障或检修时，都不致造成供电中断，或只是短时停电，一旦切换电源的操作完成，即能恢复供电。环形接线一般采用开环运行方式。

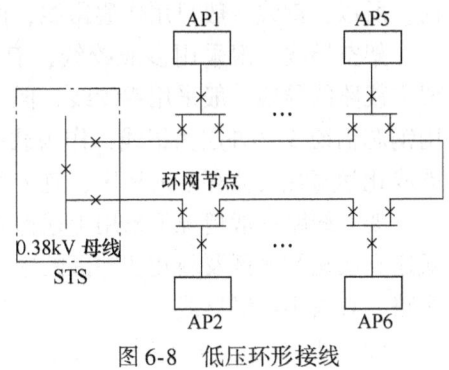

图 6-8 低压环形接线

实际应用中，低压配电系统也往往采用几种接线方式的组合，依具体情况而定。在正常环境的车间或建筑内，当大部分用电设备不是很大而又无特殊要求时，宜采用树干式配电；当用电设备为大容量，或负荷性质重要，或在有特殊要求（指有潮湿、腐蚀性或有爆炸和火灾危险场所等）的建筑物内，宜采用放射式配电；在高层建筑物内，向楼层各配电点供电时，宜采用分区树干式配电；由楼层配电或竖井内配电箱至用户配电箱的配电，宜采取放射式配电；对部分容量较大的集中负荷或重要用电设备，应从变电所低压配电室以放射式配电。

6.2 供配电线路的结构与敷设

供配电线路按结构形式分，有架空线路、电缆线路和低压配电线路。它们的使用环境、安装与敷设有很大不同。

6.2.1 架空线路的结构与敷设

架空线路是指架设在室外电杆上用于输送电能的线路。其特点是：敷设比较容易，成本较低，投资较少，维修方便，易于发现和排除故障；但它要占用一定的地面位置，有碍交通和观瞻，且易受环境影响，安全可靠性较差。

1. 架空线路的结构

架空线路由导线、电杆、横担、绝缘子、线路金具等组成，如图 6-9 所示。有的架空线路为了加强电杆的稳定性，在电杆上还装有拉线或扳桩；也有的架空线路上装设有避雷线用来防止雷击。

（1）架空线路的导线 导线是线路的主体，担负着输送电能的功能。由于架空导线要经常承受自身重量和各种外力的作用，且须承受大气中有害物质的侵蚀，因此必须具有良好的导电性，同时要具有一定的机械强度和耐腐蚀性，而且要尽可能地质轻和廉价。

导线材质有铜、铝和钢三种。铜线的导电性能好、机械强度高、耐腐蚀，但价格贵。铝

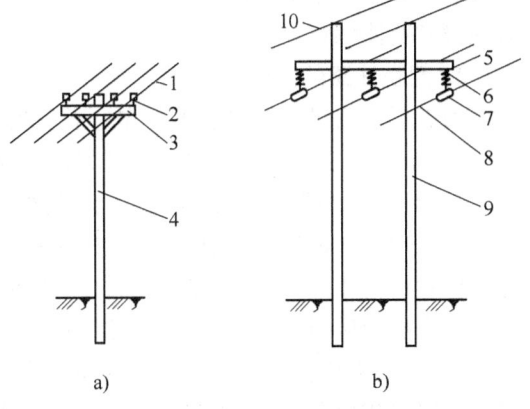

图 6-9 架空线路的结构
a) 低压架空线路 b) 高压架空线路
1—低压导线 2—针式绝缘子 3、5—横担 4—低压电杆
6—高压悬式绝缘子 7—线夹 8—高压导线
9—高压电杆 10—避雷线

导线的导电性能、机械强度和耐腐蚀性虽比铜导线差，但它质轻价廉，因此在可以以铝代铜的场合，应优先采用。钢的机械强度很高，且价廉，但导电性差，功率损耗大，并且易生锈，所以，钢线一般只用作避雷线，而且必须镀锌，其最小使用截面积不得小于 $25mm^2$。

架空导线一般采用多股绞线，有铜绞线（TJ）、铝绞线（LJ）和钢芯铝绞线（LGJ）。架空线路的导线一般采用铝绞线，但对机械强度要求较高和 35kV 及以上的架空线路上宜采用钢芯铝绞线（外层为铝线，作为载流部分；内层线芯是钢线，以增强机械强度）。在有盐雾或化学腐蚀气体存在的地区，宜采用防腐钢芯铝绞线（LGJF）或铜绞线。

架空线路一般情况下采用上述裸导线，但敷设在大、中城市市区主次干道、繁华街区、新建高层建筑群区及新建住宅区的中、低压架空配电线路以及有腐蚀性物质的环境中的架空线路，宜采用绝缘导线。

（2）电杆、横担和拉杆　电杆是支撑导线的主体，是架空线路的重要组成部分。对电杆的要求，主要是要有足够的机械强度，同时尽可能地经久耐用、价廉，便于搬运和安装。

电杆有水泥杆、钢杆和铁塔架等。铁塔主要用于 220kV 以上超高压、大跨度的线路上；钢杆多用在城镇电网中；目前广泛应用的是水泥杆。一条架空线路要由许多电杆来支撑，这些电杆因其在线路上所处的位置和所起的作用不同有直线杆、终端杆、耐张杆、转角杆、分支杆和跨越杆等。

横担安装在电杆的上部，用来安装绝缘子以架设导线。常用的横担有铁横担和瓷横担。瓷横担具有良好的绝缘性能，兼有绝缘子和横担的双重功能，能节约大量的木材和钢材，降低线路造价，加快施工进度。瓷横担比较脆，安装和使用中必须注意。

拉杆是为了平衡电杆各方面的作用力，并抵抗风压以防电杆倾倒。

（3）线路的绝缘子和金具　线路的绝缘子是用来将导线固定在电杆上，并使导线与横担、杆塔之间保持足够的绝缘，同时承受导线的重量与其他作用力，所以绝缘子要保证足够的电气绝缘强度与机械强度。绝缘子有针式绝缘子和悬式绝缘子两类。针式绝缘子主要用于 10kV 及以下线路中；悬式绝缘子主要用于 35kV 及以上线路中。

线路金具是用来连接安装导线、横担和绝缘子等的金属部件。如压接管、并沟线夹、U形抱箍和花篮螺钉等。

2. 架空线路的敷设

沿着规定路线装设架空线路称为架空线路的敷设。架空线路敷设的原则为：

1）敷设架空线路，必须遵循有关技术规程规定，以保证施工质量和线路安全运行。

2）合理选择路径，做到路径短、转角小、交通运输方便，并与建筑物保持一定的安全距离。

3）三相四线制的导线在电杆上的排列方式，一般采用水平排列，中性线架设在靠近电杆的位置；三相三线制的导线可三角形排列，也可水平排列；多回路导线同杆架设时，可三角、水平混合排列，也可全部垂直排列。

4）不同电压等级线路的档距（也称跨距，即同一线路上相邻两电杆之间的距离）不同。一般 380V 线路档距为 25～40m；6～10kV 线路档距为 35～50m。

5）同杆导线的线距与线路电压等级及档距等因素有关。380V 线路线距为 0.3～0.5m，10kV 线路线距为 0.6～1m。

6）弧垂（架空导线一个档距内最低点与悬挂点间的垂直距离）要根据档距、导线型号与截面积、导线所受拉力及气温条件等决定。垂弧过大易碰线，过小则易造成断线或倒杆。

架空线路的其他要求在有关的技术规程中都有规定，设计与安装时必须遵循。

6.2.2 电缆线路的结构与敷设

电缆线路是利用电力电缆敷设的线路。一般敷设于地下，大多直接埋设于土壤中，也有的敷设于地下的电缆沟道中，还有的采用电缆桥架明敷。电缆线路与架空线路相比，虽然具有成本高、投资大、维修不便、不易发现和排除故障等缺点，但是电缆线路具有运行可靠、不易受外界影响、不需架设电杆、不占地面、不碍交通和观瞻等优点。因此在现代城市和企业中，电缆线路得到越来越广泛的应用。

1. 电缆线路的结构

电缆线路由电力电缆和电缆头组成。

电力电缆由导体、绝缘层和保护层3部分组成。如图6-10所示，导体一般由多股铜线或铝线绞合而成，便于弯曲。绝缘层用于将导体线芯之间或线芯与大地之间良好地绝缘。保护层是用来保护绝缘层，使其密封，并保持一定的机械强度，以承受电缆在运输和敷设时所受的机械力，并且防止潮气进入。常用的电力电缆有油浸纸绝缘电缆和塑料绝缘电缆等。油浸纸绝缘电力电缆具有耐压强度高、耐热能力好、使用年限长等优点，可敷设在室内、电缆沟、隧道或土壤中；塑

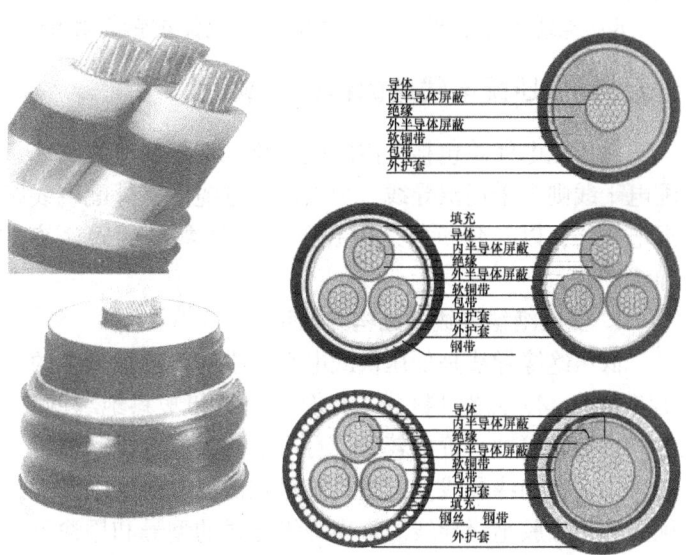

图6-10 油浸纸绝缘电力电缆的构造

料绝缘电力电缆具有重量轻、抗酸碱、耐腐蚀，可敷设在有较大高差，或垂直、倾斜的环境中，塑料绝缘电力电缆有逐步取代油浸纸绝缘电缆的趋向。

电缆头指的是两条电缆的中间接头和电缆终端的封端头。电缆线路的故障大部分情况发生在电缆接头处，所以电缆头是电缆线路中的薄弱环节，对电缆头的安装质量尤其要重视，要求密封性好，有足够的机械强度，耐压强度不低于电缆本身的耐压强度。图6-11所示是户内式电缆终端头实例，其在10kV系统中应用较广泛。

2. 电力线路的敷设

电缆线路常用的敷设方式有直接埋地敷设、电缆沟敷设、电缆桥架敷设等形式。敷设电缆需遵循的主要原则是：

1）电缆类型要符合所选敷设方式的要求。例如直埋地电缆应有铠装和防腐层保护。

2）电缆敷设的路径要力求少弯曲，弯曲半径与电缆外径的倍数关系应符合有关规定，以免弯曲扭伤。

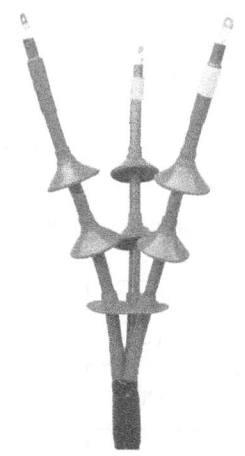

图6-11 电缆头实例图

3）垂直敷设的电缆和沿陡坡敷设的电缆，其最高点与最低点之间的最大允许高度差不应超过规定值。

4）以下地点的电缆应穿钢管保护（注意钢管内径不能小于电缆外径的两倍）：电缆从建筑物引入、引出或穿过楼板及主要墙壁处；从电缆沟引出到电杆，或沿墙敷设的电缆距地面 2m 高度及埋入地下小于 0.25m 深度的一段；电缆与道路、铁路交叉的一段。

5）直埋地电缆埋地深度不得小于 0.7m，并列埋地电缆相互间的距离应符合规定。

6）不允许在煤气管、天然气管及液体燃料管的沟道中敷设电缆；允许在水管或通风管的明沟或隧道中敷设少数电缆，或电缆与之交叉。

7）户外电缆沟的盖板应高出地面，户内电缆沟的盖板应与地板平。电缆沟从厂区进入厂房处应设防火隔板，沟底应有不小于 0.5% 的排水坡度。

8）电缆的金属外皮、金属电缆头及保护钢管和金属支架等，均应可靠接地。

6.2.3　低压配电线路的结构与敷设

低压配电线路包括室内配电线路和室外配电线路。室内配电线路大多采用绝缘导线，但配电干线则多采用裸导线，少数采用电缆。室外配电线路指沿建筑物外墙或屋檐敷设的低压配电线路，以及建筑物之间用绝缘导线敷设的短距离的低压架空线路，一般亦采用绝缘导线。

1. 低压绝缘导线的结构与敷设

低压绝缘导线是低压供配电系统中与人接触最多的一类导线。按芯线材质分，有铜芯和铝芯两种。按绝缘材料分，有橡皮绝缘和塑料绝缘两种。塑料绝缘导线的绝缘性能好，耐油、抗酸碱腐蚀，价格较低，且可节约大量橡胶和棉纱，因此在室内明敷和穿管敷设中应优先选用塑料绝缘导线。但塑料绝缘在低温时会变硬发脆，高温时又易软化，因此室外敷设宜优先选用橡胶绝缘导线。常用绝缘导线的型号和用途见表 6-1。

表 6-1　常用低压绝缘导线的型号和用途

型号		名　称	主要用途
铜芯	铝芯		
BV	BLV	铜、铝芯聚氯乙烯绝缘电线	适用于交流 500V 及直流 1000V 及以下的线路中，供穿钢管或 PVC 管，明敷或暗敷用
BVV	BLVV	铜、铝芯聚氯乙烯绝缘聚氯乙烯护套电线	适用于交流 500V 及直流 1000V 及以下的线路中，供沿墙、沿屋顶卡钉明敷用
BXF	BLXF	铜、铝氯丁橡皮绝缘线	具有良好的耐老化性和不燃性，并具有一定的耐油、耐腐蚀性能，适用于户外敷设
BV-105	BLV-105	铜、铝耐 105℃ 聚氯乙烯绝缘电线	适用于交流 500V 及直流 1000V 及以下电力、照明、电工仪表及电子设备等温度较高的场所使用
RV		铜芯聚氯乙烯绝缘软线	供交流 250V 及以下各种移动电气接线用，大部分用于电话、广播、火灾报警等场合
RVS		铜芯聚氯乙烯绝缘绞型软线	
BVR		铜芯聚氯乙烯软线	适用于交流 500V 及直流 1000V 及以下的线路中，安装要求软线的场合
RV-105		铜芯耐 105℃ 聚氯乙烯绝缘软线	供 250V 及以下的移动式设备及温度较高的场所

绝缘导线的敷设方式分明敷和暗敷两种。明敷是导线直接或在管子、线槽等保护体内，敷设于墙壁、顶棚的表面及桁架、支架等处。暗敷是导线在管子、线槽等保护体内，敷设于墙壁、顶棚、地坪及楼板等内部，或者在混凝土板孔内敷线等。

绝缘导线的敷设要求，应符合有关规程的规定。

1) 线槽布线及穿管布线的导线中间不许直接接头，接头必须经专门的接线盒。

2) 穿金属管或金属线槽的交流线路，应将同一回路的所有相线和中性线穿于同一管槽内，否则，如果只穿部分导线，则由于线路电流不平衡而产生交流磁场作用于金属管槽时，在金属管槽内将会产生涡流损耗，钢管还将产生磁滞损耗，使管槽发热，导致其中导线过热甚至可能烧毁。

3) 电线管路与热水管、蒸汽管同侧敷设时，应敷设在水、汽管的下方。有困难时，可敷设在其上方，但相互间距应适当增大，或采取隔热措施。表6-2给出绝缘导线各种布线适用场所。

表6-2 绝缘导线布线适用场所

序 号	布线方式	适 用 场 合
1	直敷布线	直敷布线宜用于正常环境室内场所和挑檐下的室外场所 建筑物顶棚内，严禁采用直敷布线
2	金属导管、金属槽盒布线	金属导管、金属槽盒布线宜用于室内、外场所，但对金属导管、金属槽盒有严重腐蚀的场所不宜采用 建筑物顶棚内，宜采用金属导管布线、带盖封闭金属槽盒
3	地面内暗装金属槽盒布线	地面内暗装金属槽盒布线宜用于正常环境下大空间且隔断变化多、用电设备移动性大或敷有多种功能线路的场所，暗敷于现浇混凝土地面、楼板或楼板垫层内
4	塑料导管、塑料槽盒布线	塑料导管、塑料槽盒布线宜用于室内场所和有酸碱腐蚀性介质的场所，但在高温和易受机械损伤的场所不宜采用明敷设

2. 低压裸导线的结构和敷设

室内的低压配电裸导线大多采取硬母线的结构，其截面形状有圆形、管形和矩形等，材质有铜、铝和钢。其中以采用LMY型硬铝母线和TMY型硬铜母线最为普遍。铜母线电阻率很低，机械强度高，防腐性能好，便于接触连接，是优良的导电材料，因此有选择的用于重要的、有大电流接触连接的或含有腐蚀性气体的场所的母线装置；而铝的价格比铜低廉，且储量大。但铝的机械强度和耐腐蚀性能较低，接触连接性能较差，通常用于变配电装置的一次配电线路中。

为了识别裸导线的相序，以利于运行维护和检修，按照电工成套装置中的导线颜色规定，交流三相系统中的裸导线应按表6-3涂色。裸导线涂色不仅用来辨别相序及其用途，而且能防腐蚀和改善散热条件。在电气施工中，母线有不同的布置形式，其相序的排列有一定的要求，见表6-4。

表6-3 交流三相系统中裸导线的涂色

裸导线的类型	A 相	B 相	B 相	N 线和 PEN 线	PE 线
涂漆颜色	黄	绿	红	淡蓝	黄绿双色

表6-4 交流三相系统中裸导线的排列

布置形式	垂直布置	水平布置	引下线
A、B、C相的排列次序	由上向下	由内向外	由左向右

3. 低压封闭式母线的结构和敷设

封闭式母线又称密集型母线、插接式母线或母线槽，它是一种相间、相对地有绝缘层的低压母线，将3~5条矩形截面的母线用绝缘材料隔开并嵌于封闭的金属壳体内。根据用户要求，可以在预定位置留出插接口。其特点是安全、灵活、美观，载流量大，便于分支；但耗用钢材较多，投资较大。封闭式母线通常作干线使用或向大容量设备提供电源。其敷设方式有在电气竖井中垂直敷设、用吊杆在天棚下水平敷设或在电缆沟或电缆隧道内敷设。

现代化的生产车间大多采用封闭式母线布线，封闭式母线的外形如图6-12所示。

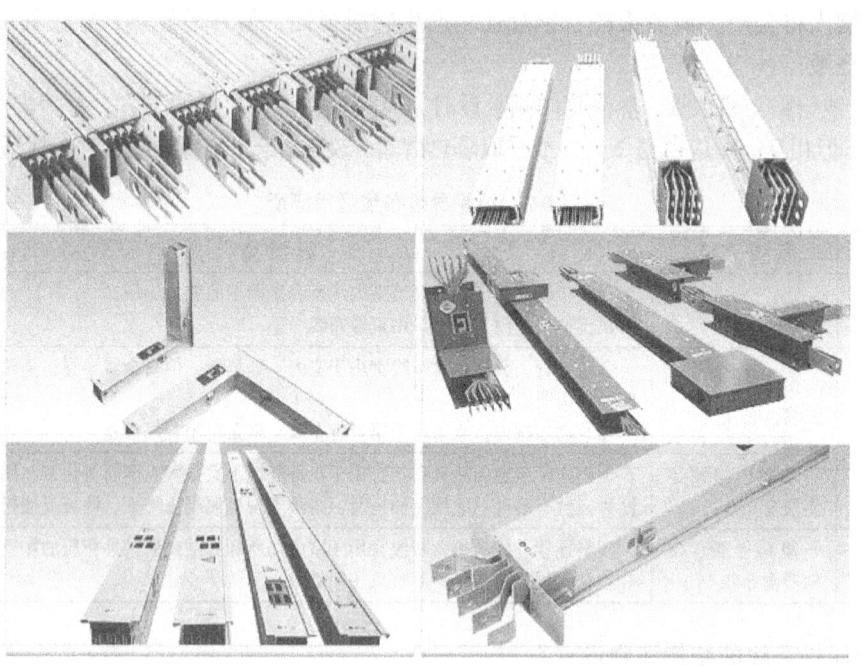

图6-12 低压封闭式母线的外形

6.3 导线和电缆截面积的选择

导线和电缆截面积的选择应满足发热条件、机械强度、电压损失和经济电流密度等要求。也就是说，从满足正常发热条件看，要求通过导线或电缆的电流不应当大于它的允许载流量；从满足机械强度条件看，要求架空导线的截面积不应小于它的最小允许截面积；此外还应保证电压质量，即线路电压损失不应大于正常运行时允许的电压损耗；以及满足所选截面积具有年费用支出最小的经济要求。

根据设计经验，一般对10kV以下高压线路及低压动力线路，通常先按发热条件选择导线（包括母线）和电缆截面积，再校验电压损失和机械强度。低压照明线路，因其对电压水平要求较高，因此通常先按允许电压损失进行选择，再校验发热条件和机械强度。对35kV及以上的高压线路及35kV以下的长距离大电流线路，则可先按经济电流密度确定经济截面面积，再校验其他条件。按以上校验选择，比较容易满足要求，较少返工。

下面分别介绍按发热条件、电压损失条件、经济电流密度和机械强度条件选择计算导线和电缆截面积的方法。

6.3.1 按发热条件选择导线和电缆的截面积

电流通过导线时，要产生能耗使导线发热，而过高的温度将加速绝缘老化，甚至受到损坏而引起火灾。裸导线温度过高时将使导线接头处加速氧化，使接头电阻增大而过热，造成断路事故。因此，由一定截面积的不同材料做成的导线规定有允许电流值，即允许载流量。在允许值范围内运行，导线温度不会超过允许值。

1. 三相系统中相线截面积的选择

按发热条件选择导线截面积，就是要求导线和电缆的允许载流量 I_{al} 不得小于相线线路的计算电流 I_{30}，即

$$I_{al} \geq I_{30} \tag{6-1}$$

所谓导线的允许载流量，就是在规定的环境条件下，导线或电缆能够连续承受而不致使其温度超过允许值的最大电流。表 E-10 列出了裸绞线在不同环境温度时的允许载流量；表 E-11 列出矩形铜母线（TMY）在不同环境温度时的载流量；表 E-6、表 E-7 列出了绝缘导线在不同环境温度下明敷及穿管敷设时的允许载流量；表 E-8、表 E-9 列出各类电力电缆明敷和埋地敷设时的允许载流量。其他导线和电缆的允许载流量，可查相关设计手册。

按允许载流量选择截面积时需注意以下几点：

1) 如果导体敷设地点的实际环境温度 θ'_0 与导体允许载流量所采用的环境温度 θ_0 不同时，则导体的允许载流量应加以修正。修正后的允许载流量为

$$I'_{al} = K_{\theta} I_{al} = \sqrt{\frac{\theta_{al} - \theta'_0}{\theta_{al} - \theta_0}} I_{al} \tag{6-2}$$

式中，K_{θ} 为温度校正系数；θ_{al} 为导体额定负荷时的最高允许温度。

这里所说的环境温度，是按发热条件选择导线和电缆的特定温度，见表 6-5。

表 6-5 选择导线和电缆的环境温度要求

类别	敷设场所	选取的环境温度	备注
导线	室外	最热月的日最高温度平均值	即最热月平均最高气温
	室内	该处的通风设计温度	可取最热月的日最高温度平均值加5℃
电缆	土中直埋	埋深处的最热月平均地温	可近似地取当地最热月平均气温
	室外空气中，电缆沟内	最热月的日最高温度平均值	
	有热源设备的厂房	通风设计温度	有机械通风时
		最热月的日最高温度平均值加5℃	无机械通风时
	一般性厂房，室内	通风设计温度	有机械通风时
		最热月的日最高温度平均值	无机械通风时
	室内电缆沟	最热月的日最高温度平均值加5℃	

2) 按发热条件选择导线所用的计算电流 I_{30}，对降压变压器高压侧的导线，应取为变压器额定一次电流 I_{INT}。对电容器的引入线，由于电容器充电时有较大的涌流，因此 I_{30} 应取为电容器额定电流 I_{NC} 的 1.35 倍。

2. 三相系统中性线、保护线和保护中性线截面的选择

（1）中性线（N 线）截面积的选择　三相四线制中的 N 线，要通过不平衡电流或零序电流，因此 N 线的允许载流量不应小于三相系统中的最大不平衡电流，同时应考虑谐波电流的影响。

一般三相四线制的中性线截面积 S_0，应不小于相线截面积 S_φ 的 50%，即

$$S_0 \geqslant 0.5 S_\varphi \tag{6-3}$$

由三相四线制线路引出的两相三线线路和单相线路，由于其中性线电流与相线电流相等，因此其中性线截面积 S_0 应与相线截面积 S_φ 相同，即

$$S_0 = S_\varphi \tag{6-4}$$

对于三次谐波电流相当突出的三相四线制线路，由于各相的三次谐波电流都要通过中性线，使得中性线电流可能接近甚至超过相电流，因此中性线截面积 S_0 宜等于或大于相线截面积 S_φ，即

$$S_0 \geqslant S_\varphi \tag{6-5}$$

（2）保护线（PE 线）截面积的选择　PE 线要考虑三相线路发生单相短路故障时的单相短路热稳定度。根据短路热稳定度的要求，GB 50052—2009《供配电系统设计规范》规定：

1）当 $S_\varphi \leqslant 16 \text{mm}^2$ 时　　　　$S_{PE} \geqslant S_\varphi$ 　　　　　　　　　　　　　(6-6)

2）当 $16 \text{mm}^2 < S_\varphi \leqslant 35 \text{mm}^2$ 时　　$S_{PE} \geqslant 16 \text{mm}^2$ 　　　　　　　　　　　(6-7)

3）当 $S_\varphi > 35 \text{mm}^2$ 时　　　　$S_{PE} \geqslant 0.5 S_\varphi$ 　　　　　　　　　　　　(6-8)

（3）保护中性线（PEN 线）截面积的选择　PEN 线兼有 N 线和 PE 线的功能，因此其截面积选择应同时满足上述 N 线和 PE 线选择的条件，取其中的最大值。

[**例 6-2**]　有一条采用 BLX-500 型铝芯橡皮线明敷的 220/380V 的三相五线制线路中，计算电流为 150A。当地最热月平均最高温度值为 30℃。试按发热条件选择此线路的导线截面积。

解：此线路除三根相线外，尚有 N 线和 PE 线。

（1）相线截面积的选择

查相关手册知，环境温度为 30℃时明敷的 BLX-500 型截面积为 50 mm^2 时

$$(I_{al} = 163 \text{A}) \geqslant (I_c = 150 \text{A})$$

满足发热条件，因此相线截面积选 $S_\varphi = 50 \text{mm}^2$。

（2）N 线截面积的选择

按 $S_0 \geqslant 0.5 S_\varphi$，选 $S_0 = 0.5, S_\varphi = 25 \text{mm}^2$。

（3）PE 线截面积的选择

由于 $S_\varphi > 35 \text{mm}^2$，选 $S_{PE} \geqslant 0.5, S_\varphi = 25 \text{mm}^2$。

选择导线为 BLX-500-(3×50 + 1×25 + PE25)。

[**例 6-3**]　有一条 220/380V 的三相四线制线路，采用 YJV22-0.6/1 型四芯交联聚乙烯护套电力电缆穿钢管埋地敷设，当地最热月平均最高气温为 15℃。该线路供电给一台 40kW 的电动机，其功率因数为 0.8，效率为 0.85，试按允许载流量选择导线截面积。

解：（1）计算线路中的计算电流

$$P_{c} = \frac{P_{N}}{\eta} = \frac{40}{0.85}\text{kW} = 47\text{kW}$$

$$I_{c} = \frac{P_{c}}{\sqrt{3}U_{N}\cos\varphi} = \frac{47}{\sqrt{3}\times 0.38\times 0.8}\text{A} = 89\text{A}$$

(2) 相线截面积的选择

查手册得,4 根单芯线穿钢管敷设的每相芯线截面积为 25mm^2 的 YJV22 型导线,在环境温度为 25℃ 时的允许载流量为 101A,其正常最高允许温度为 65℃,即

$$I_{al} = 101\text{A} \quad \theta_{al} = 65℃ \quad \theta_0 = 25℃ \quad \theta_0' = 15℃$$

温度校正系数为

$$K_{\theta} = \sqrt{\frac{\theta_{al}-\theta_0'}{\theta_{al}-\theta_0}} = \sqrt{\frac{65-15}{65-25}} = 1.12$$

导线的实际允许载流量为 $I_{al}' = K_{\theta}I_{al} = 1.12\times 101\text{A} = 113\text{A} > I_c = 89\text{A}$
故所选相线截面积满足允许载流量的要求。

(3) 中线截面积的选择

按 $S_N \geq 0.5S_{\varphi}$ 要求,选 $S_N = 16\text{mm}^2$。
所以选择 YJV22 型铜芯导线 YJV22 – 0.6/1 – 3×25 + 1×16。

6.3.2 按允许电压损失选择导线和电缆的截面积

任何输电线路都存在线路阻抗,当负荷电流通过线路时,必将在线路阻抗上产生电压损失。电压损失是指线路的始端电压 U_1 与终端电压 U_2 的代数差,即

$$\Delta U = U_1 - U_2 \tag{6-9}$$

ΔU 是电压损失的绝对值。在实际应用中,常用相对值来表示电压损失的程度。工程上通常用 ΔU 与线路额定电压 U_N 的百分比来表示电压损失的程度,即

$$\Delta U\% = \frac{\Delta U(\text{V})}{1000U_N(\text{kV})}\times 100 = \frac{\Delta U}{10U_N} \tag{6-10}$$

需要注意的是,U_N 的单位是 kV,ΔU 的单位是 V,需要把 U_N 的单位转化为 V,所以才会在式(6-10)中出现系数 10。

按规定,高压配电线路的电压损失,一般不超过线路额定电压的 5%;从变压器低压侧母线到用电设备受电端的低压线路的电压损耗,一般不超过用电设备额定电压的 5%;对视觉要求较高的照明线路,则为 2%~3%。如果线路的电压损耗值超过了允许值,可以用增大导线的截面积来解决。

下面分不同情况计算线路电压损失。

1. 线路末端有一个集中负荷时三相线路电压损耗的计算

设线路末端集中负荷 $S = p + jq$,如图 6-13 所示,线路每相的电流为 I,线路额定电压为 U_N,线路电阻为 R,电抗为 X。

由相量图(见图 6-14)可以看出,线路电压损失为

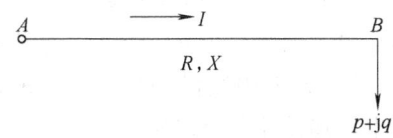

图 6-13 末端接有一个集中负荷的三相线路

$$\Delta U_{\varphi} = U_A - U_B = ad \approx ab$$

ad 线段的准确计算比较复杂，在工程计算中常以 ab 段代替 ad 段，其误差不超过实际电压损失的 5%，所以每相的电压损失为

$$\Delta U_\varphi \approx ab = ac + cb = IR\cos\varphi + IX\sin\varphi$$

因为

$$I = \frac{p}{\sqrt{3}U_2\cos\varphi}$$

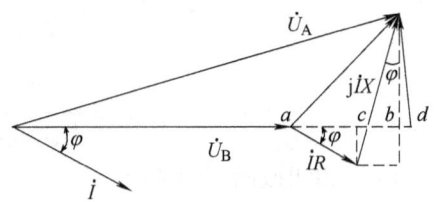

图 6-14　末端接有一个集中负荷的三相线路其中一相的电压相量图

所以换算成线路线电压损失为

$$\Delta U = \sqrt{3}\Delta U_\varphi = \sqrt{3}I(R\cos\varphi + X\sin\varphi) = \frac{pR + qX}{U_2} \tag{6-11}$$

在实际计算中，常采用线路的额定电压 U_N 来代替 U_2，误差极小。所以有线路电压损失的百分数为

$$\Delta U = \frac{pR + qX}{U_N} \tag{6-12}$$

$$\Delta U\% = \frac{\Delta U(\text{V})}{U_N(\text{kV})} \times 100 \tag{6-13}$$

$$= \frac{\Delta U}{1000 U_N} \times 100 = \frac{pR + qX}{10 U_N^2}$$

2. 线路上有多个集中负荷时线路电压损耗的计算

以带有两个集中负荷的三相线路为例。线路中各支线的负荷电流都用小写 i 表示，各段干线电流都用大写 I 表示。各段干线的长度及每相的电阻和电抗，分别用小写 l、r 和 x 表示；各支线负荷点至线路首端的线路长度及每相的电阻和电抗，分别用大写 L、R 和 X 表示。

1）如果用各个负荷的功率 p、q 来计算，则电压损耗计算公式为

$$\Delta U_1\% = \frac{p_1 R_1 + q_1 X_1}{10 U_N^2}$$

$$\Delta U_2\% = \frac{p_2 R_2 + q_2 X_2}{10 U_N^2}$$

则总的电压损失为

$$\Delta U\% = \frac{p_1 R_1 + q_1 X_1}{10 U_N^2} + \frac{p_2 R_2 + q_2 X_2}{10 U_N^2} \tag{6-14}$$

当带多个负荷时的总电压损失为

$$\Delta U\% = \frac{1}{10 U_N^2} \sum_{i=1}^{n} (p_i R_i + q_i X_i) \tag{6-15}$$

式中，U_N 为线路的额定电压（kV）；p_i、q_i 为各支线负荷的有功功率（kW）和无功功率（kvar），R_i、X_i 为从电源到各支线负荷线路的电阻和电抗（Ω）。

2）如果用线段功率 P、Q 来计算（见图 6-15），则电压损耗计算公式为

$$\Delta U_1\% = \frac{P_1 r_1 + Q_1 x_1}{10 U_N^2}$$

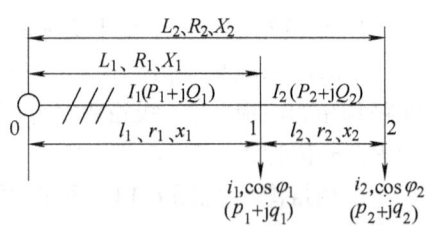

图 6-15　带有两个集中负荷的三相线路

第 6 章 供配电线路

$$\Delta U_2\% = \frac{P_2 r_2 + Q_2 x_2}{10 U_N^2}$$

则
$$\Delta U\% = \Delta U_1\% + \Delta U_2\%$$
$$= \frac{P_1 r_1 + Q_1 x_1}{10 U_N^2} + \frac{P_2 r_2 + Q_2 x_2}{10 U_N^2} \qquad (6\text{-}16)$$

推出带多个负荷时的总电压损失为

$$\Delta U\% = \frac{1}{10 U_N^2} \sum_{i=1}^{n} (P_i r_i + Q_i x_i) \qquad (6\text{-}17)$$

式中，U_N 为线路的额定电压（kV）；P_i、Q_i 为通过各段干线的有功功率（kW）和无功功率（kvar）；r_i、x_i 为各段干线的电阻和电抗（Ω）。

3) 如果全线导线型号规格一致，且不计感抗的电阻线路，则电压损耗的计算为

$$\Delta U\% = \frac{\sum p_i L_i}{10 \gamma S U_N^2} = \frac{\sum M}{10 \gamma S U_N^2} \qquad (6\text{-}18)$$

式中，γ 为导线的电导率 [m/(Ω·mm²)]；U_N 为线路的额定电压；p_i 为各负荷的有功功率；L_i 为各负荷点至线段首端的长度；S 为导线截面积；M 为线路的所有功率距之和（kW·m）。

[**例 6-4**] 已知 LJ-50：$R_0 = 0.66\Omega/\text{km}$，$X_0 = 0.37\Omega/\text{km}$；LJ-70：$R_0 = 0.46\Omega/\text{km}$，$X_0 = 0.36\Omega/\text{km}$；LJ-95：$R_0 = 0.34\Omega/\text{km}$，$X_0 = 0.34\Omega/\text{km}$。试计算如图 6-16 所示 10kV 供电线路在下列两种情况下的电压损失。

(1) 1WL，2WL 导线的型号均为 LJ-70。

(2) 1WL 为 LJ-95，2WL 为 LJ-50。

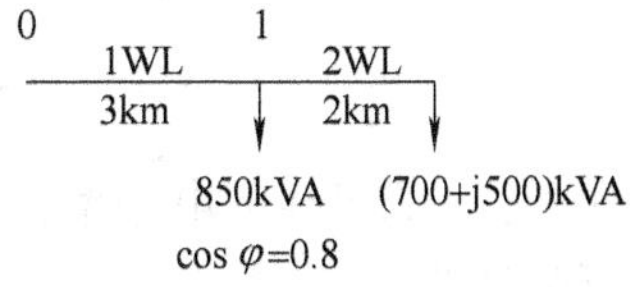

图 6-16 例 6-4 图

解：(1) 由式 (6-14) 知：

$$\Delta U\% = \frac{p_1 R_1 + q_1 X_1}{10 U_N^2} + \frac{p_2 R_2 + q_2 X_2}{10 U_N^2}$$
$$= \frac{850 \times 0.8 \times 0.46 \times 3 + 850 \times 0.6 \times 0.36 \times 3}{10 \times 10^2}$$
$$+ \frac{700 \times 0.46 \times (3+2) + 500 \times 0.36 \times (3+2)}{10 \times 10^2}$$
$$= 3.992$$

(2) 由式 (6-16) 知：

$$\Delta U\% = \Delta U_1\% + \Delta U_2\%$$
$$= \frac{P_1 r_1 + Q_1 x_1}{10 U_N^2} + \frac{P_2 r_2 + Q_2 x_2}{10 U_N^2}$$
$$= \frac{(850 \times 0.8 + 700) \times 0.34 \times 3 + (850 \times 0.6 + 500) \times 0.34 \times 3}{10 \times 10^2}$$
$$+ \frac{700 \times 0.66 \times 2 + 500 \times 0.37 \times 2}{10 \times 10^2}$$
$$= 3.7318$$

3. 均匀分布负荷的三相线路电压损耗的计算

如图 6-17 所示，对于均匀分布负荷的线路，单位长度线路上的负荷电流为 i_0，均匀分

布负荷产生的电压损耗,相当于全部负荷集中在线路的中点时的电压损耗,因此可用下式计算其电压损耗:

$$\Delta U = \sqrt{3} i_0 L_2 R_0 (L_1 + L_2/2) = \sqrt{3} I R_0 (L_1 + L_2/2) \tag{6-19}$$

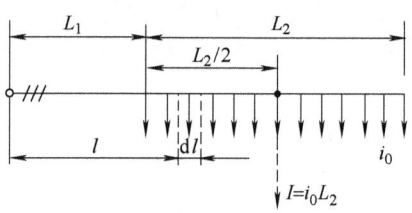

图 6-17 均匀分布负荷的三相线路

式中,$I = i_0 L_2$ 为与均匀分布负荷等效的集中负荷;R_0 为导线单位长度的电阻值;L_2 为均匀分布负荷线路的长度。

4. 按允许电压损耗选择导线和电缆的截面积

企业内电力线路往往不长,电力线路上各段干线常采用同一截面积的导线或电缆。这里只讨论各段干线截面积相同时导线截面的选择。

已知电压损失为

$$\Delta U\% = \sum_{i=1}^{n} \frac{p_i R_i + q_i X_i}{10 U_N^2} = \frac{R_0}{10 U_N^2} \sum_{i=1}^{n} p_i L_i + \frac{X_0}{10 U_N^2} \sum_{i=1}^{n} q_i L_i \tag{6-20}$$

$$= \Delta U_a\% + \Delta U_r\% \leq \Delta U_{al}\%$$

式中,$\Delta U_a\%$ 为有功负荷在电阻上引起的电压损失;$\Delta U_r\%$ 为无功负荷在电抗上引起的电压损失;$\Delta U_{al}\%$ 为线路允许的电压损失,一般取 5。则有

$$\Delta U_a\% = \frac{R_0}{10 U_N^2} \sum_{i=1}^{n} p_i L_i = \frac{1}{10 r S U_N^2} \sum_{i=1}^{n} p_i L_i \tag{6-21}$$

式中,γ 为导线的电导率,铜线为 $0.053 \text{km}/\Omega \cdot \text{mm}^2$;铝线为 $0.032 \text{km}/\Omega \cdot \text{mm}^2$,则式(6-20)可表达为

$$\Delta U\% = \frac{1}{10 r S U_N^2} \sum_{i=1}^{n} p_i L_i + \frac{X_0}{10 U_N^2} \sum_{i=1}^{n} q_i L \leq \Delta U_{al}\% \tag{6-22}$$

由式(6-22)可知导线截面积为

$$S = \frac{\sum_{i=1}^{n} p_i L_i}{10 r U_N^2 (\Delta U_{al}\% - \Delta U_r\%)} \tag{6-23}$$

按电压损失选择导线截面积的步骤如下:

1)取导线或电缆电抗平均值,求出 $\Delta U_r\%$。架空线路 X_0 取 $0.35 \sim 0.4 \Omega/\text{km}$;电缆线路 X_0 取 $0.08 \Omega/\text{km}$。

2)求出 $\Delta U_a\% = \Delta U_{al}\% - \Delta U_r\%$。

3)求出 S,根据此值选出相应的标准截面积。

4)校验。根据所选标准截面及敷设方式,查出 R_0 和 X_0,计算电路实际电压损失,与允许电压损失比较。

[**例 6-5**] 某变电所架设一条 10kV 的架空线路,向工厂 1 和 2 供电,如图 6-18 所示。已知导线采用 LJ 型铝绞线,全线导线截面积相同,三相导线布置成三角形,线间距为 1m。干线 01 的长度为 3km,干线 12 的长度为 1.5km。工厂 1 的负

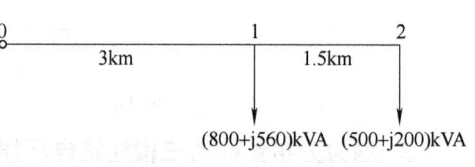

图 6-18 例 6-5 的线路

荷为有功功率为 800kW，无功功率为 560kvar，工厂 2 的负荷为有功功率为 500kW，无功功率为 200kvar。允许电压损失为 5%，环境温度为 25℃，按允许电压损失选择导线截面积，并校验其发热情况和机械强度。

解：（1）按允许电压损失选择导线截面积

因为是 10kV 架空线路，所以初设 $X_0 = 0.38\Omega/\text{km}$，则

$$\Delta U_r\% = \frac{X_0}{10U_N^2}\sum_{i=1}^{2}q_iL_i = \frac{0.38}{10\times 10^2}[560\times 3 + 200\times(3+1.5)] = 0.98$$

$$\Delta U_a\% = \Delta U_{al}\% - \Delta U_r\% = 5 - 0.98 = 4.02$$

$$S = \frac{\sum_{i=1}^{2}p_iL_i}{10\gamma U_N^2\Delta U_a\%} = \frac{800\times 3 + 500\times(3+1.5)}{10\times 0.032\times 10^2\times 4.02}\text{mm}^2 = 36.15\text{mm}^2$$

查表 E-1，选 LJ-50：几何均距为 1000mm，截面积为 50mm² 的 LJ 型铝绞线。$X_0 = 0.355\Omega/\text{km}$，$R_0 = 0.66\Omega/\text{km}$，实际的电压损失为

$$\Delta U\% = \frac{R_0}{10U_N^2}\sum_{i=1}^{2}p_iL_i + \frac{X_0}{10U_N^2}\sum_{i=1}^{2}q_iL_i$$

$$= \frac{0.66}{10\times 10^2}(800\times 3 + 500\times 4.5) + \frac{0.355}{10\times 10^2}(560\times 3 + 200\times 4.5)$$

$$= 2.98 + 0.92$$

$$= 3.9 < 5$$

故所选导线 LJ-50 满足允许电压损失的要求。

（2）校验发热情况　查表 E-10 可知，LJ-50 在室外温度为 25℃时允许载流量为 $I_{al} = 215\text{A}$；线路中最大负荷（在 01 段）为

$$P = p_1 + p_2 = (800 + 500)\text{kW} = 1300\text{kW}$$

$$Q = q_1 + q_2 = (550 + 200)\text{kvar} = 750\text{kvar}$$

$$S = \sqrt{P^2 + Q^2} = \sqrt{1300^2 + 760^2}\text{kVA} = 1505.9\text{kVA}$$

$$I = \frac{S}{\sqrt{3}U_N} = \frac{1505.9}{\sqrt{3}\times 10} = 86.9\text{A} < I_{al} = 215\text{A}$$

显然发热情况也满足要求。

（3）校验机械强度

查表 E-2 可知，高压架空裸铝绞线的最小允许截面积为 35mm²，所以所选的截面积 50mm² 满足机械强度要求。

6.3.3　按机械强度选择导线和电缆的截面积

由于导线本身的重量，以及风、雨、冰、雪等原因，会使导线承受一定的压力。如果导线过细，就容易拉断，将引起停电等事故。因此所选择架空裸导线和不同敷设方式的绝缘导线截面积不应小于最小允许截面积的要求。架空裸导线的最小允许截面积可查表 E-2，绝缘导线的最小允许截面积可查表 E-3。对于母线和电缆的选择，可不校验机械强度，但需校验短路时的热稳定度。

6.3.4 按经济电流密度选择导线和电缆的截面积

导线（或电缆）的截面积越大，电能损耗就越小，但是线路投资、维修管理费用和有色金属消耗量却要增加。因此从经济方面考虑，导线应选择一个比较合理的截面积，既使电能损耗小，又不致过分增加线路投资、维修管理费用和有色金属消耗量。从全面经济效益考虑，既使线路的年运行费用接近最小而又适当考虑有色金属节约的导线截面积，称为经济截面积，用符号 A_{ec} 表示。我国根据有色金属资源的情况，规定了现行导线和电缆的经济电流密度，见表6-6。

表 6-6　导线和电缆的经济电流密度　　　　　（单位：A/mm²）

线路类型	导线材质	年最大负荷利用小时		
		3000h 以下	3000~5000h	5000h
架空线路	铝	1.65	1.15	0.90
	铜	3.00	2.25	1.75
电缆线路	铝	1.92	1.73	1.54
	铜	2.50	2.25	2.00

按经济电流密度 j_{ec} 计算经济截面面积 S_{ec} 的公式为

$$S_{ec} = \frac{I_{30}}{j_{ec}} \tag{6-24}$$

式中，I_{30} 为线路的计算电流。按式（6-19）计算出 S_{ec} 后，应选最接近的标准截面积。

[例 6-6] 有一条用 LJ 型铝绞线架设的 5km 长的 10kV 架空线路，已知该线路导线为等边三角形排列，线间距离为 1m。计算负荷为 $P_{30} = 1380 \text{kW}$，$\cos\varphi = 0.7$，$T_{max} = 4800\text{h}$。试选择其经济截面面积，并校验电压损失、发热条件和机械强度。

解：（1）选择经济截面面积

$$I_{30} = \frac{P_{30}}{(\sqrt{3} U_N \cos\varphi)}$$

$$= \frac{1380 \text{A}}{(\sqrt{3} \times 10 \times 0.7)} = 114 \text{A}$$

由表 6-6 查得 $j_{ec} = 1.15 \text{A/mm}^2$，因此

$$S_{ec} = 114 \text{A}/1.15 \text{A/mm}^2 = 99 \text{mm}^2$$

选标准截面积 95mm^2，即选 LJ-95 型铝绞线。

（2）校验电压损失。10kV 架空线路允许的电压损失一般为 5%。查表 E-1 知，10kV 架空铝绞线的 $r_0 = 0.34 \Omega/\text{km}$，$x_0 = 0.34 \Omega/\text{km}$。

当 $\cos\varphi = 0.7$、$\tan\varphi = 1.02$ 时，

$$Q = P_{30} \tan\varphi = 1380 \times 1.02 \text{kvar} \approx 1407.6 \text{kvar}$$

线路的电压损失为

$$\Delta U\% = \frac{P_r + Q_x}{10 U_N^2}$$

$$= \frac{1}{10 \times 10^2} \times (1380 \times 0.34 \times 5 + 1407.6 \times 0.34 \times 5)$$

$$= 4.74 < 5$$

因此所选 LJ-95 铝绞线满足电压损失的要求。

(3) 校验发热条件。查表 E-10 得 LJ-95 的允许载流量（室外 25℃），$I_{al} = 325A > I_{30} = 114A$，因此满足发热条件。

(4) 校验机械强度。查表 E-2 得 10kV 架空铝绞线的最小截面积 $S_{min} = 35mm^2 < S = 95mm^2$，因此所选 LJ-95 型铝绞线也满足机械强度要求。

基本能力训练 供配电线路的运行与维护

1. 架空线路的运行与维护

架空线路的建设取材容易，施工方便，但运行易受自然、外力等的影响，为了保证安全可靠的供电，应加强运行维护工作，及时发现缺陷并及早处理。

(1) 巡视的期限 对厂区或市区架空线路，一般要求每月进行一次巡视检查，郊区或农村每季一次，低压架空线路每半年一次，如遇恶劣气候，自然灾害及发生故障等情况时，应临时增加巡视次数。

(2) 巡视内容

1) 检查线路负荷电流是否超过导线的允许电流。

2) 检查导线的温度是否超过允许的工作温度，导线接头是否接触良好，有无过热、严重氧化、腐蚀或断落现象。

3) 检查绝缘子及瓷横担是否清洁，有否破损及放电现象。

4) 检查线路弧垂是否正常，三相是否保持一致，导线有否断股，上面是否有杂物。

5) 检查拉线有无松弛、锈蚀、断股现象，绝缘子是否拉紧，地锚有无变形。

6) 检查避雷装置及其接地是否完好，接地线有无断线、断股等现象。

7) 检查电杆（铁塔）有无歪斜、变形、腐朽、损坏及下陷现象。

8) 检查沿线周围是否堆放易燃、易爆、强腐蚀性物品以及危险建筑物；并且要保证与架空线路有足够的安全距离。

2. 电缆线路的运行与维护

当架空线的走线或安全距离受到限制或输配电发生困难时，采用电缆线路就成为一种较好的选择。电缆线路具有成本高、查找故障困难等缺点，所以必须做好线路的运行维护工作。

(1) 巡视期限 对电缆线路要做好定期巡视检查工作。敷设在土壤、隧道、沟道中的电缆，每三个月巡视一次；竖井内敷设的电缆，至少每半年巡视一次；变电所、配电室的电缆及终端头的检查，应每月一次。如遇大雨、洪水及地震等特殊情况或发生故障时，需临时增加巡视次数。

(2) 巡视检查内容

1) 负荷电流不得超过电缆的允许电流。

2) 电缆、中间接头盒及终端温度正常，不超过允许值。

3) 引线与电缆头接触良好，无过热现象。

4) 电缆和接线盒清洁、完整，不漏油，不流绝缘膏，无破损及放电现象。

5) 电缆无受热、受压、受挤现象；直埋电缆线路，路面上无堆积物和临时建筑，无挖掘取土现象。

6）电缆钢铠正常，无腐蚀现象。

7）电缆保护管正常。

8）充油电缆的油压、油位正常，辅助油系统不漏油。

9）电缆隧道、电缆沟、电缆夹层的通风、照明良好，无积水；电缆井盖齐全并且完整无损。

10）电缆的带电显示器及护层过电压防护器均正常。

11）电缆无鼠咬、白蚁蛀蚀的现象。

12）接地线良好，外皮接地牢固。

3. 低压配电线路的运行维护

低压配电线路是用电设备所在地，所以其维护尤其显得重要。要做好低压配电线路的维护，须全面了解低压配电线路的走向、敷设方式、导线型号规格以及配电箱和开关的位置等情况，还要了解用电负荷规律以及车间变电所的相关情况。

（1）巡视期限　低压配电线路一般由车间维修电工每周巡视检查一次，对于多尘、潮湿、高温，有腐蚀性及易燃易爆等特殊场所应增加巡视次数。线路停电超过一个月以上，重新送电前应做一次全面检查。

（2）巡视项目

1）检查导线发热情况。裸母线正常运行时最高允许温度一般为70℃。若过高，母线接头处的氧化加剧，接触电阻增大，电压损耗加大，供电质量下降，甚至可能引起接触不良或断线。

2）检查线路负荷是否在允许范围内。负荷电流不得超过导线的允许载流量，否则导线过热会使绝缘层老化加剧，严重时可能引起火灾。

3）检查配电箱、开关电器、熔断器、二次回路仪表等的运行情况。着重检查导体连接处有无过热变色、氧化、腐蚀等情况，连线有无松脱、放电和烧毛现象。

4）检查穿线铁管、封闭式母线槽的外壳接地是否良好。

5）敷设在潮湿、有腐蚀性气体的场所的线路和设备，要定期检查绝缘。绝缘电阻值不得低于 $0.5 M\Omega$。

6）检查线路周围是否有不安全因素存在。

在巡视中发现的异常情况，应记入专用记录本内，重要情况应及时汇报。

4. 线路运行中突遇停电的处理

电力线路在运行中，可能会突然停电，这时应按不同情况分别处理。

1）电压突然降为零时，说明是电网暂时停电。这时总开关不必拉开，但各路出线开关应全部拉开，以免突然来电时用电设备同时起动，造成过负荷，从而导致电压骤降，影响供电系统的正常运行。

2）双电源进线中的一路进线停电时，应立即进行切换操作（即倒闸操作），将负荷特别是重要负荷转移到另一路电源。若备用电源线路上装有电源自动投入装置，则切换操作会自动完成。

3）厂内架空线路发生故障使开关跳闸时，如开关的断流容量允许，可以试合一次。由于架空线路的多数故障是暂时性的，所以一次试合成功的可能性很大。但若试合失败，即开关再次跳开，说明架空线路上故障还未消除，并且可能是永久性故障，应进行停电隔离检修。

4）放射式线路发生故障，使开关跳闸时，应采用"分路合闸检查"方法找出故障线路，并使其余线路恢复供电。如图 6-19 所示的供配电系统，假设故障出现在 WL8 线路上，由于保护装置失灵或选择性不好，使 WL1 线路的开关越级跳闸，分路合闸检查故障的具体步骤如下：

① 将出线 WL2～WL6 开关全部断开，然后合上 WL1 的开关，由于母线 WB1 正常运行，所以合闸成功。

② 依次试合 WL2～WL6 的开关，当合到 WL5 的开关时，因其分支线 WL8 存在故障，再次跳闸，其余出线开关均试合成功，恢复供电。

③ 将分支线 WL7～WL9 的开关全部断开，然后合上 WL5 的开关。

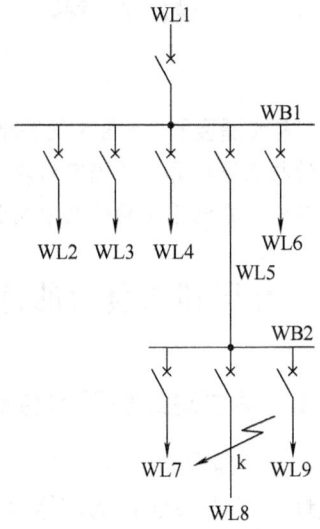

④ 依次合 WL7～WL9 的开关，当合到 WL8 的开关时，因其线路上存在故障，开关再次自动跳开，其余线路均恢复供电。

图 6-19 分路合闸检查故障说明图

这种分路合闸检查故障的方法，可将故障范围逐步缩小，并最终查出故障线路，同时恢复其他正常线路的供电。

思考题与习题

6-1 试比较说明放射式接线和树干式接线的特点。

6-2 试比较说明架空线路和电缆线路的优缺点。

6-3 三相系统中的保护线（PE 线）和保护中性线（PEN 线）的截面积如何选择？

6-4 什么叫经济截面面积？什么情况下要按经济电流密度选择导体截面积？

6-5 铜、铝、钢三种材质的导线各有何优缺点？各适用于哪些场合？

6-6 LJ-95 和 LGJ-95 各表示什么导线？其中两个"95"各表示什么？

6-7 选择导线和电缆截面积一般应满足哪些条件？一般动力线路导线截面积宜先按什么条件选择？而照明线路导线截面积宜先按什么条件选择？什么情况下的线路导线截面积宜先按经济电流密度选择？

6-8 试按发热条件选择 220/380V 系统中的相线和中性线截面积。已知线路的计算电流为 120A，安装地点的环境温度为 25℃。拟用 YJV 型铜芯电缆线穿钢管埋地敷设。

6-9 试选择一条供电给两台配电变压器的 10kV 线路的 LJ 型铝绞线截面积。全线截面积一致，线路长度及变压器形式、容量均如图 6-20 所示。设全线允许电压损耗 5%，两台变压器的年最大负荷利用小时数均为 4500h，$\cos\varphi = 0.9$。当地环境温度为 35℃。线路的三相导线作水平等距排列，线距 1m（注：变压器的功率损耗可按近似公式计算）。

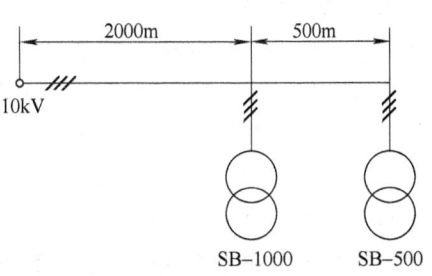

图 6-20 题 6-10 图

第7章 高层建筑的供配电系统

[内容提要] 高层建筑供配电知识是供配电技术的一部分内容。本章首先介绍了高层建筑负荷的特点及计算负荷确定的方法；接着讲述高层建筑典型的主接线方案及变电所的类型；对高层建筑低压配电系统的配电方式也做了介绍，最后介绍了高层建筑供配电系统中的应急电源。

7.1 高层建筑负荷的计算

7.1.1 高层建筑负荷的特点

高层建筑的定义主要是根据综合建筑类别、材料品种以及防火要求等因素确定。不同国家或地区对高层建筑的层数和高度有不同的定义。在我国，依据《民用建筑设计通则》（GB 50352—2005）、《建筑设计防火规范》（GB 50016—2014）规定，将10层及10层以上的住宅建筑和高度超过24m的公共建筑和综合性建筑称为高层建筑；当建筑高度超过100m时，称为超高层建筑。高层建筑的特点是面积大、功能复杂、建筑设备多、能耗大、人员密集、管理要求高等。

高层建筑中用电设备种类多、用电量大，且负荷密度高、供电可靠性要求高。根据专业属性将高层建筑的电气设备划分为以下类型：

1）供配电设备：变压器、配电屏、发电设备等。
2）照明设备：电光源。
3）动力设备：起重机、搅拌机、水泵、风机等。
4）弱电设备：电话、电视、音响、网络、报警设备等。
5）空调与通风设备：制冷、防排烟、温湿度控制装置等。
6）运输设备：电梯。

在高层建筑的所有电力负荷中照明负荷（包括电热）占30%左右；空调负荷占40%左右；一般电力（电梯、生活水泵、消防泵、喷淋泵、锅炉房设备等）负荷占30%左右。其用电负荷遍布整个大楼的各层，其中地下层（或大楼底部）一般布置的是空调设备、生活水泵、消防泵、喷淋泵；顶层（或顶部）布置的是电梯机房、风机、加压泵；超高层建筑的中部位置放置分区电梯机房、中间泵站、分区空调设备等。

在高层建筑中应急照明电源、消防设备电源、消防电梯电源、消防及保安监控中心电源、通信及安保设备等为一级负荷，数据中心电源为一级负荷中特别重要负荷；电梯电源、污水泵电源、其他弱电机房电源、重要场所的照明电源等为二级负荷，其余为三级负荷。其中一级负荷应由双重电源供电，电源分别引自两路10系统（或20kV系统）。两路10系统应分别来自两处10kV开闭站或一处10kV开闭站的两端母线处，当一电源发生故障时，另一电源不应同时受到损坏。一级负荷中的特别重要负荷，由柴油发电机或蓄电池组提供现场第三电源，当两路市政电源同时失电的情况下，第三路电源应能保证特别重要设备的正常工作，第三路电源的持续时间需满足规范的相关要求。二级负荷的供电系统，宜由两回线路供电。电源引自两处低压母线段或一处低压母线段的两条出线回路。

7.1.2 高层建筑负荷的计算

在建筑设计中常用的负荷计算方法有负荷密度法、单位指标法和需要系数法等。在高层建筑的方案设计和初步设计阶段，为了对建筑内电力负荷进行估算，常采用负荷密度法和单位指标法；在施工图设计阶段，一般采用需要系数法确定动力负荷和照明负荷。对于住宅建筑，在设计的各个阶段均可采用单位指标法。

（1）负荷密度法 所谓负荷密度法就是根据单位面积功率（负荷密度）确定计算负荷的一种方法。其估算有功功率 $P_{30}(\mathrm{kW})$ 的公式为

$$P_{30} = \frac{K_{\mathrm{p}}S}{1000} \tag{7-1}$$

式中，K_{p} 为单位面积功率（负荷密度）（$\mathrm{W/m^2}$）；S 为建筑面积（$\mathrm{m^2}$）。

使用负荷密度法估算计算负荷是否准确，完全取决于单位面积功率 K_{p} 的准确程度。在确定单位面积功率时，应综合考虑多方面的因素。建筑物的性质不同，标准不同，用电的单位面积功率就不同。各类建筑物的单位面积功率见表 A-7。

（2）单位指标法 单位指标法与负荷密度法基本相同，是根据已有的单位用电指标来估算计算负荷。其有功计算负荷 P_{30} 的计算公式为

$$P_{30} = \frac{K_{\mathrm{S}}N}{1000} \tag{7-2}$$

式中，K_{S} 为单位用电指标，如 W/户、W/人等；N 为单位数量，如户数、人数等。

全国普通住宅用户的用电指标见表 A-6。由于单位用电指标的确定与国家经济形势的发展、电力政策以及人民消费水平的高低有直接的关系，因此，这一数据变化会很频繁。另外，由于我国地域辽阔，经济发展不平衡，人民的消费水平差别也很大，这就造成了单位用电指标在不同地区有很大的差距。

（3）需要系数法 用需要系数法确定高层建筑的计算负荷与第 2 章式（2-11）～式（2-14）相同。

表 A-3 给出民用建筑用电设备组的需要系数及功率因数表。

负荷计算时需要注意以下几点：

1）下列用电设备在进行负荷计算时，不列入设备容量之内：①备用生活水泵、备用电热水器、备用空调制冷设备及其他备用设备；②消防水泵、专用消防电梯以及消防状态下才使用的送风机、排烟机等及在非正常状态下投入使用的用电设备；③当夏季有吸收式制冷的空调系统，而冬季则利用锅炉取暖时，在后者容量小于前者情况下的锅炉设备。

2）需要系数值是在一定的范围内按统计方法来确定的，它的准确性对负荷计算有重要的意义。但是，由于许多因素的影响，需要系数表中所给出的只能是推荐值，这就要求设计者根据设计经验和具体情况从中选取一个比较恰当的值。一般来说，当用电设备组的设备台数多时选取较小值，否则选取较大值；设备使用率高时选取较大值，否则选取较小值。

[例 7-1] 某高层综合楼，已知负荷资料如下：

1～3 层商场（空调）每层 1500$\mathrm{m^2}$（$K_{\mathrm{C}} = 0.7$，90$\mathrm{W/m^2}$）；

1～3层商场（照明）每层1500m² ($K_C = 0.7$, 30W/m²)；
4～15层住宅，每层8户 ($K_C = 0.6$, 5.5kW/户)；
地下一层车库及设备用房（照明）1100m² ($K_C = 1$, 10W/m²)；
楼道照明：10kW ($K_C = 1$)；
电　　梯：2×15kW；
生活水泵：2×22kW（一备一用）；
消防中心：10kW ($K_C = 1$)；
消火栓泵：2×30kW（一备一用）；
喷淋水泵：2×55kW（一备一用）；
无功补偿后的功率因数：0.95；
变压器的最佳负荷率：0.7；
试确定商场总的计算负荷及变压器的容量。

解：1～3层商场的动力计算负荷为

$$P_1(P_2、P_3) = 1500m^2 \times 0.09kW/m^2 \times 0.7 = 94.5kW$$

1～3层商场的照明计算负荷为

$$P_8 = 3 \times 1500m^2 \times 0.03kW/m^2 \times 0.7 = 94.5kW$$

4～15层住宅的计算负荷为

$$P_4(P_5、P_6、P_7) = 24户 \times 5.5kW/户 \times 0.6 = 79.2kW$$

地下一层车库及楼道照明计算负荷为

$$P_9 = 1100m^2 \times 0.01kW/m^2 + 10kW = 21kW$$

电梯的计算负荷为

$$P_{10} = 2 \times 15kW = 30kW$$

泵房的计算负荷为

$$P_{11} = 22kW（备用负荷不计入）$$

消防泵房的计算负荷 $P'_{11} = (55+30)kW = 85kW$　不计入总负荷

消防控制中心计算负荷：$P_{12} = 10kW$

总计算负荷为

$$P_{30} = 0.9 \times (4 \times 94.5 + 4 \times 79.2 + 21 + 30 + 22 + 10) = 700kW$$

根据无功补偿后的功率因数及变压器的最佳负荷率确定变压器容量为

$$S_{30} = \frac{P_{30}}{\beta\cos\varphi} = \frac{700}{0.7 \times 0.95}kVA = 1052.7kVA$$

7.2　高层建筑的变电所主接线

高层建筑变电所一般采用10kV进线，经变压器降至220/380V低压，再分配到各配电装置和用电设备。根据建筑物的规模不同，变电所主接线也存在较大的区别。

7.2.1　一般民用建筑变电所主接线

当民用建筑为9层及以下的多层住宅楼及一般负荷的办公楼时，其负荷等级多为三级。

通常多栋一般民用建筑可共用1个变电所，且变电所内仅设置1台变压器，由电网引入单回路电源。由于总用电负荷较小，变压器容量不大，故高压侧无须设置高压开关柜，只在低压侧设置低压配电屏，采用放射式或树干式配电方式对各建筑物供电。

7.2.2 高层民用建筑变电所主接线

高层民用建筑变电所的典型主接线如图7-1所示。高低压母线均采用单母线断路器分段，并增设一个柴油发电机组和相应的母联开关QFL3，以提高运行的灵活性和可靠性。本系统可适用于高层民用建筑的各级负荷。

现代高层宾馆饭店等旅游性建筑与一般高层民用建筑不同，其内部设施齐全，集居住、商业、办公、娱乐等功能于一身，形成高标准的多元化功能。这类建筑内部配套电气设备多，可满足现代化办公、管理、娱乐和生活的需要。同时还具有人员密度大、火灾隐患多，对消防保安要求高的特点。因此，建筑内多为一、二级负荷，应设置两个及以上独立电源同时供电。

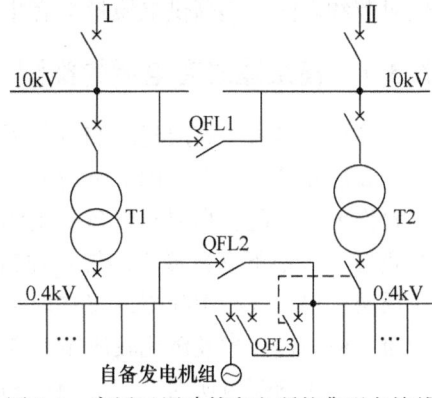

图7-1 高层民用建筑变电所的典型主接线

图7-2为某高层宾馆饭店变电所主接线示例。图中为两路独立电源同时引入，每路电源均由两根电力电缆组成，一用一备。高低压侧为单母线分段，母线间设有母线联络开关。低压侧设有多段母线，各段母线均采用断路器分段。并且在低压侧设置两台互为备用的自备柴油发电机组，发电机组母线与低压母线间设有联络断路器。这种接线可以充分保证供电的可靠性。

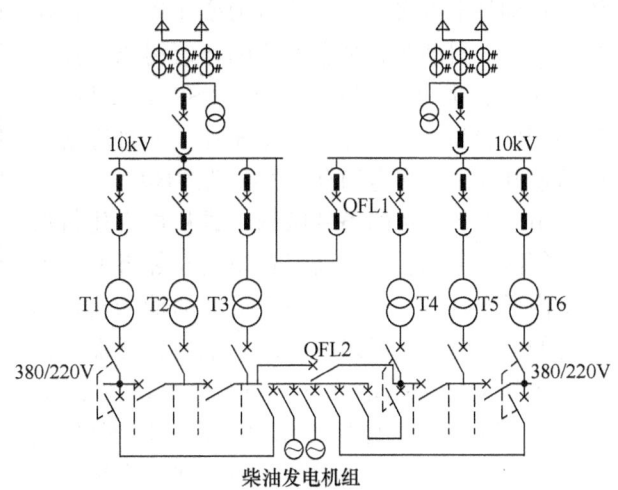

图7-2 现代高层宾馆饭店变电所的典型主接线

高层建筑在确定主接线方案时，应考虑以下几个问题：

1) 对于高级旅馆，空调器冷冻机负荷占40%左右，而这些负荷的季节性变化大。在夏季为高峰负荷，冬季为空负荷，过渡性季节为轻负荷。所以在主接线方面宜由单独的变压器供电，当在非空调季节空调设备停运时，可将专用变压器停运，从而达到经济运行的目的。

2) 照明负荷和动力负荷分开设变压器，当动力用电量太小时，动力变压器可不分开装设，而在低压侧应对动力负荷分类计费。

3) 电梯和照明负荷虽然年负荷曲线变化不大，但日负荷曲线变化大。电梯在上班或下班时为高峰负荷，在上班期间为正常运行，下班后或深夜则为轻负荷。照明负荷在白天或深夜为轻负荷，而在晚上6~11时为高峰负荷。因此，需考虑负荷变动而导致电压的波动。在选用向照明和电梯供电的变压器时,应选用带自动调压装置的变压器,使变压器输出电压能随负荷的变化而变化,保证适当的电压水平。

7.3 高层建筑变电所的类型及布置

现代高层建筑的用电量相当大,在确定变电所位置时,应尽可能使高压深入负荷中心,这对节约电能,提高供电质量都有重要意义。

7.3.1 高层建筑变电所的类型

按供电对象,高层建筑变电所可分为楼内变电所和辅助建筑变电所。

高层建筑层数多,用电负荷大,而且分散,对供电可靠性要求高,配电干线压降不得超过允许值,因此,高层建筑多采用楼内变电所。建筑高度在 30 层左右的,变电所大都集中在底层(或地下室)或中间层;建筑高度在 60 层左右的,变电所则分散在地下层、中间层和顶层,也有仅在中间层或仅在地下层、顶层设变电所的,高层建筑变电所的数量及其位置分布,应通过技术经济比较决定。高层变电所的位置如图 7-3 所示。

设计楼内变电所时,应注意采取相应的防火和通风散热措施。根据建筑消防规范要求,在高层建筑主体内不允许设置有可燃性油的电气设施,特别是不得采用油浸式电力变压器,应选用具有防尘、耐潮湿和难燃性能的环氧树脂浇注干式变压器,也可选用六氟化硫(SF_6)变压器、硅油变压器和空气绝缘干式变压器,并且应使变电所避开高温、多尘和有剧烈振动的环境。

由于电气设备的条件限制,或从楼内建筑造价高等因素考虑,有些高层建筑则在邻近的辅助建筑内设变电所。在高层建筑近旁的辅助建筑内设置的变配电所,可采用油浸式电力变压器。根据变电所应尽量靠近负荷中心的供电设计原则,通常将辅助建筑变电所与用电量大的冷冻机房、锅炉房、水泵房等相邻设计;为了便于巡视、操作和管理,一般将 6~10kV 的辅助建筑变电所设计成 1~2 层的建筑物。

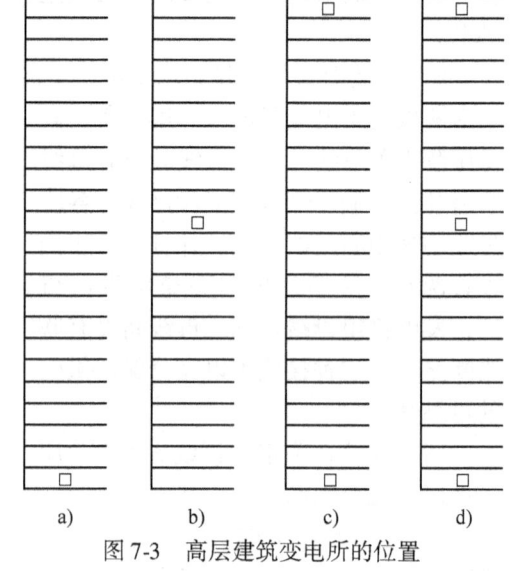

图 7-3 高层建筑变电所的位置

7.3.2 高层建筑变配电所的布置

根据高层建筑的特点和有关设计规范,高层建筑内变配电所的布置除遵循变配电所布置的一般原则外还要注意以下几点:

1)设置于屋内的干式变压器,其外廓与四周墙壁的净距不应小于 0.6m,干式变压器之间的距离不应小于 1m,并应满足巡视维修的要求。全封闭型的干式变压器可不受上述距离的限制。

2)为了便于检修和有利于防火,高压开关柜宜采用手车式的真空断路器开关柜;低压配电屏多采用抽屉式配电屏；移相电容器柜也应采用具有防火防爆性能的电容器。

3) 变电所内设备的布置既应紧凑合理，又便于对设备的运输安装、检修试验及巡视操作，并应考虑发展的可能性。干式变压器和抽屉式低压配电屏可以组合在一起安装在低压配电室。

4) 高层建筑主体内的变电所应尽量设置在建筑物边缘采光条件良好的位置，应适当安排变电所内各室之间的相对位置，使变压器、高压电容器室尽量避免日晒，控制室尽可能朝南。

5) 为了防止在发生事故时相互影响，高低压配电装置应分开布置，但当高压开关柜数量较少时，也可与低压配电屏装设在同一配电室内。

7.4 箱式变电站

箱式变电站是集高压开关柜、变压器、低压开关柜于一体，并在制造厂内装配完成的变电站。它作为工矿企业、油田、城市建筑、生活小区、风景区旅游点和城市道路等用电部门的变电设备，具有成套性强、体积小、结构紧凑、可靠性高、现场安装工作量小、安装调试周期短以及可移动等特点。目前生产的箱式变电站按结构形式分为两大类：一类是引进欧洲技术生产的预装式变电站（简称欧式箱变）；另一类是引进美国技术并按我国电网现状改进生产的组合式变压器（简称美式箱变）。目前，国内又生产了一种组合了欧式箱变与美式箱变优点的紧凑型变电站。

1. 预装式变电站

预装式变电站一般为"目"字形结构，如图 7-4 所示。中间为变压器室，装有干式变压器或全密封油浸式变压器；一边为高压室，装有高压负荷开关柜（用于终端接线）或环网柜（用于环网接线）；另一边为低压室，装有低压配电屏（固定式或固定分隔式）及无功补偿屏，根据需要还可安装电能计量装置。预装式变电站环网接线典型方案如图 7-5 所示。从其接线与布置来看，预装式变电站与土建变电所类似，但体积小、结构紧凑。预装式变电站有户内型和户外型两种，户外型必须采取防腐蚀、防凝露及通风散热等措施。

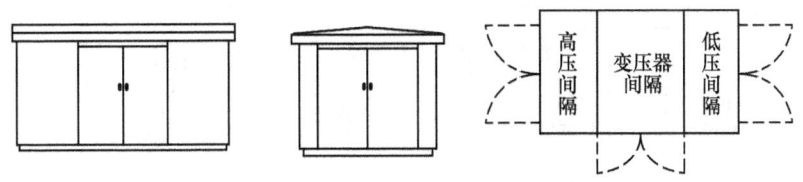

图 7-4 预装式变电站的外形及平面布置

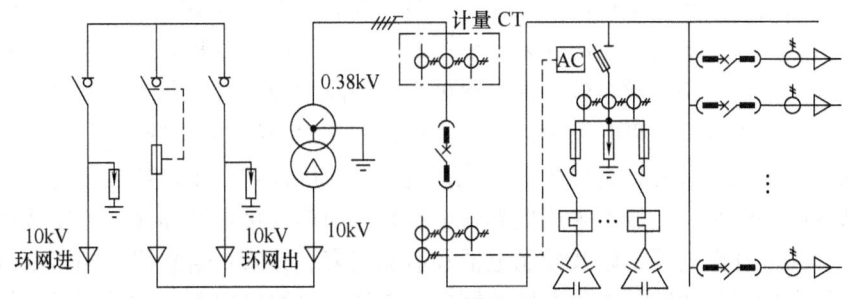

图 7-5 预装式变电站环网接线典型方案

2. 组合式变压器

组合式变压器是将变压器本体、开关设备、熔断器、分接开关及相应辅助设备组合在一起的变压器。组合式变压器一般为"品"字形结构，如图 7-6 所示。装置前部为接线柜，高压间隔面板上布置着高压接线端子、高压负荷开关、插入式熔断器、高压分接开关等高压部件的外露部分；低压间隔面板上布置着低压端子及其他组件，根据需要可安装低压配电电器及无功补偿器。装置后部为油箱及散热部分。变压器本体及高压部件等均放置在油箱内，由于高压采用油绝缘，大大缩小了绝缘距离，使组合式变压器整体体积明显缩小，约为预装式变电站的 1/3。组合式变压器也有终端接线和环网接线两种形式，其环网接线典型方案如图 7-7 所示。

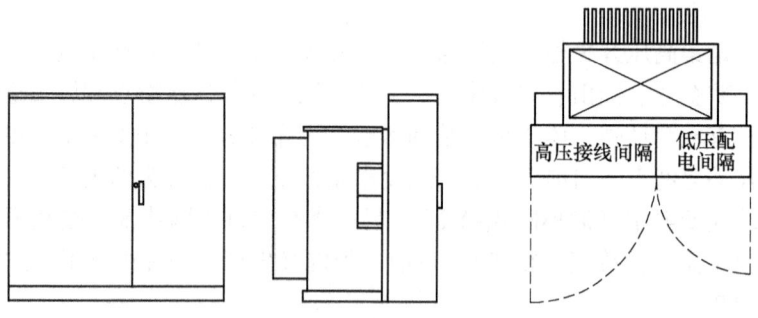

图 7-6 组合式变压器的外形及平面布置

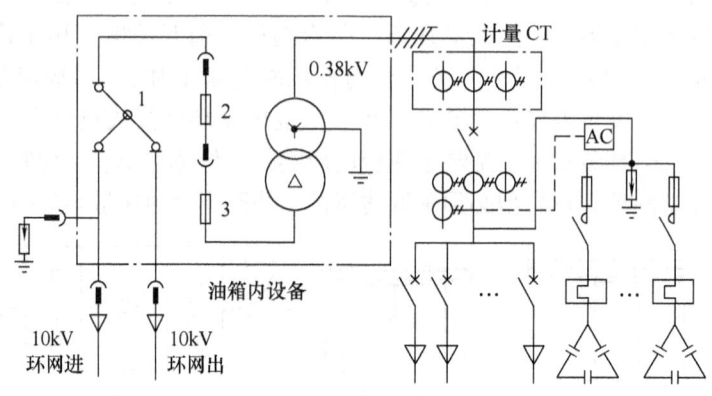

图 7-7 组合式变压器环网接线典型方案

负荷开关采用环网形 4 工位旋转操作，可将变压器由环网电源供电，或由电源 1 供电，或由电源 2 供电，或从电网中隔离开来。变压器由插入式熔断器和后备熔断器串联起来提供保护。插入式熔断器采用双敏熔丝，在二次侧发生短路故障、过负荷及油温过高时熔断，后备熔断器仅在变压器内部故障时发生动作。高压插入式电缆终端的带电部分被密封在绝缘体内，在双通护套上安装有复合绝缘金属氧化锌避雷器，以保护变压器免受雷电过电压波的危害。由于低压间隔较小，一般不采用成套配电装置，而是直接在间隔面板上安装低压塑料外壳式断路器和无功补偿电器，以及控制电器和监测仪表。为防止熔断器一相熔断造成变压器断相运行，可在低压侧加装智能欠电压控制器，在低压母线出现不正常电压时，作用于低压断路器分励脱扣切断电源，保证安全供电。图 7-8 为箱式变电站实例图。

图 7-8 箱式变电站实例图

7.5 高层建筑低压配电系统

高层建筑低压配电系统多为 220/380V 系统，主要有动力线路和照明线路。根据供电负荷的要求，低压配电系统首先应满足用电负荷对供电可靠性的要求，满足用电设备对电能质量的要求，其次应力求接线简单，操作方便、安全，具有一定的灵活性，并能适应用电负荷的发展需要。

7.5.1 低压配电系统的接线方式

民用建筑低压配电线路的接线方式主要有放射式、树干式和环形三种，应根据用电负荷的特点、实际分布及供电要求，在线路设计中，按照安全、可靠、经济、合理的原则进行优化组合。

1) 在高层建筑中，为了便于维修，高层建筑宜分层设置配电箱，每套房间宜有独立的电源开关。对于容量较大或较重要的负荷宜从低压配电室放射式配电，向各层配电间或配电箱配电宜采用树干式或分区树干式配电。

2) 在高层民用建筑配电系统中，应将照明与电力负荷分成不同配电系统；消防及其他防灾用电设施的配电宜自成体系。单相用电设备应适当配置，力求达到三相负荷平衡。

3) 电梯供电的可靠性要求相对较高，因此尽管电梯容量不大，亦宜采用一回路供一台电梯的接线方式。对于大型消防泵、生活水泵和中央空调的冷冻机组，一是供电可靠性要求高，二是单台机组容量较大，因此也应从低压配电屏以放射式专线供电。对于楼层用电量较大的大厦，有的也采用一回路供一层楼的放射式供电方案。

4) 对于居住小区配电应合理采用放射式和树干式两者相结合的方式。为提高小区配电系统的供电可靠性，亦可采用环形供电方式。

5) 高层建筑低压配电系统的设计应满足计量、维护管理、供电安全和可靠的要求。多层住宅的低压配电系统及计量方式可采用以下的配电方式：①单元总配电箱设于首层，内设总计量表、层配电箱内设分户表，总配电箱至分层配电箱采用树干式配电方式，层配电箱至各户采用放射式配电方式；②单元不设总计量表，只在分层配电箱内设分户表，其配电方式同①；③分户计量表全部集中在首层（或中间某层）电表间内，配电支线以放射式配电至各（层）户。

图 7-9 是高层建筑中低压配电的典型接线方案。其中图 7-9a 是分区树干式（链式）接线，每回干线配电给几层楼。图 7-9b 是在图 7-9a 的基础上增加了一回备用干线，以提高供电可靠性。图 7-9c 是每回干线末端各增设了一配电箱。图 7-9d 则是采用电气竖井内的母线配电，各层配电箱均装在竖井内，适于楼层多、负荷大的大型商务楼。

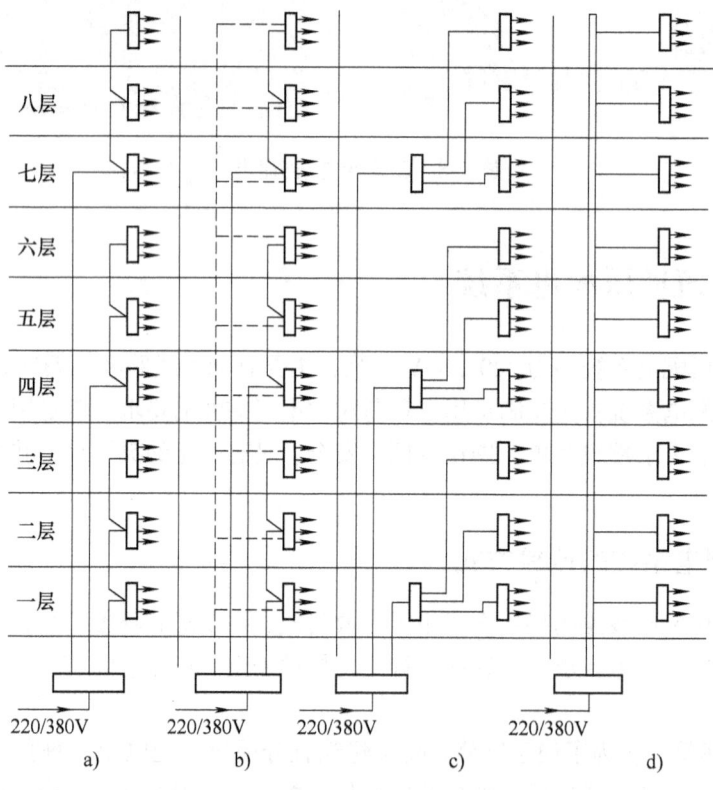

图 7-9 高层建筑低压配电典型接线方案

[**例 7-2**] 某高层住宅楼地下 1 层，地上 24 层，屋顶局部机房层。用电负荷有：居民住宅用电、公共照明，地下室设有生活水泵、消防水泵、水处理设备，屋顶机房设有电梯、机房照明及空调器，大楼景观照明等，由设置在 1 层的 10/0.38kV 变电所配电。其中，住宅公共照明、生活水泵、消防水泵、电梯等为二级负荷，其余为三级负荷。试设计该高层住宅楼的低压配电系统接线图。

解：设计高层住宅的低压配电系统时，应将照明、电力、消防及其他防灾用电负荷分别自成系统，以便控制、管理及计量。

住宅用电为三级负荷，每层设置 1 只电能表箱，共 24 只。由于其负荷容量较大，采用分区树干式配电，每 6 层为一树干式配电区域，从变电所低压柜共配出 4 路干线。

住宅公共照明为二级负荷，每层设置 1 只公共照明配电箱，共 24 只。公共照明包括楼梯、通道照明及疏散指示标志等，负荷容量小，采用分区树干式配电，每 12 层为一树干式配电区域。由于负荷重要，故由设置在一层的双电源自动切换配电箱配电。双电源自动切换配电箱的两路电源分别引自变电所低压侧两段母线。

消防水泵、电梯、生活水泵为二级负荷,容量集中,就地设置双电源自动切换配电箱及控制箱,由变电所低压柜采用双回路放射式配电,在末端配电箱进行双电源自动切换。

水处理设备、大楼景观照明为三级负荷,容量集中,采用单回路放射式配电,便于控制。

屋顶机房照明容量小,但负荷重要,故接入公共照明配电线路中。屋顶机房空调为三级负荷,故接入住宅用电配电线路中。

该高层住宅楼的低压配电系统接线图如图 7-10 所示。

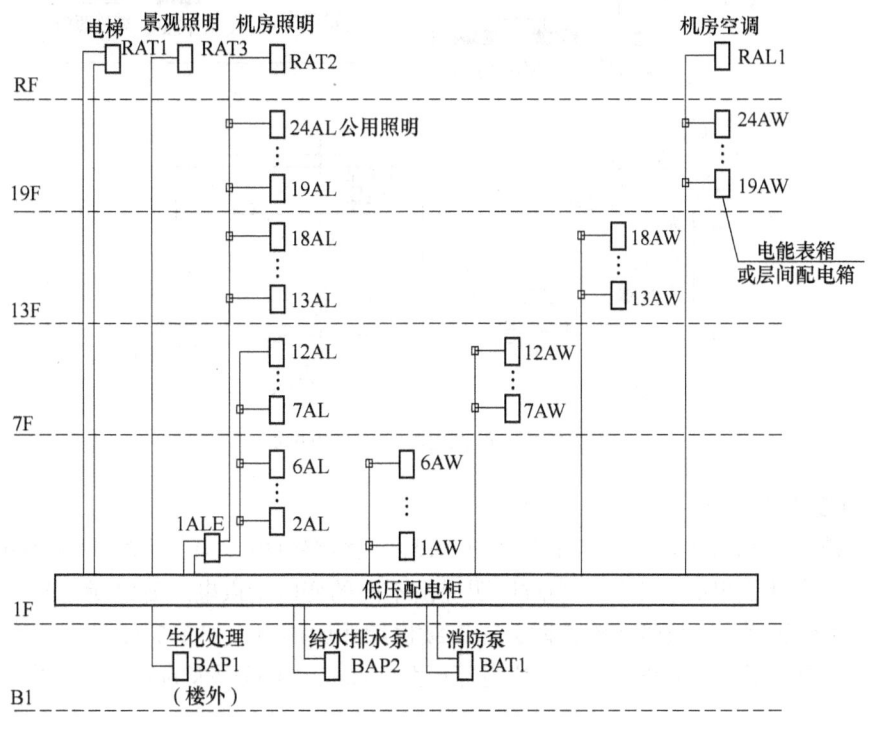

图 7-10 某高层住宅楼的低压配电系统接线图

7.5.2 照明供电系统

建筑内电气照明按用途分有正常照明、应急照明、值班照明、警卫照明和障碍照明等。我国照明一般采用 220/380V 三相四线(或三相五线)中性点直接接地的交流配电系统供电。具体的供电方式与照明工作场所的重要程度、负荷等级有关,分别叙述如下:

1. 一般工作场所

照明负荷可由一个单变压器的变电所供电。工作照明和疏散用事故照明应从变电所低压电屏(见图 7-11a)或从厂房、建筑物入口处分开(见图 7-11b)供电。

当动力与照明合用且采用"变压器—干线"式供电时,工作照明和疏散用事故照明电源宜接在变压器低压侧总开关之前(见图 7-11c)。

当厂房或建筑物为动力与照明合用供电线路时,工作照明和疏散用事故照明应从厂房或建筑物电源入口处分开供电(见图 7-11d)。

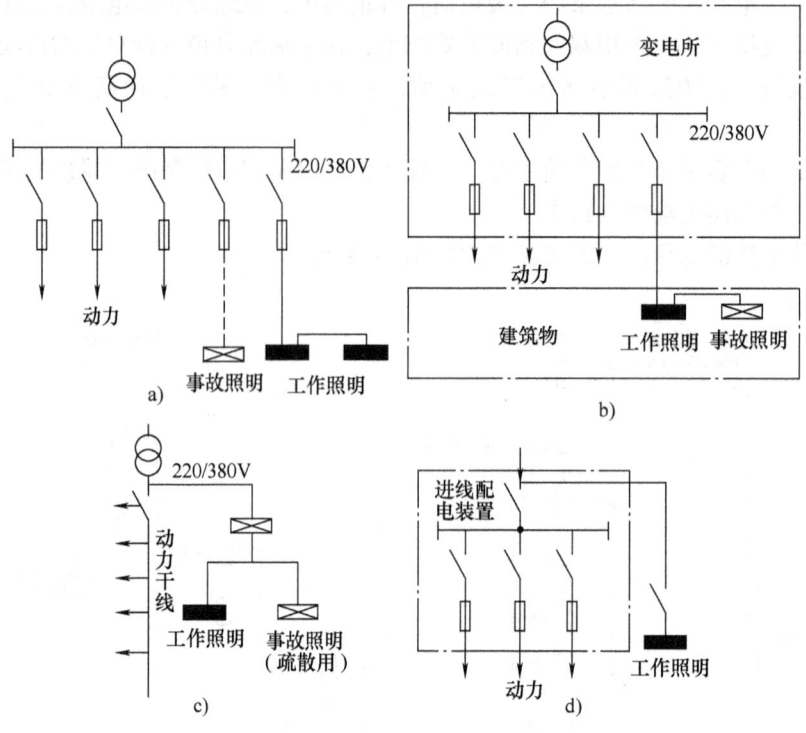

图 7-11 一般供电场所的供电网路

2. 较重要工作场所

照明负荷一般都采用在单台变压器高压侧设两回线路供电。当工作场所的照明由一个以上单变压器变电所供电时,工作和事故照明应由不同的变电所供电。变电所之间宜装设低压联络线,以备变压器出现故障或维修时,能继续供给照明用电,如图 7-12 所示。事故照明电源也可采用蓄电池组、柴油或汽油发电机组等小型电源或由附近引来的另一电源线路供电。

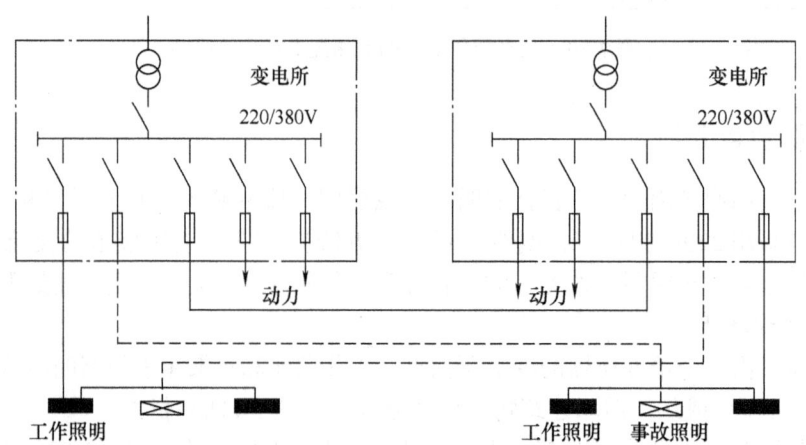

图 7-12 较重要工作场所的供电网路

3. 重要工作场所

照明负荷的电源可引自一个以上单变压器变电所,且各变压器的电源是互相独立的,如

图 7-13 所示。也可引自双变压器变电所,但两台变压器的电源为独立的。

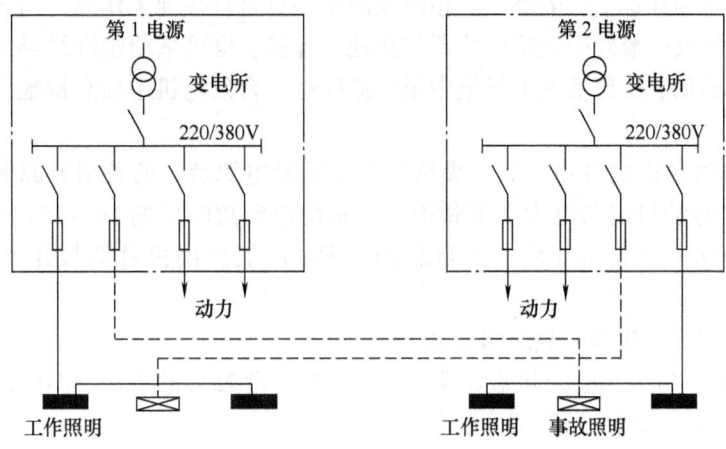

图 7-13　重要照明负荷的供电网路

7.6　自备应急柴油发电机组

在高层建筑供配电系统设计中,为满足供电可靠性要求,一般都要求两路以上的电源进线,并设有自备应急发电机组作为第三方电源,以便当外部电网中断供电时,一方面能保证停电期间消防用电的需要,同时也能使大厦的基本秩序得以维持。最常用的自备应急电源是柴油发电机组。

7.6.1　应急柴油发电机组的供电范围

自备应急柴油发电机组的发电机输出电压一般为 400/230V,其供电范围一般包括以下负荷：
1) 消防设备用电。
2) 楼梯及客房走道照明用电的 50%。
3) 重要场所的动力、照明、空调用电。
4) 电梯设备、生活水泵。
5) 冷冻室及冷藏室的有关用电。
6) 中央控制室与经营管理电脑系统。
7) 保安、通信设施和航空障碍灯用电。
8) 重要的会议厅堂和演出场所用电。

自备应急柴油发电机组放置在靠近一级负荷或变配装置旁,一般设在地下室设备层内。

7.6.2　柴油发电机组的选用

自备柴油发电机组的容量一般按一级负荷的容量确定。对于一些重要的民用建筑,可按一级负荷和部分二级负荷来确定装机容量。发电机组通常选用 2 台,工程上其容量可按变压器容量的 10%～20% 考虑。

只有 1 台发电机组时，一般采用三相四线制中性点直接接地工作制。当多台机组并列运行时，发电机中性点一般经中性线电抗器与接地线连接，也可采用中性线经刀开关与接地线连接。在并列运行时，任何情况下机组中至少应保持一台发电机中性点接地，并按三相四线制工作方式。

当机组只作为允许短时停电的一级负荷及不间断电源装置的备用电源时，应采用自起动装置。而且自起动机组与电力系统联锁，在系统电源故障后的 10～15s 内便能自动起动并投入运行。如第一台机组连续 3 次自起动失败，应能发出报警信号并自动起动第二台机组。

单台发电机容量的选择一般应满足如下条件：

1）在柴油发电机组供电的起始阶段，由于它只能带 25% 的负荷，因此此时的供电应能满足应急负荷中自启动设备所需功率的总和。

2）在柴油发电机组稳定供电时，应能满足所有应急负荷的供电要求。

3）在起动单台大容量电动机或成组电动机时，应保证母线电压偏差不超过允许值。在全压起动电动机时，发电机母线电压不应低于额定电压的 80%；当无电梯负荷时，其母电压不应低于额定电压的 75%。

基本能力训练　建筑电气工程图

照明和动力电气工程图是建筑电气工程图最基本的图样之一，一般由系统图、平面图、安装图等图样组成。照明及动力电气工程图样应认真执行国家的相关规范与标准，采用国标规定的图例及符号，不同的地方应加以补充并注明，应当尽量简化图样、方便施工，既详细而又不繁琐地表示设计者的设计意图，图样中要主次分明，表达清晰、准确。

1. 照明和动力系统图

照明和动力系统图是用来表述照明及动力供配电的图样，一般仅用单线表示法绘制。图中应标出配电箱、开关、熔断器、导线和电缆的型号规格、保护管径、敷设方式，用电设备的名称、容量及配电方式等。

配电系统图的设计应根据具体的工程规模、负荷性质、用电容量等条件来确定。低压配电一般采用 220/380V 中性点直接接地系统，照明和动力回路宜分开设置。单相用电设备应均匀地分配到三相线路中，由单相负荷不平衡引起的中性线电流，对 Yyn0 接线的三相变压器，中性线电流不得超过低压绕组额定电流的 25%。其任一相电流在满载时不得超过额定电流值。

图 7-14 所示为某动力系统工程图，从图中可以得到以下信息：

图中标注的 VV22－1kV3×95＋1×50，是聚氯乙烯绝缘铠装铜芯电力电缆，1kV 电压等级，总开关为 DZ20Y 型断路器，4 极，整定电流为 150A，分支开关为 C45AD 型断路器，三极整定值分别为 50、25、20A，线路导线为 BV 型聚氯乙烯塑料铜芯导线，绝缘等级 500V，截面积分别为 16mm²、6mm²、4mm²，起动设备为 FPCS 型控制箱。电动机 3 台，分别为消防泵、喷淋泵、稳压泵。防火卷帘门电动机功率为 0.75kW，共 10 台，一个备用回路。

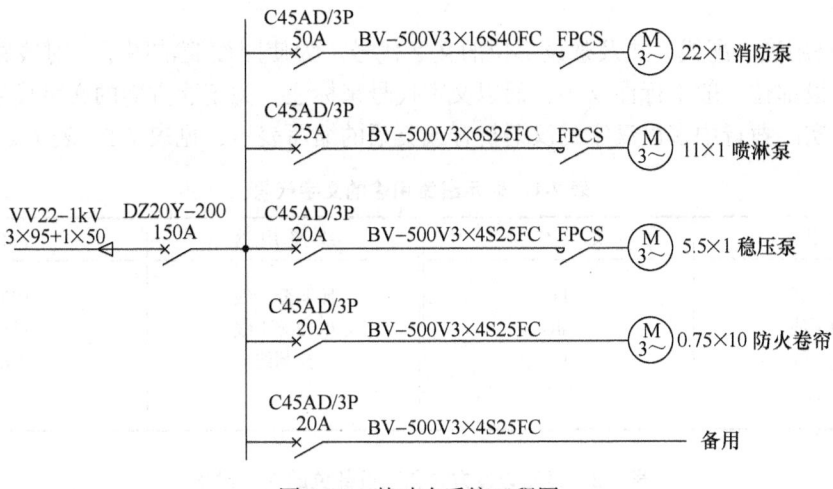

图 7-14 某动力系统工程图

图 7-15 所示为常用照明系统工程图。从图中标注可知,电源为单电源,进线为 BV 型塑料铜芯导线,绝缘等级为 500V,截面积为 10mm^2;总开关为 C45N 型断路器,单极,整定电流值为 32A,照明配电箱分 6 个回路,3 个照明回路,2 个插座回路,1 个备用回路,线路敷设方式均为 PVC 阻燃塑料管,在吊顶内敷设。

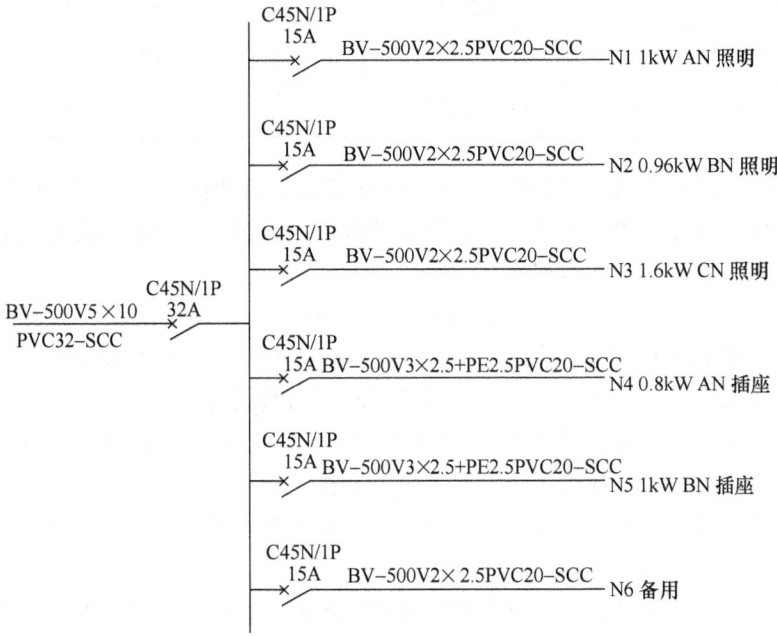

图 7-15 常用照明系统工程图

2. 照明和动力平面图

(1) 照明及动力平面图线路的表示方法 照明及动力线路在平面图采用图形符号与文字标注相结合的方法来表示出走向、导线的型号、规格、根数、用途、配线方式和敷设部位等。

1) 线路用途、配线方式及敷设部位的文字代号。为使图面简洁明了，对线路用途、配线方式及敷设部位一般不标注汉字，而以文字代号来标注。关于这方面的文字代号，国标中没有规定，实际执行中多以汉字的汉语拼音或英语的缩写表示，见表7-1、表7-2。

表7-1 表示线路用途的文字代号

线路用途	文字代号	线路用途	文字代号
配电干线	PG	照明分干线	MFG
照明干线	MG	电力分干线	LFG
动力干线	LG	控制线	KE
配电分干线	PFG		

表7-2 线路敷设方式和敷设部位的文字代号

线路敷设方式的文字代号				敷设部位的文字代号	
敷设方式	代号	敷设方式	代号	敷设方式	代号
明敷	M	用卡钉敷设	QD	沿梁下弦	L
暗敷	A	用槽板敷设	CB	沿柱	Z
用钢索辐射	S	穿焊接钢管敷设	G	沿墙	Q
用瓷瓶或瓷珠敷设	CP	穿电线管敷设	DG	沿顶棚	P
用瓷夹板或瓷卡敷设	CJ	穿塑料管敷设	VG	沿地板	D

2) 线路敷设文字代号标注格式。对于照明线路或动力线路在平面图上的编号、导线型号、规格、根数、敷设方式、管径、敷设部位等内容的表示，可以在线条旁直接标注一定的文字符号，文字符号标注的基本格式是

$$a—b—c \times d—e—f$$

式中，a 为线路编号或线路用途；b 为导线型号；c 为导线根数；d 为导线截面积（mm^2），不同截面积应分别标注；e 为配线方式和穿管管径；f 为敷设部位。

(2) 动力平面图 车间动力平面图是用图形符号和文字代号表示车间内各种动力设备平面布置、安装、接线的一种简图。主要表现电动机的型号、规格、安装位置；配电线路的敷设方式、路径、导线与根数、穿管类型及管径；动力配电箱的型号、规格、安装位置与标高；动力系统图；接线图。

在一个工程中，动力设备多布置在地坪或楼层地面上，供电线路多采用三相供电，配电方式一般采用穿管配线，因而动力平面图比照明平面图简单，但动力设备控制比照明设备的控制要复杂得多。图7-16为机械加工车间动力平面图。表7-3为机械加工车间主要用电设备清单。机械加工车间动力电源进线采用 BV 型聚氯乙烯绝缘导线，导线截面积为 $6mm^2$，4根，1根保护线，穿钢管在墙内暗敷，管径为 32mm。4个动力配电箱 AL1、AL2、AL3、AL4，型号为 XL-20。计算负荷 AL1、AL3 为 4.8kW，AL2、AL4 为 7.7kW，由动力配电箱至用电设备采用聚氯乙烯绝缘线，穿钢管沿地坪暗敷。

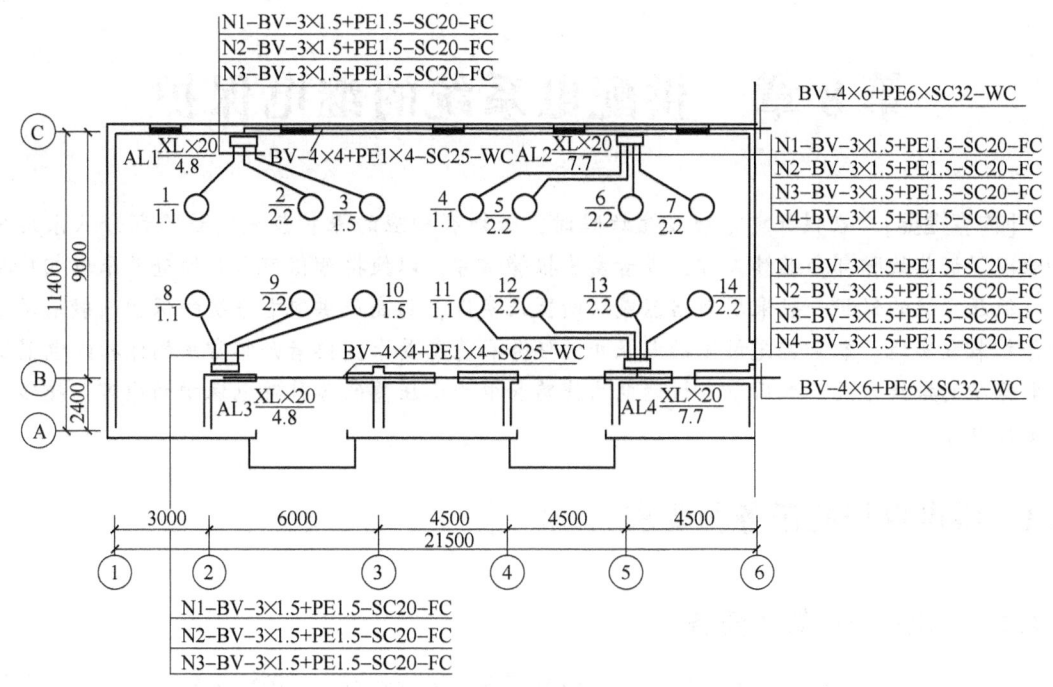

图 7-16 某机械加工车间动力平面图

表 7-3 机械加工车间主要用电设备

动力设备编号	动力设备名称	台　数	额定电压/V	相　数
1、8	麻床	2	380	3
2、9	台钻	2	380	3
3、10	砂轮机	2	380	3
4、11	车床	2	380	3
5、12	车床	2	380	3
6、7、13、14	电钻	4	380	3

思考题与习题

7-1 阐述建筑负荷的特点。

7-2 高层建筑常用的负荷计算方法有几种？各适用于什么场合？

7-3 用单位指标法估算负荷，其单位用电指标 P_e 由什么因素决定？

7-4 高层民用建筑变电所的典型主接线适用于几级负荷？供电电源如何保证？

7-5 阐述成套变电所的类型及特点。

7-6 对于不同的供电场所，照明供电方式如何保证？

7-7 柴油发电机组其容量选择应满足哪些条件？

7-8 某低压线路表示为 BV- 500-(3×95 + 1× 50 + PE50)-SC70，其中各符号和数字各代表什么含义？

7-9 绘制配电系统图和电气平面图各应注意什么？系统图上的线路绘制与平面图上的线路绘制有什么不同之处？

第 8 章　供配电系统的继电保护

[内容提要]　在供配电系统发生故障时，必须有相应的保护装置将故障部分从系统中切除以保证非故障部分继续工作，或者发出报警信号，以便提醒值班人员检查并采取相应措施。低压系统的保护一般采用断路器或熔断器来实现，而高压供配电系统的保护一般采用继电保护装置实现。本章首先讨论继电保护的任务和基本要求，接着介绍常用的保护继电器及继电保护的接线方式，然后重点讲述电力线路和电力变压器的各种继电保护的原理、接线及整定计算等。

8.1　继电保护的任务和要求

8.1.1　继电保护装置的任务

供配电系统在运行中，有可能发生故障或不正常运行状态。故障中最常见、危害最大的是各种类型的短路。短路可能产生大于额定电流几倍到几十倍的短路电流，致使故障设备损坏，系统电压降低，影响系统正常运行。供配电系统一旦发生故障，应尽快地将故障设备或线路从系统中切除，保证非故障部分继续安全运行，缩小事故影响范围，为此供配电系统中的主要电气设备及线路都要装设保护装置。其中广泛应用于高压供配电系统中的保护是继电保护。

继电保护泛指继电保护技术和继电保护装置构成的系统。其中，继电保护装置是由不同类型的继电器和逻辑元件按照一定的接线方式组合而成的实现元件或线路保护功能的装置。其保护的原理是：在分析电网发生故障或不正常运行状态下各种电气量或其他特征物理量变化规律的基础上，找出它们与正常运行状态之间的差别，然后制定出合理的保护动作判据。继电保护的基本任务概括为：

1）当被保护设备或线路发生故障时，保护装置能自动、迅速、有选择地将故障元件从电力系统切除，并保证该系统中非故障部分迅速恢复正常运行。

2）当线路及设备出现不正常运行状态时，保护装置能根据运行维护的具体条件和设备的承受的能力，发出信号、减负荷或延时跳闸。

为了确保系统的安全运行，除了装设继电保护装置外还应设置必要的自动装置，如自动重合闸及备用电源自动投入等装置，其任务是配合继电保护提高供电的可靠性。

8.1.2　继电保护的类型及构成

继电保护按照保护对象不同可分为线路保护、变压器保护、母线保护、电动机保护、电容器保护等；按保护故障类型分为相间短路保护、接地故障保护等；按照保护作用可分为主保护、后备保护、辅助保护等，其中主保护是指被保护元件内部发生各种短路故障时，以最快速度有选择地切除被保护线路和设备的保护；后备保护是指当主保护或断路器拒绝动作时，用以将故障切除的保护；辅助保护是指为了补充主保护和后备保护的不足而增设的简单保护。

供配电系统中各种不同类型的继电保护装置，尽管在结构上各不相同，但基本上是由测量比较、逻辑判断、执行输出三部分组成，如图 8-1 所示。各部分作用如下：

1）测量比较部分是用来测量被保护设备输入的有关信号，并和已给定的整定值进行比较判断以确定系统是否发生了短路故障或出现不正常运行情况；

2）逻辑判断部分的作用是当供配电系统发生故障时，根据测量比较环节的输出信号，进行逻辑判断，以确定保护是否应该动作，并向执行元件发出相应的信号；

3）执行输出部分的作用是根据逻辑判断部分传输的信号完成保护装置所负担的任务，发出切除故障的跳闸脉冲或指示不正常运行情况的信号。

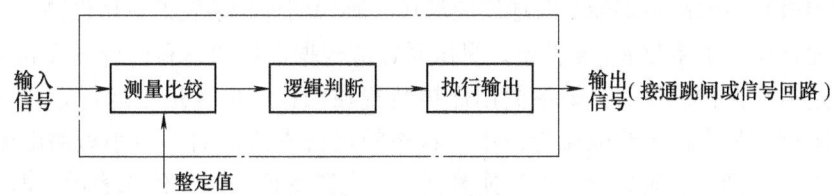

图 8-1 继电保护装置的原理结构图

8.1.3 对继电保护的基本要求

为了使继电保护装置能准确及时地完成上述保护任务，对于动作于跳闸的继电保护，在技术上一般应满足以下 4 个基本要求。

1. 选择性

选择性指的是当供配电系统发生故障时，离故障点最近的保护装置动作，切除故障，以保证无故障设备继续运行。例如，图 8-2 中当 k2 点短路时，按照选择性的要求，应由距短路点最近的保护装置 6 动作，使断路器 QF6 跳闸切除线路 CD，此时只有母线 D 停电。又如线路 WL1 上 k1 点发生短路，按照选择性的要求，应由保护装置 1 和 2 动作，并由断路器 QF1 和 QF2 跳闸切除故障线路 WL1，变电所 B 可由另一条无故障线路继续供电。此时若断路器 QF3 或 QF4 跳闸，则变电所 BC 及其供电的整个电网将停电，这种情况就称为非选择性动作。

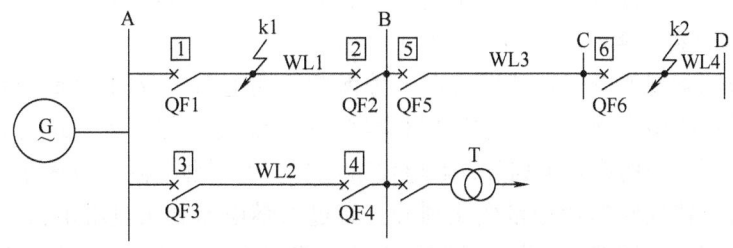

图 8-2 单侧电源网络中，保护选择性动作说明图

2. 速动性

速动性是指过电流保护装置的动作速度要快。快速切除故障可以提高供配电系统并列运行的稳定性；可以加速系统电压的恢复，为电动机自起动创造条件；可避免扩大事故，减轻故障组件的损坏程度。

故障切除时间等于继电保护动作时间与断路器跳闸时间（包括灭弧时间）之和。

在很多情况下，保护带有延时动作能够满足系统稳定性要求时，可采用带时限动作的简单保护。对于反应不正常工作状态的保护，一般无须要求迅速，而应按照选择性的要求，带延时发出信号。

3. 灵敏性

灵敏性是指保护对其保护范围内的故障或其不正常运行状态的反应能力。如果保护装置对其保护区内极轻微的故障都能及时地反应动作，则说明保护装置的灵敏性高。

灵敏性通常用灵敏系数 K_{sen} 来衡量。灵敏系数应根据常见的不利运行方式和不利的短路形式计算。过电流保护装置的灵敏系数用保护装置在保护区内为最小运行方式（指电力系统处于短路阻抗为最大而短路电流为最小的状态的运行方式）时的最小短路电流与保护装置一次动作电流（即保护装置动作电流换算到一次电路的值）的比值来表示，即

$$K_{sen} = \frac{I_{k.\min}}{I_{op.1}} \tag{8-1}$$

灵敏系数的要求均大于1，一般要求不小于1.2。

4. 可靠性

可靠性是指在规定的保护范围内发生故障时，保护装置应可靠动作，不应拒动。而在保护范围外发生故障以及在正常运行时，保护装置不应误动。保护装置的可靠程度，与保护装置的组件质量、接线方案以及安装、整定和运行维护等多种因素有关。

以上4项基本要求是研究继电保护的基础，它们之间既相互联系又相互矛盾，应根据电力系统接线和运行的特点及实际情况，合理地确定被保护线路及电气设备的保护方案。

8.2 常用的保护继电器及其接线方式

8.2.1 常用保护继电器

继电器是一种在其输入的物理量（电量或非电量）达到规定值时，其电气输出电路被接通（导通）或分断（阻断）的自动电器。

供配电系统的常规继电保护装置是由各种保护用继电器构成的。保护继电器的种类很多，按继电器的结构原理划分，有电磁式继电器、感应式继电器、数字式继电器和微机式继电器等；按继电器反映的物理量划分，有电流继电器、电压继电器、功率方向继电器和气体继电器等；按继电器反映的物理量变化划分，有过量继电器和欠量继电器，如过电流继电器、欠电压继电器等；按继电器在保护装置中的功能划分，有起动继电器、时间继电器、信号继电器和中间继电器等。常规继电保护中主要是采用电磁式继电器实现保护。本节仅介绍常用的电磁式继电器。

1. 电磁式电流继电器

电磁式电流继电器在继电保护装置中为启动组件,反应的是电流信号。使用时,电流继电器的线圈串联于被测电路中,根据电流的变化而动作。电磁式电流继电器的文字符号及图形符号如图8-3所示。电流继电器的继电特性如图8-4所示。图中,Y 表示开关触点状态,I 表示通入继电器线圈的电流。当继电器线圈通过的电流大于整定值时,继电器动作其输出常开触点闭合。电流继电器动作后,若减小线圈电流到一定值时,继电器返回初始位置,触点也相应返回。使继电器动作的最小电流,称为继电器的动作电流,用 I_{op} 表示。使继电器由动作状态返回到起始位置的最大电流,称为继电器的返回电流,用 I_{re} 表示。继电器的返回电流与动作电流的比值,称为继电器的返回系数,用 K_{re} 表示,即

$$K_{re} = \frac{I_{re}}{I_{op}} \tag{8-2}$$

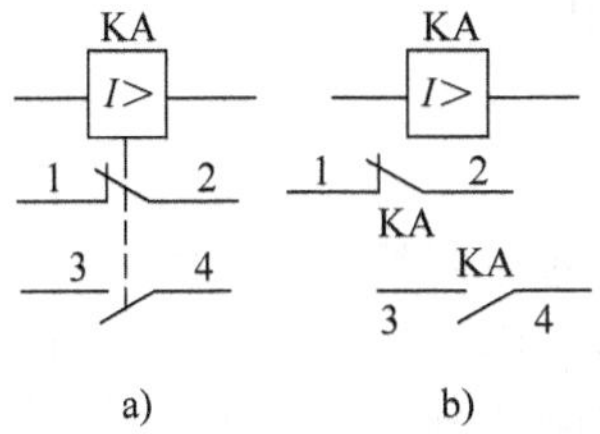

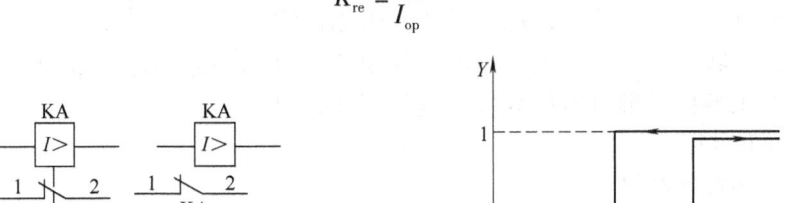

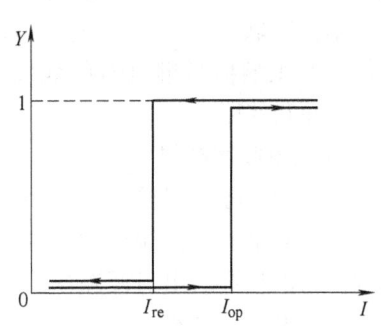

图8-3 电流继电器的文字符号及图形符号
　　a) 集中表示的图形　b) 分开表示的图形
KA1—2 动断(常闭)触点　KA3—4 动合(常开)触点

图8-4 电流继电器的继电特性

过电流继电器的 K_{re} 总小于1,一般为0.85。K_{re} 越接近于1,说明继电器越灵敏。

2. 电磁式电压继电器

电磁式电压继电器在保护电路中的作用与电磁式电流继电器基本相同,也为起动组件,反映的是电压信号。使用时电压继电器的线圈并接于被测电路,根据所接线路电压值的变化而处于吸合或释放状态。电压继电器的文字符号用KV表示,常用的有欠电压继电器和过电压继电器两种。

电路正常工作时,欠电压继电器吸合,当电路电压减小到某一整定值(30%～50%)U_N 以下时,欠电压继电器释放,对电路实现欠电压保护。电路正常工作时,过电压继电器不动作,当电路电压达到某一整定值(105%～120%)U_N 时,过电压继电器吸合,对电路实现过电压保护。

过电压继电器的返回系数小于1,通常为0.8;欠电压继电器返回系数大于1,一般为1.25。

3. 电磁式时间继电器

时间继电器在继电保护装置中用来使保护装置获得所要求的延时(时限)。时间继电器的文字符号及图形符号如图8-5所示。

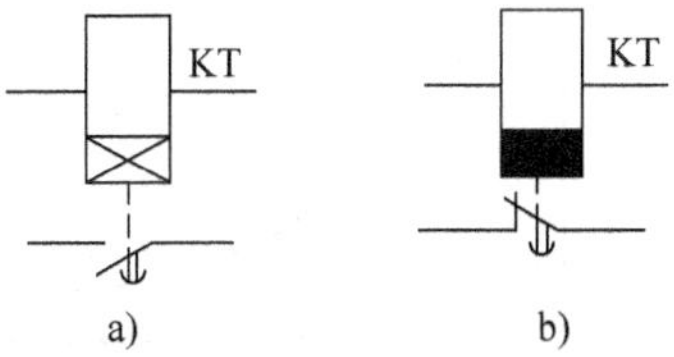

电磁型时间继电器的延时方式分为两种:

图8-5 时间继电器的图形符号
　a) 时间继电器的缓吸线圈及延时闭合触点
　b) 时间继电器的缓放线圈及延时断开触点

（1）通电延时　接收输入信号后延时一定的时间，输出信号才发生变化。当输入信号消失后，输出瞬时复原。

（2）断电延时　接收输入信号时，瞬时产生相应的输出信号。当输入信号消失后，延时一定的时间，输出才复原。

4. 电磁式信号继电器

信号继电器在保护装置中用来发出指示信号，以提醒值班人员注意。接通的回路可能是灯光信号，也可能是音响信号。信号继电器触点为自保持，应由值班人员手动复归或电动复归。信号继电器的文字符号及图形符号如图8-6所示。

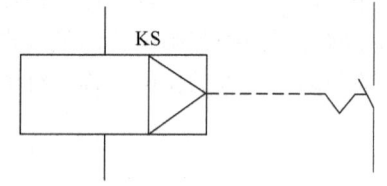

图 8-6　DX-11 型信号继电器的图形符号

供配电系统常用的 DX 型电磁式信号继电器有电流型和电压型两种。电流型信号继电器的线圈为电流线圈，阻抗小，串联在二次回路内，不影响其他二次组件的动作；电压型信号继电器的线圈为电压线圈，阻抗大，必须并联使用。

5. 电磁式中间继电器

中间继电器在继电保护装置中用作辅助继电器，起中间桥梁作用，以弥补主继电器触点数量和触点容量的不足。中间继电器通常在保护装置的出口回路中，用来接通断路器的跳闸线圈，所以又称出口继电器。

供配电系统中常用 DZ 型中间继电器，一般采用吸引衔铁结构，其工作原理与电流继电器基本相同。中间继电器文字符号及图形符号如图8-7所示。

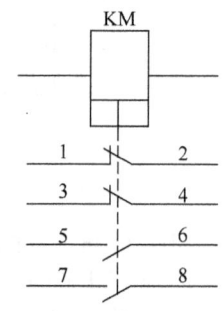

图 8-7　中间继电器的图形符号

6. 感应式电流继电器

感应式过电流继电器兼有上述电磁式电流继电器、时间继电器、信号继电器和中间继电器的功能。结构上包括反时限和定时限两种元件，常用来作为过电流保护兼速断保护。保护特性如图8-8所示，当继电器线圈中的电流大于反时限元件的动作值时，其动作时间与通入电流的二次方成反比，通入的电流越大，动作时间越短，如图中 abc 曲线。当继电器线圈电流进一步增大到定时限元件的动作电流时，触点立即发生切换，即具有电流速断特性，如图中 $bb'd$ 曲线。感应式电流继电器常用 GL 系列，其文字和图形符号如图8-9所示。

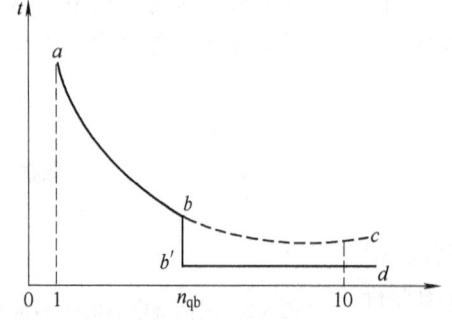

图 8-8　感应式电流继电器的动作特性曲线
t—动作时间　n—动作电流倍数

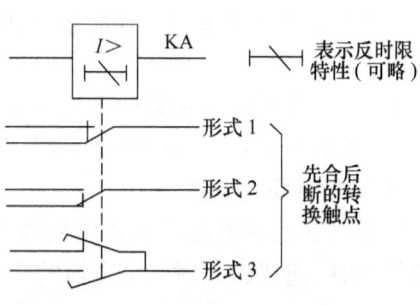

图 8-9　感应式电流继电器的图形符号

8.2.2 继电保护装置的接线方式

继电保护装置的接线方式指的是电流继电器与电流互感器之间的连接方式，为了表述继电器电流 I_{KA} 与电流互感器二次电流 I_2 的关系，引入接线系数 K_W

$$K_W = \frac{I_{KA}}{I_2} \tag{8-3}$$

1. 三相三继电器完全星形接线

图 8-10 为三相三继电器完全星形接线。在被保护线路的每一相上都装有电流互感器和电流继电器，三个电流继电器的触点并联，相当于逻辑回路中的或回路，任何一个电流继电器动作均可使下面的时间继电器或中间继电器动作。

这种接线方式对各种形式的短路都起保护作用。当发生任何形式的相间短路时，有两相流过短路电流，使两个继电器动作。在中性点直接接地系统中，发生单相接地时，有一相流过短路电流，对应相的继电器动作。此种接线方式的接线系数 $K_W = 1$。

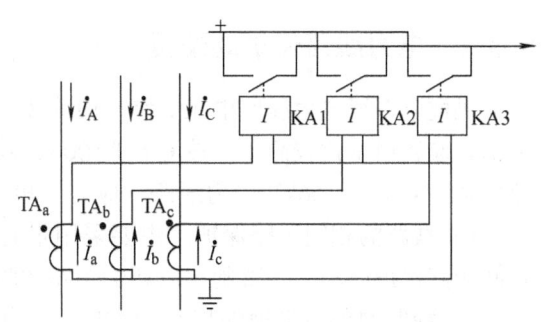

图 8-10 三相继电器完全星形接线

三相完全星形接线方式，具有使用设备多、接线复杂、投资大等缺点，但其灵敏度不会因故障类别不同而变化，故这种接线方式主要用于大接地电流系统电网的相间短路保护及发电机、变压器保护接线中。

2. 两相两继电器不完全星形接线

如图 8-11 所示，一般电流互感器与继电器都装在 A、C 两相上，它们反应 A 相和 C 相电流的变化，此种接线方式的接线系数 $K_W = 1$。由于两相两继电器不完全星形接线比三相三继电器完全星形联结减少了设备，节省了投资，且它能反应任意两相短路，因而在 6~35kV 小电流接地系统中得到了广泛的应用。

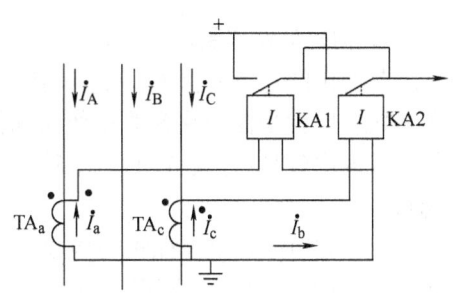

图 8-11 两相两继电器不完全星形接线

3. 两相一继电器电流差接线

如图 8-12 所示，流入继电器的电流等于 A、C 两相电流互感器二次电流之差，即 $\dot{I}_{KA} = |\dot{I}_a - \dot{I}_c|$。

在不同的短路类型下，流过继电器的电流与互感器二次电流有不同的关系，因此其接线系数也不同。正常运行和三相短路时，流入继电器的电流为电流互感器二次电流的 $\sqrt{3}$ 倍，其接线系数 $K_W = \sqrt{3}$。当 A、C 两相短路时，流入继电器的电流为互感器二次电流的 2 倍，故 $K_W = 2$。当 A、B 或 B、C 两相短路时，流入继电器的

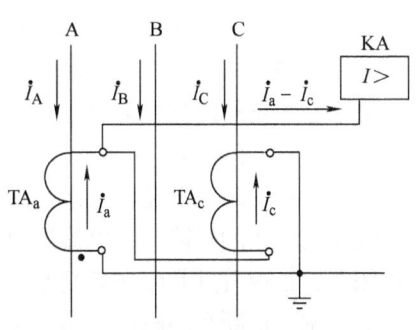

图 8-12 两相一继电器式接线

电流为互感器的二次电流,其接线系数 $K_W = 1$。

可见,两相一继电器式接线能反应各种相间短路故障,但保护灵敏度有所不同,有的甚至相差一倍,因此不如两相两继电器式接线。但它少用一个继电器,较为简单经济。这种接线主要用于高压电动机保护。

8.3 高压电力线路的继电保护

8.3.1 电力线路保护的配置

供配电系统电力线路电压等级一般为 3~66kV,由于线路较短,容量不是很大,因此继电保护装置通常比较简单。按 GB/T 50062—2008《电力装置的继电保护和自动装置设计规范》规定:对 3~66kV 电力线路,应装设相间短路保护、单相接地保护和过负荷保护。

1) 线路的相间短路保护,主要采用带时限的过电流保护和瞬时动作的电流速断保护。相间短路保护应动作于跳闸,以切除短路故障。

2) 线路的单相接地保护有两种方式:①绝缘监视装置,装设在变配电所的高压母线上,动作于信号;②有选择性的单相接地保护(亦称零序电流保护),一般动作于信号,但当单相接地危及人身和设备安全时,则应动作于跳闸。

3) 对可能过负荷的电缆线路或电缆架空混合线路,应装设过负荷保护。保护装置宜带时限动作于信号,当危及设备安全时,可动作于跳闸。

8.3.2 带时限过电流保护的构成与动作原理

1. 构成与动作原理

带时限的过电流保护,按其动作时间特性分为定时限过电流保护和反时限过电流保护两种。定时限就是保护装置的动作时间是按整定的动作时间固定不变的,与故障电流大小无关;反时限就是保护装置的动作时间与故障电流大小成反比关系,故障电流越大,动作时间越短。

(1) 定时限过电流保护的构成与动作原理 定时限过电流保护装置的原理电路如图8-13所示,其中图8-13a 为原理电路图,图8-13b 为展开式原理电路图(展开图)。

当线路过电流保护范围内发生相间短路时,电流继电器 KA 瞬时动作,触点闭合,接通时间继电器 KT,经过整定的时限后,其延时触点闭合,使串联的信号继电器(电流型)KS 和中间继电器 KM 动作。KS 动作后,其指示牌掉下或指示灯亮,同时接通信号回路,给出灯光信号和音响信号。KM 动作后,接通跳闸线圈 YR 回路,使断路器 QF 跳闸,切除短路故障。在短路故障被切除后,继电保护装置除 KS 外的其他所有继电器均自动返回起始状态,而 KS 可手动或电动复位。

(2) 反时限过电流保护的构成与动作原理 图8-14 为反时限过电流保护的原理电路图。当线路发生相间短路时,电流继电器 KA 动作,经过一定延时后(反时限特性),其常开触点闭合,紧接着其常闭触点断开(先合后断转换触点)。这时断路器因其跳闸线圈 YR 去分流而跳闸,切断短路故障部分。在感应式电流继电器去分流跳闸的同时,其信号牌自动掉下,指示保护装置已经动作。在短路故障被切除后,继电器自动返回。其信号牌可手动恢复。

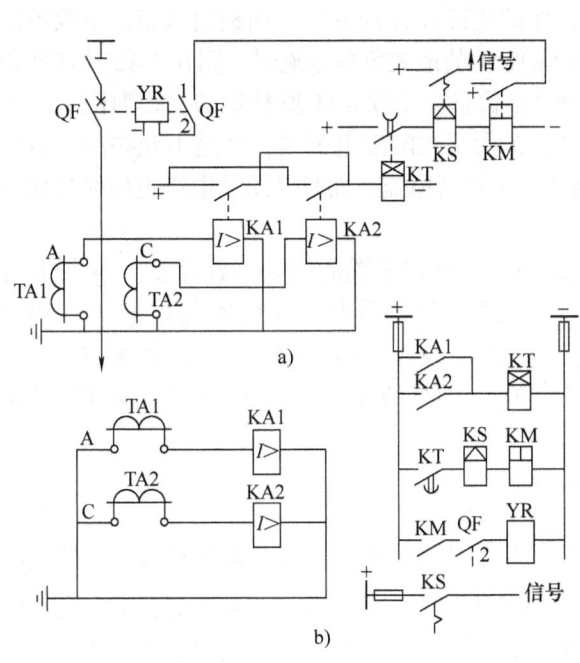

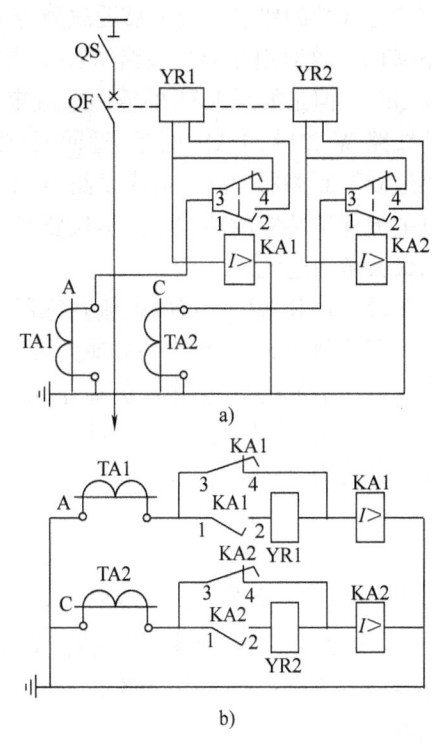

图 8-13 定时限过电流保护的原理电路图
a）接线图（按集中表示绘制）　b）展开图（按分开表示法绘制）
QF—断路器　KT—时间继电器（DS 型）　KS—信号继电器（DX 型）
KM—中间继电器（DZ 型）　YR—跳闸线圈

图 8-14 反时限过电流保护的原理电路图
a）接线图（按集中表示绘制）
b）展开图（按分开表示绘制）
QF—断路器　TA—电流互感器
KA—电流继电器　YR—跳闸线圈

2. 过电流保护动作电流的整定

带时限过电流保护（含定时限和反时限）的动作电流 I_{op} 整定原则如下：

1）动作电流 I_{op} 应躲过被保护线路的最大负荷电流（包括正常过负荷电流和尖峰电流），以免在 $I_{L\,max}$ 通过时使保护装置误动作。

2）保护装置的返回电流 I_{re} 也应躲过被保护线路的最大负荷电流 $I_{L\,max}$，否则保护装置还可能发生误动作。以图 8-15 为例说明这一点。

假设线路 WL2 的首端 k 点发生相间短路，由于短路电流远大

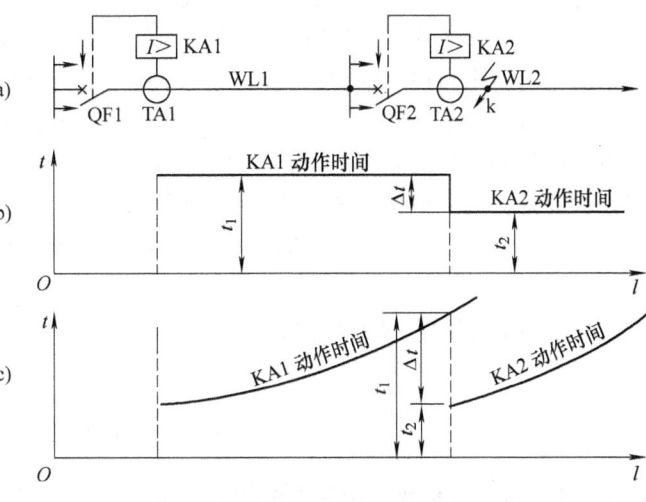

图 8-15 线路过电流保护整定说明图
a）电路　b）定时限过电流保护的时限整定说明
c）反时限过电流保护的时限整定说明

于线路上的所有负荷电流，所以沿线路的过电流保护装置包括 KA1、KA2 均要动作。按照保护选择性的要求，应是靠近故障点 k 的保护装置 KA2 首先动作，断开 QF2，切除故障线路 WL2。这时由于故障线路 WL2 已被切除，保护装置 KA1 应立即返回起始状态，不致再断开 QF1。但是如果 KA1 的返回电流未躲过线路 WL1 的最大负荷电流时，则在 KA2 动作并断开线路 WL2 后，KA1 可能不返回而继续保持动作状态，经过 KA1 所整定的动作时限后，错误地断开断路器 QF1，造成线路 WL1 也停电，扩大了故障停电范围，这是不允许的。所以过电流保护装置的动作电流不仅要躲过线路的最大负荷电流，而且其返回电流也应躲过线路的最大负荷电流。

设保护装置所连接的电流互感器的电流比为 K_i，保护装置的接线系数为 K_W，保护装置的返回系数为 K_{re}，则线路的最大负荷电流 $I_{L.max}$ 换算到继电器中的电流为 $K_W I_{L.max}/K_i$。由于要求返回电流也躲过最大负荷电流，即 $I_{re} > K_W I_{L.max}/K_i$。而 $I_{re} = K_{re} I_{op}$，因此 $K_{re} I_{op} > K_W I_{L.max}/K_i$。将此式写成等式，计入一个可靠系数 K_{rel}，即得到过电流保护装置动作电流的整定计算公式为

$$I_{op} = \frac{K_{rel} K_W}{K_{re} K_i} I_{L.max} \tag{8-4}$$

式中，K_{rel} 为可靠系数，一般取 1.2~1.3；K_W 为保护装置的接线系数，对两相两继电器接线为 1，对两相一继电器接线为 $\sqrt{3}$；K_{re} 为继电器的返回系数，一般取 0.8~0.85；K_i 为电流互感器的电流比；$I_{L.max}$ 为线路上的最大负荷电流，可取为 $(1.5~3) I_{30}$，I_{30} 为线路的计算电流。

3. 过电流保护动作时限的整定

过电流保护的动作时间应按"阶梯原则"整定，以保证前后两级保护装置选择性，也就是后一级线路首端（见图 8-15a 中 WL2 上的 k 点）发生短路时，前一装置的动作时间 t_1 应比后一级保护中最长的动作时间 t_2 都要大一个时间级差 Δt，如图 8-15b、c 所示，即

$$t_1 \geq t_2 + \Delta t \tag{8-5}$$

这一时间级差 Δt，应考虑到前一级保护动作时间 t_1 可能发生的负偏差（即提前动作）Δt_1，考虑后一级保护动作时间 t_2 可能发生的正偏差（即延后动作）Δt_2 等误差时间的影响。

对于定时限过电流保护，可取 $\Delta t = 0.5s$；对于反时限过电流保护，可取 $\Delta t = 0.7s$。

定时限过电流保护的动作时间，可利用时间继电器来整定，整定起来简单方便。反时限过电流保护的动作时间要根据前后两级保护的电流继电器的动作特性曲线来整定。为满足选择性的要求，后一级保护装置所保护范围内任何地方发生时，前一级保护的实际动作时间至少要比后一级保护的实际动作时间长 0.7s。这就要求前后两级反时限电流继电器的动作特性要配合良好。

4. 过电流保护的灵敏性校验

灵敏系数的校验公式

$$K_{sen} = \frac{I^{(2)}_{k.min}}{I_{op1}} \tag{8-6}$$

式中，K_{sen} 为灵敏系数，作为主保护要求 $K_{sen} \geq 1.5$，作为后备保护要求 $K_{sen} \geq 1.2$；$I^{(2)}_{k.min}$ 为作为主保护时采用最小运行方式下本线路末端两相短路时的短路电流；作为相邻线路的后备保护时，应采用在最小运行方式下相邻线路末端两相短路时的短路电流。而 $I_{op.1} = I_{op} K_i / K_W$ 为

一次侧线路的动作电流。

5. 定时限过电流保护与反时限过电流保护比较

定时限过电流保护的优点是：保护装置的动作时间不受短路电流大小的影响，动作时限比较准确，整定计算简单；缺点是所需继电器数量较多，接线复杂，且需直流操作电源，靠近电源处的保护装置动作时限较长。

反时限过电流保护的优点是：继电器数量大为减少，而且可同时实现电流速断保护，因而投资少，接线简单，适于交流操作；缺点是动作时限的整定比较麻烦，继电器动作的误差较大，当短路电流较小时，其动作时间较长。

8.3.3 电流速断保护

过电流保护装置是按躲过线路最大负荷电流整定其动作电流，其保护范围可延伸到下一条线路，越靠近电源处发生短路时，其动作时间越长，而短路电流值却是越靠近电源越大，危害也越严重，因而规定，当过电流保护的动作时限超过 0.5 或 0.7s 时，应装设电流速断保护，它是一种瞬时动作的过电流保护。

1. 电流速断保护的组成及速断电流的整定

线路上同时装有定时限过电流保护和电流速断保护电路图如图 8-16 所示，其中 KA1、KA2 与 KT、KS1、KM 组成定时限过电流保护，而 KA3、KA4 与 KS2、KM 组成电流速断保护。当电流速断保护范围内出现故障时，电流继电器启动后，启动信号继电器和中间继电器，最后由中间继电器的触点接通继电器的跳闸回路。如果采用 GL 系列电流继电器，则利用该继电器的电磁元件来实现电流速断保护，而其感应组件则用来作反时限过电流保护。

如图 8-17 所示，前一段线路 L1 末端 k1 点的三相短路电流，实际上与后一段线路 L2 首端 k2 点的三相短路电流是近乎相等的（因两点之间距离很短）。为了避免在后一级线路首端发生三相短路时前一级速断保护误动作的可能性，电流速断保护的动作电流 I_{qb}，应躲过它所保护线路末端的最大三相短路电流 $I_{k.min}$ 来整定，即 $I_{qb1} > I_{k.max}$。继电器的动作电流为

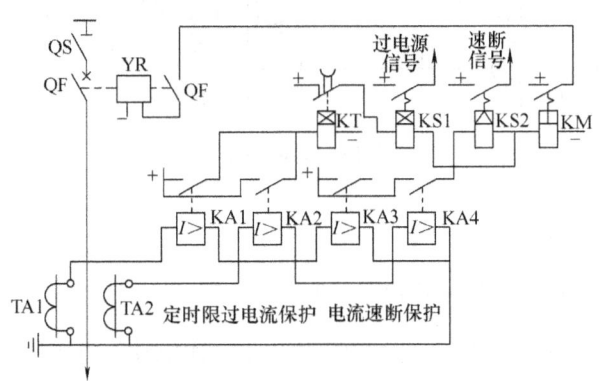

图 8-16 线路上同时装有定时限过电流
保护和电流速断保护电路图

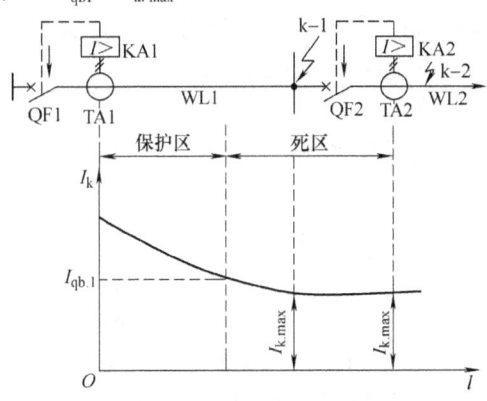

图 8-17 线路电流速断保护的动作电流整定
及其保护区和死区说明图

$I_{k.max}$ —前一级保护躲过的最大短路电流
$I_{qb.1}$ —前一级保护整定的一次动作电流

$$I_{qb} = \frac{K_{rel}K_W}{K_i}I_{k.max} \tag{8-7}$$

式中，K_{rel} 为可靠系数，对定时限保护取 1.2~1.3，对反时限保护取 1.8~2。

2. 电流速断保护的"死区"及其弥补

由于电流速断保护的动作电流躲过了线路末端的最大短路电流，因此在靠近末端的相当长一段线路上发生的不一定是最大短路电流的短路（例如两相短路）时，电流速断保护不会动作。这说明，电流速断保护不可能保护线路的全长。这种保护装置不能保护的区域，叫作死区。

为了弥补死区得不到保护的缺陷，凡是装设有电流速断保护的线路，必须配备带时限的过电流保护。过电流保护的动作时间比电流速断保护至少长一个时间级差 $\Delta t = 0.5 \sim 0.7s$，而且前后的过电流保护的动作时间又要符合"阶梯原则"，以保证选择性。

在电流速断保护的保护区内，速断保护作为主保护，过电流保护作为后备保护；而在电流速断保护的死区内，则过电流保护为基本保护。

3. 电流速断保护的灵敏度

电流速断保护的灵敏度，应按安装处（即线路首端）在系统最小运行方式下的两相短路电流作为最小短路电流来检验。因此电流速断保护的灵敏度必须满足的条件为

$$K_{sen} = \frac{K_W I_k^{(2)}}{K_i I_{qb}} \geq 1.5 \tag{8-8}$$

式中，$I_k^{(2)}$ 为保护安装处（即线路首端）在系统最小运行方式下的两相短路电流；I_{qb} 为电流速断保护继电器动作电流值。

[**例 8-1**] 供电线路如图 8-18 所示，试整定线路 WL1 的定时限过电流和速断电流保护。已知 TA1 的电流比为 750/5A，线路最大负荷电流为 670A，保护采用两相两继电器接线，线路 WL2 定时限过电流保护的动作时限为 0.7s，最大运行方式时 k_1 点三相短路电流为 4kA，k_2 点三相短路电流为 2.5A，最小运行方式时，k_1 和 k_2 点三相短路电流分别为 3.2kA 和 2kA。已知线路 WL1 首端最小三相短路电流为 9.2kA。

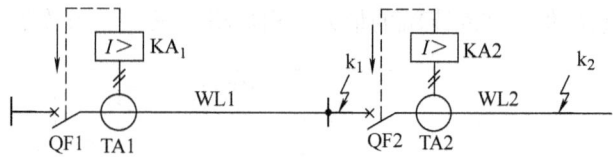

图 8-18 例 8-1 图

解：

1. 整定线路 WL1 的定时限过电流保护

（1）整定动作电流为

$$I_{op.KA} = \frac{K_{rel}}{K_{re}}\frac{K_W}{K_i}I_{L.max} = \frac{1.2 \times 1.0}{0.85 \times 150} \times 670A = 6.3A$$

选 DL-11/10 电流继电器，线圈并联，整定电流为 7A，即过电流继电器二次侧动作电流。

（2）整定动作时限

线路 WL1 定时限过电流保护的动作时限应较线路 WL2 定时限过电流保护动作时限大一个时限级差 Δt，即

$$t_1 = t_2 + \Delta t$$
$$= 0.7s + 0.5s = 1.2s$$

(3) 检验保护灵敏度

保护线路 WL1 的灵敏度，按线路 WL1 末端最小两相短路电流校验

$$I_{op1} = \frac{I_{opkA} \cdot K_i}{K_W} = 7 \times 150 = 1050A$$

$$K_{sen} = \frac{I_{K.min}^{(2)}}{I_{op1}} = \frac{0.87 \times 3.2}{1.05} = 2.65 > 1.25$$

保护线路 WL2 的后备保护灵敏度，按线路 WL2 末端最小两相短路电流校验

$$K_{sen} = \frac{I_{K.min}^{(2)}}{I_{op1}} = \frac{0.87 \times 2}{1.05} = 1.66 > 1.25$$

可见，保护定时限过电流保护整定满足灵敏度要求。

2. 整定线路 WL1 的电流速断保护

(1) 整定动作电流

$$I_{qb.KA} = \frac{K_{rel}K_W}{K_i}I_{K.max}^{(3)} = \frac{1.3 \times 1.0}{150} \times 4000A = 34.7A$$

选 DL-11/50 电流继电器，线圈并联，整定电流为 35A。

速断保护一次侧动作电流

$$I_{qb1} = \frac{K_i}{K_W}I_{op.KA} = \frac{150}{1.0} \times 35A = 5250A$$

(2) 灵敏度校验

以线路 WL1 的首端最小短路电流校验，即

$$K_{sen} = \frac{I_{K.min}^{(2)}}{I_{qb1}} = \frac{0.87 \times 9.2 \times 1000}{5250} = 1.52 \geqslant 1.5$$

可见，电流速断保护的整定满足灵敏度要求。

8.3.4 单相接地保护

当小电流接地系统发生单相接地时，只有很小的接地电容电流，但线电压仍然是对称的。由于非故障相的对地电压要升高为原来对地电压的 $\sqrt{3}$ 倍，因此对线路绝缘是一种威胁，如果长此下去，可能引起非故障相的对地绝缘击穿而导致两相接地短路，这将引起开关跳闸，线路停电。因此，在系统发生单相接地故障时，必须通过无选择性的绝缘监视装置或有选择性的单相接地保护装置，发出报警信号，以便运行值班人员及时发现和处理。

1. 绝缘监视装置

接地监视装置由 Yynd 联结的三个单相三绕组电压互感器或一个三相五芯柱三绕组电压互感器和接地监视电压继电器等组成，如图 8-19 所示。接地监视装置装设在变配电所的母线上。当系统发生单相接地故障时，开口三角形端将

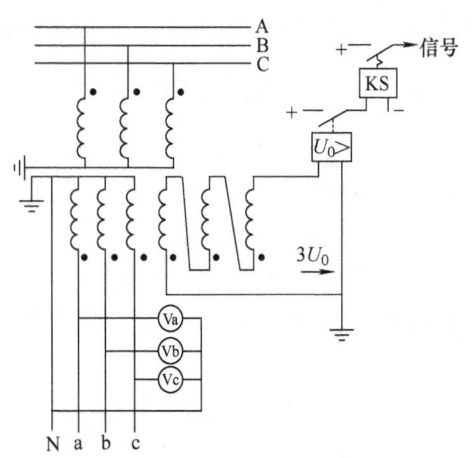

图 8-19 绝缘监视装置原理接线

出现将近100V的零序电压,使过电压继电器动作,启动中央信号回路的电铃和光字牌即可反映出电网上发生了单相接地故障。值班人员根据这个信号结合电压表的指示,可以判定接地的相别。

接地监视装置简单经济,但没有选择性。在出线回路数不多,线路又不是特别重要或装设零序电流保护也难以保证有选择性时,可采用依次断开线路的方法来寻找故障线路。若断开某线路时接地故障信号消失,该线路便是发生接地故障的线路。

2. 有选择性的单相接地保护

有选择的单相接地保护又称零序电流保护,它是利用单相接地故障线路的零序电流较非故障线路大的特点,实现有选择性地跳闸或发出信号。对于架空线路,采用图8-20所示的零序电流过滤器,它是由3个同型号规格的电流互感器同极性并联所组成的。对于电缆线路,采用图8-21所示的零序电流互感器。零序电流互感器的结构特点是三相导体均穿过其环形铁心,在二次绕组中感应出零序电流。

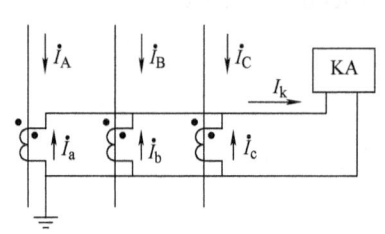

图8-20 零序电流滤过器

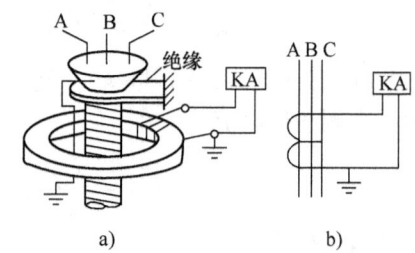

图8-21 零序电流互感器

当供电系统某一线路发生单相接地故障时,其他线路上都会出现不平衡的电容电流,而这些线路因本身是正常的,其接地保护装置不应该动作,因此单相接地保护的动作电流$I_{op(E)}$应该躲过在其他线路上发生单相接地时在本线路上引起的电容电流I_C,即单相接地保护动作电流的整定计算公式为

$$I_{op(E)} = \frac{K_{rel}}{K_i} I_C \tag{8-9}$$

式中,K_{rel}为可靠系数,当保护装置带时限时取1.5~2,当保护装置不带时限时取4~5;I_C为本线路的零序电容电流;$I_{op(E)}$为继电器动作电流。

8.3.5 电力线路的过负荷保护

电力线路的过负荷保护,只对可能经常出现过负荷的电缆线路才予以装设,一般延时动作于信号。其接线如图8-22所示。

电力线路过负荷保护的动作电流$I_{op(OL)}$按躲过线路的计算电流I_{30}来整定,即其整定计算公式为

$$I_{op(OL)} = \frac{1.2 \sim 1.3}{K_i} I_{30} \tag{8-10}$$

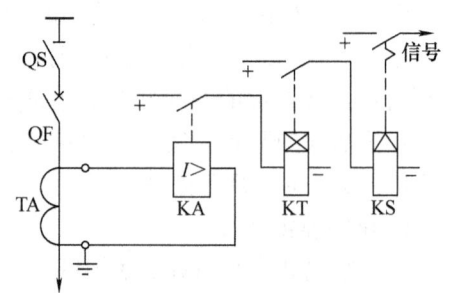

图8-22 线路过负荷保护电路

式中,K_i为电流互感器的电流比。电力线路过负荷保护的动作时间一般取10~15s。

8.4 电力变压器的保护

电力变压器是配电系统中最重要的电气设备,变压器能否正常工作将对供配电系统的可靠性和安全运行带来很大的影响。因此必须根据变压器的容量和重要程度来装设专用的保护装置。

8.4.1 电力变压器的故障、不正常工作状态及保护配置

变压器的故障可分为油箱内和油箱外两种。油箱内的故障主要有：绕组的相间短路、绕组的匝间短路和绕组的接地短路及铁心烧损等。变压器油箱外的故障最常见的是绝缘套管和引出线上发生的相间短路与接地短路。

变压器的异常（不正常）运行状态主要有过负荷、外部短路引起的过电流、外部接地短路引起中性点过电压及油箱的油面降低等。

为了保证电力系统安全可靠地运行,针对上述故障和异常运行状态,电力变压器应装设下面一些保护。

(1) 气体保护　800kVA 及以上的油浸式变压器和 400kVA 及以上的车间内油浸式变压器,均应装设气体保护。气体保护用来反应油箱内部短路故障及油面降低,其中轻气体保护动作于信号,重气体保护动作于跳开各电源侧断路器。

(2) 过电流保护　400kVA 以上的变压器高压侧装有高压断路器时,应装设带时限的过电流保护装置。对车间变压器来说,过电流可作为主保护。如果过电流保护的时限超过 0.5s,应装设电流速断作为主保护,而过电流保护则作为电流速断的后备保护。电流速断与过电流保护均动作于跳闸。

(3) 纵差动保护或电流速断保护　纵差动保护或电流速断保护用来反应变压器内部绕组、绝缘套管及引出线相间短路的主保护。较小容量变压器可用电流速断代替差动保护。保护动作于跳开各电源侧断路器。

纵差动保护适用于 6300kVA 及以上的并列运行变压器、工业企业中的重要变压器；10000kVA 及以上的单独运行变压器。上述容量以下的变压器,当其后备保护的动作时限大于 0.5s 时,一般应采用电流速断保护。但是,对于 2000kVA 及以上的变压器,当电流速断保护的灵敏度不满足要求时,也应装设纵差动保护。

(4) 过负荷保护　对于 400kVA 及以上的变压器,当数台并列运行或单独运行并作为其他负荷的备用电源时,应装设过负荷保护。过负荷保护经延时动作于信号。在无人值班的变电所内,也可作用于跳闸或自动切除一部分负荷。

8.4.2 电力变压器的过电流保护、电流速断保护和过负荷保护

1. 电力变压器的过电流保护

无论采用过电流继电器还是过电流脱扣器,也无论是定时限还是反时限,电力变压器过电流保护的组成、原理与前面讲述的电力线路过电流保护的组成、原理完全相同。

电力变压器过电流保护动作电流的整定也与电力线路过电流保护的整定基本相同,只是式 (8-4) 中的 $I_{L.max}$ 应取为 $(1.5 \sim 3) I_{1N.T}$,$I_{1N.T}$ 为电力变压器的额定一次电流。

电力变压器过电流保护动作时间的整定也与电力线路过电流保护的整定相同,也按"阶梯原则"整定。但对电力系统的终端变电所如车间变电所的电力变压器来说,其动作时间可整定为最小值(0.5s)。

电力变压器过电流保护的灵敏度,按变压器二次侧母线在系统最小运行方式下发生两相短路时换算到一次侧的短路电流值 $I'_{k.\min}$ 来检验,要求灵敏系数 $K_{sen} \geq 1.5$。

2. 电力变压器的电流速断保护

电力变压器电流速断保护的组成、原理,与前面讲述的电力线路的电流速断保护相同。

电力变压器电流速断保护的动作电流(速断电流)I_{qb} 的整定计算公式,也与电力线路电流速断保护的基本相同,只是式(8-7)中的 $I_{k.\min}$ 改为电力变压器二次侧母线的三相短路电流周期分量有效值换算到一次侧的短路电流值,即电力变压器电流速断保护的速断电流应按躲过其二次侧母线三相短路电流来整定。

电力变压器电流速断保护的灵敏度,按保护装置安装处在系统最小运行方式下发生两相短路时的短路电流 $I_k^{(2)}$ 来检验,要求 $K_{sen} \geq 1.5$。

电力变压器的电流速断保护,与电力线路的电流速断保护一样,也有"死区"。弥补死区的措施,也是配备带时限的过电流保护。

考虑到电力变压器在空载投入或突然恢复电压时将出现一个冲击性的励磁涌流,为避免电流速断保护误动作,可在速断电流 I_{qb} 整定后,将电力变压器在空载时试投若干次,以检验变压器的电流速断保护是否误动作。

3. 电力变压器的过负荷保护

电力变压器过负荷保护的组成、原理,也与电力线路的过负荷保护完全相同。

电力变压器过负荷保护动作电流 $I_{op(OL)}$ 的整定计算公式也与电力线路过负荷保护基本相同,只是式(8-10)中的 I_{30} 应改为电力变压器的额定一次电流 $I_{1N.T}$。

电力变压器过负荷保护的动作时间一般也取 10~15s。

图 8-23 为电力变压器定时限过电流保护、电流速断保护和过负荷保护的综合电路图。

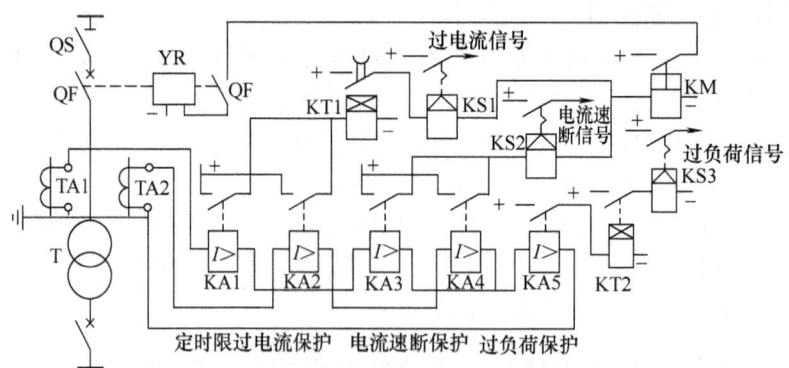

图 8-23 变压器的定时限过电流保护、电流速断保护和过负荷保护的综合电路

[**例 8-2**] 一台 10/0.4kV、Dyn11 联结的 S9-1000 型配电变压器配置有由 GL-15 型电流继电器组成的反时限过电流保护、电流速断保护,采用三相三继电器式接线和交流去分流跳闸操作。保护所连接的电流互感器电流比为 150/5A。变压器高压侧的三相短路电流 $I_{k-1}^{(3)} = 2.86$kA,低压母线的三相短路电流 $I_{k-2}^{(3)} = 22.3$kA,单相短路电流 $I_{k-2}^{(1)} = 19.5$kA。试整定反时

限过电流保护和电流速断保护的动作电流,并检验其灵敏度,并问能否兼作低压侧的单相接地保护。(变压器的 $I_{L.max}$ 可取为 $2I_{NT}$)

解:1. 反时限过电流保护

(1) 整定动作电流。变压器的最大负荷电流

$$I_{L.max} = 2I_{NT1} = 2 \times \frac{S_{NT1}}{\sqrt{3}U_{N1}} = 2 \times \frac{1000}{\sqrt{3} \times 10}A = 115.5A$$

取 $K_{rel} = 1.3$,$K_{re} = 0.8$,$K_i = 150/5 = 30$,故动作电流为

$$I_{op} = \frac{K_{rel}K_W}{K_{re}K_i}I_{L.max} = \frac{1.3 \times 1}{0.8 \times 30} \times 115.5A = 6.3A$$

选用 GL-15/10 型继电器,动作电流整定为 7A。

(2) 检验灵敏度。变压器低压母线两相短路电流反映到高压侧的电流值为

$$I_{k.min}^{(2)} = \frac{2 \times 0.866 I_{k-2}^{(3)}}{\sqrt{3}K_u} = \frac{2 \times 0.866 \times 22.3 kA}{\sqrt{3} \times \left(\frac{10}{0.4}\right)} \approx 891A$$

反时限过电流保护的灵敏度为

$$K_{sen} = \frac{K_w I_{k.min}^{(2)}}{K_i I_{op}} = \frac{1 \times 891A}{30 \times 7A} = 4.24 > 1.5$$

满足要求。

(3) 校验能否兼作低压侧的单相接地保护。变压器低压母线单相短路电流反映到高压侧的电流值为

$$I_{k.min}^{(1)} = \frac{I_{k-2}^{(1)}}{\sqrt{3}K_u} = \frac{19.5kA}{\sqrt{3} \times \left(\frac{10}{0.4}\right)} \approx 450A$$

保护灵敏度为

$$K_{sen} = \frac{K_W I_{k.min}^{(1)}}{K_i I_{op}} = \frac{1 \times 450A}{30 \times 7A} = 2.14 > 1.5$$

由此可见,Dyn11 联结变压器反时限过电流保护能满足低压侧单相接地保护灵敏度的要求。

2. 电流速断保护

(1) 整定速断电流。变压器低压母线三相短路电流反映到高压侧的电流值为

$$I_{k-2(1)}^{(3)} = I_{k-2}^{(3)}/K_u = 22.3kA / \left(\frac{10}{0.4}\right) = 0.892kA$$

电流速断保护的动作电流(速断电流)为

$$I_{qb} = \frac{K_{rel}K_W}{K_i}I_k^{(3)} = \frac{1.4 \times 1}{30} \times 0.892kA = 41.6A$$

速断电流倍数

$$n_{qb} = \frac{I_{qb}}{I_{op}} = \frac{41.6A}{7A} = 6$$

(2) 检验灵敏度。变压器高压侧的两相短路电流

$$I_{k.min} = I_{k-1}^{(2)} = 0.866 I_{k-1}^{(3)} = 0.866 \times 2.86kA \approx 2.48kA$$

保护灵敏度为

$$K_{\text{sen}} = \frac{K_{\text{W}} I_{\text{k}-1}^{(2)}}{K_{\text{i}} I_{\text{qb}}} = \frac{1 \times 2.48\text{kA}}{30 \times 41.6\text{A}} = 1.99 > 1.5$$

满足要求。

8.4.3 电力变压器低压侧的单相短路保护

1. 电力变压器低压侧装设三相带过电流脱扣器的低压断路器保护

这种低压断路器，既作为低压侧的主开关，操作方便，且便于自动投入，供电可靠性高，又可用来保护变压器低压侧的相间短路和单相短路。这种保护方式在工厂和车间变电所中应用最为普遍。

2. 电力变压器低压侧三相均装设熔断器保护

电力变压器低压侧三相均装设熔断器，既可保护电力变压器低压侧的相间短路，又可保护其单相短路，简单经济。但熔断器熔断后，更换熔体需一定时间，从而影响连续供电，所以采用熔断器保护只适用于供不重要负荷的小容量电力变压器。

3. 在电力变压器低压侧中性点引出线上装设零序电流保护

在电力变压器低压侧中性点的引出线上装设零序电流保护的电路如图 8-24 所示。其动作电流 $I_{\text{op}(0)}$ 按躲过电力变压器低压侧最大不平衡电流来整定，其整定计算公式为

$$I_{\text{op}(0)} = \frac{K_{\text{rel}} K_{\text{dsp}}}{K_{\text{i}}} I_{2\text{N.T}} \qquad (8-11)$$

式中，$I_{2\text{N.T}}$ 为电力变压器的额定二次电流；K_{dsp} 为不平衡系数，一般取为 0.25；K_{i} 为零序电流互感器的电流比；K_{rel} 为可靠系数，可取 1.3。

零序电流保护的动作时间一般取 0.5~0.7s。

零序电流保护的灵敏度，按低压干线末端发生单相短路来检验。对架空线，$K_{\text{sen}} \geq 1.5$；对电缆线，$K_{\text{sen}} \geq 1.25$。

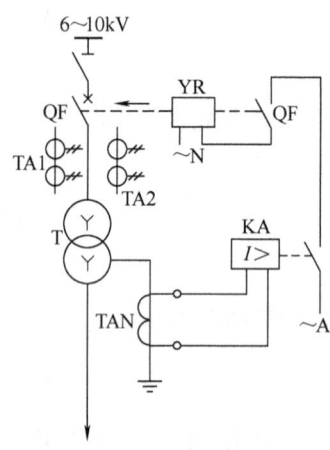

图 8-24 变压器零序过电流保护

8.4.4 电力变压器的瓦斯保护

在油浸式变压器油箱内发生故障时，短路点电弧使变压器油及其他绝缘材料分解，产生气体，从油箱向储油柜流动，反应这种气流与油流而动作的保护称为气体保护。气体保护的测量继电器为气体继电器。

气体继电器安装于变压器油箱和储油柜的通道上。它有两个触点：一个是轻气体触点，另一个是重气体触点。在变压器油箱内部发生轻微故障或油面降低时，轻气体触点接通，动作于信号。当变压器油箱内部发生严重故障而喷出大量气体时，重气体触点接通，动作于跳闸与信号。

变压器气体保护的接线图如图 8-25 所示。当变压器内部发生轻微故障（轻气体）时，气体继电器 KG 的上触点 KG1-2 闭合，动作于报警信号。当变压器内部发生严重故障（重气

体）时，KG 的下触点 KG3-4 闭合，动作后经过信号继电器 KS 发出跳闸信号，同时经中间继电器 KM 动作于断路器 QF 的跳闸机构，跳开变压器两侧断路器。

由于气体继电器下触点 KG3-4 在重气体故障时可能有抖动（接触不稳定）的情况，因此为了使断路器足够可靠地跳闸，利用具有自保持触点的中间继电器 KM。为了防止变压器在换油或进行气体继电器实验时误动作，可通过连接片 XB 将重气体暂接到信号回路运行。

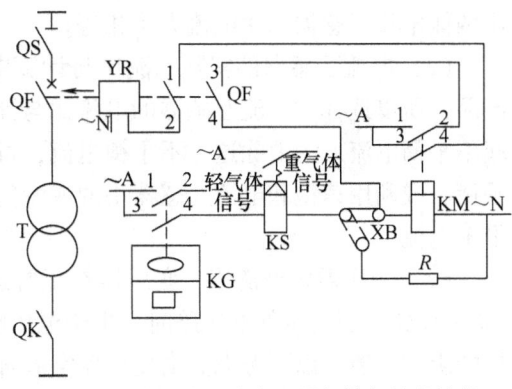

图 8-25 油浸式电力变压器气体保护的接线

8.4.5 变压器差动保护

1. 保护的原理接线

纵差动保护的原理接线如图 8-26 所示。在变压器正常运行或差动保护的保护区外 k-1 点发生短路时，如果 TA1 的二次电流 I_1'' 与 TA2 的二次电流 I_2'' 相等（或相差极小），则流入继电器 KA（或差动继电器 KD）的电流 $I_{KA} = I_1'' - I_2'' = 0$ 或差流值极小，一般称此电流为不平衡电流 I_{dsq}，此时继电器 KA（或 KD）不动作。而在差动保护的保护区内 k-2 点发生短路时，对于单端供电的变压器来说，$I_2'' = 0$，所以 $I_{KA} = I_1''$，超过继电器 KA（或 KD）所整定的动作电流 $I_{op(d)}$，使 KA（或 KD）瞬时动作，然后通过出口继电器 KM 使断路器 QF 跳闸，同时由信号继电器 KS 发出信号。

可见，为了保证差动保护的选择性，变压器差动保护的动作电流必须大于 I_{dsq}，为了使保护范围内部故障时，差动保护具有足够的灵敏性，应使变压器正常运行或保护区外部短路时流过差回路的 I_{dsq} 尽可能地小，形成不平衡电流的因素多，所以必须采取措施躲开不平衡电流或设法减小不平衡电流的影响。下面简述不平衡电流产生的原因及传统继电保护装置采取的减小或消除不平衡电流的措施。

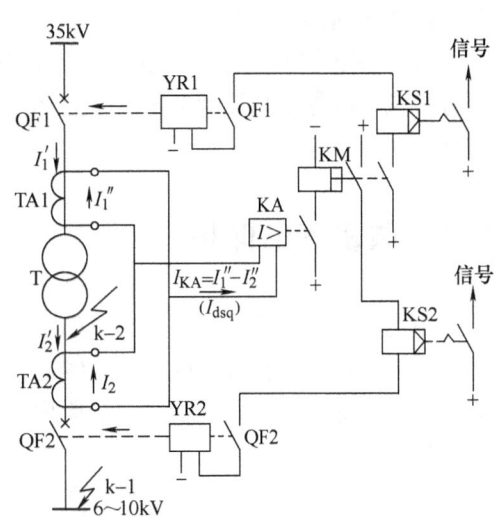

图 8-26 变压器纵差动保护的单相原理电路

2. 变压器差动保护中的不平衡电流及其减小措施

（1）变压器两侧电流相位不同 变压器的接线组别有多种，采用 Yd11 联结组，在正常运行时，Y 侧电流滞后 d 侧 30°且电流大小不相等。如不采取措施，在差动回路中就会有相当大的不平衡电流。为了使正常运行时纵差动保护两臂中的电流同相，必须对差动保护进行相位补偿和数值补偿。相位补偿需要将变压器 Y 侧的电流互感器二次侧接成 Δ，而将变压器 Δ 侧的电流互感器二次侧接成 Y，这样即可消除差动回路中因变压器两侧电流相位不同而引起的不平衡电流。数值补偿需要恰当地选择变压器高低压两侧电流互感器的电流比，使高低压两侧电流互感器二次电流大小相等。

（2）电流互感器的实际电流比与计算电流比不等　由于电流互感器都是标准化的定型产品，所以选择的电流互感器的电流比与计算电流比往往不相等，因此在差动回路中又会引起不平衡电流。为消除这一不平衡电流，可以在互感器二次回路接入自耦电流互感器来进行平衡，或利用速饱和电流互感器中的或专门的差动继电器中的平衡线圈来实现平衡，消除不平衡电流。

（3）变压器励磁涌流　变压器在正常运行时，励磁电流很小，一般不超过额定电流的2%~10%，当发生外部短路时，由于电压降低，励磁电流更小，因此这些情况下对差动保护的影响一般可以不考虑。当变压器空载合闸或外部故障切除后电压恢复时，励磁电流大大增加，其值可达到变压器额定电流的6~8倍，称为励磁涌流。变压器的励磁电流只通过变压器的一次绕组，它通过电流互感器进入差动回路形成不平衡电流。

可以采用具有速饱和铁心的差动继电器或速饱和电流互感器来减小励磁涌流引起的不平衡电流。

（4）变压器各侧电流互感器型号不同　变压器各侧的电压等级和额定电流不同，因而采用的电流互感器的型号不同，它们的饱和特性和励磁电流（归算至同一侧）也就不同，故会在差动回路中引起较大的不平衡电流。设电流互感器同型系数 K_{ss}，若同型 K_{ss} 取 0.5，若不同型 K_{ss} 取 1。

（5）变压器调压分接头改变　当电力系统运行方式变化时，往往需要调节变压器的调压分接头，以保证系统的电压水平。调压分接头的改变将引起新的不平衡电流，在保护动作值计算时给予考虑。

8.5　微机继电保护

由电磁式或感应式继电器构成的继电保护都是反应模拟量的保护，保护的功能完全由硬件电路来实现。这种常规的模拟式继电器保护存在着动作速度慢、定值整定和修改不便、没有自诊断功能、难以实现新的保护原理或算法等缺点，因此很难满足电力系统发展提出的更高保护要求。

微机继电保护装置是一个具有继电保护功能的微机系统，它利用计算机系统采集和处理来自电力系统运行过程中的数据，并通过数值计算迅速而准确判断系统中发生故障的范围，经过严密逻辑过程后有选择性地执行跳闸等命令。微机继电保护可以实现模拟式保护装置很难做到的自动识别、排除干扰、防止误动作的功能，因此可靠性很高。微机保护的动作特性和功能可以通过改变软件程序获取所需要的保护性能，保护具有较大的灵活性，保护性能的选择和调试都很方便。同时，微机保护具有较完善的通信功能，便于构成综合自动化系统，提高供配电系统运行的水平。

目前，微机保护在我国电力系统及用户供配电系统中得到广泛应用。

8.5.1　微机保护系统的组成

微机保护由硬件与软件两部分构成。

1. 微机保护系统的硬件结构

微机保护的硬件主要由微型计算机主系统、模拟量输入系统、开关量输入/输出系统、人机接口等四部分组成。构成框图如图 8-27 所示。

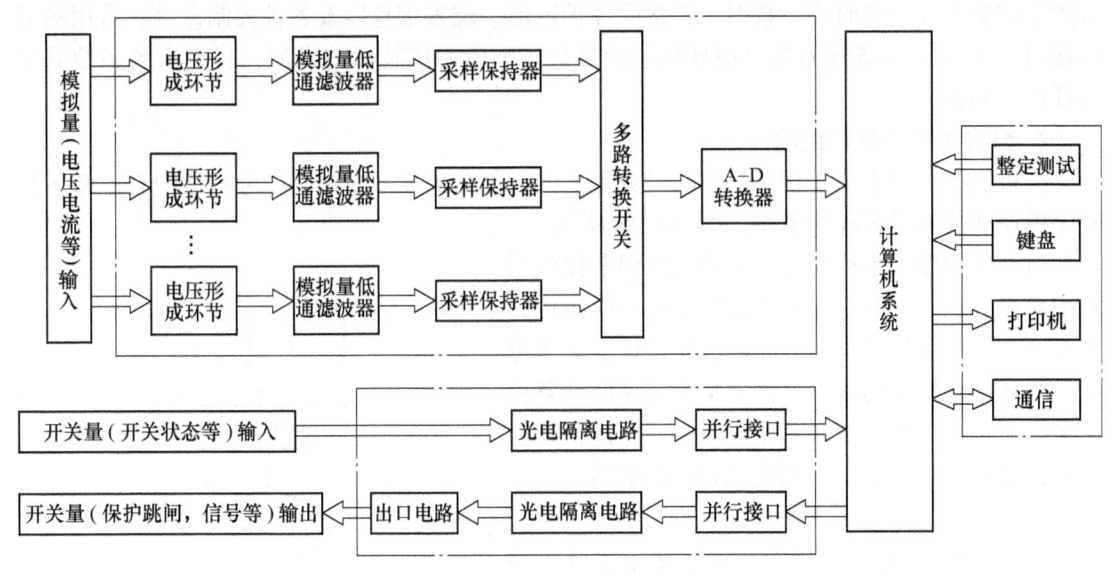

图 8-27 微机保护硬件示意

（1）模拟量输入系统 模拟量输入系统又称数据采集系统。它由电压形成、模拟滤波器（ALF）、采样保持（S/H）、多路转换开关（MPX）与模-数（A-D）转换器几个环节组成。其作用是将电压互感器（TV）和电流互感器（TA）二次输出的电压、电流模拟量转化成为计算机能接收与识别的，而且大小与输入量成比例、相位不失真的数字量，然后送入 CPU 主系统进行数据处理及运算。

（2）微型计算机主系统 微型计算机主系统是整个装置的核心单元，它对来自数据采集电路的原始数据进行逻辑分析处理，以实现各种保护和监控功能。该系统由嵌入式处理器（微处理器、单片机、微控制器、DSP 等）、程序存储器（EPROM、FLASH RAM）、数据存储器（SRAM、EEPROM）等支持电路构成。处理器用于控制与运算，一般都采用 16 位以上的高速芯片。程序存储器用于存放各种程序及必要的数据，如操作系统、保护算法、数字滤波和自检程序等。数据存储器用于存放经过数据采集系统处理的电力系统信息，以及各种中间计算结果和需要输出的数据。接口板是主系统不可缺少的组成部分，它是主系统与外部交流的通道。定时器是计算机本身工作、采样以及与电力系统联系的时间标准，也是必需的，而且要求时间精度很高。

（3）开关量输入/输出系统 开关量输入/输出系统由并行口、光电耦合电路及有接点的中间继电器等组成，以完成各种保护的外部触点输入、出口跳闸及信号报警等功能。变电所的开关量有断路器、隔离开关的状态，继电器和按键触点的通断等。断路器和隔离开关的状态一般通过辅助触点给出信号，继电器和按键则由本身的触点直接给出信号。为了防止干扰的入侵，通常经过光电隔离电路将开关量输入、输出回路与微机保护的主系统进行严格的隔离，使两者不存在电的直接联系，这也是微机保护保证可靠性的重要措施之一。隔离常用的方法有光电隔离、继电器隔离、继电器和光耦合器双重隔离。

(4) 人机接口电路　人机接口电路提供操作界面，供运行人员输入保护定值及配置信息，了解装置运行状态。电路由键盘、显示器（一般采用液晶显示器）及各种运行指示灯构成。

通信接口负责与上位机（如通信处理机）或其他智能设备通信，传送保护动作信息、故障录波数据以及实时测量数据，并接受保护定值、配置信息以及各种控制命令。常用的通信接口是 RS-232/485 串行接口或现场总线接口。随着通信技术的发展，将越来越多地采用光纤以太网接口。

2. 微机保护的软件组成

微机保护的程序由主程序与中断服务程序两大部分组成。在中断服务程序中有正常运行程序模块和故障计算程序模块，如图 8-28 所示。

（1）主程序　主程序按固定的采样周期接收采样中断进入采样程序，在采样程序中进行模拟量采集与滤波，开关量的采集、装置硬件自检、交流电流断线和起动判据的计算，根据是否满足启动条件而进入正常运行程序或故障计算程序。硬件自检内容包括 RAM、EEPROM、跳闸出口晶体管等。

（2）中断服务程序

1）故障计算程序。故障计算程序中进行各种保护的算法计算，跳闸逻辑判断以及事件报告、故障报告及波形的整理等。根据被保护设备的不同，保护的故障计算程序有所不同。对于线路保护来说，一般包括纵联保护、距离保护、零序保护和电压电流保护等处理程序。

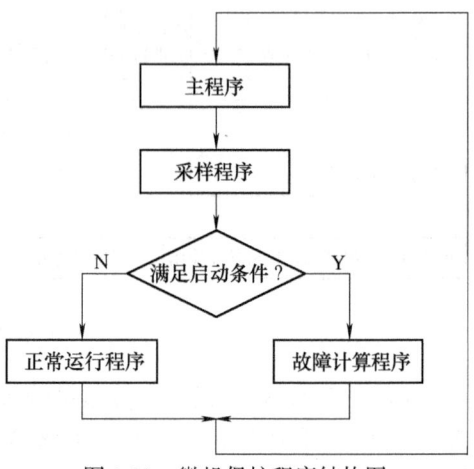

图 8-28　微机保护程序结构图

2）正常运行程序。正常运行程序中进行采样值自动零漂调整及运行状态检查。运行状态检查包括交流电压断线、开关位置状态检查、变化量制动电压形成、重合闸充电、准备手合判别等。不正常时发告警信号，信号分两种，一种是运行异常告警，这时不闭锁装置，提醒运行人员进行相应处理；另一种为闭锁告警信号，告警的同时将装置闭锁，保护退出。正常运行程序包括开关位置检查、交流电压电流断线判断和交流回路零点调整等。

微机保护装置处理的是经过采样和模数变换后得到的数字量和开关信号，因此算法是研究微机保护的重点之一。不论是哪一类算法，其核心问题归结为算出表征被保护设备各运行特点的参数，如电流、电压的有效值、相位，序分量，或某次谐波分量等。有了这些基本的计算量，就可以很容易地构成各种不同原理的继电保护。微机保护常用的算法有两点乘积算法、导数算法、傅里叶算法、电流突变量算法和选相元件算法等。针对电力系统的特点，有些算法适用于假设输入量是正弦量的情况下，如半周最大值算法、半周积分算法、导数算法和采样值积算法等；而有些算法适用于输入量是一个周期时间函数的情况，如傅里叶算法等。

8.5.2　微机保护逻辑原理

1. 线路微机保护的逻辑原理

供配电线路微机保护装置一般以电流、电压保护及三相重合闸为基本配置。在 35kV 及以上中性点非直接接地电网的线路上，相间短路一般装设三段式电流保护，即Ⅰ段电流速断保护、Ⅱ段限时速断保护、Ⅲ段定时限过电流或反时限过电流保护。在 10kV 中性点非直接接地电网中的架空线和电缆线路上，可装设两段过电流保护，第一段为不带时限的电流速断保护，第二段为带时限的过电流保护（允许只装设Ⅰ、Ⅲ段或Ⅱ、Ⅲ段或只装设第Ⅲ段电流保护）。为了增加保护灵敏度，可设置欠电压闭锁的过电流保护。

微机保护装置中各种保护是否投入由保护装置的控制字决定。当控制字为高电平时，表示该保护投入；当控制字为低电平时，表示该保护退出。

(1) Ⅰ段、Ⅱ段电流保护的逻辑原理　图 8-29 为Ⅰ段、Ⅱ段电流保护的逻辑框图。

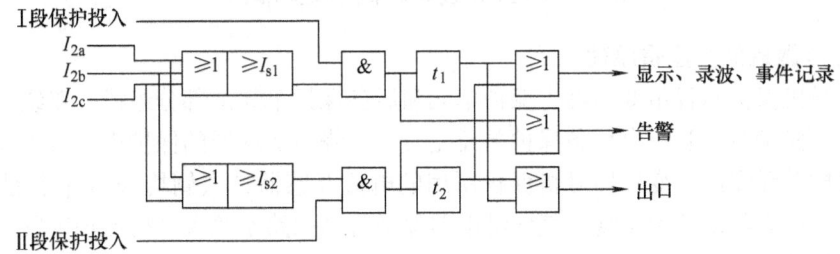

图 8-29　Ⅰ段、Ⅱ段电流保护的逻辑框图

Ⅰ段速断保护动作条件为：在保护投入时，当任一相短路电流 I_k 大于整定值 $I_{sen}^{Ⅰ}$ 时，保护经过整定时间 t_1（通常为 0s）后动作，跳开断路器。动作判据为

$$I_k > I_{sen}^{Ⅰ} \tag{8-12}$$

式中，I_k 为短路电流有效值；$I_{sen}^{Ⅰ}$ 为速断保护整定值。

Ⅱ段限时速断保护动作条件为：在保护投入时，当任一相短路电流 I_k 大于整定值 $I_{sen}^{Ⅱ}$ 时，保护经过整定时间 t_2 后动作，跳开断路器。动作判据为

$$I_k > I_{sen}^{Ⅱ} \tag{8-13}$$

式中，I_k 为短路电流有效值；$I_{sen}^{Ⅱ}$ 为限时速断保护整定值。

(2) Ⅲ段电流保护的逻辑原理　Ⅲ段电流保护设定为定时限过电流保护，其逻辑框图如图 8-30 所示。

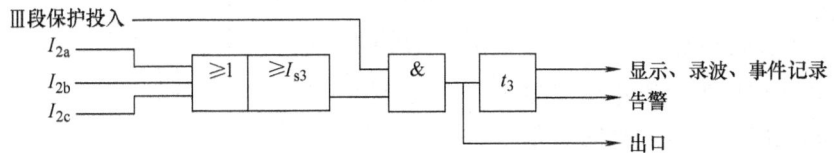

图 8-30　定时限过电流保护的逻辑框图

其动作条件为：在保护投入时，当任一相故障电流 I_k 大于整定值 $I_{sen}^{Ⅲ}$ 时，保护经过整定时间 t_3 后动作，跳开断路器。动作判据为

$$I_k > I_{sen}^{Ⅲ} \tag{8-14}$$

式中，I_k 为故障电流有效值；$I_{sen}^{Ⅲ}$ 为过电流保护的整定值。

Ⅲ段电流保护也可通过控制字设定为反时限过电流保护。通常，断路器闭合时间 t_y 后，反时限保护才会投入。时间 t_y 取决于一次回路的负载类型。当为电动机时，可将时间 t_y 设定为电动机的起动时间，以免在电动机起动时装置告警。如不需要启动延时功能，可将时间 t_y 设定为 0s。反时限过电流保护的逻辑框图如图 8-31 所示。其动作条件为：根据通入电流 I

大小的不同，相应的动作时间 t_3 不同，电流越大，动作时间越短。

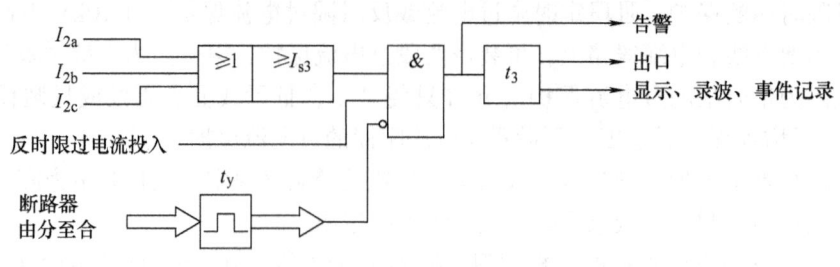

图 8-31 反时限过电流保护的逻辑框图

2. 变压器微机保护逻辑原理

变压器微机保护装置由变压器主保护单元和后备保护单元两部分组成。双绕组变压器的保护由一台主保护单元和一台后备保护单元完成。三绕组变压器的保护由一台主保护单元和三台后备保护单元完成。变压器微机保护所用的电流互感器二次侧均采用 Y 接线，其相位补偿和电流补偿系数由软件实现。气体继电器保护跳闸回路不接入微机保护装置，可直接用于跳闸，以保证可靠性。

双绕组变压器微机主保护单元逻辑框图如图 8-32 所示，变压器微机后备保护单元逻辑框图如图 8-33 所示。

(1) 变压器主保护单元

1) 差动速断保护。用于变压器内部发生严重故障时的快速切除。当三相差动电流最大值大于差动电流整定值时保护动作，发出跳闸信号。其动作判据为

$$I_k > I_{sen}^I \tag{8-15}$$

式中，I_k 为变压器差动电流；I_{sen}^I 为速断保护整定值。

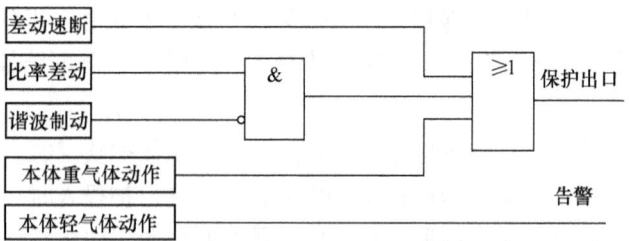

图 8-32 主变微机主保护单元逻辑框图

2) 二次谐波制动的比率差动保护。比率差动保护作为变压器线圈和引出线的相间短路以及线圈匝间短路的主保护。用比率制动躲过外部故障，用基波量作为保护动作量，并配有 TA 断线检测功能。在 TA 断线时瞬时闭锁差动保护，并同时发告警信号。TA 断线闭锁差动保护可根据需要整定选择。当任一相的差动电流大于整定值时，差动保护动作。其动作判据为

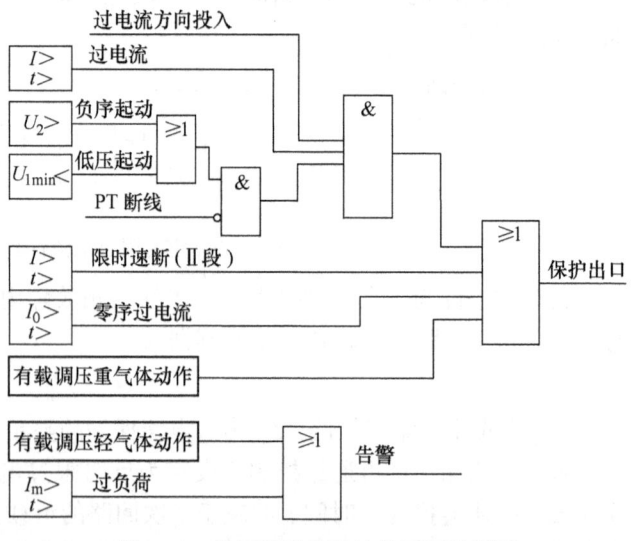

图 8-33 变压器后备保护单元逻辑框图

$$I_k > I_{\text{sen}}^{\text{II}} + K_r(I_b - I_{\text{bo}}) \tag{8-16}$$

式中，I_k 为变压器差动电流；K_r 为比率系数；$I_{\text{sen}}^{\text{II}}$ 为差动启动门槛电流值；I_b 为制动电流；I_{bo} 为制动电流整定值。

比率差动保护利用差动电流中的二次谐波躲过空载合闸时的励磁涌流。当差动电流中的二次谐波电流比率大于整定时，闭锁差动保护。

3）变压器本体气体保护。轻气体保护给出告警信号，重气体保护采取直接跳闸。同时将信号采入 CPU 进行处理，以便保护的状态就地在液晶显示器上显示及向监控系统传送。

（2）变压器后备保护单元　后备过电流保护设计了两段延时，当主变压器过电流时，同时启动两段时限，第 I 时限跳低压侧母线分段断路器，如继续过电流，则第 II 时限跳主变压器两侧断路器。

1）零序过电流保护。该保护反应变压器接地故障零序电流大小，在变压器中性点接地运行时投入，零序电流取自变压器中性点的 TA。当零序电流大于整定值时，相应的定时器启动，当定时器时间 t 大于整定时间 $t_{0\text{set}}$ 时，保护动作。其动作判据为

$$I_0 > I_{0\text{sen}} \tag{8-17}$$

式中，I_0 为零序电流；$I_{0\text{sen}}$ 为零序电流整定值。

2）过负荷报警。该保护正常运行时投入，反应变压器负荷情况。当高压侧三相电流中的最大值大于过负荷整定值时，相应的定时器启动，当定时器时间大于整定时间 $t_{1.\text{set}}$ 时，装置报警"变压器过负荷"。其判据为

$$I_m > I_{1.\text{sen}} \tag{8-18}$$

式中，I_m 为高压侧三相电流中的最大值；$I_{1.\text{sen}}$ 为过负荷电流整定值。

3）变压器有载调压气体保护。包括有载重气体、有载轻气体。采取直接跳闸，同时将信号采入 CPU 进行处理，以便保护就地在液晶显示器上显示及向监控系统传送。

基本能力训练　微机保护装置实例

1. 微机保护装置的结构

微机保护装置在实际中常采用插件式结构实现。机箱内装有相应的插座，印制电路板均可方便地插入和拔出。通过机箱插座间的连线将各个印制电路板连成整体并实现到端子排的输入/输出线的连接。印制电路板插件通常包括电源插件、出口继电器板、开关量输入/输出插件、CPU 主板、采样及 A-D 转换插件、模拟量输入变换插件等。各模件之间有金属屏蔽板，减少电磁干扰的影响。结构如图 8-34 所示。

各插件的作用如下：

（1）电源插件　电源插件用来给本装置的其他插件提供独立的工作电源。电源插件一般采用逆变稳压电源，它输出的直流电源电压稳定，不受系统电压波动的影响，并具有较强的抗干扰能力。电源插件输出的电源电压一般为保护装置所需的 +5、±15V 或 ±12、±24V 三组直流电压。其中：+5V 用于 CPU 板，±15V 常用于 A-D 转换各芯片，±24V 常用于开关量的输入及输出。图 8-35 为电源插件实物图。

（2）交流插件　交流插件是保护装置的交流电流、交流电压输入插件。在保护装置中主要起电量变换和隔离的作用。实物图片如图 8-36 所示。在微机装置中，A-D 变换回路通

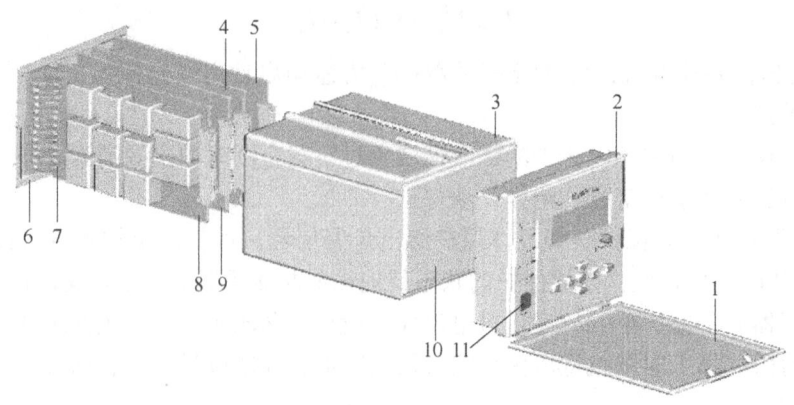

图 8-34 微机保护装置的结构
1—面板的前罩 2—装置面板 3—装置机箱 4—出口插件 5—电源插件 6—后盖板
7—交流输入端子 8—交流插件 9—主板插件 10—总线板屏蔽罩 11—调试通信

常要求输入模拟电压信号的变化范围为±5V或±10V，但电压互感器、电流互感器二次侧输出电压、电流却并不适用于装置的微型机系统。因此，在微机保护装置中设置了交流插件，用来将电压互感器输出的二次电压、电流互感器输出的二次电流的幅值进一步降低，并转换成A-D变换回路所允许的交流电压信号。另外，交流插件中的电压变换器（TV）、电流变换器（TA）的一次绕组与二次绕组之间没有直接电的联系，通过电压、电流变换器可以将电压互感器、电流互感器的二次回路与保护装置隔离开，防止电压互感器、电流互感器二次回路对微机型继电保护装置的工作产生干扰。

图 8-35 电源插件实物图

(3) 主板插件 该插件是保护装置的核心插件，主要用来完成信息的采集与存储、信息处理以及信息的传输等任务。微机保护装置的保护功能及其附加功能主要是靠主板插件实现的。图8-37为一种微机主板插件实物图片。主板插件主要由微处理器基本系统、串行通信接口、只读存储器、模拟量输入电路、开关量输入电路、开关量输出电路等构成。该插件一般厂家采用多层印制电路板及表面贴装工艺。断路器跳、合位置等开入量状态通过该插件读入插件内的微处理器。

图 8-36 交流插件外形图

(4) 逻辑及出口插件 微机保护装置中都设置有用来作为各出口回路执行元件的各种小型继电器。不同的保护装置，设置的继电器的多少不同，插件的多少也不同。图8-38为继电器插件实物图。在继电器插件中一般设置包括启动继电器、跳闸继电器、合闸继电器、信号继电器、告警继电器、信号复归继电器和备用继电器等继电器。

(5) 人机接口插件 人机接口插件装有液晶显示器、键盘和指示灯。主要功能是显示保护输出的信息，扫描面板上的键盘状态，完成人机之间的对话，例如显示电压电流、保护事件、修改定值等。人机对话板外形如图8-39所示。

图 8-37　主板插件外形图　　　图 8-38　逻辑及出口插件外形图　　　图 8-39　人机对话板外形图

2. 微机线路保护装置的功能

用户供配电系统的线路电压等级一般在 110kV 及以下，微机线路保护装置一般集保护、测量、监视、控制、人机接口、通信等多种功能于一体。一台保护装置可以代替各种常规继电器和测量仪表，节省大量的安装空间和控制电缆，简化开关柜二次设计和施工。保护装置可在开关柜就地安装，也可组屏安装于控制室。下面以 WXH-825 微机装置为例阐述线路保护测控装置具有的功能和接线特点。

WXH-825 微机线路保护测控装置适用于 66kV 及以下各电压等级的非直接接地系统（经消弧线圈接地或不接地系统）的线路保护。保护测控装置采用 32 位浮点 DSP 处理器，16 位高精度 A/D，实时多任务操作系统，标准通信规约。电路采用后插拔式的插件结构，插件由电源插件、交流插件、CPU 插件、信号插件、通信插件以及人机对话插件等构成。面板上包括液晶显示器、信号指示器、操作键盘、调试 RS-232 通信口插头等。装置具有线路保护与测控一体化的特点。装置在出厂时配置了典型的保护功能。实际工程应用时可以直接选用这些典型功能配置，或在这些典型功能配置基础上在线配置所需要的保护功能、出口、主接线、参数等，定制工程特定的功能配置。表 8-1 为 WXH-825 微机线路保护测控装置典型功能配置。

表 8-1　WXH-825 微机线路保护测控装置典型功能配置

	功 能 名 称
保护功能	三段式相间距离保护
	距离加速保护
	不对称相继速动保护
	三段式电流电压方向保护
	过流加速保护（前加速、后加速可选）
	三相一次重合闸
	低频减载保护
	零序电流保护
	过负荷保护
	低电压保护
	电压相序检测
	电流相序检测
	TV 断线检测
	控制回路异常告警
	手车位置异常告警（当主接线为手车时）
	弹簧未储能告警
	压力异常告警

(续)

	功 能 名 称
测控功能	遥信开入采集、装置遥信变位、事故遥信
	正常断路器遥控分合、小电流接地探测遥控分合
	P、Q、I_A、I_B（可选）、I_C、U_a、U_b、U_c、f、$\cos\phi$、U_{AB}、U_{BC}、U_{CA}、U_X 等模拟量的遥测
	故障录波
	4 路脉冲输入

由表 8-1 可知，WXH-825 微机线路保护测控装置具有保护功能、测控功能、辅助功能。

(1) 保护功能

本装置中主保护由比率差动、差流速断、差流越限告警、TA 异常告警、控制回路异常告警、弹簧未储能告警等组成，提供完备的主保护方案。

(2) 测控功能：

1) 遥测：装置的测量回路有独立的交流输入接仪表 TA，与保护回路的交流输入分开。测量 I_A、I_B、I_C、P、Q、$\cos\phi$ 等。

2) 遥信：各种保护动作信号及断路器位置遥信、开入遥信、档位等；

3) 遥控：远方控制跳、合闸，压板投退、修改定值等；

4) 遥调：调节变压器调压档位。

5) 遥脉：累计电度表的脉冲。

(3) 辅助功能

1) 录波：装置记录保护跳闸前 2 周波、跳闸后 3 周波的采样数据，保护跳闸后上送变电站自动化主站，或者由独立的故障分析软件，分析故障和装置的跳闸行为。

2) GPS 对时：装置通过与变电站自动化主站通信，得到年月日时分秒的信息，并配置一个 GPS 对时开入，连接到站内 GPS 接收器的秒脉冲输出，实现毫秒的对时，对时精度小于 1ms。

3) 打印功能：通过装置的 RS-232 接口进行打印，也可配置网络共享打印机，使用装置 RS-485 接口可打印定值及动作报告、自检报告、开入量变化、录波等；如果两个 RS-485 口配置为双网，可连接到变电站自动化系统，通过主站打印。

4) 网络通信：装置具有双 RS-485 通信接口，可以直接与微机监控或保护管理机通信。

图 8-40 为 WXH-825 微机线路保护测控装置接线示例图。

3. 微机变压器保护装置的功能

110kV 及以下供配电系统中变压器多为双绕组或三绕组的，构成变压器的微机保护装置由主保护和后备保护两部分组成。微机变压器所用的电流互感器二次侧均采用Y接线，由软件实现相位补偿和电流补偿。保护装置设有液晶显示，便于整定、调试；具有运行监视和故障、异常状态显示。同时具有高速数据通信接口及打印功能。

WBH-821A、WBH-822A 微机变压器保护测控装置结构及软硬件构成与 WXH-825 微机线路保护测控装置相同，在此不赘述。下面给出 WBH-821A、WBH-822A 微机变压器保护测控装置的典型保护功能和接线示例图。

(1) WBH-821A 微机变压器保护装置的保护功能和接线示例

WBH-821A 微机变压器保护测控装置适用作 66kV 及以下电压等级的变压器的主保护及测控装置。表 8-2 为 WBH-821A 微机变压器主保护测控装置典型功能配置；图 8-41WBH-

821A 微机线路保护测控装置接线示例图。

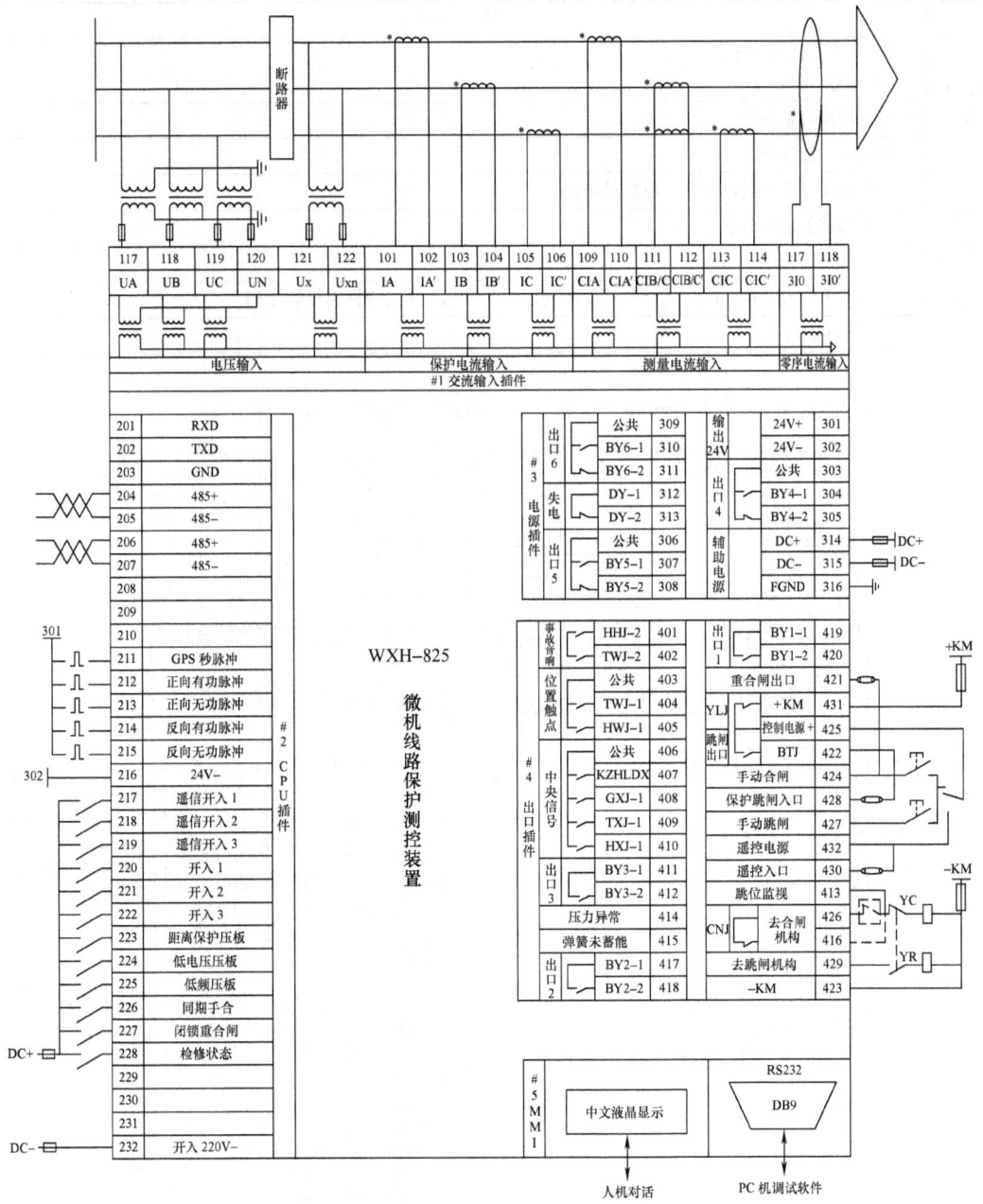

图 8-40　WXH-825 微机线路保护测控装置接线示例图

表 8-2　**WBH-821A 微机变压器主保护测控装置典型功能配置**

	功能名称
保护功能	比率差动保护（二次谐波涌流识别，TA 异常闭锁）
	差流速断保护
	差流越限告警
	零序电压保护（高压侧自产）
	复合电压（高压侧）

(续)

	功能名称
保护功能	TV 异常告警（高压侧）
	TA 异常告警
	控制回路异常告警
	弹簧未储能告警
测控功能	遥信采集、装置遥信变位、事故遥信
	正常断路器遥控分合
	遥控变压器档位
	P、Q、I_A、I_B、I_C、U_a、U_b、U_c、f、$\cos\phi$、U_{AB}、U_{BC}、U_{CA} 等模拟量的遥测
	4 路脉冲输入

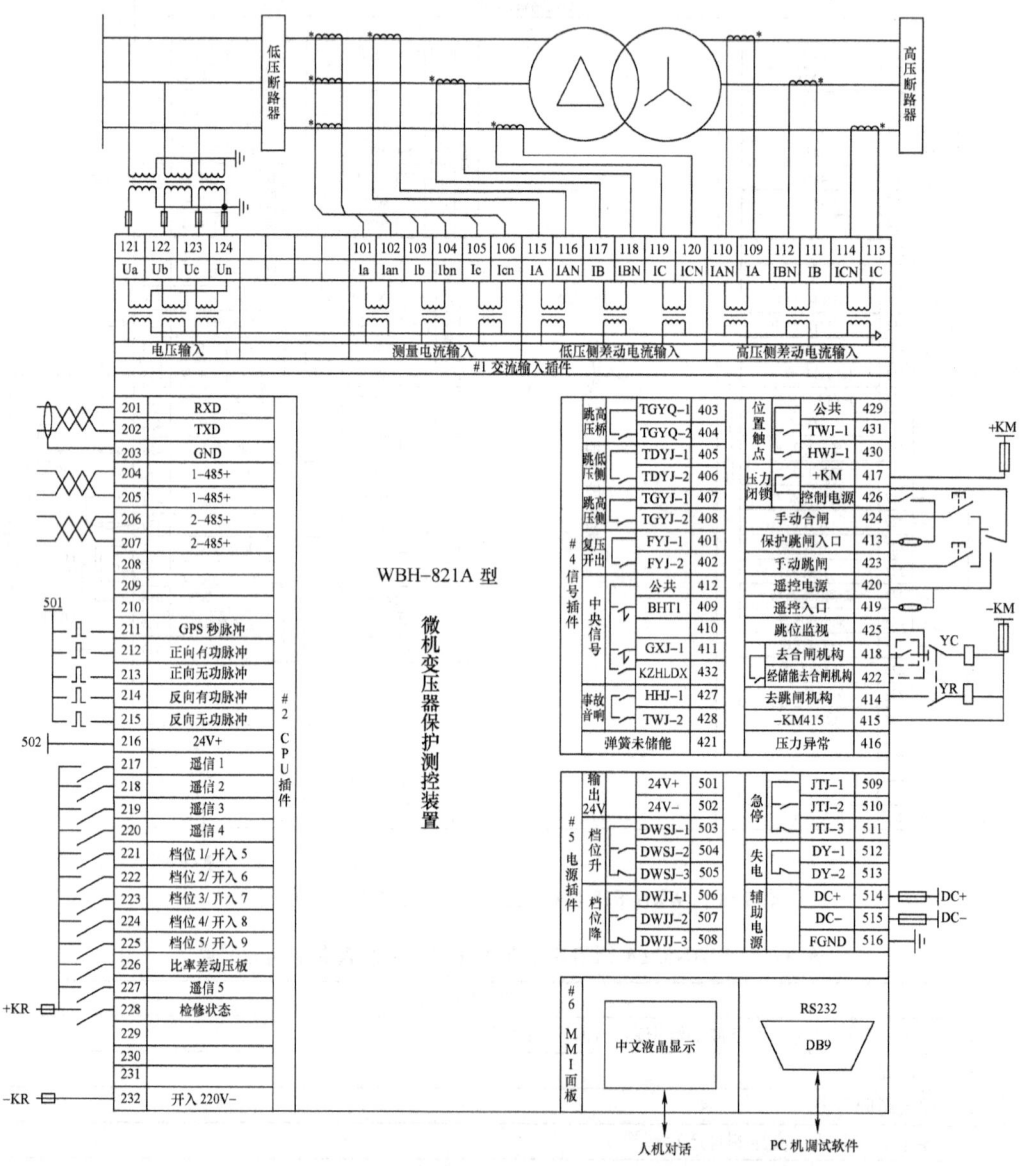

图 8-41　WBH-821A 微机变压器保护测控装置接线示例图

（2）WBH-822A 微机变压器保护装置的保护功能和接线示例

WBH-822A 微机保护测控装置适用作 66kV 及以下电压等级的变压器的后备保护及测控装置。表 8-3 为 WBH-822A 微机变压器后备保护及测控装置典型功能配置；图 8-42 为 WBH-822A 微机变压器后备保护及测控装置接线示例图。

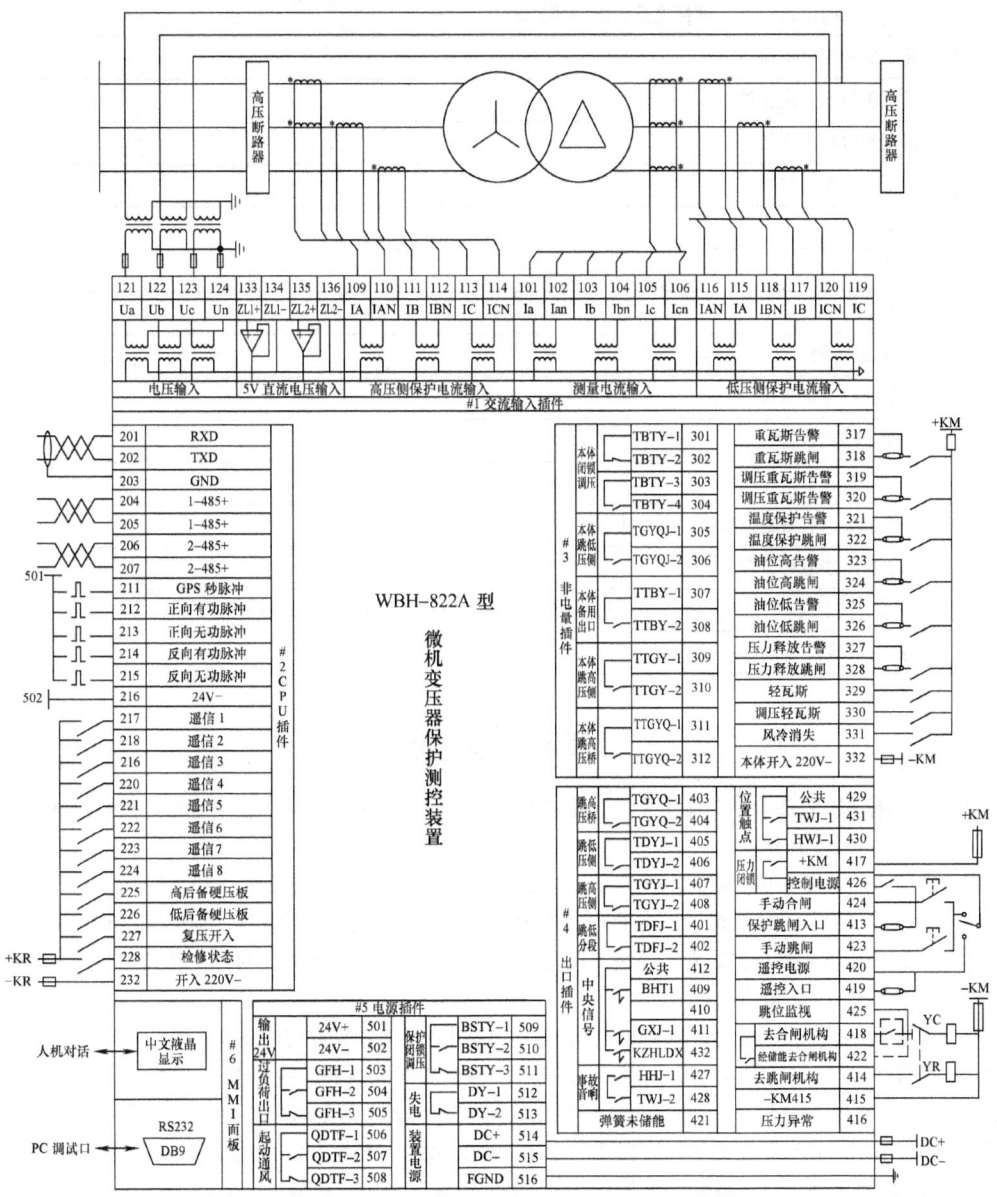

图 8-42　WBH-822A 微机变压器后备保护及测控装置接线示例图

表 8-3　WBH-822A 微机变压器后备保护及测控装置典型功能配置

	功能名称
保护功能	零序电压保护（自产）
	复合电压（TV 异常闭锁）

	功 能 名 称
保护功能	两段高压侧过流（复压开放，各两时限）
	三段低压侧过流（复压开放，Ⅰ、Ⅱ段各两时限）
	低压侧反时限过流（三种标准反时限曲线）
	高压侧负序过流保护
	低压侧负序过流保护
	高压侧过负荷保护
	低压侧过负荷保护
	闭锁调压
	启动通风
	非电量保护
	TV 异常告警
	控制回路异常告警
	弹簧未储能告警
	压力异常告警
测控功能	遥信采集、装置遥信变位、事故遥信
	正常断路器遥控分合
	P、Q、I_A、I_B、I_C、U_a、U_b、U_c、f、$\cos\phi$、U_{AB}、U_{BC}、U_{CA} 等模拟量的遥测
	4 路脉冲输入

思考题与习题

8-1 对继电保护的基本要求是什么？电磁式电流继电器、时间继电器、信号继电器和中间继电器在继电保护装置中各起什么作用？

8-2 线路电流速断保护、限时电流速断保护及过电流保护如何整定动作电流和动作时间？

8-3 变压器一般装设什么保护？各有什么作用？比较线路和变压器的各种相应的保护有何异同。

8-4 试就变压器差动保护装置的原理电路说明其工作原理、不平衡电流的产生及其对变压器差动保护的影响。如何消除不平衡电流的影响？

8-5 小电流接地系统发生单相接地时有何特点？说明绝缘检查装置的构成及工作原理。

8-6 如图 8-18 所示，为由无限容量系统供电的 35kV 放射式线路，线路 WL1 的最大负电流为 200A，电流互感器电压比为 300/5，采用两相两继电器接线，线路 WL2 上的定时限过电流的动作时限为 1.5s，已知：WL1 线路末端三相短路电流最大值和最小值分别是 1.4kA、25kA，WL1 线路首端两相短路电流最小值是 3kA；WL2 线路末端三相短路电流最大值和最小值分别是 0.54kA、0.5kA。若 WL1 线路上装设过电流保护和速断保护，试进行整定及灵敏度校验。

第 9 章　供配电系统的二次回路及自动装置

[内容提要]　供配电系统的二次回路是对一次系统的运行进行控制、指示、监测和保护的电路。二次电路对保障一次电路安全、可靠、优质、经济的运行起着十分重要的作用。本章介绍了变电所的操作电源、高压断路器控制回路、中央信号回路、测量和绝缘监视回路、自动重合闸装置和备用电源自动投入装置等二次回路的知识，并阐述了变电站综合自动化的有关内容。

9.1　二次回路的基本知识

供配电系统的二次回路是指用来对一次系统的运行进行控制、指示、监测和保护的电路。二次回路也称二次接线或二次系统。二次回路在供配电系统中虽是相对于一次电路的辅助系统，但它对一次系统的安全、可靠、优质、经济运行有着十分重要的作用。

二次回路按电源的性质分，有直流回路和交流回路。交流回路又分交流电流回路和交流电压回路。交流电流回路由电流互感器供电，交流电压回路由电压互感器供电。

二次回路按用途分，有断路器控制回路、信号回路、测量回路、继电保护回路和自动装置回路等。二次回路功能示意如图 9-1 所示。其中断路器控制回路的主要功能是对断路器进行通、断操作等；操作电源主要是向二次回路提供所需的交、直流电源；电压、电流互感器还向监测、测量回路提供主回路的电流和电压参数；信号回路是用来监视各电气设备和系统运行状态的电路等。

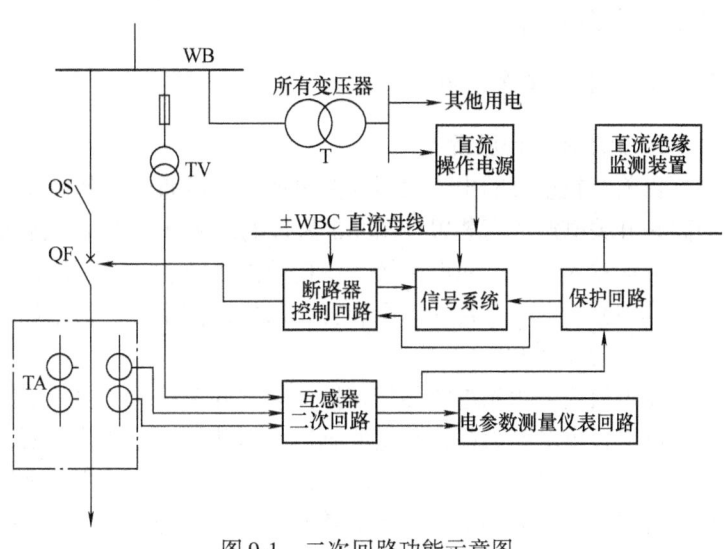

图 9-1　二次回路功能示意图

就二次回路接线图而言，主要有二次回路原理图和二次回路安装接线图。原理电路图按绘制形式又分集中式原理电路图和展开式原理电路图。

集中式原理电路图用来表示继电保护、断路器控制、监测等回路的工作原理，在图中继电器和其触点画在一起，由于导线交叉太多，故它的应用受到一定的限制。较复杂的工程均绘成展开式原理电路图。

展开式原理电路图的特点是，为阐明其逻辑关系将二次元件的部件（如线圈和触头/点）展开，然后按工作电源分别绘出回路，如交流电流回路、交流电压回路、控制回路、信号回路等，按照相序、动作时间先后等顺序，从左到右、从上到下，把各个回路排列起来，并采用标准的文字符号、标号和编号对回路元件进行统一标志。本章所介绍的断路器控制回路、信号回路等均采用原理展开图。

安装接线图是制造厂家进行生产、加工和现场安装接线所用图样，也是用户进行维护、检修、试验等工作的参考图样。安装接线图包括屏面布置图、屏背面接线图和端子接线图等。二次回路安装接线图是在原理图或其展开图的基础上绘制的，图中所有二次元件均按实际位置和连接关系绘制，即为安装、维护时提供导线连接位置。

9.2 二次回路的操作电源

二次回路的操作电源是供高压断路器控制回路、继电保护回路、信号回路、监测装置及自动化装置等二次回路所需的工作电源。在供配电系统正常运行时，操作电源应能保证断路器的合闸和跳闸；在事故状态下，当供配电系统母线电压降低甚至消失时，操作电源应能保证继电保护系统可靠地工作。操作电源首先必须安全可靠，不受供电系统运行情况的影响，保持不间断供电；其次容量要足够大，应能够满足供电系统正常运行和事故处理所需要的容量。

操作电源有直流电源和交流电源两大类。直流操作电源用于大、中型变配电所，通常以蓄电池组、整流装置供电；交流操作电源用于小型变配电所，以所用变压器、电流互感器及电压互感器供电。

9.2.1 直流操作电源

1. 组成及工作原理

目前在较重要的中、大型变配电所选用的直流操作电源大多为带阀控式密封铅酸蓄电池的高频开关电源成套装置。图9-2为智能高频开关操作电源系统原理图。该直流操作电源主要由交流输入部分、充电模块、微机监控系统、自动调压装置、电池组、直流配电部分等组成。其中充电模块、自动调压装置、微机监控系统的作用如下：

（1）充电模块

充电模块采用先进的移相谐振高频软开关技术，将三相380V交流电源输入先整流成高压直流电，再逆变为可调脉宽的脉冲电压波。经滤波输出所需的纹波系数很小的直流电，以冗余并联的方式对电池进行充电或浮充电。充电整流模块采用硬件自主均流，具有输出电压和电流平滑调节的功能。整体具有效率高、空载功耗小、体积小、重量轻、可靠性高等特点，能够确保供电系统可靠运行。

（2）自动调压装置

蓄电池及充电装置可直接连接至合闸母线，合闸母线不调压。控制母线经调压装置（硅链）由合闸母线供电。根据要求调压装置可提供控制母线约35V的电压调整。调压装置的过载及短路保护与控制母线出线保护有可靠的选择性配合，能够保证出线支路短路时，调压装置不会误动。调压装置采用硅链及高精度的调压电路作为调压装置。综合测量模块内置模拟量采集、开关量检测电路，完成直流配电系统母线电压的测量，通过对降压硅链的切换实现对控制母线电压进行不间断平稳自动调节。

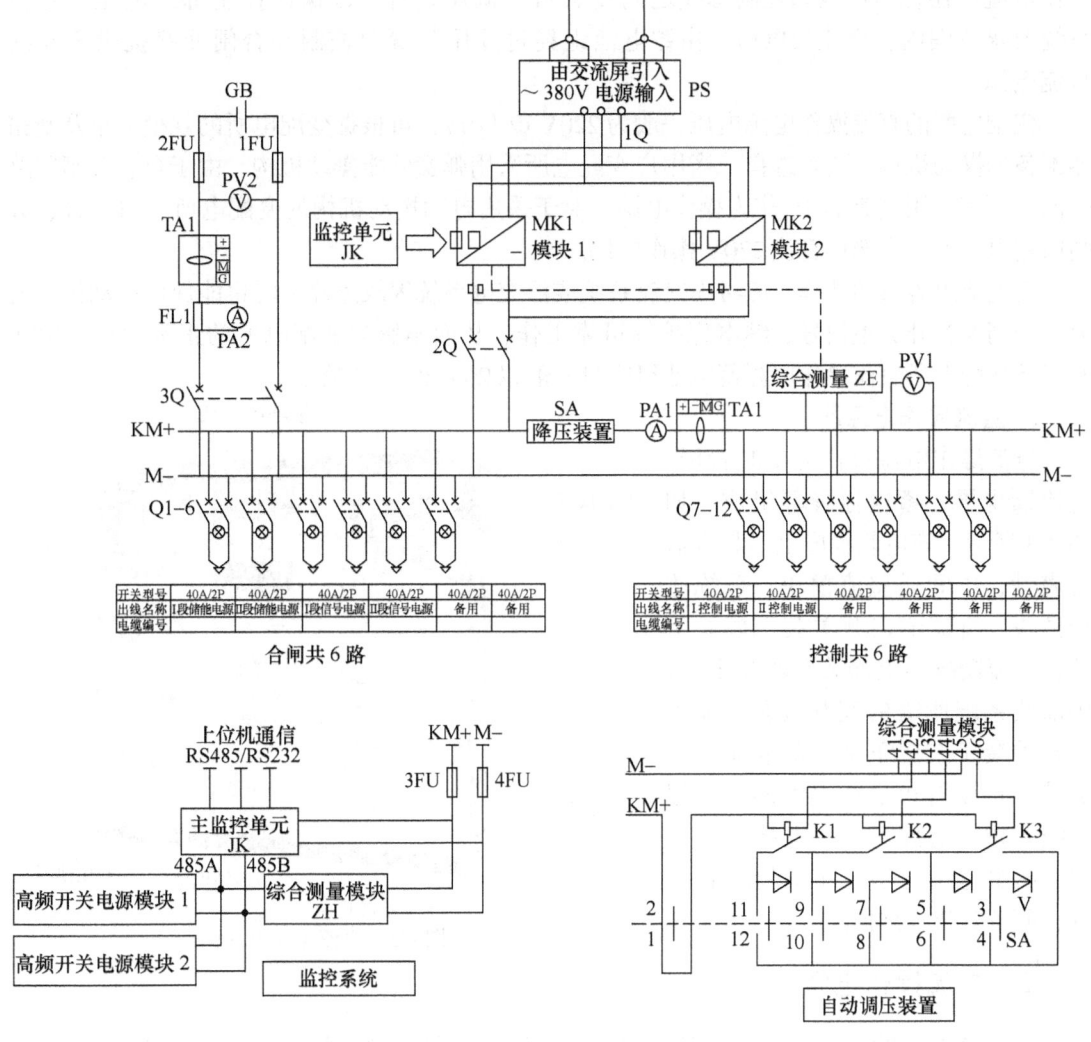

图 9-2 直流电源系统接线图

MK1-2—高频开关电源模块 SA—转换开关 JK—监控系统 K1-3—直流接触器 V—降压硅链
ZH—综合测量模块 TA1-2 电流传感器 FL1—分流口 GB—蓄电池

(3) 微机监控系统

该系统可完成系统配电、充电模块及其他设备的数据采集、状态监控、告警功能，实现智能电池管理等功能。本系统一般设有母线过/欠压、电池电压过/欠压、充电机故障、交流断相或交流失电等故障指示及报警。系统中的各监控单元受主监控系统的管理和控制，通过 RS-485 通信线将各监控单元采集的信息送给主监控统一管理。主监控显示直流系统各种信息，可通过触摸或按键操作来查询系统信息及实现"四遥"功能，系统信息还可以通过主监控的上位机通信接口接入到远端监控系统。

直流操作电源的工作原理：交流正常时，两路市电经过交流切换输入一路交流，给各个充电模块供电。充电模块将输入三相交流电转换为直流电，经过保护电器（熔断器或断路器）输出，一方面给蓄电池充电，另一方面经直流馈出单元给直流负载提供正常工作电流；在合闸母线和控制母线之间设有自动调压装置，以保证控制母线电压稳定在系统要求范围内；交流失电后，由蓄电池组经过降压装置向控制和合闸回路提供不间断直流电源。

变配电所的直流操作电源电压一般为220V或110V，可根据变配电所的规模大小及断路器配备的操动机构需要来选择。当用户变配电所采用弹簧储能操动机构，由于合、分闸回路电流小，宜选用直流110V作为操作电源，对于采用电动操动机构的变配电所，由于合、分闸回路电流大，宜选用直流220V操作电源。

蓄电池组容量的选择，应考虑交流系统或浮充电系统因故障停电时也能保证操动机构的分、合闸及各开关柜信号、继电保护等可靠工作，从而不影响变配电所的正常运行。10kV及以下变配电所直流操作电源蓄电池组容量一般以20~40Ah为宜。

2. 直流操作电源屏

直流操作电源屏由充电装置屏、直流馈电屏、蓄电池屏等组成，如图9-3所示。充电装置屏上部装有监视表计，中间是整流模块、系统监控模块，直流输出开关装于模块下端；直流馈电屏上部装有监视表计，中部装系统所需的配套装置，馈出线开关装于装置下部；蓄电池屏根据其容量设置单屏或多面屏，根据系统要求，上部可装蓄电池巡检装置，蓄电池组分层装于巡检装置下部，便于安装、维护。

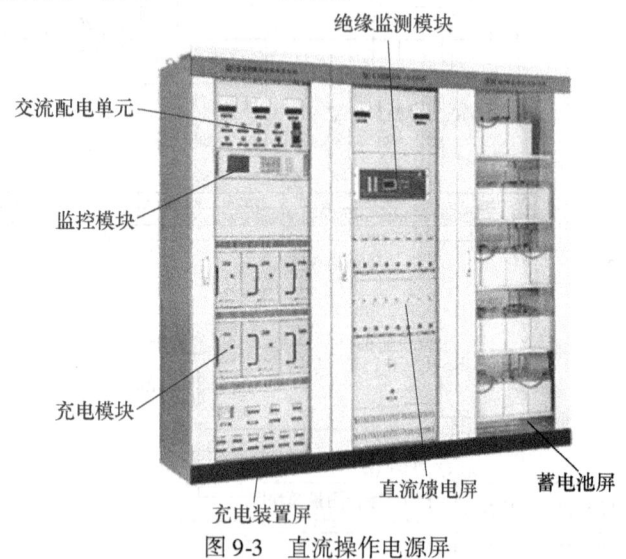

图9-3 直流操作电源屏

9.2.2 交流操作电源

交流操作的断路器应采用交流操作电源，相应地断路器的保护继电器、控制设备、信号装置及其他二次元件均应采用交流形式。交流操作电源可分电流源和电压源两种。电流源取自电流互感器，主要供电给继电保护和跳闸回路。电压源取自变配电所的所用变压器或电压互感器。用电压互感器作交流操作电源时，当一次系统发生故障时，交流电压可能会大大降低或消失，电压互感器的二次电压也随之降低或消失，因此这种操作电源可靠性差，只能作为断路器正常跳合闸以及油浸式变压器气体保护或干式变压器温度保护的工作电源。相反，电流互感器对于短路故障、过负荷都非常有效，可用它为操作电源实现过电流保护，作用于断路器操动机构上的电流脱扣器，使断路器自动跳闸。

图9-4是由一段母线电压互感器经100/220V中间变压器取得220V交流操作电压源的电路。当变配电所有两路高压进线时，交流操作电源则应采用双电源切换装置，两路电源分别引自不同母线段的电压互感器，经100/220V中间变压器供电，可互为备用自动切换。图中，电压互感器二次侧采用不接地系统，是为了防止二次回路接地影响操作电源的可靠性，当某点发生接地故障时，供电可不中断。平时可通过选择开关SA1和电压继电器KV来检查二次回路绝缘是否完好，一旦有接地故障，则接地检查继电器动作，发出信号，告知运行人

员去检查排除。电压互感器二次侧通过击穿熔断器接地,是为了防止一、二次绕组绝缘击穿时,一次侧高电压窜入二次侧,危及人身和设备安全。

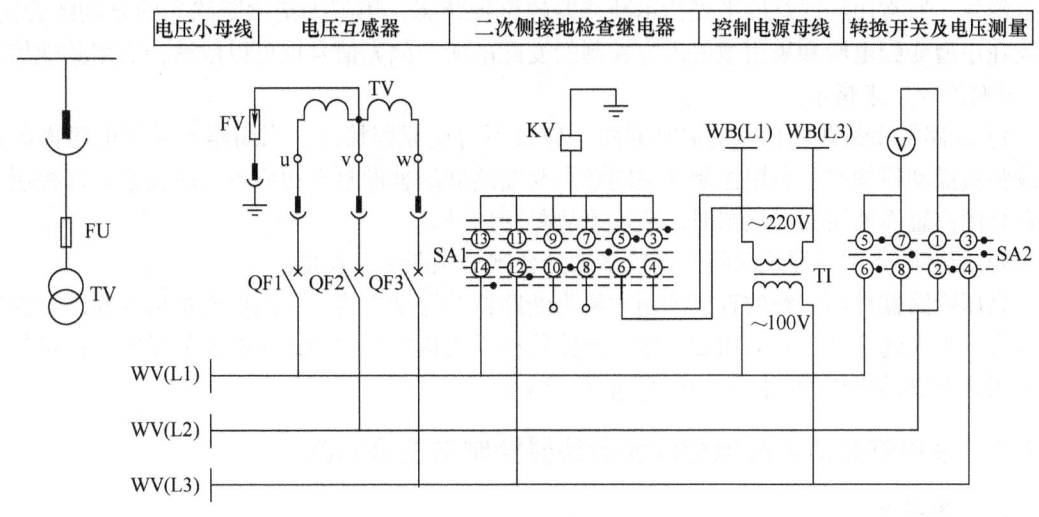

图9-4 有电压互感器取得交流操作电源的电路

采用交流操作电源可使二次回路简化,投资减小,维护方便,在小型变电所应用广泛。但交流操作电源不适应比较复杂的二次系统。

9.3 高压断路器的控制和信号回路

变电所在运行时,由于负荷的变化或系统运行方式的改变,经常需要操作断路器和隔离开关等设备。高压断路器的控制回路是指用控制开关或遥控命令操作断路器跳、合闸的回路。就断路器的控制方式而言,有开关柜就地控制和在控制室远方控制两种形式。

信号回路是用来指示一次系统运行状态的二次回路。按用途分,信号有位置信号、事故信号和预告信号等。

断路器位置信号用来显示断路器正常工作的位置状态,一般红灯亮表示断路器处于合闸位置,绿灯亮表示断路器处于跳闸位置。

事故信号用来显示断路器在事故状况下的工作状态,一般红灯闪烁表示断路器自动合闸,绿灯闪烁表示断路器自动跳闸。此外,还有事故声响信号和光字牌等。

预告信号是在系统出现不正常状态时或在故障初期发出的报警信号。例如,变压器超温或系统接地时,就发出预告声响信号,同时光字牌亮,指示故障的性质和地点,运行人员可根据预告信号及时处理。

9.3.1 对断路器控制回路的基本要求

对断路器控制回路的基本要求如下:
1) 应能监视电源及跳、合闸回路的完好性,以保证断路器的正常工作。通常,小型变配电所采用灯光监视方案,中大型变配电所采用声响监视方案或微机远方监视。
2) 跳合闸完成后,应能自动解除跳合闸命令脉冲。由于合闸线圈和跳闸线圈都是按通过短时工作电流设计的，因此分、合断路器后应立即自动断开，以免烧坏线圈。

3）应能指示断路器正常合闸和跳闸的位置状态，并在自动合闸和自动跳闸时有明显的指示信号。通常用红绿灯的平光指示断路器的位置状态，用闪光指示断路器的自动跳合闸。一般在小型变配电所和采用微机远方控制的变配电所，闪光信号也可以取消，而用其他信号（如声响信号）来指示。

4）断路器事故跳闸信号的启动回路，应按不对应原则接线。当断路器采用电磁操动机构或弹簧操动机构时，利用控制开关的触点与断路器的辅助触点构成不对应关系，即控制开关在合闸位置而断路器已跳闸时，启动事故跳闸信号。

5）能够防止断路器短时间内连续多次分合闸的跳跃现象发生。

高压断路器控制回路的直接控制对象为断路器的操动机构。不同操动机构的断路器控制回路有着很大的区别，它的构成决定于断路器操动机构的形式和操作电源的类别。这里仅介绍采用弹簧操动机构的断路器控制与信号回路。

9.3.2 采用灯光监视就地控制的断路器控制与信号回路

1. 控制开关

控制开关是开关柜就地控制断路器跳、合闸的主令元件。常用的控制开关是用手柄操作的，在手柄转轴上装有彼此绝缘的系列铜片触点（动触点），绝缘外壳的内壁上装有固定不动的静触点。当手柄转动时，每个触点盒内动、静触点的通断状态发生相应变化。目前，用户变配电所多采用LW12型万能转换开关作为控制开关。图9-5是LW12型万能转换开关外形图。表9-1为LW12-16D/49.4636.6开关触点图表，表中"×"表示触点为接通状态，"—"表示触点为断开状态。

图9-5 LW12型万能转换开关外形图

表9-1 LW12-16D/49.4636.6开关触点图表

	触点号		1-2	3-4	5-6	7-8	9-10	11-12	13-14	15-16	17-18	19-20
手柄位置	跳闸后		—	×	—	—	—	—	×	—	—	×
	预备合闸		×	—	—	—	×	—	—	—	×	—
	合闸		—	—	—	—	—	—	—	×	—	—
	合闸后		×	—	—	—	×	—	—	—	—	—
	预备跳闸		—	—	×	—	—	—	×	—	×	—
	跳闸		—	—	—	×	—	—	—	×	—	×

这种控制开关有6个位置，即两个预备操作位置（"预备合闸"和"预备跳闸"），两个操作位置（"合闸"和"跳闸"）和两个固定位置（"合闸后"和"跳闸后"）。合闸操作的程序为"预备合闸"→"合闸"→"合闸后"；跳闸操作的程序为"预备跳闸"→"跳闸"→"跳闸后"。操作时，操作人员先把控制开关转动到"预备操作位置"，再旋转至"操作位

置",并保持到确认断路器已完成合闸或跳闸动作时,松开手柄。这时控制开关在弹簧作用下会自动回转到"固定位置",整个操作过程完成。

2. 断路器控制与信号回路的分析

图9-6是采用灯光监视就地控制的断路器控制与信号回路。此电路多用于小型变配电所中,断路器配用弹簧操动机构,采用直流操作电源。断路器操动机构中的合闸线圈YC、跳

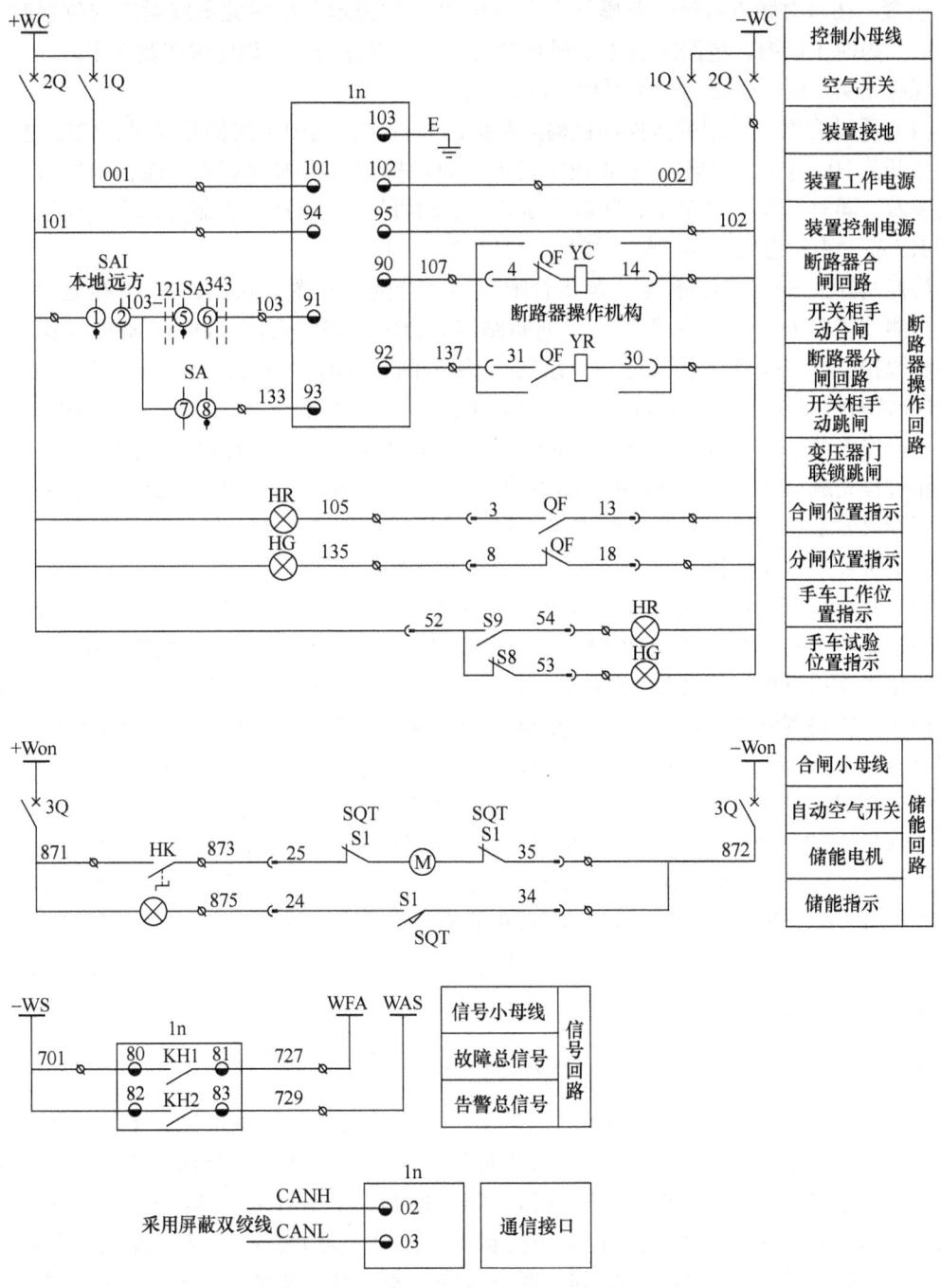

图9-6 灯光监视就地控制的断路器控制与信号回路

闸线圈 YT、储能电动机 M、弹簧行程开关 SQT 及断路器辅助触点 QF 与断路器本体一起安装在手车上，通过二次插头插座与固定设备相连。控制开关 SA1 有两个位置，在开关柜上操作时，将其置于"本地"其触点 1-2 接通。控制开关 SA 手柄的 6 个位置采用 6 条虚线表示，其中，"2"为"合闸"位置，内侧"1"为"预备合闸"位置，外侧"1"为"合闸后"位置；"4"为"跳闸"位置，内侧"3"为"预备跳闸"位置，外侧"3"为"跳闸后"位置。在每对触点右侧一条虚线上有一个"·"表示手柄在此虚线对应的位置时该触头接通。为便于读图，电路图右边还标有说明栏，对应每条回路相应说明其作用。

现将图 9-6 所示电路的工作原理分析如下。

(1) 手动合闸　采用弹簧操动机构的断路器在首次合闸前需先储足能量，储能过程为：将主令开关 HK 合上，储能电机 M 通电运行，通过拉伸或压缩弹簧来储能，到位后，锁扣扣住弹簧，同时行程开关 SQT 常闭触点断开，电动机停车，SQT 常开触点闭合，储能位置指示灯 HY 亮，表示合闸弹簧已储足能量，可以进行合闸操作。

将控制开关 SA 手柄旋转至"预备合闸"→"合闸"位置，触点 SA5-6 接通，通过微机保护测控装置 1n 的出口插件触点接通断路器的合闸回路故合闸线圈 YC 通电动作，使锁扣系统脱扣，合闸弹簧释放能量，使断路器克服分闸弹簧的反作用力而合闸。合闸动作完成后，QF 常闭触点断开，切断合闸回路，绿灯 HG 熄灭，QF 常开触点闭合，红灯 HR 亮。

当操作人员松开手柄时，控制开关 SA 在弹簧作用下会自动回转到"合闸后"位置，整个操作过程完成。红灯 HR 亮表示断路器处于合闸状态，同时表明跳闸回路完好。另外，合闸弹簧释放能量后，其行程开关触点自动返回，因 HK 处于接通位置，弹簧会自动储足能量，为下次合闸做好准备。

(2) 手动跳闸　将控制开关旋转至"预备跳闸"→"跳闸"位置，触点 SA7-8 接通，通过微机保护测控装置 1n 的输出触点接通断路器的跳闸回路。故跳闸线圈 YR 通电动作，使合闸位置锁扣脱扣，断路器在分闸弹簧的作用下跳闸。松手后，SA 又自动回转到"跳闸后"位置。断路器跳闸动作完成后，QF 常开触点返回断开，红灯 HR 熄灭，QF 常闭触点返回闭合，绿灯 HG 亮，表示断路器处于跳闸状态，同时表明合闸回路完好。

(3) 信号回路　当一次系统发生故障时，微机继电保护装置动作，断路器自动跳闸。此时控制开关 SA 仍处于"合闸后"位置，这种情况称为"不对应"关系。在此情况下，事故跳闸信号回路接通，事故小母线 WFA 与 WS 接通。使中央信号装置发出事故声响信号。运行人员得知事故跳闸信号后，可将控制开关 SA 的手柄位置旋转至"预备跳闸"→"跳闸"→"跳闸后"位置，使控制开关 SA 与断路器恢复对应关系，事故信号随即解除。图中，WDS、WFS 为事故信号小母线。

9.3.3　采用微机远方监控的断路器控制和信号回路

图 9-7 是一种采用微机远方监控的断路器控制和信号回路。图中设置了"远方/就地"选择开关 SA2，它有三个位置："1"为就地操作位置，"2"为远方操作位置，"0"为断开位置。当选择在"就地"位置时，断路器只能由控制开关 SA1 控制跳、合闸；；当选择在"远方"位置时，断路器只能由遥控命令控制跳、合闸。为了远程监视控制回路的完好性，采用了断路器合闸位置继电器 KPC 和跳闸位置继电器 KPT，断路器位置信号就地指示，仍用红、绿灯。为了使遥控跳、合闸命令及保护跳闸命令能保持直到断路器完成合闸和跳闸动

作，电路还采用了断路器合闸保持继电器 KHC 和跳闸保持继电器 KHT，跳闸保持继电器 KHT 具有电流起动线圈和电压保持线圈，还起着电气防跳的作用。断路器手车位置触点 SQ1、SQ2 串在合闸回路中，是为防误操作闭锁而设，即只有在手车处于工作位置时，断路器才能合闸。微机综合保护监控装置不仅能对一次系统实现各种保护，而且能对断路器进行遥控跳、合闸，能监视设备运行状态，如断路器位置、手车位置、控制回路的完好性、远方/就地切换开关位置、合闸弹簧是否储能等，还具有事故信号和各种预告信号输出，并具有 RS485 准接口，可与监控主计算机通信。

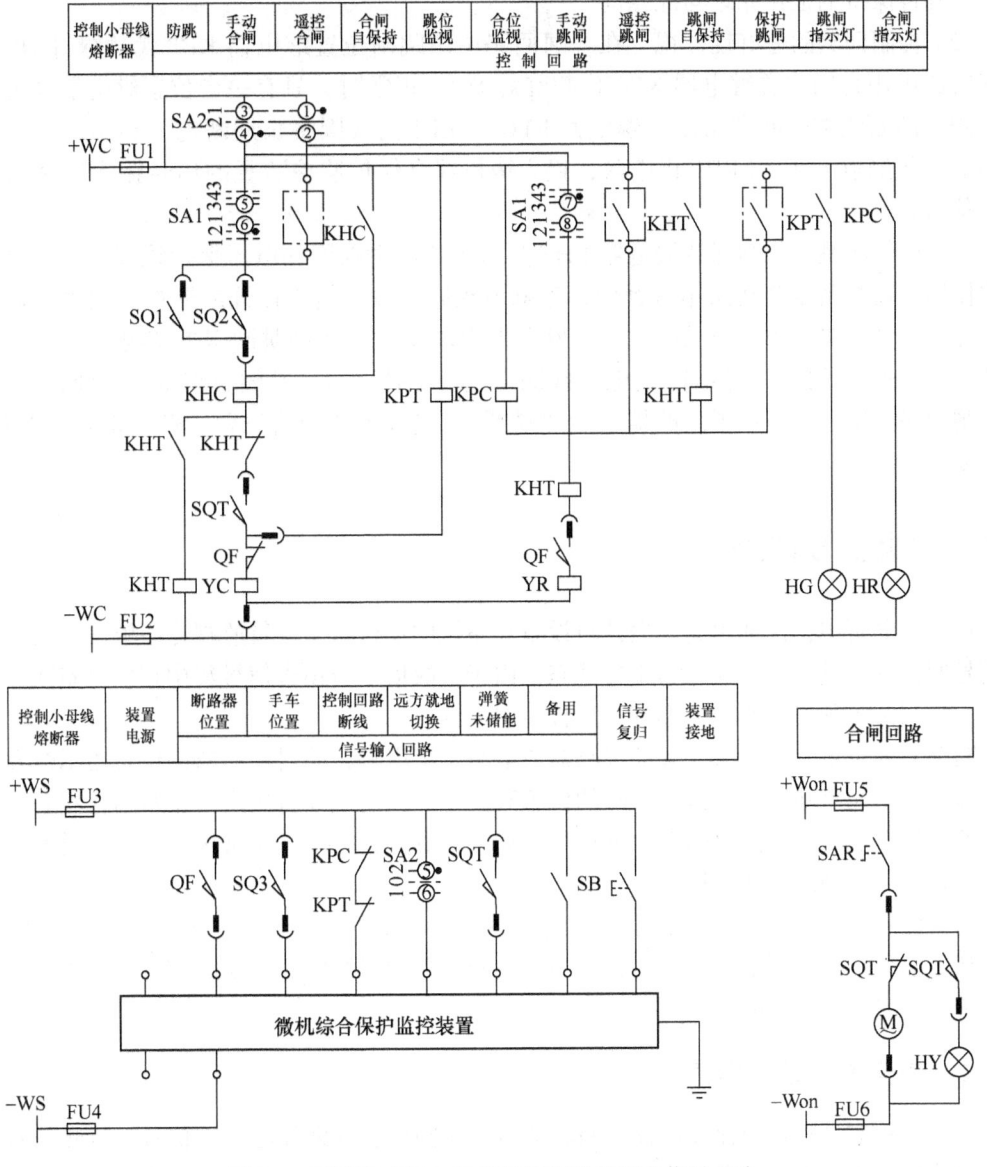

图 9-7 采用微机远方监控的断路器控制和信号回路

现将图 9-7 所示电路的工作特点分析如下：

（1）断路器的远方控制　将 SA2 转换开关旋至"远方"位置，此时控制开关 SA1 不起作用，断路器的跳、合闸操作由微机综合保护监控装置发出的遥控跳、合闸命令实现。合闸操作之前，手车处于工作位置，SQ1、SQ2 触点闭合，弹簧已储能，SQ 常开触点闭合，此时发出合闸命令，即遥控合闸输出触点闭合，断路器合闸线圈 YC 得电动作；同时，合闸保持继电器 KHC 得电动作自保持，直至断路器合闸动作完成。合闸后，断路器辅助触点 QF 断开，切断合闸电流。若未采用合闸自保持，如遥控合闸触点在断路器辅助触点 QF 未断开前就返回了，则没有完成合闸动作，而且由于被切断的合闸电流较大会烧坏遥控触点。采用合闸自保持后，使合闸电流在遥控合闸触点提前返回后，仍有通路，仍由 QF 触点切断合闸电流。跳闸自保持的工作原理与此相同。

(2) 控制回路的完好性监视　在合闸回路中用跳闸位置继电器 KPT 代替绿灯 HG，在跳闸回路中用合闸位置继电器 KPC 代替红灯 HR。正常时，只有一个位置继电器通电；一旦控制回路断线或熔断器熔断，继电器 KPC 和 KPT 的线圈将长期断电，利用两个位置继电器的常闭触点 KPC 和 KPT 相串联，接入微机综合保护监控装置的信号输入回路去发出预告信号。

(3) 电气防跳　跳闸保持继电器 KHT 具有电流起动线圈和电压保持线圈，起着电气防跳的作用。在断路器合闸操作过程中，若就地控制开关手柄未松开或遥控合闸触点被焊住了，此时遇到线路故障，因保护动作，断路器自动跳闸并起动跳闸保持继电器 KHT，由于常开触点 KHT 已闭合，使 KHT 的电压线圈得电自保持，另一常闭触点 KHT 已断开，切断了合闸回路，这样就防止了断路器发生"跳跃"。当合闸脉冲消失后，KHT 常开触点断开，电路复原。

9.4　中央信号回路

在变配电所中，仅利用测量表计对设备和系统的运行状态进行监视是不够的，还必须借助信号回路反应设备的状况和非正常状态。由于事故信号与预告信号集中在值班室或控制室反应，它们是各种信号的中央部分，故称为中央信号。

断路器发生事故跳闸时，起动蜂鸣器或电笛发出声响，同时断路器的位置指示灯发出闪光，事故类型光字牌点亮，指示故障的位置和类型。当电气设备出现不正常运行状态时，起动警铃发出声响信号，同时标有故障信号的光字牌点亮，指示不正常运行状态的类型，如变压器过负荷、控制回路断线等。

中央信号装置在发出声响信号后，应能手动或自动复归（解除）声响，而灯光信号及其他指示信号应保持到消除故障为止。中央信号装置的接线应能对事故信号、预告信号及其光字牌是否完好进行试验。

9.4.1　中央事故信号装置

中央事故信号装置应保证在任一断路器事故跳闸后，立即发出声响信号、灯光信号或其他指示信号。中央事故信号装置按事故声响的动作特征分，有不能重复动作的和能重复动作的两种。图 9-8 是中央复归不能重复动作的事故信号装置。这种信号装置适用于高压出线较少的中小型变配电所。当任一台断路器自动跳闸后，断路器的不对应回路接通，事故预告小母线 WFA 得电，接通事故声响信号，蜂鸣器响。同时黄色信号灯 HY 亮，提醒值班员发生了事故。在值班员听到事故信号后，按下 SB1 按钮即可解除事故声响信号，但控制屏上断路器的闪光信号却继续保留着。图中 SB2 为声响信号的试验按钮。这种信号装置不能重复动作，即第一台断路器自动跳闸后，值班员虽已解除事故声响信号，而控制屏上的闪光信号依然存在。假设这时又有一台断路器自动跳闸，事故声响信号将不会动作，因为中间继电器的常开触点 KM 已将 KM 线圈自保持，而常闭触点 KM 是断开的，所以声响信号不会重复动作。只有将第一个断路器的控制开关 SA1 的手柄旋至对应的跳闸后位置时，另一断路器自动跳闸时才会发出事故声响信号。

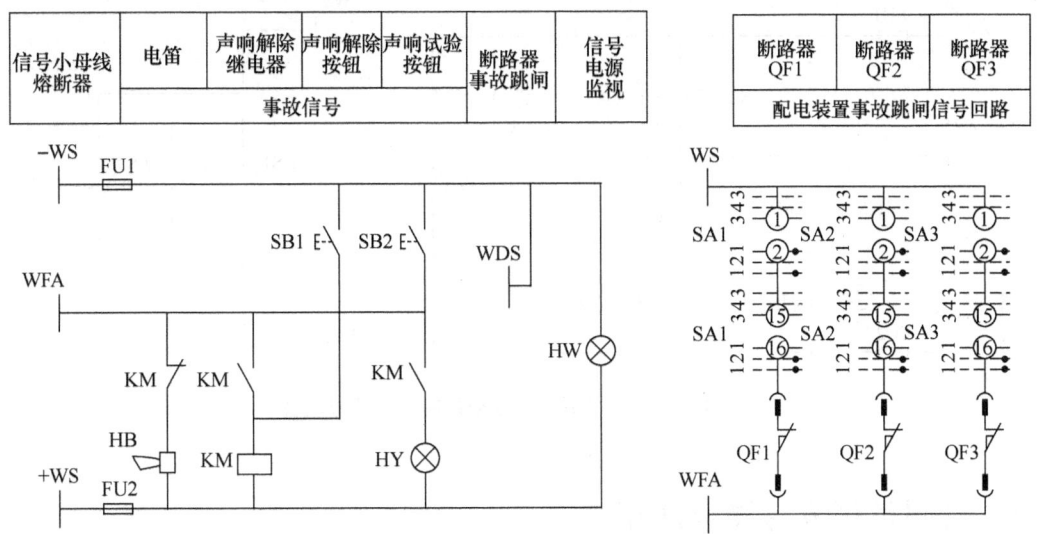

图 9-8　中央复归不能重复动作的事故信号装置
WS—信号小母线　WFA—事故声响信号小母线　SA1、SA2—控制开关
SB1—声响解除按钮　SB2—试验按钮　KM—中间继电器　HB—蜂鸣器

9.4.2　中央预告信号装置

中央预告信号装置应保证在任一电路发生不正常运行状态时，能按要求（瞬时或延时）准确发出声响信号和灯光信号。

图 9-9 是中央复归不能重复动作的预告信号装置。当系统中发生不正常工作状态时，事故预告小母线 WAS 得电，启动预告声响信号电铃 HA，值班员得知预告信号后，按下按钮 SB1，中间继电器 KM 线圈得点动作，其常闭触点断开，解除电铃 HA 的音响信号，常开触点闭合，使中间继电器线圈自保持，同时黄色信号灯 HY 亮，提醒值班员发生了不正常工作状态，而且尚未解除。当不正常工作状态消除后，继电器触点 KM 返回，黄色信号灯 HY 也同时熄灭。但在前一个不正常工作状态未消除时，如果出现另一个不正常工作状态，电铃 HA 不会重复动作。

上述传统的中央信号报警装置是由各种继电器、光字牌、蜂鸣器、电铃等组成，存在功耗大、体积大、接线多等缺点。随着计算机技术在供配电系统的应用，微机型中央信号装置得到应用。微机型中央信号装置基于微处理器（MCU）而构成，具有计算速度快、测量准确度高、操作简便、显示直观等特点，主要完成变配电所内事故信号及预告信号的报警输出，同时还可以在线监测直流系统电压异常、直流系统接地、直流系统电压及控制回路电流等。一般的微机型中央信号装置均带有高速的总线接口，装置上的所有信息可通过变配电所的通信网上传到后台计算机监控系统，并可用计算机语音提示代替蜂鸣器和电铃报警，用计算机屏幕画面的动态显示和文字提示代替光字牌报警等。

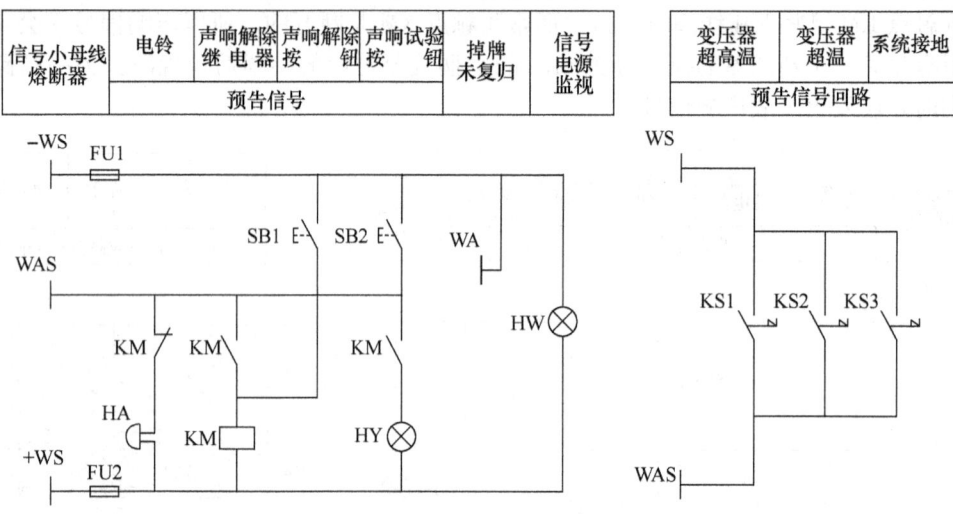

图 9-9　中央复归不能重复动作的预告信号装置

9.5　电测量仪表与测量回路

在供配电系统中，进行电气测量的目的有三个，一是计费测量，主要是计量用电单位的用电量，如有功电能表、无功电能表；二是对供电系统中运行状态、技术经济分析进行的测量，如电压、电流、有功功率、无功功率、有功电能、无功电能测量等，这些参数通常都需要定时记录；三是对交、直流系统的安全状况如绝缘电阻、三相电压是否平衡等进行监测。由于目的不同，对测量仪表的要求也不一样。

9.5.1　仪表的准确度要求

1）标准表式精密测量时可选用 0.1 级或 0.2 级的仪表，实验室一般选用 0.5 级或 1.0 级的仪表。一般工程测量可选用 1.5 级以下的仪表。交流电流、电压表、功率表可选用 1.5~2.5 级；直流电路中电流、电压表可选用 1.5 级；频率表可用 0.5 级。

2）电气测量仪表一般通过电流互感器和电压互感器接入一次系统中，其测量范围和准确度需要和互感器相配套，互感器的准确度应比测量仪表高一级。测量电能表及互感器准确度配置见表 9-2。

3）仪表的测量范围（量限）和电流互感器电流比的选择，宜满足当电力装置回路以额定值运行时，仪表的指示在标度尺的 2/3 处。对有可能过负荷运行的电力装置回路，仪表的测量范围，宜留有适当的过负荷裕度。对重载起动的电动机和运行中有可能出现短时冲击电流的电力装置回路，宜采用具有过负荷标度尺的电流表。对有可能双向运行的电力装置回路，应采用具有双向标度尺的仪表。

表 9-2 常用仪表准确度配置

测量要求	互感器准确度	电能表准确度	配置说明
计费计量	0.2 级	0.5 级有功电能表 0.5 级专用电能计量仪表	月平均用电量在 1×10^6 kWh 及以上的计量点
	0.5 级	1.0 级有功电能表 1.0 级专用电能计量仪表 2.0 级无功电能表	1. 月平均用电量在 1×10^6 kWh 及以下的计量点 2. 315kVA 及以上的变压器高压侧计量点
计费计量及一般计量	1.0 级	2.0 级有功电能表 3.0 级无功电能表	1. 315kVA 及以下的变压器低压侧计量点 2. 75kW 及以上电动机电能计量 3. 企业内部技术经济考核而不计费的计量点
一般测量	1.0	1.5 级和 0.5 级测量仪表	
	3.0	2.5 级测量仪表	非重要用户

9.5.2 互感器和测量仪表的配置

要实现测量与监测,需要正确地配置互感器和电气测量仪表。

1. 电流互感器的配置

凡装有断路器的回路均应装设电流互感器。未装断路器的变压器中性点以及变压器的出口等回路中,也应装设电流互感器。装设电流互感器的数量应满足测量仪表、继电保护和自动装置的要求。在中性点直接接地的三相电网中,电流互感器按三相配置;在中性点非直接接地的三相电网中,电流互感器按二相配置,变压器回路按三相配置。继电保护用电流互感器,应尽可能减小或消除不保护区。同一网络中各线路的电流互感器,均应配置在同名相上。

2. 电压互感器的配置

电压互感器的配置,除应满足测量仪表、继电保护和自动装置的要求外,还应考虑绝缘监测装置的要求。每段母线都必须装设电压互感器,供测量、保护等用。6~10kV 母线装设一只三相五柱式或三只单相电压互感器。35kV 以上母线一般装设三只单相电压互感器。

3. 电气测量仪表的配置

变配电所中各部分仪表的配置如下:

1) 在电源进线上,或经供电部门同意的电能计量点,必须装设计费的有功电能表和无功电能表,而且宜采用全国统一标准的电能计量柜。为指示负荷电流,进线上还应装设一只电流表。

2) 变配电所的每段母线上,必须装设电压表测量电压。在中性点非有效接地的系统中,各段母线上还应装设绝缘监测装置。

3) 35~110/6~10kV 的电力变压器,应装设测量电流、有功功率、无功功率、有功电能和无功电能的表各一只。6~10/0.4kV 的电力变压器,在高压侧装设测量电流和有功电能的表计,如为单独经济核算单位的变压器,还应装设一只无功电能表。

4) 3~10kV 的配电线路,应装设测量电流、有功和无功电能的表计。如不是送往单独经济核算单位时，可不检测无功电能。当线路负荷在5000kVA及以上时，需要检测有功功率。

5）380V的电源进线或变压器低压侧，各相应装一只电流表。如果变压器高压侧未装电能表时，低压侧还应装设有功电能表一只。低压动力线路上，应装设一只电流表。低压照明线路及三相负荷不平衡率大于15%的线路上，应装设三只电流表分别测量三相电流。如需计量电能，一般应装设一只三相四线有功电能表。

6）并联电力电容器组的总回路上，应装设三只电流表，分别测量三相电流，并应装设一只无功电能表。

9.5.3 电气测量回路与绝缘监视回路

1. 常规电气测量回路

图9-10是6~10kV线路电气测量仪表回路，共配置了一块电流表、一块三相有功电能表和一块三相无功电能表。二次测量仪表装置的额定电流一般为5A，额定电压一般为100V，因此，仪表电流和电压均通过互感器接入。

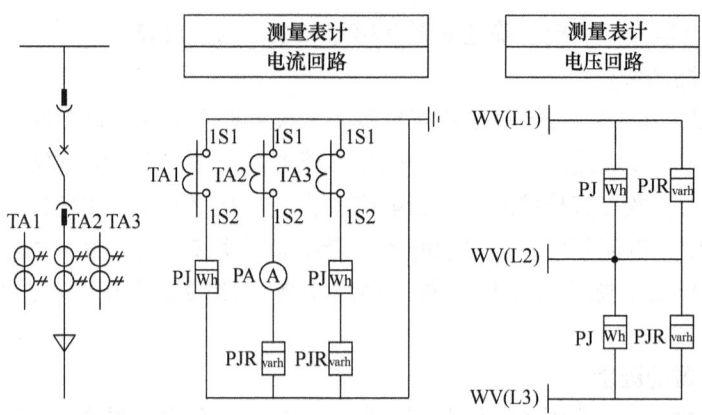

图9-10 6~10kV线路电气测量仪表接线图

2. 多功能电能表计量回路

传统的指针式仪表，测量准确度不高，灵敏度低，测量功能单一。基于先进的数字信号处理和单片机技术的三相电子式电能表集测量、显示、参数设置和数据存储为一体，可任意设定所配用的电流互感器电压比或电流比，既具有单一功能数字功能，也具有多功能表的功能。图9-11所示为三相电子式多功能电能表，该表可实现有功双向分时电能计量、需量计量、正弦式无功计量、功率因数计量、显示和远传实时电压、电流、功率等，且可按电力部门标准实现全部失电压、失电流、电压合格率记录、报警、显示功能，可有效地杜绝窃电行为。多功能电力仪表是一种具有可编程测量、显示、数字通信和电能脉冲变送输出等功能的智能电表，能够完成电量测量、电能计量、数据显示、采集及传输等功能。图9-12所示的多功能电力仪表，可测量三相电压、电流、有功功率、无功功率、功率因数、电网频率、有功电能、无功电能等电量，并带有通信接口和电能脉冲输出功能。图9-13为多功能电力仪表电气测量接线图。

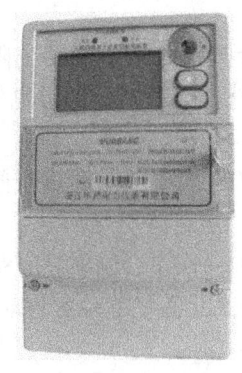
图 9-11 三相电子式多功能电能表

图 9-12 多功能仪表

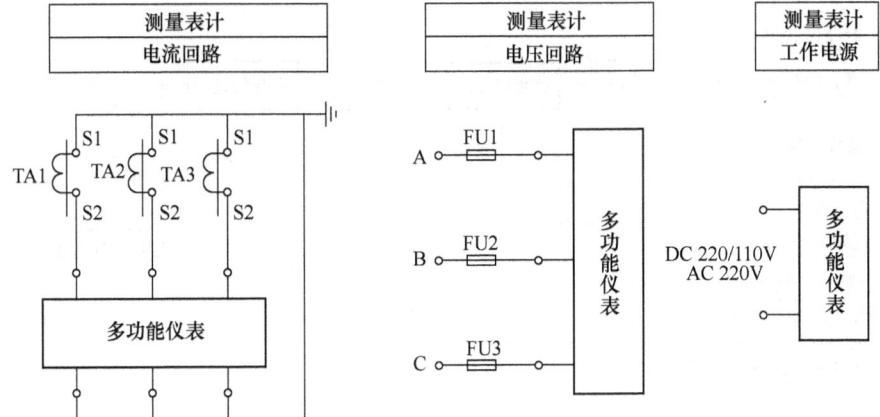
图 9-13 10kV 线路多功能电力仪表电气测量接线图

9.6 供配电系统的自动控制装置

供配电系统中很多运行控制是由自动控制装置完成的,如备用电源投入装置、自动重合闸装置、电压无功综合控制装置等。随着电子技术、计算机技术和通信技术的发展,完成这些运行控制的自动装置逐步实现了微机化、智能化,使供配电系统的监控功能得到很大提高。

9.6.1 自动重合闸装置

供配电系统的运行经验表明,架空线路上的故障大多数是瞬时性的,这些故障在断路器跳闸后,多数能很快地自行消除。例如雷击闪络或鸟兽造成的线路短路故障,往往在雷闪过后或鸟兽烧死以后,线路大多能恢复正常运行。此时若断路器能够再合闸,便可恢复供电,从而提高了供电的可靠性。自动重合闸装置(Automatic Reclosing Equipment,ARE)就是当断路器跳闸后,能够自动地将断路器重新合闸的装置。用户供配电系统中采用的 ARE 一般都是三相一次重合式,简单经济。

1. 对自动重合闸装置的基本要求

1）手动或通过遥控装置将断路器断开或将断路器合闸投入故障线路上随即由保护跳闸将其断开时，自动重合闸装置均不应动作。除上述情况外，当断路器因继电保护动作或其他原因而跳闸时，自动重合闸装置均应动作。

2）应优先采用由控制开关位置与断路器位置不对应的原则来起动重合闸，同时也允许由保护装置来起动。

3）自动重合闸装置的动作次数应符合预先的规定，如一次重合闸就只应实现重合一次。

4）自动重合闸在完成动作以后，一般应能自动复归，准备好下一次再动作。

2. 微机自动重合闸的逻辑原理

微机三相一次自动重合闸的动作逻辑框图如图9-14所示。

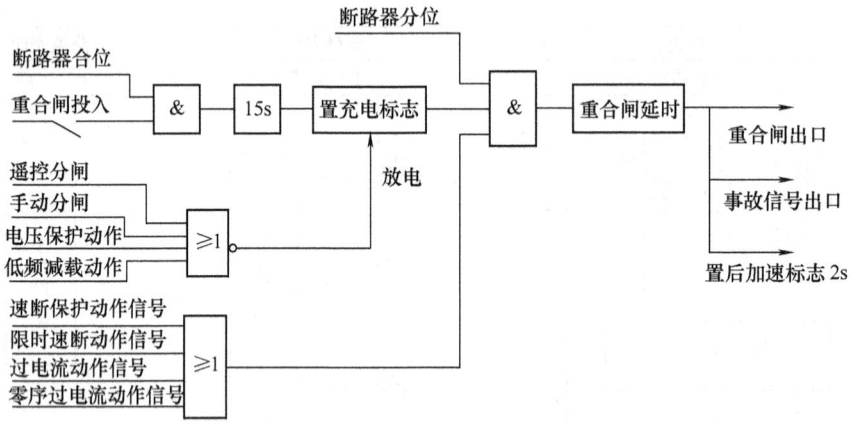

图9-14 微机三相一次自动重合闸的动作逻辑框图

当自动重合闸装置检测到断路器已合闸，且重合闸压板控制在投入位置时，经15s充电后，装置处于重合闸允许状态。当装置判断是电流故障跳闸，如速断保护、限时电流保护、过电流保护等事故后，经重合闸延时0.5~1s后，断路器重新合闸一次。

目前三相一次自动重合闸的功能均嵌入到微机线路保护装置中，与线路保护的各种功能共用一套硬件电路，其三相一次重合闸的功能不再单独设置一个独立的装置。

9.6.2 备用电源自动投入装置

在对供电可靠性要求较高的变配电所中，通常采用两路及以上的电源进线。这两路电源进线的工作方式，或一路为工作电源，另一路为备用电源，或均为工作电源互为备用。前者称为明备用，如图9-15a所示，后者称为暗备用，如图9-15b所示。如果在作为备用电源的线路上或分段断路器上装设备用电源自动投入装置（Auto-Power switch Device，APD），则在工作电源因供电线路故障或电源本身发生事故而停电时，利用APD使该线路的断路器跳闸，并在APD作用下，使备用电源线路的断路器迅速合闸，投入备用电源，恢复供电，从而大大提高供电可靠性。

1. 备用电源的接线方式

在图9-15a所示的明备用线路中，APD装设在备用电源进线断路器QF2上。在正常情况下，QF1闭合，QF2断开，负荷由工作电源供电。当工作电源故障时，APD动作，将QF1

断开,切除故障电源,然后将 QF2 闭合,使备用电源投入工作,恢复供电。

在图 9-15b 所示的暗备用线路中,APD 装设在分段断路器 QF3 上。正常情况下,QF1、QF2 闭合,QF3 断开,两个电源分别向两段母线供电。若电源 1(2)发生故障,APD 动作,将 QF1(QF2)断开,随即将 QF3 闭合,此时全部负荷均由 2(1)电源供电。

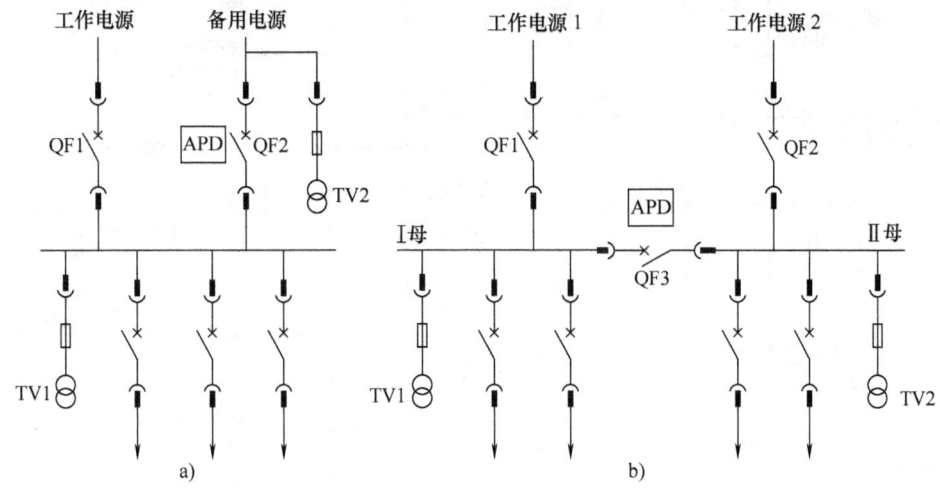

图 9-15 备用电源接线方式示意图
a) 明备用 b) 暗备用

2. 对备用电源自动投入装置的要求

1) 应保证在工作电源断开后投入备用电源。
2) 工作电源故障或断路器被错误断开时,自动投入装置应延时动作。
3) 手动断开工作电源、电压互感器二次回路断线和备用电源无电压的情况下,不应起动自动投入装置。
4) 自动投入装置动作后,如备用电源投到故障回路上,应使保护加速动作并跳闸。
5) 应保证自动投入装置只动作一次,以免将备用电源重复投入永久性故障回路中。
6) 在自动投入装置中,可设置工作电源的电流闭锁回路。

3. 微机备用电源自动投入装置的原理

以图 9-16 所示装设的微机备用电源自动投入装置为例,对图 9-15b 线路进行备用电源投入。其动作逻辑框图如图 9-17 所示。

当备用电源自动投入装置检测到电源进线 1 开关 QF1、电源进线 2 开关 QF2 均在合闸位置,Ⅰ、Ⅱ 段母线均有电压,母线分段开关 QF3 在分闸位置,则备用电源自动投入装置经 15s 充电后可以投入工作。

一般备用电源投入装置有 4 种自投方式,针对不同的运行状态选择自投方式。

自投方式 1:当充电完成后,Ⅰ 母线无电压、进线 1 无电流,Ⅱ 母线有电压则经延时 T_{b1} 后跳开进线断路器 QF1,当确认 QF1 跳开后经整定延时时间 T_{hq} 后,合上分段开关 QF3。

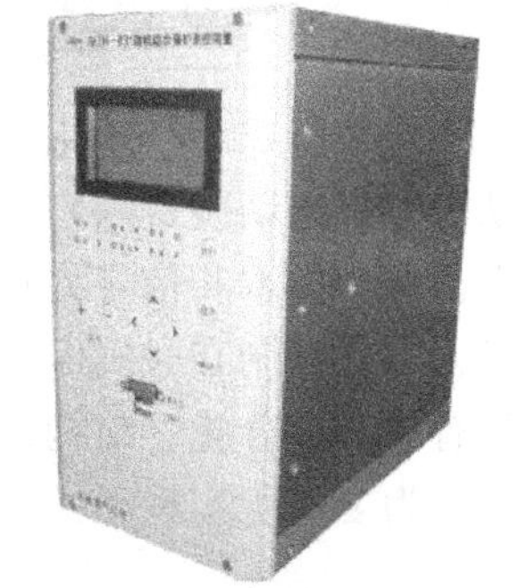

图 9-16 WBT-821 型微机备用电源自动投入装置

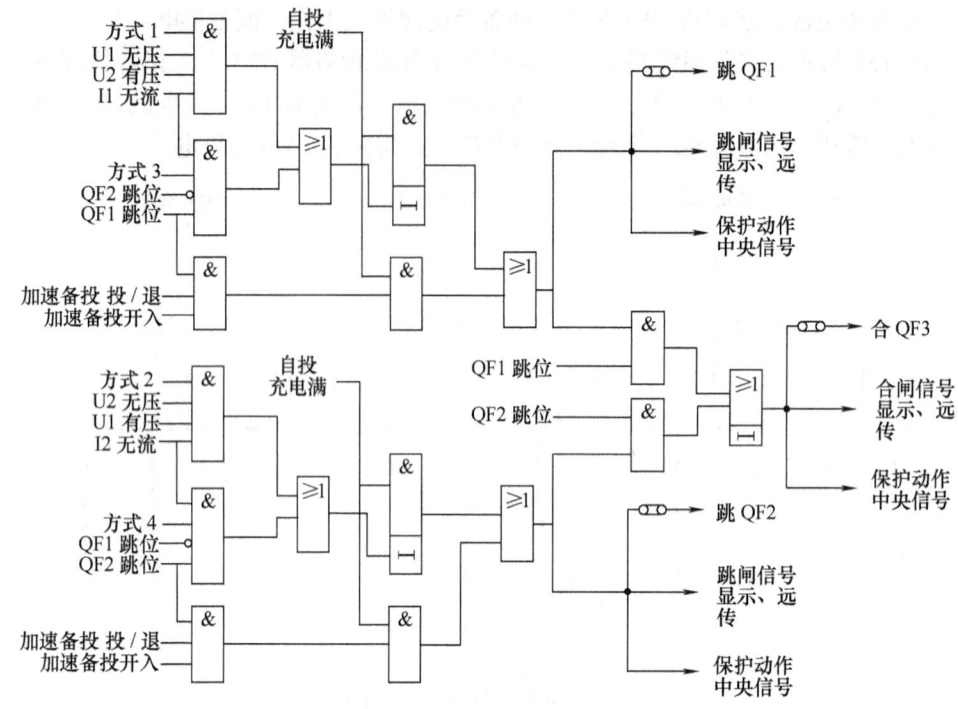

图 9-17 微机备用电源自动投入装置的动作逻辑框图

自投方式 2：当充电完成后，Ⅱ母线无电压、进线 2 无电流，Ⅰ母线有电压则经延时 T_{b2} 后跳开进线开关 QF2，当确认 QF2 跳开后经整定延时 T_{hq} 后，合上分段开关 QF3。

自投方式 3：当充电完成后，QF1 跳开，进线 1 无电流且 QF2 在合闸位置，经延时 T_{b1} 后再追跳 QF1，确认 QF1 跳开后，经整定延时 T_{hq} 合分段开关 QF3。

自投方式 4：当充电完成后，QF2 跳开，进线 2 无电流且 QF1 在合位，经延时 T_{b2} 后再追跳 QF2，确认 QF2 跳开后，经整定延时 T_{hq} 合分段开关 QF3。

除上述自投方式外，备用电源自投装置还具有加速动作的功能。也即当有加速动作开关量输入信号，且"加速备投投运"控制字整定为投入时，如果有相对应的进线开关跳位信号，则不再判别进线电流和母线电压等条件，直接进行跳进线开关和经延时合分段开关。

9.7 变电所综合自动化

变电所综合自动化是将变电所的二次设备（包括测量仪表、信号系统、继电保护、自动装置和远动装置等）经过功能的组合和优化设计，利用先进的计算机技术、现代电子技术、通信技术和信号处理技术，实现对变电所的主要设备和输、配电线路的自动监视、测量、自动控制和微机保护，以及与调度通信等综合性的自动化功能。变电站综合自动化系统具有功能综合化、结构微机化、操作监视屏幕化、运行管理智能化、通信局域网络化等特征，为变电所实现无人值班提供可靠的技术条件。

9.7.1 变电所综合自动化系统的基本功能

变电站综合自动化系统可以完成远动、保护、开关操作、测量、故障录波、事故顺序记录和运行参数自动记录功能，并且具有很高的可靠性。其功能可以用下面几个方面来概述。

1. 测量、监视、控制功能

变电站的各段母线电压、线路电压、电流、有功及无功功率、温度等参数均可由计算机进行识别和分析处理，在自动化装置的面板上或当地监控主机上随时进行查询。在变电站的运行过程中，监控系统对采集到的电压、电流、频率、主变压器油温等量不断地进行越限监视，如有越限立即发出告警信号，同时记录和显示越限时间和越限值；出现电压互感器或电流互感器断线、差动回路电流过大、单相接地、控制回路断线等情况时也发出报警信号；另外，还能监视自控装置本身工作是否正常。

变电站综合自动化系统操作人员可通过CRT屏幕对断路器和隔离开关进行分、合操作，对变压器分接头位置进行调节控制，对电容器组和电抗器组进行投、切控制；同时，能接收遥控操作命令，进行远方操作。

2. 继电保护功能

微机保护是综合自动化系统的关键环节，它的功能和可靠性如何，在很大程度上影响了整个系统的性能。变电站综合自动化系统中的继电保护主要包括输电线路保护、电力变压器保护、母线保护和电容器保护等。各类装置能存储多套保护定值，能远方修改整定值并根据要求可以选配有自带故障录波和测距的系统。

3. 自动控制智能装置的功能

变电站综合自动化系统必须具有保证安全、可靠供电和提高电能质量的自动控制功能。典型的变电站综合自动化系统都配置了相应的自动控制装置，变电站的自动控制功能有系统接地保护、备用电源自投、低频减载、电压和无功控制等。当在调度中心直接控制时，变压器分接开关调整和电容器组的切换直接接受远方控制；当调度中心给定电压曲线或无功曲线的情况下，可由变电站自动化系统就地进行控制。

4. 远动及数据通信功能

变电站综合自动化的通信功能包括系统内部现场级装置间的通信和自动化系统与上级调度的通信两部分。现场级装置之间的通信主要解决自动化系统内部各子系统与监控主机和各子系统间的数据和信息交换问题，它们的通信范围在变电站内部。对于集中组屏的综合自动化系统来说，实际是在主控室内部。对于分散安装的自动化系统来说，其通信范围扩大至主控室与子系统的安装地，最大的可能是开关柜间，即通信距离加长了。变电站综合自动化系统与上级调度的通信应该能够将所采集的模拟量和状态量信息，以及事件顺序记录等远传至调度端，同时应该能够接收调度端下达的各种操作、控制、修改定值等命令，完成全部"四遥"功能。

5. 变电站的综合自动化的自诊断、自恢复和自动切换功能

自诊断功能是指对变电站的综合化监控系统的硬件、软件故障的自动诊断，并给出自诊断信息供维护人员及时检修和更换。

在监控系统中设有自恢复功能。当由于某种原因导致系统停机时，能自动产生自恢复信号，将对外围接口重新初始化，保留历史数据，实现无扰动的软、硬件自恢复，保障系统的正常可靠运行。

自动切换指的是双机系统中，当其中一台主机故障时，所有工作自动切换到另一台主机,在切换过程中所有数据不能丢失。

9.7.2 变电所综合自动化系统的结构

变电所综合自动化系统的结构分为集中式和分布式两大类;从组屏方式上分为集中组屏、分散安装、分散安装与集中组屏相结合等几种类型。

1. 集中式结构形式

集中式结构的综合自动化系统,集中采集变电站的模拟量、开关量和数字量等信息,集中进行计算与处理,分别完成微机监控、微机保护和一些自动控制等功能。由前置机完成数据输入/输出、保护、控制及监测等功能,后台机完成数据处理、显示、打印及远方通信等功能。集中式是传统结构形式,这种结构存在着每台计算机的功能较集中、软件复杂、修改工作量大、调试麻烦、组态不灵活等缺点。随着变电所自动化的不断发展,要求采集更多的信息,能够与更多的调度主机建立联系。因此多 CPU 结构、各模块间以串行总线相互联系的分布式结构得到应用。

2. 分层分布式结构形式

所谓分布式结构,是在结构上采用主从 CPU 协同工作方式,各功能模块之间采用网络技术或串行方式实现数据通信;所谓分层式,是将变电所信息的采集和控制划分为三层,即过程层、间隔层和站控层,结构如图 9-18 所示,其中,过程层又称为 0 层或设备层,间隔层又称为 1 层或单元层,站控层又称为 2 层或变电站层。

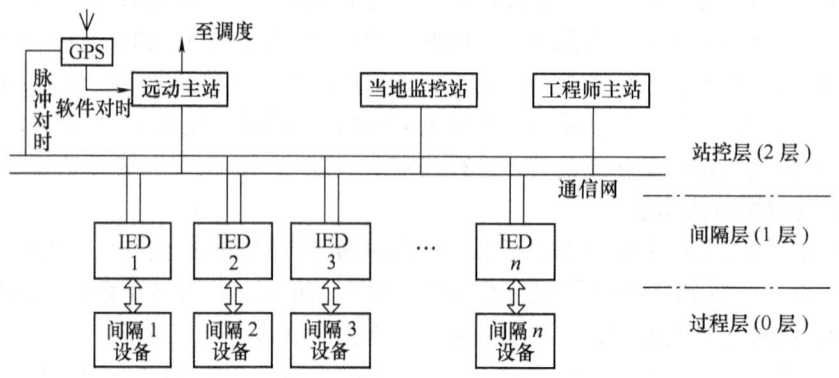

图 9-18 分层分布式变电站综合自动化系统的结构

过程层主要包含变电站内的一次设备,如母线、线路、变压器、电容器、断路器、隔离开关、电流互感器和电压互感器等,它们是变电站综合自动化系统的监控对象。过程层是一次设备与二次设备的结合面,或者说过程层是指智能化电气设备的智能化部分。过程层的主要功能分三类:①电力运行实时的电气量检测;②运行设备的状态参数检测;③操作控制执行与驱动。

间隔层的主要任务是利用各种测控装置、保护装置、保护测控装置、电能计量装置实现对过程层设备的监控和保护。间隔层的智能电子装置(IED)利用电流互感器、电压互感器、变送器、继电器等设备获取过程层各设备的运行信息,如电流、电压、功率、压力、温度等模拟量信息以及断路器、隔离开关等的位置状态,从而实现对过程层进行监视、控制和保护，并与站控层进行信息的交换，完成对过程层设备的遥测、遥信、遥控、遥调等任务。

站控层借助通信网络完成与间隔层装置之间的信息交换，从而实现对全变电站所有一次设备的当地监控功能以及间隔层设备的监控、变电站各种数据的管理及处理功能，同时，它还经过通信设备，完成与调度中心之间的信息交换，从而实现对变电站的远方监控。

分层分布式的结构主要是按照变电站的元件，断路器间隔进行设计。将变电站一个断路器间隔所需要的全部数据采集、保护和控制等功能集中由一个或几个智能化的测控单元完成。这种系统代表了现代变电站自动化技术发展的趋势，大幅度地减少了连接电缆，减少了电缆传送信息的电磁干扰，且具有很高的可靠性，比较好地实现了部分故障不相互影响，方便维护和扩展，大量现场工作可一次性地在设备制造厂家完成的优势。

目前分层分布式变电站自动化系统的组屏方式多采用分散与集中相结合的方式。一般情况下，站控层的各主要设备都布置在主控室内；间隔层中的电能计量单元和根据变电站需要而选配的备用电源自动投入装置、故障录波装置等公共单元均分别组合为独立的一面屏柜或与其他设备组屏，也安装在主控制室内；对于10~35kV及以下的电力线路与设备的保护测控装置一般采用分散式安装，即就地安装在变配电室内10~35kV各对应的开关柜上，而各保护测控装置与主控室内的变电站层设备之间可通过单条或双条通信电缆（如光缆或双绞线等）交换信息，这样就节约大量的二次电缆，如图9-19和图9-20所示。而110kV及以上的高压线路保护和变压器保护、测控装置，一般都采用集中组屏结构，即将各装置分类集中安装在控制室内的线路保护屏和变压器保护屏等上面，使这些重要的保护装置处于比较好的工作环境，对可靠性较为有利。

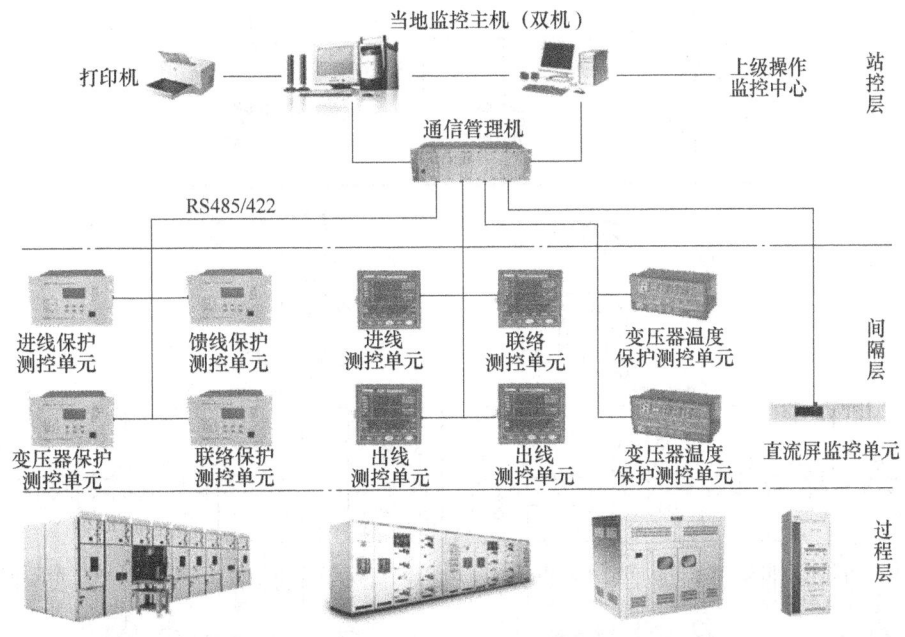

图9-19 10kV变电站综合自动化系统分布式配置方案

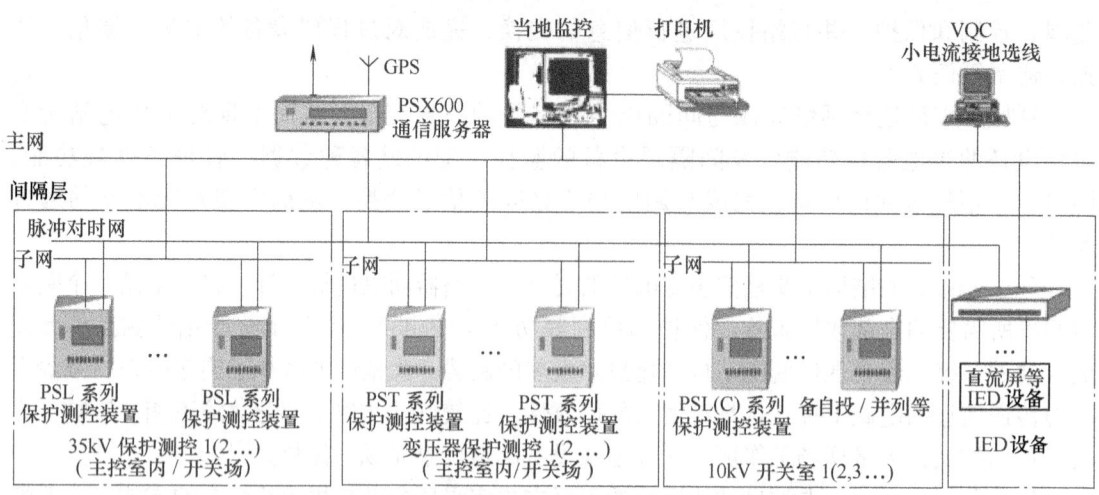

图 9-20　35kV 变电站综合自动化系统分布式配置方案

基本能力训练　变电所综合自动化系统的配置与组屏实例

以某 110kV 降压变电站为例,描述 110kV 变电站典型的变电站综合自动化系统配置与组屏应用。

1. 系统主接线图

变电站的一次系统接线图如图 9-21 所示。它有两个电压等级,分别是 110kV 和 10kV。其中 110kV 采用内桥接线,通过主变压器降压为 10kV 后,供变电站周围负荷用电。

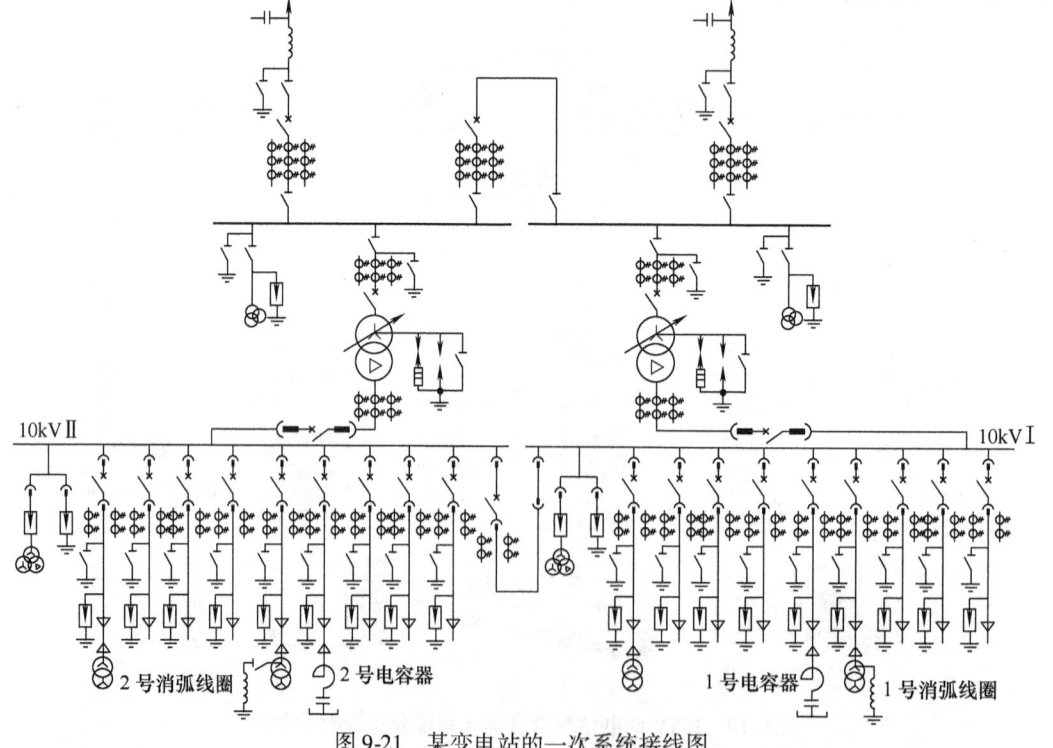

图 9-21　某变电站的一次系统接线图

2. 配置方案

对于已知的变电站一次系统情况，可以采用分层分布式综合自动化系统，可以按一次设备间隔配置，满足各个一次设备间隔的测量、监视、保护、控制、通信功能；同时，满足变电站的监控功能、AVQC、接地选线功能和远动等功能。

3. 综合自动化系统组屏方案

（1）110kV 间隔部分　该变电站属于降压变电站，在继电保护功能方面，由于 110kV 采用的是内桥接线方式，进线不需配置保护，由上一级线路保护完成或主变压器后备保护承担。配置一台三相操作箱分别对应于两条进线和桥断路器，用于对进线和桥断路器的控制，并且要具有防跳、压力闭锁等功能。

测控功能方面，针对 2 回 110kV 进线和桥开关分别设置数字式断路器测控装置，可用于本间隔的断路器、隔离开关的参数和信息的测量和控制等。

自动控制功能方面，可配置数字式备用电源自投装置，实现桥备投或进线备投功能、变压器备自投功能或用户需求的多种备自投方案。

（2）主变压器间隔部分　由于变压器测控的重要性，可以采用集中组屏，设置两面屏，分别对应于 2 台主变压器间隔。

主变压器保护功能方面，可配置数字式变压器主保护装置和后备保护装置。

测控功能方面，针对主变压器间隔可配置数字式变压器测控装置，以及变压器的温控装置和变压器分接头控制装置。完成变压器的遥测（主变压器分接头档位的采集，主变压器温度）、遥信量、遥控量（主变压器档位的调节，中性点隔离开关的控制）。

自动控制功能方面，数字式变压器测控装置与监控系统中的电压无功控制模块配合共同完成变电站的 AVQC 功能。

（3）10kV 出线间隔部分　采用就地分散安装方式，配置测量、监视、保护一体化装置，分别安装在 10kV 开关柜上。完成保护、测控及自动控制功能。

10kV 母线分段间隔可配置数字式母线分段保护及备用电源投入装置。

（4）10kV 电容器间隔部分　可配置数字式电容器保护测控装置，完成电容器的保护功能、测控功能、自动控制功能。接地变压器是专为消弧线圈所设。对于 10kV 接地变压器间隔可配置数字式低压变压器保护测控装置。

（5）公用间隔部分　针对 110kV、10kV 两段母线 TV 分别配置数字式电压测控装置，实现 110kV、10kV 两段母线电压自动并列功能或手动、远方并列功能。

针对全站公用信息配置数字式综合测控装置，主要采集变电站如直流系统故障信号、直流屏交流失电压、所用电切换信号、所用电 I 段失电压、所用电 II 段失电压、控制电源故障、合闸电源故障、控制母线故障、合闸母线故障、通信故障信号、通信电源故障、火灾报警控制回路故障信号、火灾报警动作信号和保安报警信号等。

全站校时系统可配置卫星时钟装置（GPS），接收卫星时钟，通过其通信接口 RS232 与通信服务器进行通信，进行网络层对时广播命令，以保证全系统时钟统一。远动功能可配置通信服务器，将网络上的数据进行筛选排序，并按调度方规约进行转发，完成与调度通信。电源方面配置一台逆变电源，将直流电源逆变成交流 220V，以供给后台监控主机用电。

（6）后台监控系统　监控系统在硬件方面，需要监控主机，设置两台计算机互为备用（也可仅设置一台）；监控主机需要有源音箱实现声响报警，需要打印机进行变电站技术数据管理；软件方面需要后台监控软件和网络附件等，完成界面操作和使用。变电站综合自动化系统组屏方案如图9-22所示。

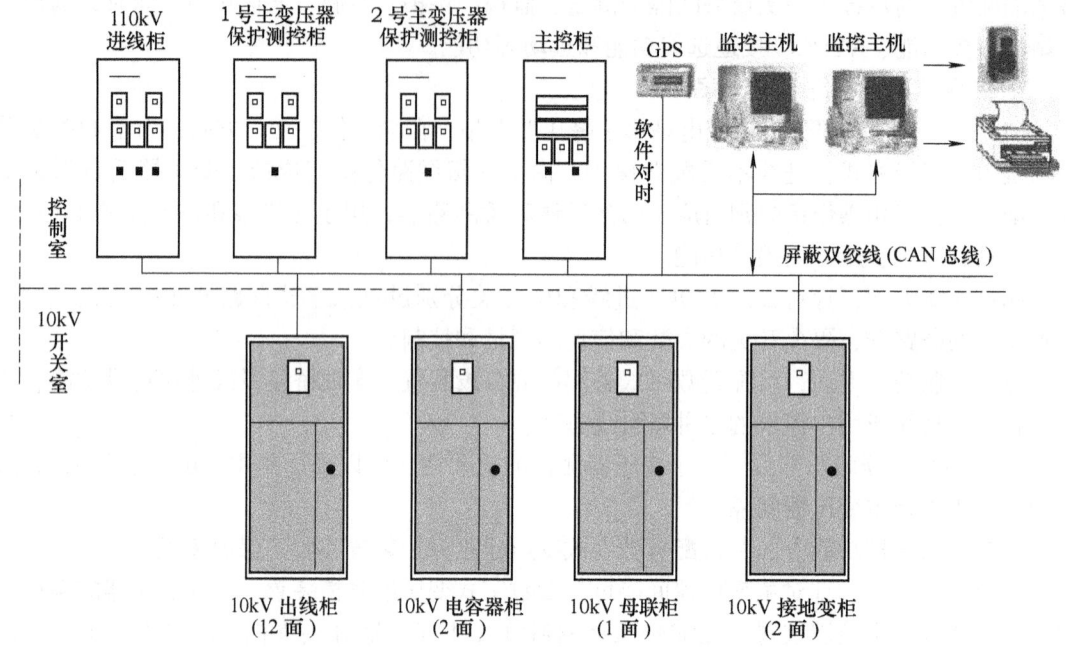

图9-22 变电站综合自动化系统组屏方案示意图

思考题与习题

9-1 什么是变配电所的二次回路？二次回路包括哪些内容？它与一次回路有何区别？

9-2 什么是操作电源？常用的交、直流操作电源有哪几种？各有何特点？

9-3 对断路器的控制和信号回路有哪些要求？什么是断路器事故跳闸信号启动回路的不对应原则？

9-4 分析图9-23变压器出线柜二次电路图原理。

9-5 分析图9-24计量柜二次电路图原理。

9-6 简述中央事故信号及中央预报信号的作用。在系统出现故障或异常工作状态时，信号装置如何动作？声响有何区别？

9-7 电气测量的目的是什么？对仪表的配置有何要求？

9-8 简述自动重合闸装置的工作原理。

9-9 什么是备用电源自动投入装置？在哪些情况下应投入？哪些情况下不应投入？

9-10 什么叫变电站综合自动化系统？变电站综合自动化系统有哪些主要功能？

9-11 变电站综合自动化系统结构布置方式有哪两种？分层分布的结构特点是什么？分散分布式与集中相结合的结构特点又是什么？

第9章 供配电系统的二次回路及自动装置

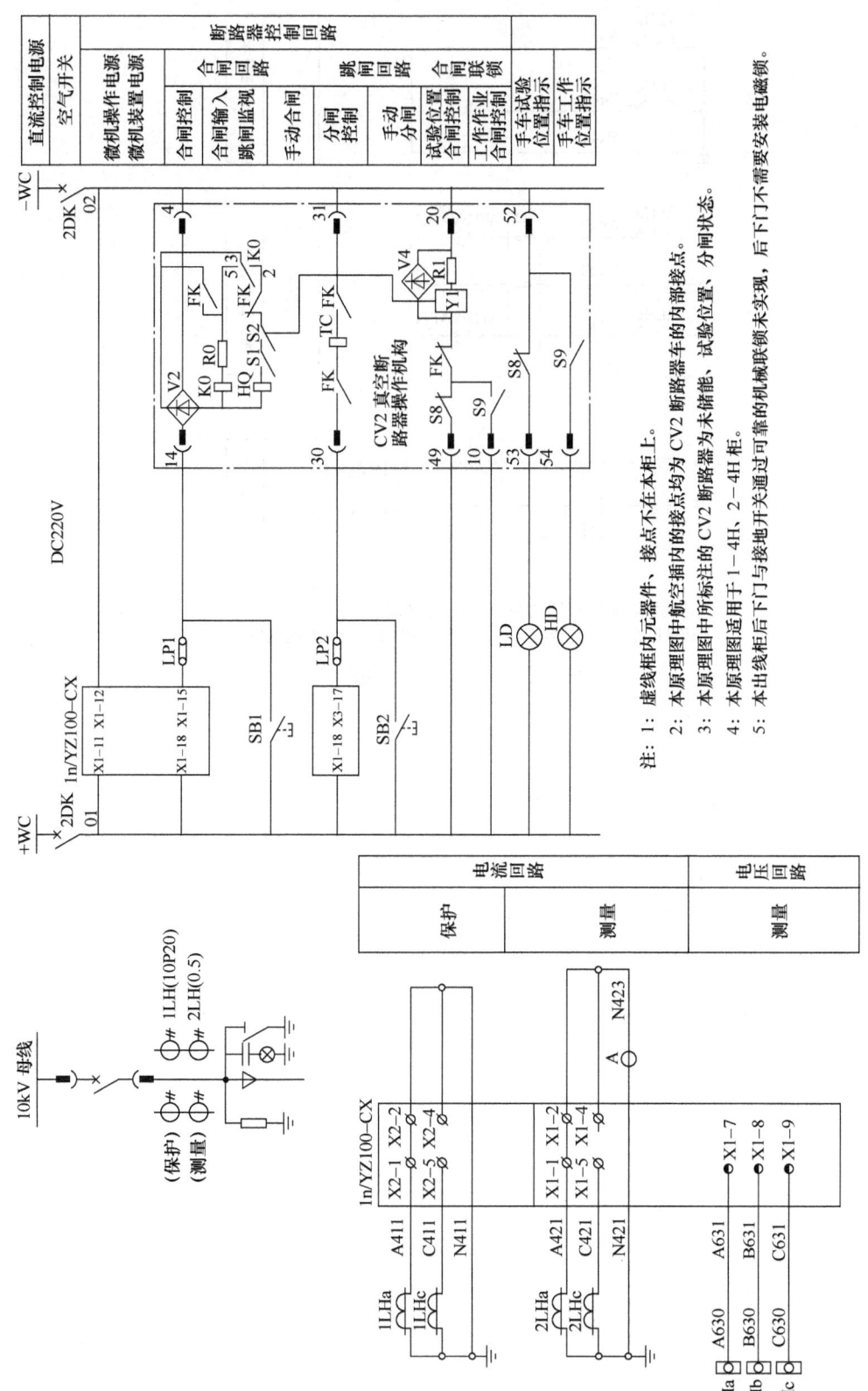

图 9-23 变压器出线柜二次电路图

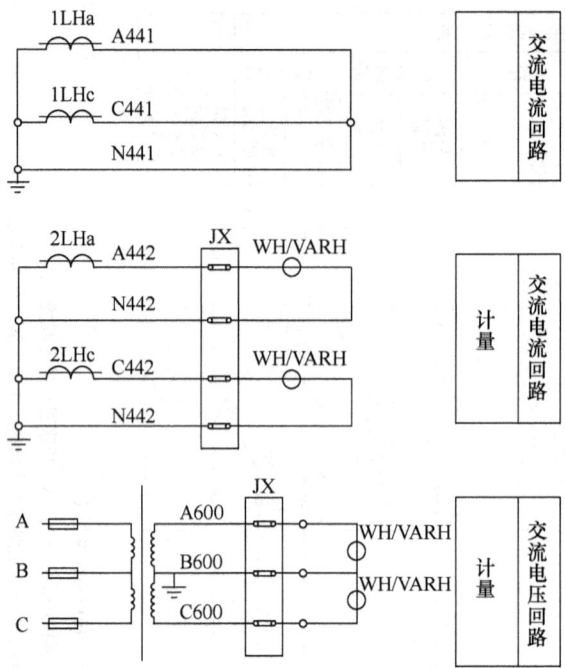

计量加防窃电（带通信端子）联合接线盒
计量柜选用计量门锁封印　注：WH/VARH　为多功能电能表

图 9-24　计量柜二次电路图

第10章 供配电系统的安全技术

[**内容提要**] 供配电系统要进行正常运行，首先必须保证其安全性。防雷和接地是电气安全的主要措施。本章介绍了电气安全的有关知识，重点介绍供配电系统的防雷措施、接地类型及接地装置的设计，最后讲述了低压配电系统中的等电位联结及漏电保护。本章各节内容的实质都是安全问题。

10.1 电气安全的基本知识

10.1.1 触电对人体的危害

人体也是导体，当人体不同部位接触不同电位时，就有电流流过人体，这就是触电。人体触电可分两种情况，一种是雷击和高压触电，较大的安培数量级的电流通过人体所产生的热效应、化学效应和机械效应，将使人的机体遭受严重的电灼伤、组织炭化坏死及其他难以恢复的永久性伤害；另一种是低压触电，在数十至数百毫安电流作用下，使人的肌体产生病理生理性反应，轻的有针刺痛感，或出现痉挛、血压升高、心律不齐以致昏迷等暂时性的功能失常，重的可引起呼吸停止、心搏骤停、心室纤维性颤动等危及生命的伤害。

10.1.2 安全电流和特低电压

1. 安全电流

安全电流就是人体触电后最大的摆脱电流。我国规定为30mA（50Hz交流），但是触电时间按不超过1s计，因此安全电流值为30mA·s。当通过人体电流不超过30mA·s时，对人身机体不会有损伤，不致引起心室纤维性颤动和器质性损伤。如果通过人体电流达到50mA·s时，对人就有致命危险，而达到100mA·s时，一般会致人死命。

安全电流主要与下列因素有关：

(1) 触电时间　触电时间在0.2s以下或0.2s以上，电流对人体的危害程度有很大的差别的。触电时间超过0.2s，致颤电流值（引起心室纤维性颤动的电流）急剧降低。

(2) 电流性质　试验表明，直流、交流和高频电流通过人体时对人体的危害程度是不一样的，通用50～60Hz的工频电流对人体的危害最为严重。

(3) 电流路径　电流对人体的伤害程度主要取决于心脏受损的程度。试验表明，不同路径的电流对心脏有不同的损害程度，而以电流从手到脚特别是从手到胸对人体的危害最为严重。

(4) 体重和健康状况　健康人的心脏和衰弱与有病人的心脏对电流损害的抵抗能力是不同的。人的心理、情绪好坏以及人的体重等，也使电流对人的危害有所差别。

2. 特低电压（安全电压）

特低电压是指在预期环境下，最高电压不足以使人体流过的电流造成不良生理反应，不可能造成危害的临界等级以下的电压。

从电气安全的角度来说，特低电压与人体电阻有关。人体阻抗由皮肤阻抗和体内阻抗构成，人体电阻一般取1700Ω左右。因此从触电安全角度考虑，人体允许持续接触的安全特低电压为

$$U_{saf} = 30mA \times 1700\Omega \approx 50V$$

我国目前使用的特低电压系统的工频交流标称电压值（有效值）不超过50V。常用的有6V、12V、24V、36V、48V（42V）等，其中36V、48V（42V）用于干燥环境，24V用于潮湿环境，6V、12V用于水下环境。

10.1.3 直接触电防护和间接触电防护

根据人体触电的情况将触电防护分为直接触电防护和间接触电防护两类。

(1) 直接触电防护　是指对直接接触正常带电部分的防护，例如对带电导体加隔离栅栏或保护罩等。

(2) 间接触电防护　是指对故障时可带危险电压而正常时不带电的外露可导电部分的防护（如金属外壳、框架等），例如将正常不带电的外露可导电部分接地，并装设接地保护等。

10.2 过电压与防雷

10.2.1 过电压的形式

过电压是指在电气设备或线路上出现的超过正常工作要求的电压并对其绝缘构成威胁的电压。过电压按其发生的原因可分为两大类，即内部过电压和雷电过电压。

(1) 内部过电压　内部过电压是由于电力系统本身的开关操作、发生故障或其他原因，使系统的工作状态突然改变，从而在系统内部出现电磁能量的转化或传递所引起的电压升高。

内部过电压又分为操作过电压和谐振过电压等形式。操作过电压是由于系统中的开关操作、负荷骤变或由于故障出现断续性电弧而引起的过电压。谐振过电压是由于系统中的电路参数（R、L、C）在特定组合时发生谐振而引起的过电压。内部过电压的能量来源于电网本身。

运行经验证明，内部过电压一般不会超过系统正常运行时额定电压的3~3.5倍，对电气线路和电气设备的威胁不是很大。

(2) 雷电过电压　雷电过电压又称为大气过电压，它是由于电力系统内的设备或构筑物遭受直接雷击或雷电感应而产生的过电压。由于引起这种过电压的能量来源于外界，故又称为外部过电压。

雷电过电压产生的雷电冲击波，其电压幅值可高达1亿伏，其电流幅值可高达几十万安，因此对电力系统危害极大，必须采取有效措施加以防护。

雷电过电压的基本形式有三种：

1) 直击雷过电压。雷电直接击中电气设备、线路或建筑物，强大的雷电流通过该物体

泄入大地,在该物体上产生较高的电位降,称为直击雷过电压。雷电流通过被击物体时,将产生有破坏作用的热效应和机械效应,相伴的还有电磁效应和对附近物体的闪络放电(称为雷电反击或二次雷击)。

2) 感应过电压。当雷云在架空线路(或其他物体)上方时,使架空线路上感应出异性电荷。雷云对其他物体放电后,架空线路上的电荷被释放,形成自由电荷流向线路两端,产生很高的过电压。高压架空线路上的感应过电压可达几十万伏,低压线路可达几万伏。

3) 雷电波侵入。由于直击雷或感应雷而产生的高电位雷电波,沿架空线路或金属管道侵入变配电所或用户而造成危害。据统计,供电系统中由于雷电波侵入而造成的雷害事故,在整个雷害事故中占50%以上。因此,对其防护问题应予以足够的重视。

10.2.2 防雷设备

一个完整的防雷设备一般由接闪器或避雷器、引下线和接地装置等三个部分组成。

1. 接闪器

接闪器就是专门用来接受直接雷击的金属物体。接闪器的金属杆称为避雷针;接闪器的金属线称为避雷线或架空地线;接闪器的金属带、金属网称为避雷带、避雷网。所有接闪器都必须经过引下线与接地装置相连。它们都是利用其高处被保护物的突出地位,把雷电引向自身,然后通过引下线和接地装置把雷电流泄入大地,使被保护的线路、设备、建筑物免受雷击。

(1) 避雷针 避雷针的功能实质上是引雷。由于避雷针高出被保护物,又和大地相连,当雷云先导接近时,它与雷云之间的电场强度最大,因而可将雷云放电的通路吸引到避雷针本身,并经引下线和接地装置将雷电流安全地泄放到大地中去,使被保护物体免受直接雷击。所以,避雷针的实质是引雷针,它把雷电波引入地下,从而保护了线路、设备及建筑物等。

避雷针一般用镀锌圆钢或镀锌焊接钢管制成。它通常安装在构架、支柱或建筑物上,其下端经引下线与接地装置焊接。

避雷针的保护范围,以其能防护直击雷的空间来表示,按新颁国家标准采用"滚球法"来确定。

所谓"滚球法",就是选译一个半径为 h_r (滚球半径)的球体,沿需要防护直击雷的部分滚动,如果球体只触及接闪器或者接闪器和地面,而不触及需要保护的部位时,则该部位就在这个接闪器的保护范围之内。滚球半径是按建筑物的防雷类别确定的,见表10-1。

表 10-1 各类防雷建筑物的滚球半径和避雷网格尺寸

建筑物防雷类别	滚球半径 h_r/m	避雷网格尺寸/m
第一类防雷建筑物	30	≤5×5 或 ≤6×4
第二类防雷建筑物	45	≤10×10 或 ≤12×8
第三类防雷建筑物	60	≤20×20 或 ≤24×16

单支避雷针的保护范围,如图10-1所示,按下列方法确定。

1) 当避雷针高度 $h \leq h_r$ 时。

① 距地面 h_r 处作一平行于地面的平行线。

② 以避雷针的针尖为圆心、h_r 为半径，作弧线交平行线于 A、B 两点。

③ 以 A、B 为圆心，h_r 为半径作弧线，该弧线与针尖相交，并与地面相切。由此弧线起到地面止的整个锥形空间就是避雷针的保护范围。

避雷针在被保护物高度 h_x 的 xx' 平面上的保护半径 r_x 按下式计算：

$$r_x = \sqrt{h(2h_r - h)} - \sqrt{h_x(2h_r - h_x)} \quad (10\text{-}1)$$

式中，h_r 为滚球半径，按表 10-1 确定。

2）当避雷针高度 $h \geqslant h_r$ 时，在避雷针上取高度 h_r 的一点代替避雷针的针尖作为圆心。其余的作法如同上述 $h \leqslant h_r$ 时。

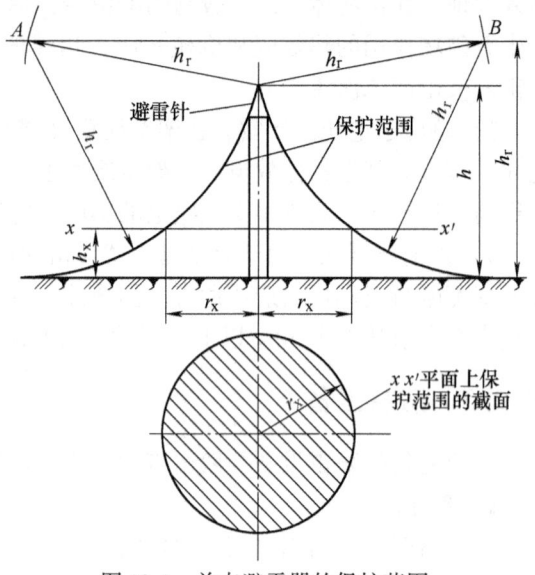

图 10-1　单支避雷器的保护范围

[**例 10-1**]　某厂一座高 30m 的水塔边，建有一个水泵房（属第三类防雷建筑物），尺寸如图 10-2 所示，水塔上安装一支高 2m 的避雷针。试问此避雷针能否保护水泵房。

解：查表 10-1 得，滚球半径 $h_r = 60$m，而避雷针的高度 $h = (30 + 2)$m $= 32$m，$h_x = 6$m，根据式（10-1）得避雷针的保护半径为

$$r_x = \sqrt{32(2 \times 60 - 32)}\text{m} - \sqrt{6(2 \times 60 - 6)}\text{m} = 26.9\text{m}$$

现水泵房在 $h_x = 6$m 高度上最远屋角距离避雷针的水平距离为

$$r = \sqrt{(12 + 6)^2 + 5^2}\text{m} = 18.7\text{m} < r_x$$

由此可见，水塔上的避雷针能保护水泵房。

关于两支及多支避雷针的保护范围可参看有关设计手册，此略。

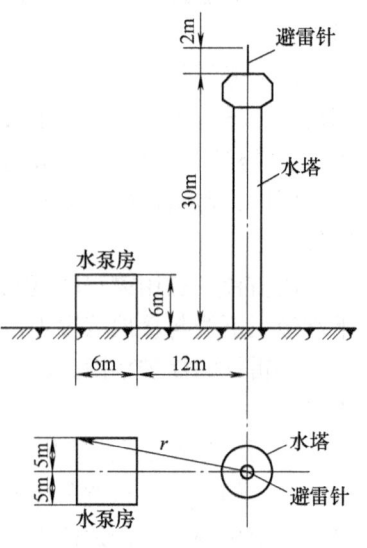

图 10-2　例 10-1 图

（2）避雷线　避雷线架设在架空线路的上边，以保护架空线路或其他物体（包括建筑物）免遭直接雷击。由于避雷线既架空又接地，因此它又称为架空地线，避雷线的原理和功能与避雷针基本相同。

（3）避雷带和避雷网　避雷带和避雷网普遍用来保护较高的建筑物免受雷击。避雷带一般沿屋顶周围装设，高出屋面 100~150mm，支持卡间距离 1~1.5m。避雷网除沿屋顶周围装设外，需要时屋顶上面还用圆钢或扁钢纵横连接成网。避雷带、网必须经引下线与接地装置可靠连接。

2. 避雷器

避雷器用来防止雷电所产生的大气过电压沿架空线路侵入变电所或其他建筑物内，以免

危及被保护设备的绝缘。避雷器应与被保护设备并联,装于被保护设备的电源侧,其放电电压低于被保护设备的绝缘耐压值,如图10-3所示。当线路上出现危及设备绝缘的雷电过电压时,避雷器的火花间隙被击穿,使过电压对地放电,从而保护设备的绝缘。

避雷器主要有管型、阀型和金属氧化物等。

(1) 管型避雷器 管型避雷器主要用于室外架空线上,结构如图10-4所示。当线路上遭到雷击或感应雷时,雷电过电压使管型避雷器的内间隙 s_1 外间隙 s_2 击穿,强大的雷电流通过接地装置入地,将过电压限制在避雷器的放电电压值。由于避雷器放电时内阻接近于零,所以其残压极小,但工频续流极大。雷电流和工频续流使管子内部间隙发生强烈电弧,在电弧高温作用下,使管内壁材料燃烧产生大量灭弧气体,灭弧腔内压力急骤增高,高压气体从喷口喷出,产生强烈的吹弧作用,将电弧熄灭。这时外部间隙的空气恢复绝缘,使避雷器与系统隔离,恢复正常运行状态,电力网正常供电。

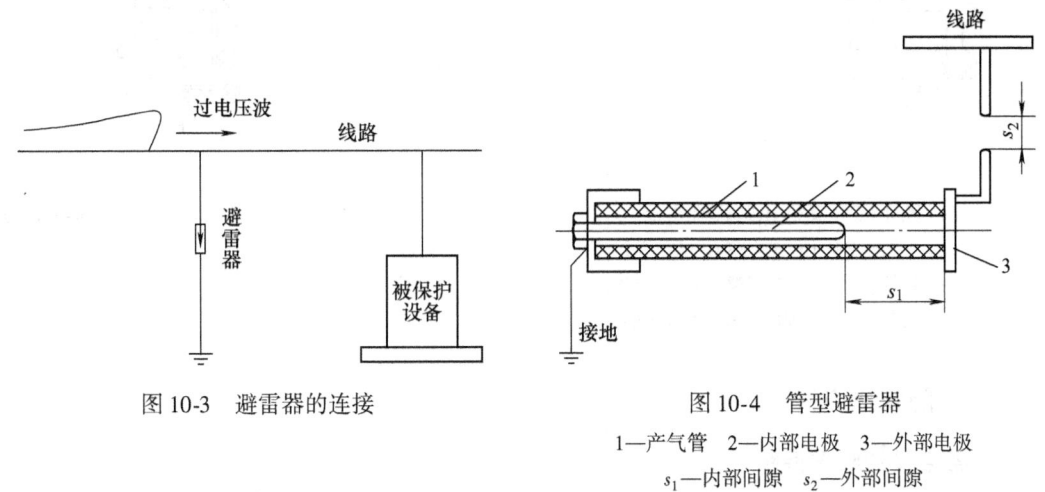

图10-3 避雷器的连接

图10-4 管型避雷器
1—产气管 2—内部电极 3—外部电极
s_1—内间隙 s_2—外部间隙

管型避雷器主要用于变配电所的进线保护和线路绝缘薄弱点的保护,保护性能较好的管型避雷器可用于保护配电变压器。

(2) 阀型避雷器 阀型避雷器主要是由火花间隙和阀片组成,装在密封的磁套管内。阀型避雷器的火花间隙组是由多个单间隙串联组成的。正常运行时,间隙介质处于绝缘状态,仅有极小的泄漏电流通过阀片。当系统出现雷电过电压时,火花间隙很快被击穿,使雷电冲击电流很容易通过阀型电阻而引入大地,释放过电压负荷,阀片在大的冲击电流下电阻由高变低,所以冲击电流在其上产生的电压降(残压)较低,此时,作用在被保护设备上的电压只是避雷器的残压,从而使电气设备得到了保护。高低压阀型避雷器的外形结构如图10-5所示。阀型避雷器广泛用于交直流系统中,保护变配电所设备的绝缘。

(3) 金属氧化物避雷器 金属氧化物避雷器又称压敏避雷器。它是一种没有火花间隙只有压敏电阻片的阀型避雷器。压敏电阻片是氧化锌等金属氧化物烧结而成的多晶半导体陶瓷元件,具有理想的伏安特性。在工频电压下,它具有极大的电阻,能迅速有效地阻断工频电流,因此不需要火花间隙来熄灭由工频续流引起的电弧;在雷电过电压作用下,其电阻变得很小,能很好地泄放雷电流。目前氧化物避雷器广泛应用于高、低压设备的防雷保护。Y5W-12.7/42型氧化锌避雷器外形结构如图10-6所示。

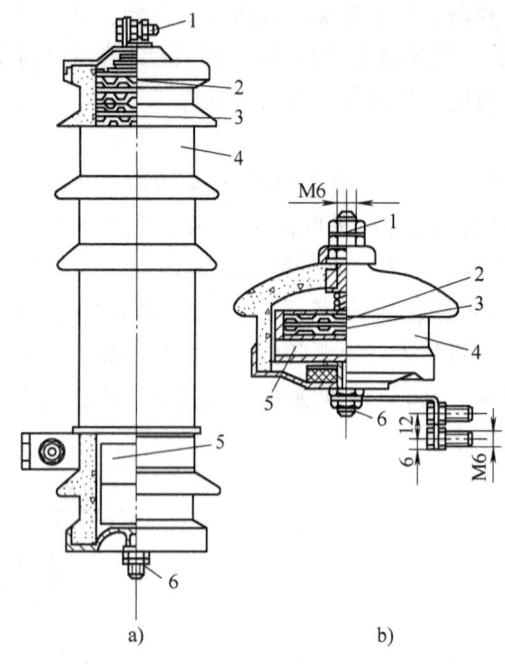
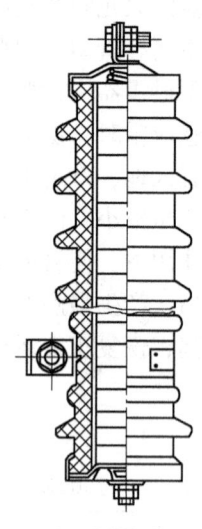

图 10-5 高低压阀式避雷器
a) FS4-10 b) FS-0.38
1—上接线端 2—火花间隙 3—云母垫片
4—瓷套管 5—阀片 6—下接线端

图 10-6 Y5W-12.7/42 型氧化锌避雷器

10.2.3 防雷措施

1. 架空线的防雷保护

1）架设避雷线是架空线防雷的有效措施，但造价高，因此只在 66kV 及以上的架空线路上才全线装设。35kV 的架空线路上，一般只在进出变配电所的一段线路上装设。而 10kV 及以下线路上一般不装设避雷线。

2）提高线路本身的绝缘水平。在架空线路上，可采用木横担、瓷横担或高一级电压的绝缘子，以提高线路的防雷水平，这是 10kV 及以下架空线路上防雷的基本措施。

3）利用三角形排列的顶线兼作防雷保护线。由于 3~10kV 的线路是中性点不接地系统，因此可在三角形排列的顶线绝缘子上装以保护间隙。在出现雷压时，顶线绝缘子上的保护间隙被击穿，通过其接地引下线对地泄放雷电流，从而保护了下面两根导线，也不会引起线路断路器跳闸。

4）尽量装设自动重合闸装置。线路发生雷击闪络之所以跳闸，是因为闪络造成了稳定的电弧而形成短路。当线路断开后，电弧即行熄灭，而把线路再接通时，一般电弧不会重燃，因此重合闸能缩短停电时间。

5）装设避雷器和保护间隙用来保护线路上个别绝缘薄弱地点，包括个别特别高的杆塔、带拉线的杆塔、跨越杆塔、分支杆塔、转角杆塔以及木杆线路中的金属杆塔等处。

对于低压（220/380V）架空线路的保护一般可采取以下措施：

1）在多雷地区，当变压器采用 Yy0 接线时，宜在低压侧装设阀型避雷器或保护间隙。

当变压器低压侧中性点不接地时，应在其中性点装设击穿熔断器。

2）对于重要用户，宜在低压线路进入室内前 50m 处安装低压避雷器，进入室内后再装低压避雷器。

3）对于一般用户，可在低压进线第一支持物处装设低压避雷器或击穿保险器。

2. 变配电所的防雷保护

（1）变配电所防直击雷保护　装设避雷针以保护整个变配电所建筑物免遭直击雷。避雷针可以单独立杆，也可利用户外配电装置的构架。

（2）变配电所进线防雷保护　35kV 电力线路一般不采用全线装设避雷线来防直击雷，但为防止变电所附近线路上受到雷击时，雷电压沿线路侵入变电所内损坏设备，需在进线 1~2km 段内装设避雷线，使该段线路免遭直接雷击。为使避雷线保护段以外的线路受雷击时侵入变电所内的过电压有所限制，一般可在避雷线两端处的线路上装设管型避雷器。进线段防雷保护接线方式如图 10-7 所示。当保护段以外线路受雷击时，雷电波到管型避雷器 FV1 处，即对地放电，降低了雷电过电压值。管型避雷器 FV2 的作用是防止雷电侵入波在断开的断路器 QF 处产生过电压击坏断路器。

3~10kV 配电线路的进线防雷保护，可以在每路进线终端，装设 FZ 型或 FS 型阀型避雷器，以保护线路断路器及隔离开关，如图 10-8 中的 FV1、FV2。如果进线是电缆引入的架空线路，则在架空线路终端靠近电缆头处装设避雷器，其接地端与电缆头外壳相连后接地。

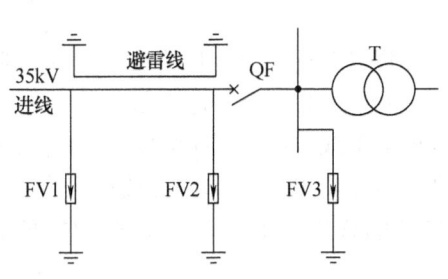

图 10-7　35kV 变配电所进线防雷保护
FV1、FV2—管型避雷器　FV3—阀型避雷器

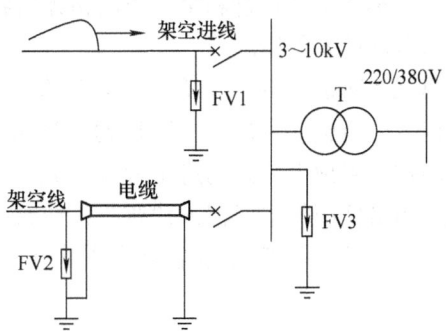

图 10-8　3~10kV 变配电所进线防雷保护
FV1、FV2—管型避雷器　FV3—阀型避雷器

（3）配电装置防雷保护　为防止雷电冲击波沿高压线路侵入变电所，对所内设备造成危害，特别是价值最高但绝缘相对薄弱的电力变压器，在变配电所每段母线上装设一组阀型避雷器，并应尽量靠近变压器，距离一般不应大于 5m，如图 10-7 和图 10-8 中的 FV3。避雷器的接地线应与变压器低压侧接地中性点及金属外壳连在一起接地，如图 10-9 所示。

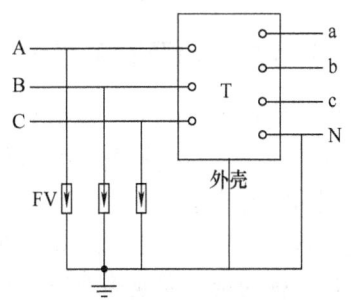

图 10-9　电力变压器的防雷保护及其接地系统
T—电力变压器　FV—阀型避雷器

3. 高压电动机的防雷保护

工厂企业的高压电动机一般从厂区 6~10kV 高压配电网直接受电，高压电动机对雷电

波侵入的保护，不能采用普通型的阀型避雷器，应采用 FCD 型磁吹阀型避雷器或氧化锌避雷器。

具有电缆进线的电动机防雷保护接线如图 10-10 所示。为了降低侵入电动机的雷电波陡度，减轻危害，在电动机前面加一段 100～150m 的引入电缆，并在电缆前的电缆头处安装一组管型或阀型避雷器，而在电动机电源端（母线上）安装一组并联

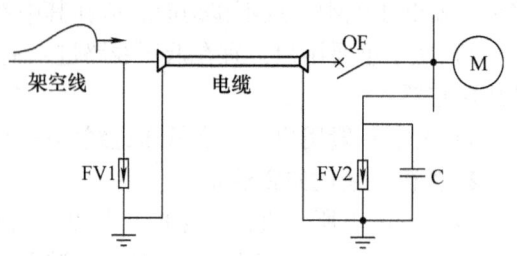

图 10-10　高压电动机的防雷保护
FV1—管型或普通阀型避雷器　FV2—磁吹阀型避雷器

有电容器的磁吹阀型避雷器，这样可以提高防雷效果。

4. 建筑物的防雷保护

根据发生雷电事故的可能性和后果，将建筑物分成三类。第一类防雷建筑物是制造、使用或储存爆炸物质，因电火花会引起爆炸，造成巨大破坏和人身伤亡的建筑物；第二类防雷建筑物是制造、使用或储存爆炸物质，电火花不易引起爆炸或不致造成巨大破坏和人身伤亡的建筑物；第三类防雷建筑物是除第一、二类建筑物以外的爆炸、火灾危险的场所，如年预计雷击次数大于 0.06 的一般工业建筑物，或年预计雷击次数为 0.3～0.06 的一般性民用建筑物，以及 15～20m 以上的孤立的高耸建筑物（如烟囱、水塔）。

第一类防雷建筑物和第二类防雷建筑物中有爆炸危险的场所，应有防直击雷、防感应雷和防雷电波侵入的措施。

第二类防雷建筑物（除有爆炸危险者外）及第三类防雷建筑物，应有防直击雷和防雷电波侵入的措施。对建筑物屋顶的易受雷击的部位，应装设避雷针或避雷带（网）进行直击雷防护。屋顶上装设的避雷带（网），一般应经两根引下线与接地装置相连。为防直击雷或感应雷沿低压架空线侵入建筑物，使人和设备免遭损失，一般应将入户处或进户线电杆的绝缘子铁脚接地，其接地电阻应不大于 30Ω，入户处的接地应和电气设备保护接地装置相连。

10.3　供配电系统的接地

10.3.1　接地的作用及有关概念

接地的主要作用有两种：一是为保证电力系统和用电设备能够正常工作；二是为保障设备及人身安全、防止间接触电事故的发生。

1. 接地和接地装置

电气设备的某部分与土壤之间作良好的电气连接，称为接地。埋入地中与土壤直接接触的金属物体，称为接地体或接地极。专门为接地而装设的接地体称为人工接地体。兼作接地体用的直接与大地接触的各种金属构件、金属管道及建筑物的钢筋混凝土基础等，称为自然接地体。连接接地体及设备接地部分的导线，称为接地线。接地线和接地体合称为接地装置。由若干接地体在大地中互相连接而组成的总体，称为接地网。接地线又可分为接地干线和接地支线，如图 10-11 所示。按规定，接地干线应采用不少于两根导体在不同地点与接地

网连接。

2. 接地电流和对地电压

当电气设备发生接地故障时，电流就通过接地体向大地作半球形散开。这一电流称为接地电流，用 I_E 表示。由于这半球形的球面，在距接地体越远的地方球面越大，所以距接地体越远的地方散流电阻越小，其电位分布如图 10-12 所示的曲线。

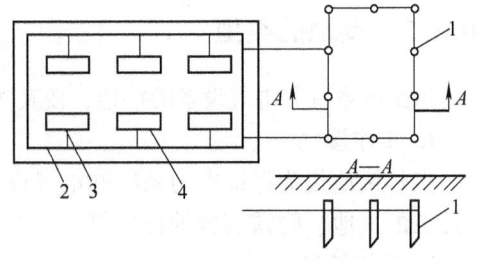

图 10-11 接地网示意图
1—接地体 2—接地干线 3—接地支线 4—设备

试验证明，在距单根接地体或接地故障点 20m 左右的地方，实际上散流电阻已趋于零，也就是这里的电位已趋近于零。电位为零的地方，称为电气上的"地"或"大地"。

电气设备的接地部分，如接地的外壳和接地体等，与零电位的"大地"之间的电位差，就称为接地部分的对地电压，如图 10-12 中的 U_E。

3. 接触电压和跨步电压

人站在发生接地故障的设备旁边，手触及设备的外露可导电部分，则人所接触的两点（如手与脚）之间所呈现的电位差，则称为接触电压 U_{tou}；人在接地故障点周围行走，两脚之间所呈现的电位差，称为跨步电压 U_{step}，如图 10-13 所示。跨步电压的大小与接地点的远近及跨步的长短有关，离接地点越远，跨步电压越长，跨步电压就越大，离接地点达 20m 时，跨步电压通常为零。

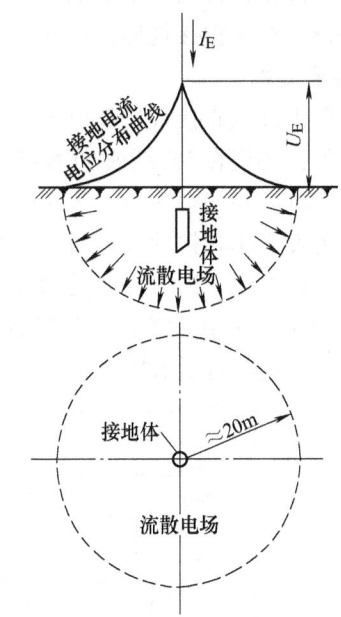

图 10-12 接地电流、对地电压及接地电流电位分布曲线

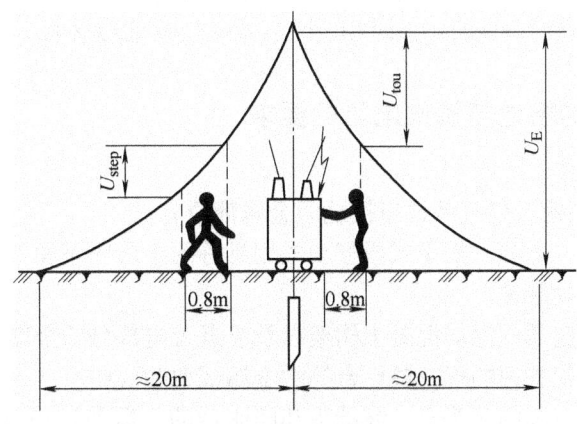

图 10-13 接触电压和跨步电压

10.3.2 接地的类型

供配电系统和电气设备的接地,按其功能分为工作接地、保护接地以及重复接地三大类。

1. 工作接地

工作接地是为保证电力系统和电气设备达到正常工作要求而进行的一种接地,例如电源中性点的接地、防雷装置的接地等。

2. 保护接地

由于绝缘的损坏,在正常情况下不带电的电力设备外壳有可能带电,为了保障人身安全,将电力设备正常情况不带电的外壳与接地体之间作良好的金属连接,称为保护接地。低压配电系统,按保护接地形式不同分为 TN 系统、IT 系统和 TT 系统。

3. 重复接地

在电源中性点直接接地系统中,为确保公共 PE 线或 PEN 线安全可靠,除在中性点进行工作接地外,还应在 PE 线或 PEN 线的下列地方进行重复接地:①在架空线路终端及沿线每 1km 处;②电缆和架空线引入车间或大型建筑物处。如不重复接地,则在 PE 线或 PEN 线断线且有设备发生单相接地故障时,接在断线后面的所有设备外露可导电部分都将呈现接近于相电压的对地电压,即 $U_E \approx U_\varphi$,如图 10-14a 所示,这是很危险的。如进行了重复接地,如图 10-14b 所示,则在发生同样故障时,断线后面的设备外露可导电部分的对地电压为 $U'_E = I_E R'_E \leq U_\varphi$,危险程度大大降低。

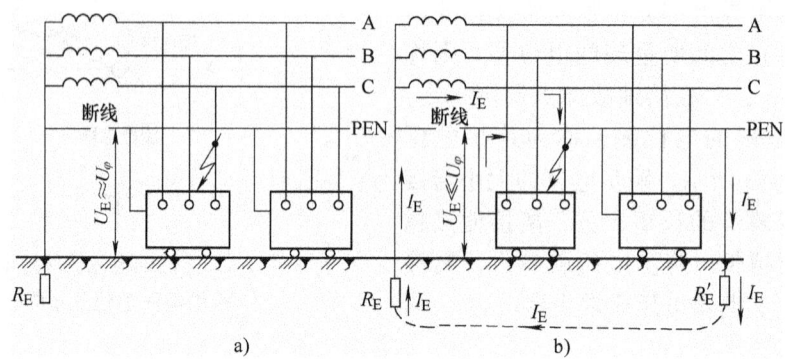

图 10-14 重复接地功能示意
a) 没有重复接地的系统中 b) 采用重复接地的系统中

10.3.3 电气装置的接地与接地电阻的要求

1. 电气装置的接地

根据我国的国标规定,电气装置应接地的金属部位有:

1) 电机、变压器、电器、携带式或移动式用具等的金属底座和外壳。
2) 电气设备的传动装置。
3) 室内外装置的金属或钢筋混凝土构架以及靠近带电部分的金属遮栏和金属门。
4) 配电、控制、保护用的屏及操作台等的金属框架和底座。
5) 交、直流电力电缆的接头盒、终端头和膨胀器的金属外壳和电缆的金属护层、可触及的电缆金属保护管和穿线的钢管。

6）电缆桥架、支架和井架。

7）装有避雷线的电力线路杆塔。

8）装在配电线路杆上的电力设备。

9）在非沥青地面的居民区内，无避雷线的小接地电流架空线路的金属杆塔和钢筋混凝土杆塔。

10）电除尘器的构架。

11）封闭母线的外壳及其他裸露的金属部分。

12）六氟化硫封闭式组合电器和箱式变电站的金属箱体。

13）电热设备的金属外壳。

14）控制电缆的金属护层。

2. 接地电阻的要求

接地体与土壤之间的接触电阻及土壤的电阻之和称为散流电阻；散流电阻加接地体和接地线本身的电阻称为接地电阻。

对接地装置的接地电阻进行限定，实际上就是限制接触电压和跨步电压，保证人身安全。

电力装置的工作接地电阻应满足以下几个要求：

1）电压为 1000V 以上的中性点接地系统中，电气设备实行保护接地。由于系统中性点接地，故电气设备绝缘击穿而发生接地故障时，将形成单相短路，由继电保护装置将故障部分切除，为确保可靠动作，此时接地电阻 $R_E \leqslant 0.5\Omega$。

2）电压为 1000V 以上的中性点不接地系统中，由于系统中性点不接地，当电气设备绝缘击穿而发生接地故障时，一般不跳闸而是发出接地信号。此时，电气设备外壳对地电压为 $R_E I_E$，I_E 为接地电容电流，当这个接地装置单独用于 1000V 以上的电气设备时，为确保人身安全，取 $R_E I_E$ 为 250V，同时还应满足设备本身对接地电阻的要求，即

$$R_E \leqslant \frac{250}{I_E}$$

同时
$$R_E \leqslant 10\Omega \tag{10-2}$$

当这个接地装置与 1000V 以下的电气设备共用时，考虑到 1000V 以下设备分布广、安全要求高的特点，所以取

$$R_E \leqslant \frac{125}{I_E} \tag{10-3}$$

同时还应满足下述 1000V 以下设备本身对接地电阻的要求。

3）电压为 1000V 以下的中性点不接地系统中，考虑到其对地电容通常都很小，因此，规定 $R_E \leqslant 4\Omega$，即可保证安全。

对于总容量不超过 100kVA 的变压器或发电机供电的小型供电系统，接地电容电流更小，所以规定 $R_E \leqslant 10\Omega$。

4）电压为 1000V 以下的中性点接地系统中，电气设备实行保护接零，电气设备发生接地故障时，由保护装置切除故障部分，但为了防止零线中断时产生危害，仍要求有较小的接地电阻，规定 $R_E \leqslant 4\Omega$。同样对总容量不超过 100kVA 的小系统可采用 $R_E \leqslant 10\Omega$。

10.3.4 接地电阻的装设

接地体是接地装置的主要部分，它的选择与装设是保证接地电阻符合要求的关键。接地

体可分为自然接地体与人工接地体。

1. 自然接地体

利用自然接地体不但可以节约钢材，节省施工费用，还可以降低接地电阻，因此有条件的应当优先利用自然接地体。经实地测量，可利用的自然接地体接地电阻如果能满足要求，而且又满足热稳定条件时，就不必再装设人工接地装置，否则应增加人工接地装置。

凡是与大地有可靠而良好接触的设备或构件，大都可用作自然接地体，如：

1）与大地有可靠连接的建筑物的钢结构、混凝土基础中的钢筋。

2）敷设于地下而数量不少于两根的电缆金属外皮。

3）敷设在地下的金属管道及热力管道。输送可燃性气体或液体（如煤气、石油）的金属管道除外。

利用自然接地体，必须保证良好的电气连接，在建筑物钢结构结合处凡是用螺栓连接的，只有在采取焊接与加跨接线等措施后方可利用。

2. 人工接地体

自然接地体不能满足接地要求或无自然接地体时，应装设人工接地体。人工接地体大多采用钢管、角钢、圆钢和扁钢制作。一般情况下，人工接地体都采取垂直敷设，特殊情况如多岩石地区，可采取水平敷设。

垂直敷设的接地体的材料，常用直径为 40~50mm、壁厚为 3.5mm 的钢管，或者 40mm×40mm×4mm~50mm×50mm×6mm 的角钢。

水平敷设的接地体，常采用厚度不小于 4mm、截面积不小于 100mm^2 的扁钢或直径不小于 10mm 的圆钢，长度宜为 5~20m。

如果接地体敷设处土壤有较强的腐蚀性，则接地体应镀锌或镀锡并适当加大截面积，不准采用涂漆或涂沥青的方法防腐。

3. 变配电所和车间的接地装置的装设

由于单根接地体周围地面电位分布不均匀，在接地电流或接地电阻较大时，容易使人受到危险的接触电压或跨步电压的威胁。因此在变配电所及车间内，应尽可能采用环路式接地装置，如图 10-15 所示，即在变配电所和车间建筑物四周，距墙脚 2~3m 打入一圈接地体，再用扁钢连成环路。这样，接地体间的散流电场将相互重叠而使地面上的电位分布较为均匀，因此，跨步电压及接触电压就很低。当接地体之间距离为接地体长度的 1~3 倍时，这种效应就更明显。若接地区域范围较大，可在环路式接地装置范围内，每隔 5~10m 宽度增设一条水平接地带作为均压连接线，该均压连接线还可作为接地干线用，以使各被保护设备的接地线连接更为方便可靠。在经常有人出入的地方，应加装帽檐式均压带或采用高绝缘路面。

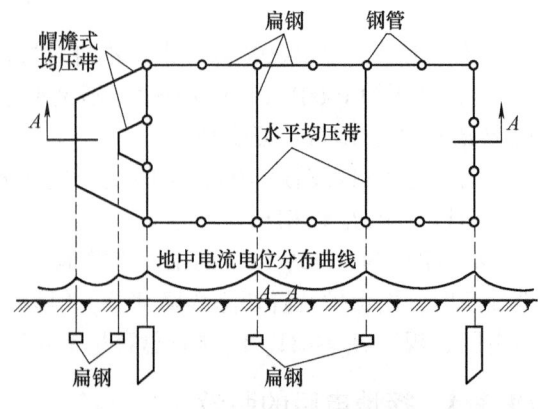

图 10-15 加装均压带的环路式接地网

10.3.5 接地电阻的计算

在已知接地电阻要求值的前提下,所需接地体根数的计算可按下列步骤进行。

1) 按设计规范要求,确定允许的接地电阻值 R_E。
2) 实测或估算可以利用的自然接地体的接地电阻 $R_{E(nat)}$。
3) 计算需要补充的人工接地体的接地电阻为

$$R_{E(mat)} = \frac{R_{E(nat)} R_E}{R_{E(nat)} - R_E} \tag{10-4}$$

若不考虑自然接地体,则 $R_{E(mat)} = R_E$。

4) 根据设计经验,初步安排接地体的布置、确定接地体和连接导线的尺寸。
5) 通过查表 10-2 计算单根接地体的接地电阻 $R_{E(1)}$。
6) 用逐步渐近法计算接地体的数量

$$\eta = \frac{R_{E(1)}}{\eta_E R_{E(man)}} \tag{10-5}$$

式中,η_E 为接地体的利用系数,其与相邻接地体的距离和接地体的长度的比值有关。

7) 校验短路热稳定度。对于大电流接地系统中的接地装置,应进行单相短路热稳定校验。由于钢线的热稳定系数 $C=70$,因此接地钢线的最小允许截面积(mm²)为

$$S_{min} = I_k^{(1)} \frac{\sqrt{t_k}}{70} \tag{10-6}$$

式中,$I_k^{(1)}$ 为单相接地短路电流(A),为计算方便,可取三相短路电流计算;t_k 为短路电流持续时间(s)。

表 10-2 人工接地体工频接地电阻的计算

接地极形式	接地电阻计算公式	备 注
单根垂直管形或棒形接地体	$R_{E(1)} \approx \dfrac{\rho}{l}$	ρ 为埋设地点的土壤电阻率(Ω·m);l 为接地体长度(m)
多根垂直管形或棒开接地体	$R_E = \dfrac{R_{E(1)}}{n\eta_E}$	$R_{E(1)}$ 为单根接地体的接地电阻 Ω;η_E 为接地体的利用系数,利用管间距 a 和管长 l 之比及管子数目 n 相相关手册获得
单根水平带形接地体	$R_E \approx \dfrac{2\rho}{l}$	
n 根放射形水平接地带	$R_E \approx \dfrac{0.062\rho}{n+1.2}$	
环形接地网(带)	$R_E \approx \dfrac{0.6\rho}{\sqrt{S}}$	S 为环形接地网(带)所包围的面积(m²)

[例 10-2] 某车间变电所变压器容量为 630kVA。电压比为 10/0.4kV,联结组别为 Yyn0,与变压器高压侧有电联系的架空线路长 100km,电缆线路长 10km,装设地土质为黄土,可利用的自然接地体电阻实测为 20Ω,试确定此变电所公共接地装置的垂直接地钢管和连接扁钢。

解:(1) 确定接地电阻要求值。

接地电流为

$$I_E = I_C = \frac{10 \times (100 + 35 \times 10)}{350} \text{A} = 12.9\text{A}$$

由表 F-1 可确定，此变电所公共接地装置的接地电阻应满足以下两个条件：

$$R_E \leq \frac{120}{I_E} = \frac{120}{12.9}\Omega = 9.3\Omega$$

$$R_E \leq 4\Omega$$

比较上两式，总接地电阻应满足 $R_E \leq 4\Omega$。

(2) 计算需要补充的人工接地体的接地电阻

$$R_{E(mat)} = \frac{R_{E(nat)} R_E}{R_{E(nat)} - R_E} = \frac{20 \times 4\Omega}{20 - 4\Omega} = 5\Omega$$

(3) 接地装置方案初选。

采用环路式接地网，初步考虑围绕变电所建筑四周，打入一圈钢管接地体，钢管直径 50mm，长 2.5m，间距为 5m，管间用 $40 \times 4mm^2$ 的扁钢连接。

(4) 计算单根钢管接地电阻。

查表 F-2 得，黄土的电阻率 $\rho = 200\Omega/m$。

单根钢管接地电阻 $R_{E(1)} \approx (200/2.5)\Omega = 80\Omega$。

(5) 确定接地钢管数和最后接地方案。

根据 $R_{E(1)}/R_{E(man)} = 80/5 = 16$，同时考虑到管间屏蔽效应。取 $\eta_E \approx 0.70$，因此 $n = \frac{R_{E(1)}}{\eta_E R_{E(man)}} = \frac{80}{0.70 \times 5} \approx 23$。

考虑到接地体的均匀对称布置，最后确定用 24 根直径为 50mm，长为 2.5m 的钢管做接地体，管间距为 5m，用 $40 \times 4mm^2$ 的扁钢连接，环形布置，附加均压带。

10.3.6 接地装置平面布置图示例

接地装置平面布置图是表示接地体和接地线具体布置与安装要求的一种安装图。图 10-16 是某企业高压配电所及附设车间变电所的接地装置平面布置图。由图可以看出，距

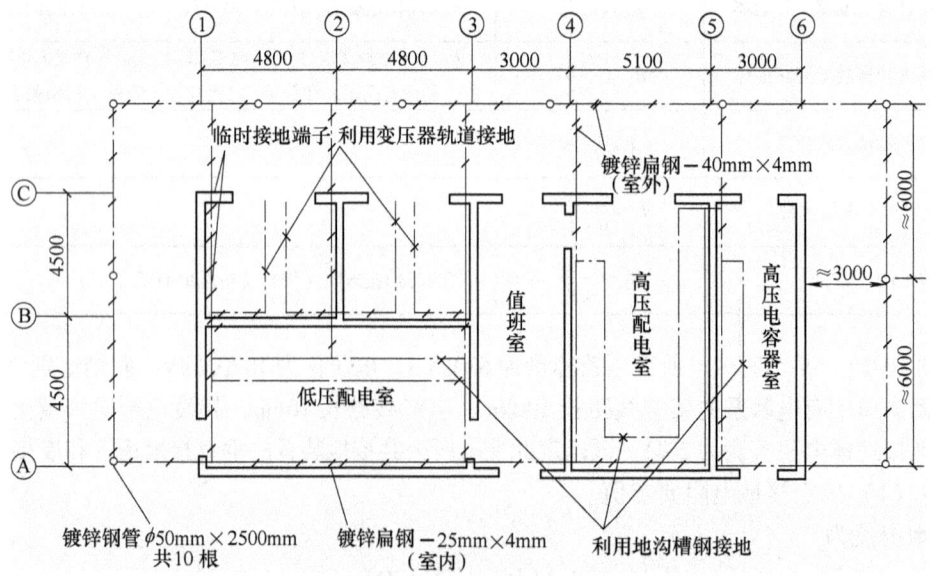

图 10-16 接地装置平面布置图

变配电所建筑3m左右，埋设10根管形垂直接地体（直径50mm、长2.5m的钢管）。接地钢管之间约为5m，采用40mm×4mm的扁钢焊接成一个外缘闭合的环形接地网。变压器下面的钢轨以及安装高压开关柜、高压电容器柜和低压配电屏的地沟上的槽钢或角钢，均用25mm×4mm的扁钢焊接成网，并与室外接地网多处连接。

为便于测量接地电阻，并为了移动式电气设备临时接地的需要，故在适当地点安装有临时接地端子。

10.4 低压配电系统的等电位联结与漏电保护

10.4.1 低压配电系统的等电位联结

1. 等电位联结的功能与类别

等电位联结就是将具有相同对地电位的各个可导电部分做电气连接。建筑物的等电位联结就是将建筑物内部和建筑物本身所有的大金属构件用母线或导线进行电气连接，使整个建筑物的正常非带电导体处于电气连通状态。等电位联结分为总等电位联结（MEB）和局部等电位联结（LEB）。按规定，采用接地故障保护时，在建筑物内应做总等电位联结。当电气装置或其某一部分的接地故障保护不能满足要求时，应在局部范围内进行局部等电位联结。

（1）总等电位联结（MEB） 总等电位联结是在建筑物进线处，将PE线或PEN线与电气装置接地干线、建筑物内的各种金属管道（如水管、煤气管、采暖空调管道等）以及建筑物的金属构件等，都接向总等电位联结端子，使它们都具有基本相等的电位，从而在建筑物内形成一个导电部分电位相等或接近的区域，如图10-17中的MEB。总等电位联结在一定程度上可降低建筑物内间接接触电击的接触电压和不同金属部件间的电位差，并消除建筑物外经电气线路和各种金属管道引入的危险故障电压产生的危害。

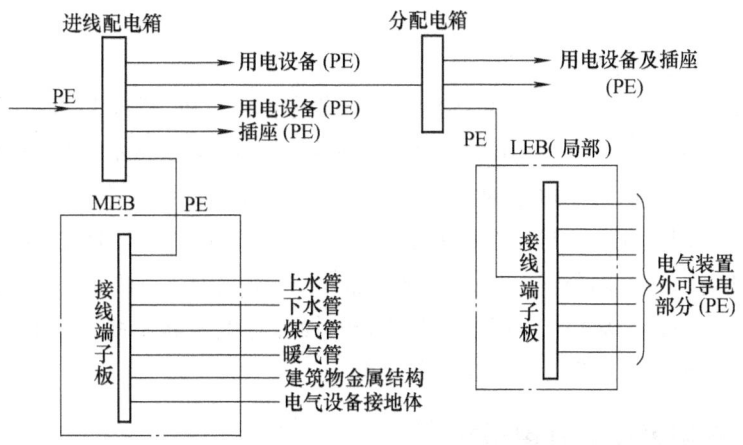

图10-17 总等电位联结（MEB）和局部等电位联结（LEB）

（2）局部等电位联结（LEB） 局部等电位联结又称辅助等电位联结，是在远离总等电位联结处、非常潮湿、触电危险性大的局部地区内进行的等电位联结，作为总等电位联结的一种补充，如图10-17中的LEB。通常在容易触电的浴室及安全要求极高的胸腔手术室等处，宜做局部等电位联结。

2. 等电位联结的作用

等电位的作用是使保护范围内的电位处于同一电位上，从而避免产生电位差发生的故障。主要作用如下：

（1）雷击保护　当雷击建筑物时在垂直相邻层金属构架节点上的电位差可能达到10kV量级，危险极大。但等电位联结将本层柱内主筋、建筑物的金属构架、金属装置、电气装置、电信装置等连接起来，形成一个等电位联结网络，可防止直击雷、感应雷或其他形式的雷，避免火灾、爆炸、生命危险和设备损坏。

（2）静电防护　传送或分离固体绝缘物料、输送或搅拌粉体物料、流动或冲刷绝缘液体、高速喷射蒸汽或气体，都会产生和积累危险的静电。静电电量虽然不大，但电压很高，容易产生火花放电，引起火灾、爆炸或电击。等电位联结可以将静电电荷收集并传送到接地网，从而消除和防止静电危害。

（3）电磁干扰防护　在供电系统故障或直击雷放电过程中，强大的脉冲电流对周围的导线或金属物形成电磁感应，敏感电子设备处于其中，可能造成数据丢失、系统崩溃等。在机房系统分界面做等电位联结，由于保证所有屏蔽和设备外壳之间实现良好的电气连接，最大限度减小了电位差，外部电流不能侵入系统，有效防护了电磁干扰。

（4）触电保护　电热水器、坐浴盆、电热墙以及传统的电灯都有漏电的危险，电气设备外壳虽然与PE线联结，当仍可能会出现足以引起伤害的电位，发生短路、绝缘老化、中性点偏移或外界雷电而导致出现危险的电位差。等电位联结使电气设备外壳与楼板墙壁电位相等，可以极大地避免电击的伤害。

（5）接地故障保护　若相线发生完全接地短路，PE线上会产生故障电压。有等电位联结后，与PE线连接的设备外壳及周围环境的电位都处于这个故障电压，因而不会产生电位差引起的电击危险。

3. 等电位联结的接线要求

等电位联结主母线的截面积，规定不应小于装置中最大PE线或PEN线的一半，但采用铜线时截面积不应小于$6mm^2$，采用铝线时，截面积不应小于$16mm^2$。采用铝线时，必须采取机械保护，且应保证铝线连接处的持久导通性。如果采用铜导线作联结线，其截面积可不超过$25mm^2$。如采用其他材质导线时，其截面积应能承受与之相当的载流量。

连接装置外露可导电部分与装置外可导电部分的局部等电位联结线，其截面积不应小于相应PE线的一半。而连接两个外露可导电部分的局部等电位联结线，其截面积不应小于接至该两个外露可导电部分的较小PE线的截面积。

10.4.2　低压配电系统的漏电保护

低压配电系统发生漏电的根源在于电气线路、设备绝缘层的损坏产生了泄漏电流。漏电会引起线路产生过电压、过电流、过热现象，从而损坏电气设备、危及人身安全、引发电气火灾。当低压配电系统出现漏电时，要通过漏电保护器切断电路。

1. 漏电保护器的功能与原理

漏电保护器又称剩余电流保护器（Residual Current protective Device，RCD）。它是在规定条件下，当漏电电流（剩余电流）达到或超过规定值时能自动断开电路的一种开关电器。它用来对低压配电系统中的漏电和接地故障进行安全防护，防止发生人身触电事故及接地电弧引发的火灾。漏电保护器的外形如图 10-18 所示。

电流动作的电子脱扣型漏电保护器原理接线图如图 10-19 所示。电子脱扣型漏电保护器是在零序电流互感器 TAN 与自由脱扣机构 YR 之间接入一个电子放大器 AV。当设备发生漏电或单相接壳故障时，互感器 TAN 二次侧感应的电信号经电子放大器 AV 放大后，接通脱扣机构 YR，使开关跳闸，从而也起到漏电保护的作用。

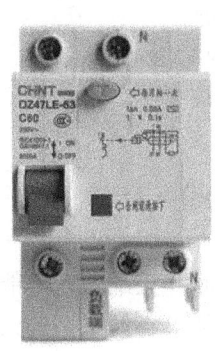

图 10-18　漏电保护器

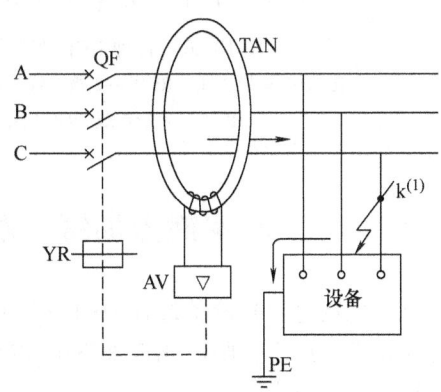

图 10-19　电流动作的电子脱扣型漏电保护器原理接线图
TAN—零序电流互感器　AV—电子放大器
QF—断路器　YR—自由脱扣机构

2. 漏电保护器的分类

漏电保护器按其保护功能和结构特征，可分以下四类：

（1）漏电保护开关　它由零序电流互感器、漏电脱扣器和主开关组装在一个绝缘外壳之中，具有漏电保护及手动通断电路的功能，但不具有过负荷和短路保护的功能。这类产品主要应用于住宅，通称漏电开关。

（2）漏电断路器　它是在低压断路器的基础上加装漏电保护部件所组成，因此具有漏电、过负荷和短路保护的功能。它的有些产品就是在低压断路器之外拼装漏电保护附件而成。例如 C45 系列小型断路器拼装漏电脱扣器后，就成了家用及类似场所广泛应用的漏电断路器。

（3）漏电继电器　它由零序电流互感器和继电器组成，具有检测和判断漏电和接地故障的功能，由继电器发出信号，并控制断路器或接触器切断电路。

（4）漏电保护插座　它由漏电开关或漏电断路器与插座组合而成，使插座回路连接的设备具有漏电保护功能。

漏电保护器按极数分，有单极 2 线、双极 2 线、3 极 3 线、3 极 4 线和 4 极 4 线等多种形式，其在低压配电线路中的接线如图 10-20 所示。

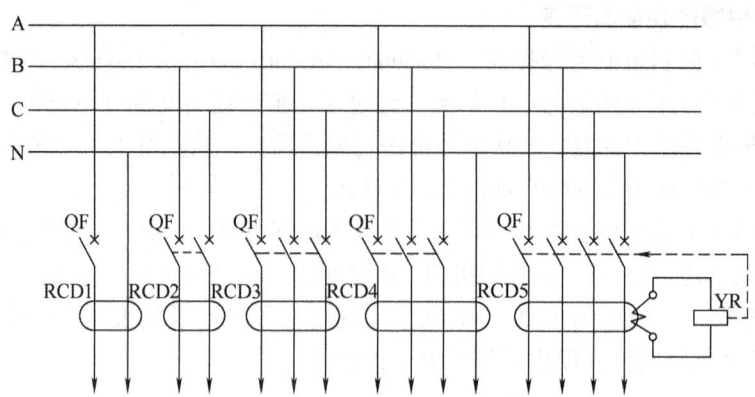

图 10-20 各种 RCD 在低压线路中的接线示意图
RCD1—单极 2 线　　RCD2—2 极 2 线　　RCD3—3 极 3 线　　RCD4—3 极 4 线
RCD5—4 极 4 线　　QF—断路器　　YR—漏电脱扣器

基本能力训练　触电的急救处理

触电人员的现场急救是抢救过程中的一个关键。如处理得及时和正确，就可能使因触电而呈假死的人获救；反之，则可能带来不可弥补的后果。因此，从事电气工作的人员也必须熟悉和掌握触电急救技术。

1. 脱离电源

使触电人尽快脱离电源，是救治触电人的第一步，也是最重要的一步。具体做法如下：

1）如果开关距离救护人较近，应迅速地拉开开关，切断电源。

2）如果开关距离救护人很远，可用绝缘手钳或装有干燥木柄的刀、斧、铁锹等将电线切断，但应防止被切断的电源线触及人体。

3）当导线搭在触电人身上或压在身下时，可用干燥木棒、竹竿或其他带有绝缘手柄的工具，迅速将电线挑开，但不能直接用手或用导电的物件去挑电线，以防触电。

4）如果触电人衣服是干燥的，而且电线并非紧缠其身时，救护人员可站在干燥木板上用一只手拉住触电人的衣服将他拉离带电体，但此法只适用低压触电情况。

5）如果人在高空触电，还须采取安全措施，以防电源切断后，触电人从高空掉下致残或致死。

2. 急救处理

当触电人脱离电源后，应依据具体情况，迅速对症救治，同时尽快请医生前来抢救。

1）如果触电人伤害并不严重，神志尚清醒，只是有些心慌，四肢发麻，全身无力，或者虽一度昏迷，但未失去知觉时，都要使之安静休息，不要走路，并密切观察其病变。

2）如果触电人伤害较严重，失去知觉，停止呼吸，但心脏微有跳动时，应采取口对口人工呼吸法。如果虽有呼吸，但心脏停搏时，则应采取人工胸外按压心脏法。

3）如果触电人伤害得相当严重，心跳和呼吸都已停止，人完全失去知觉时，则需立即同时进行口对口人工呼吸和人工胸外按压心脏两种方法的人工循环。如果现场仅有一人抢救时，可交替使用这两种方法，先胸外按压心脏 4~8 次，然后暂停，代以口对口吹气 2~3 次，再按压心脏，又口对口吹气，如此循环反复地进行操作。

人工呼吸和胸外按压心脏，应尽可能就地进行，只有在现场危及安全时，才可将触电人移到安全地方进行急救。在运送医院途中，也应不间断地进行人工呼吸或心脏按压，进行抢救。

3. 口对口吹气的人工呼吸法

人工呼吸有仰卧压胸法、俯卧压背法和口对口吹气法。这里只介绍简便易行且效果较好的口对口吹气法。

1）首先迅速解开触电人的衣服、裤带，松紧其上身的紧身衣、护胸罩和围巾等，使其胸部能自由扩张，不致妨碍呼吸。

2）使触电人仰卧，不垫枕头，头先侧向一边，清除其口腔内的血块、义齿及其他异物等。如其舌根下陷，应将舌头拉出，使呼吸道畅通。如触电者牙关紧闭，救护人应以双手托住其下巴骨的后角处，大拇指放在下巴角边缘，用手将下巴骨慢慢向前推移，使下牙移到上牙之前；也可用开口钳、小木片、金属片等，小心地从口角伸入牙缝撬开牙齿，清除口腔内异物。然后将其头部扳正，使之尽量后仰，鼻孔朝天，呼吸道畅通。

3）救护人位于触电人头部的左边或右边，用一只手捏紧其鼻孔，不使漏气；用另一只手将其下巴拉向前下方，使其嘴张开，嘴上可盖一层纱布，准备接受吹气。

4）救护人做深呼吸后，紧贴触电人的嘴，向他大口吹气，如图 10-21a 所示。如果掰不开嘴，可贴鼻孔吹气，使起胸部膨胀。

5）救护人吹气完毕后换气时，应立即离开触电人的嘴（或鼻孔），并放松紧捏的鼻（或嘴），让其自由排气，如图 10-21b 所示。

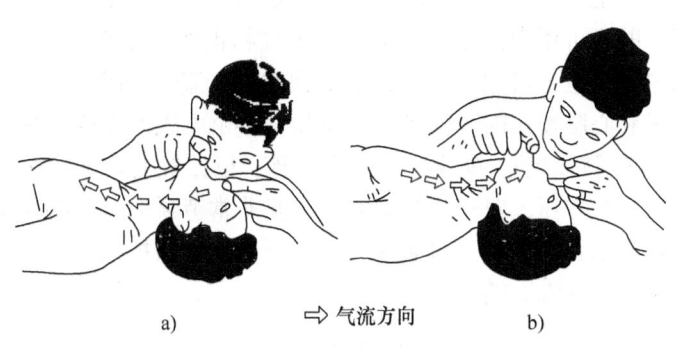

图 10-21　口对口吹气的人工呼吸法
a）紧贴吹气　b）放松换气

按照上述要求对触电人反复地吹气、换气，每分钟约 12 次。对幼小儿童施行此法时，鼻子不必捏紧，可任其自由漏气，而且吹气不能过猛，以免肺包胀破。

4. 胸外按压心脏的人工循环法

按压心脏人工循环法，通常采用的有胸外按压心脏法和开胸直接按压心脏法等。开胸直接按压心脏法由胸外科医生进行。这里介绍胸外按压心脏的人工循环法。

1）与人工呼吸法的要求一样，首先要解开触电人衣物，并清除口腔内异物，使其胸部能自由扩张。

2）使触电人仰卧，姿势与上述口对口吹气法相同，但后背着地处的地面必须牢固，为硬地或木板之类。

3）救护人位于触电人一边，最好是跨腰跪在触电人的腰部，两手相叠（对儿童可只用一只手），手掌根部放在心窝稍高一点的地方（掌根放在胸骨的1/3部位）。

4）救护人找到触电人的正确压点后，自上而下、垂直均衡地用力向下按压，压出心脏里面的血液，如图10-22a所示。对儿童，用力要适当小一些。

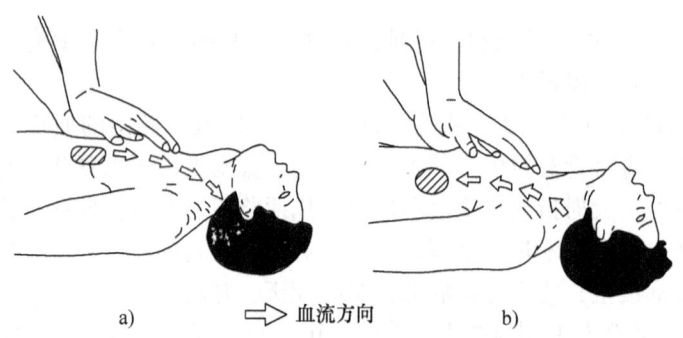

图10-22　人工胸外按压心脏法
a）向下按压　b）放松回流

5）按压后，掌根迅速放松（但手掌不要离开胸部），使触电人胸部自动复原，心脏扩张，血液又回到心脏里来，如图10-22b所示。

按照上述要求反复地对触电人的心脏进行按压和放送，每分钟约60次。按压时定位要准确，用力要适当。既不可用力过猛，以免将胃中食物也按压出来，堵塞气管，影响呼吸，或折断肋骨，损伤内脏，也不可用力过小，达不到按压血流的作用。

在施行人工呼吸和心脏按压时，救护人应密切观察触电人的反应。只要发现触电人有苏醒征象，如眼皮闪动或嘴唇微动，就应中止操作几秒，以让触电人自行呼吸和心跳。

施行人工呼吸和心脏按压，对于救护人来说，是非常劳累的，但必须坚持不懈，直到触电人复苏或医务人员前来救治为止。事实说明，只要正确地坚持施行人工救治，触电假死的人被抢救复活的可能性是非常大的。

思考题与习题

10-1　什么叫过电压？雷电过电压有哪些形式？各是如何产生的？

10-2　什么叫接闪器？避雷针是如何防护雷击的？避雷针、避雷线和避雷带（网）各主要用在哪些场所？

10-3　确定接闪器防雷范围的"滚球法"是如何确定防雷范围的？

10-4　变配电所有哪些防雷措施？架空线路又有哪些防雷措施？

10-5　建筑物按防雷要求分哪几类？各类建筑物应采取哪些防雷措施？

10-6　什么叫接触电压和跨步电压？一般离接地故障点多远的范围外对人身比较安全？

10-7　阐述变配电所防雷保护的措施。

10-8　什么叫总等电位联结（MEB）和局部等电位联结（LEB）？它们的功能是什么？各应用在哪些

场合？

10-9 装设漏电保护器（RCD）的目的是什么？

10-10 某用户有一座二类防雷建筑物，高10m，其屋顶最远的一角距离高50m的烟囱有15m远。烟囱上安装有一根2.5m高的避雷针。试检验此避雷针能否保护这座建筑物。

10-11 有一台50kVA的配电变压器低压侧中性点需进行接地。已知可利用的自然接地体电阻为25Ω，而接地电阻要求不大于10Ω。试确定垂直接地体的钢管和连接扁钢。已知该地的土壤电阻率为150Ω·m，单相短路电流可达2.5kA，短路电流持续时间可达1.1s。

附 录

附录 A 需要系数和二项式系数

表 A-1 用电设备组的需要系数、二项式系数及功率因数值

用电设备组名称	需要系数 K_d	二项式系数 b	二项式系数 c	最大容量设备台数 x[①]	$\cos\varphi$	$\tan\varphi$
小批生产的金属冷加工机床	0.16~0.2	0.14	0.4	5	0.5	1.73
大批生产的金属冷加工机床	0.18~0.25	0.14	0.5	5	0.5	1.73
小批生产的金属热加工机床	0.25~0.3	0.24	0.4	5	0.6	1.33
大批生产的金属热加工机床	0.3~0.35	0.26	0.5	5	0.65	1.17
通风机、水泵、空压机及电动发电机组	0.7~0.8	0.65	0.25	5	0.8	0.75
非连锁的连续运输机械及铸造车间整砂机械	0.5~0.6	0.4	0.4	5	0.75	0.88
连锁的连续运输机械及铸造车间整砂机械	0.65~0.7	0.6	0.2	5	0.75	0.88
锅炉房和机加工、机修、装配等类车间的吊车（$\varepsilon=25\%$）	0.1~0.15	0.06	0.2	3	0.5	1.73
铸造车间的吊车（$\varepsilon=25\%$）	0.15~0.25	0.09	0.3	3	0.5	1.73
自动连续装料的电阻炉设备	0.75~0.8	0.7	0.3	2	0.95	0.33
非自动连续装料的电阻炉设备	0.65~0.7	0.7	0.3	2	0.95	0.33
实验室用的小型电热设备（电阻炉、干燥箱等）	0.7	0.7	0	—	1.0	0
工频感应电炉（未带无功补偿装置）	0.8	—	—	—	0.35	2.68
高频感应电炉（未带无功补偿装置）	0.8	—	—	—	0.6	1.33
电弧熔炉	0.9	—	—	—	0.87	0.57
点焊机、缝焊机	0.35	—	—	—	0.6	1.33
对焊机、铆钉加热机	0.35	—	—	—	0.7	1.02
自动弧焊变压器	0.5	—	—	—	0.4	2.29
单头手动弧焊变压器	0.35	—	—	—	0.35	2.68
多头手动弧焊变压器	0.4	—	—	—	0.35	2.68
单头弧焊电动发电机组	0.35	—	—	—	0.6	1.33
多头弧焊电动发电机组	0.7	—	—	—	0.75	0.88
生产厂房及办公室、阅览室、实验室照明[②]	0.8~1	—	—	—	1.0	0
变配电所、仓库照明[②]	0.5~0.7	—	—	—	1.0	0
宿舍（生活区）照明[②]	0.6~0.8	—	—	—	1.0	0
室外照明、应急照明[②]	1	—	—	—	1.0	0

① 如果用电设备组的设备总台数 $n<2x$ 时，则最大容量设备台数取 $x=n/2$，且按"四舍五入"修约规则取整数。
② 这里的 $\cos\varphi$ 和 $\tan\varphi$ 值均为白炽灯照明的数据。

表 A-2　部分工厂的全厂需要系数、功率因数及年最大有功负荷利用小时参考值

工厂类别	需要系数 K_d	功率因数 $\cos\varphi$	年最大有功负荷利用小时数	工厂类别	需要系数 K_d	功率因数 $\cos\varphi$	年最大有功负荷利用小时数
汽轮机制造厂	0.38	0.88	5000	量具刃具制造厂	0.26	0.60	3800
锅炉制造厂	0.27	0.73	4500	工具制造厂	0.34	0.65	3800
柴油机制造厂	0.32	0.74	4500	电机制造厂	0.33	0.65	3000
重型机械制造厂	0.35	0.79	3700	电器开关制造厂	0.35	0.75	3400
重型机床制造厂	0.32	0.71	3700	电线电缆制造厂	0.35	0.73	3500
机床制造厂	0.20	0.65	3200	仪器仪表制造厂	0.37	0.81	3500
石油机械制造厂	0.45	0.78	3500	滚珠轴承制造厂	0.28	0.70	5800

表 A-3　民用建筑用电设备组的需要系数及功率因数表

负荷名称	规模（台数）	需要系数 K_d	功率因数	备　注
照明	面积 <500m²	1~0.9	0.9~1.0	含插座容量，荧光灯就地补偿或采用电子镇流器
	500~3000m²	0.9~0.7	0.9	
	3000~15000m²	0.75~0.55		
	>15000m²	0.7~0.4		
冷冻机房 锅炉房	1~3 台	0.9~0.7	0.8~0.85	
	>3 台	0.7~0.6		
热力站、水泵房、通风机	1~5 台	0.95~0.8	0.8~0.85	
	>5 台	0.8~0.6		
电梯		0.5~0.2		此系数用于选择变压器容量的计算
洗衣机房 厨房	≤100kW	0.4~0.5	0.8~0.9	
	>100kW	0.3~0.4		
窗式空调	4~10 台	0.8~0.6	0.8	
	10~50 台	0.6~0.4		
	50 台以上	0.4~0.3		
舞台照明	≤200kW	1~0.6	0.9~1	
	>200kW	0.6~0.4		

注：此表摘自《全国民用建筑工程设计技术措施—电气》（2009 年版）。

表 A-4　民用用电负荷的需要系数（同时系数）

按三相配电计算时所连接的基本户数	K_d 的通用值	K_d 的推荐值	按三相配电计算时所连接的基本户数	K_d 的通用值	K_d 的推荐值	按三相配电计算时所连接的基本户数	K_d 的通用值	K_d 的推荐值
9	1	1	36	0.50	0.60	72	0.41	0.45
12	0.95	0.95	42	0.48	0.55	75~300	0.40	0.45
18	0.75	0.80	48	0.47	0.55	375~600	0.33	0.35
24	0.66	0.70	54	0.45	0.50	780~900	0.26	0.30
30	0.58	0.65	63	0.43	0.50			

注：1. 表中通用值是目前采用的住宅需要系数值，推荐值是为了计算方便而提出，仅供参考。
　　2. 住宅的公用照明及公用电力负荷需要系数，一般按 0.8 选取。

表 A-5 照明设备的需要系数

建筑类别	K_d	建筑类别	K_d
生产厂房（有天然采光）	0.80~0.90	体育馆	0.70~0.80
生产厂房（无天然采光）	0.90~1.00	集体宿舍	0.60~0.80
办公楼	0.70~0.80	医院	0.50
设计室	0.90~0.95	食堂、餐厅	0.80~0.90
科研楼	0.80~0.90	商店	0.85~0.90
仓库	0.50~0.70	学校	0.60~0.70
锅炉房	0.90	展览馆	0.70~0.80
托儿所、幼儿园	0.80~0.90	旅馆	0.60~0.70
综合商业服务楼	0.75~0.85		

注：1. 气体放电灯灯具或线路的功率因数应规定补偿至 0.9。
　　2. 此表摘自《工业与民用配电设计手册》（第三版）。

表 A-6 住宅用电负荷和电能表标准

套　型	建筑面积 S（m²）	用电负荷（kW）	电度表（单相）
A	S≤60	3	5（20）
B	60＜S≤90	4	10（40）
C	90＜S≤150	6	10（40）

注：此表摘自 JGJ242—2011《住宅建筑电气设计规范》。

表 A-7 各类建筑物的面积功率

建筑类别	单位面积功率/（W/m²）	建筑类别	单位面积功率/（W/m²）
公寓	30~50	医院	40~70
旅馆	40~70	高等学校	20~40
办公	30~70	中小学	12~20
商业	一般：40~80 大中型：60~120	展览馆	50~80
体育	40~70	演播室	250~500
剧场	50~80	汽车库	8~15

注：1. 此表摘自《全国民用建筑工程设计技术措施—电气》（2009 年版）。
　　2. 表中所列用电指标的上限值是按空调采用电动压缩机制冷时的数值。当空调冷水机组采用直燃机时，用电指标一般比采用电动压缩机制冷时的指标降低 25~35W/m²。

附录 B　并联电容器的技术数据

表 B-1 并联电容器的无功补偿率（Δq_c）

补偿前的功率因数 $\cos\varphi_1$	补偿后的功率因数 $\cos\varphi_2$				补偿前的功率因数 $\cos\varphi_1$	补偿后的功率因数 $\cos\varphi_2$			
	0.85	0.90	0.95	1.00		0.85	0.90	0.95	1.00
0.60	0.713	0.849	1.004	1.333	0.76	0.235	0.371	0.526	0.85
0.62	0.646	0.782	0.937	1.266	0.78	0.182	0.318	0.473	0.80
0.64	0.581	0.717	0.872	1.206	0.80	0.130	0.266	0.421	0.75
0.66	0.518	0.654	0.809	1.138	0.82	0.078	0.214	0.369	0.69
0.68	0.458	0.594	0.749	1.078	0.84	0.026	0.162	0.317	0.64
0.70	0.400	0.536	0.691	1.020	0.86	—	0.109	0.264	0.59
0.72	0.344	0.480	0.635	0.964	0.88		0.056	0.211	0.54
0.74	0.289	0.425	0.580	0.909	0.90		0.000	0.155	0.48

表 B-2 自愈式低压并联电力电容器的技术数据

型号	标称容量/kvar	总电容值/μF	额定电流/A	型号	标称容量/kvar	总电容值/μF	额定电流/A
BSMJ0.4-8-3	8	159	11.55	BSMJ0.4-30-3	30	597	43.30
BSMJ0.4-10-3	10	199	14.43	BSMJ0.4-40-3	40	796	57.74
BSMJ0.4-12-3	12	239	17.32	BSMJ0.4-50-3	50	995	72.17
BSMJ0.4-14-3	14	279	20.21	BSMJ0.4-60-3	60	1194	86.61
BSMJ0.4-6-3	6	119	8.66	BSMJ0.4-20-3	20	398	28.87
BSMJ0.4-7.5-3	7.5	149	10.83	BSMJ0.4-25-3	25	498	36.09

附录 C 电力变压器的技术数据

表 C-1 10/0.4kV S11 油浸式电力变压器技术数据

额定容量/kVA	型号	联结组别	空载电流（%）	空载损耗/kW	负载损耗/kW	短路阻抗（%）
250	S11-250/10	Yyn0	1.2	0.4	3.05	4.0
315	S11-315/10	Yyn0	1.1	0.48	3.65	4.0
400	S11-400/10	Yyn0	1.0	0.57	4.3	4.0
500	S11-500/10	Yyn0	1.0	0.68	5.1	4.0
630	S11-630/10	Yyn0	0.9	0.81	6.2	4.5
800	S11-800/10	Yyn0	0.8	0.98	7.5	4.5
1000	S11-1000/10	Yyn0	0.7	1.15	10.3	4.5
1250	S11-1250/10	Yyn0	0.6	1.36	12	4.5
1600	S11-1600/10	Yyn0	0.6	1.64	14.5	4.5

表 C-2 S13-M 型全密封电力变压器主要技术参数

型号	容量/kV·A	电压组合 高压/kV	电压组合 分接范围（%）	电压组合 低压/kV	联结组别	损耗/W 空载损耗	损耗/W 负载损耗	空载电流	阻抗（%）
S13-30	30					80	600	0.28	
S13-50	50					100	870	0.25	
S13-63	63					110	1040	0.23	
S13-80	80					130	1250	0.22	
S13-100	100					150	1500	0.21	
S13-125	125					170	1800	0.20	
S13-160	160	6				200	2200	0.19	4
S13-200	200	6.3	±2×2.5%		Dyn11	240	2600	0.18	
S13-250	250	10	或	0.4	或	290	3050	0.17	
S13-315	315	10.5	±5%		Yyn0	340	3650	0.16	
S13-400	400	11				410	4300	0.16	
S13-500	500					460	5100	0.15	
S13-630	630					580	6200	0.15	
S13-800	800					700	7500	0.14	4.5
S13-1000	1000					830	10300	0.13	
S13-1250	1250					980	12000	0.12	
S13-1600	1600					1180	14500	0.11	

表 C-3　10/0.4kV 三相双绕组无励磁调压干式变压器主要技术参数

额定容量 S_r/kVA	空载损耗 ΔP_0/kW	负载损耗 ΔP_k/kW	空载电流 I_0（%）	阻抗电压 U_k（%）	额定容量 S_r/kVA	空载损耗 ΔP_0/kW	负载损耗 ΔP_k/kW	空载电流 I_0（%）	阻抗电压 U_k（%）
160	0.55	2.45/2.62	1.5		630	1.30	6.70/7.17	0.9	
200	0.65	2.86/3.05	1.3		800	1.54	7.80/8.35	0.9	
250	0.74	3.25/3.48	1.3		1000	1.75	9.25/9.90	0.9	
315	0.88	3.90/4.18	1.1	4.0	1250	2.03	11.00/11.80	0.9	6.0
400	1.00	4.60/4.90	1.1		1600	2.70	13.50/14.40	0.9	
500	1.18	5.47/5.85	1.1		2000	3.00	16.20/17.40	0.7	
630	1.35	6.50/6.95	0.9		2500	3.50	19.50/20.80	0.7	

注：1. 本表摘自 GB/T 10228—2008《干式电力变压器技术参数和要求》。
　　2. 表中斜线前的负载损耗值适用于 F 级绝缘耐热等级（120℃），表中斜线后的负载损耗值适用于 H 级绝缘耐热等级（145℃）。

附录 D　高低压电器的主要技术数据

表 D-1　CV2 系列高压真空断路器的主要技术数据

项　目		单　位	参　数
额定电压		kV	12
额定绝缘水平	1min 工频耐压（有效值）	kV	42
	雷电冲击耐受电压（峰值）	kV	75
额定频率		Hz	50
额定电流		A	630、1250、1600、2000、2500、3150
额定短路开断电流（有效值）		kA	25、31.5、40
额定峰值耐受电流		kA	63、80、100
额定短路关合电流		kA	63、80、100
额定短时耐受电流（有效值）		kA	25、31.5、40
额定短路持续时间		s	4
额定背对背电容器组开断电流（有效值）		A	400
额定背对背电容器组关合涌流（峰值）		kA	20（频率 4250Hz）
额定操作顺序			自动重合闸：O—0.3s—CO—180s—CO
			非自动重合闸：O—180s—CO—180s—CO
合闸和分闸装置额定电源电压		V	AC：110、230；DC：110、220
辅助回路额定电源电压		V	AC：110、230；DC：110、220

(续)

项　目		单　位	参　数
机械寿命	相间距210mm断路器	次	20000
	相间距150mm及275mm断路器		10000

注：本表数据由常熟开关制造有限公司提供。

表 D-2　XRNT3、XRNP3、XRNC3 型高压限流熔断器的主要技术数据

型　号	额定电压/kV	熔断器额定电流/A	熔体额定电流/A	额定开断电流/kA
XRNT3-12/□-50	12	63	6.3、10、16、20、25、31.5、40、50、63	50
		125	80、100、125	
		200	160、200	
XRNP3-12/□-50	12	16	0.5、1、2、3.15、6.3、10、16	50
XRNC3-12/□-50	12	16	8、10、16	50
		63	20、25、31.5、40、50、63	
		125	80、100、125	

表 D-3　FL（R）N36B-12D 户内高压负荷开关的主要技术数据

项　目		单　位	参　数	
			FLN36B-12D	FLRN36B-12D
额定电压		kV	12	
额定绝缘水平	1min工频耐压（有效值）	kV	42	
	雷电冲击耐受电压（峰值）	kV	75	
额定频率		Hz	50	
额定电流		A	630	125
额定有关负荷开断电流（有效值）		A	630	
额定电缆充电开断电流		A	10	
额定峰值耐受电流		kA	50	125
额定短路关合电流		kA	50	125
额定短时耐受电流（有效值）		kA	20	20
额定短路持续时间		s	4	4
额定转移开断电流（有效值）		kA	—	1700
额定短路开断电流		kA	—	50
熔断器最大额定电流		A		125
额定有功负荷开断电流次数		次	100	
机械寿命		次	3000	

注：本表数据由常熟开关制造有限公司提供。

表 D-4 LZZBJ12-10A 系列高压电流互感器的主要技术数据

额定电流比/A	级次组合	准确级及额定输出/VA				保护级		额定短时热电流/kA	额定动稳定电流/kA
		0.2	0.5	1	3	额定输出/VA	准确级及准确限值系数		
10/5	0.2/5P 0.2/10P 0.5/5P 0.5/10P	10	20	—	—	30	5P10, 10P10	2	5
10/5						15	5P15, 10P15		
15/5						30	5P10, 10P10	3	7.5
15/5						15	5P15, 10P15		
20/5						30	5P10, 10P10	4	10
20/5						15	5P15, 10P15		
30/5						30	5P10, 10P10	6	15
30/5						15	5P15, 10P15		
40/5						30	5P10, 10P10	8	20
40/5						15	5P15, 10P15		
50/5						30	5P10, 10P10	10	25
50/5						15	5P15, 10P15		
75/5						30	5P10, 10P10	21	52.5
75/5						15	5P15, 10P15		
100/5						30	5P10, 10P10	31.5	80
100/5						15	5P15, 10P15		
150, 200/5						30	5P10, 10P10	45	112.5
150, 200/5						15	5P15, 10P15		
300/5		15	30	—	—	25	10P15	50	120
400/5						30			
500, 600/5									
800/5								80	160
1000, 1200/5						40			
1500/5			40					100	180
2000, 3000/5									

表 D-5 JDZ(X)12-10 系列高压电压互感器的主要技术数据

型号	额定电压比/kV	准确级组合	准确级及额定输出/VA				极限输出/VA
			0.2	0.5	1.0	3	
JDZ12-10	10/0.1	0.2; 0.5	30	80	—	—	400
JDZX12-10	10/$\sqrt{3}$/0.1/$\sqrt{3}$/0.1/3	0.5/6P	30	80	—	100	400

表 D-6　CW2 系列智能型万能式断路器的主要技术数据

型　号		CW2-1600	CW2-2000	CW2-2500	CW2-4000
壳架等级额定电流/A		1600	2000	2500	4000
额定工作电流 I_n/A		200、400、630、800、1000、1250、1600	630、800、1000、1250、1600、2000	1250、1600、2000、2500	2000、2500、2900、3200、3600、4000
过载长延时整定电流 I_{r1}/A		L25 型：$(0.6 \sim 1.0)$ I_n，按每级 5% I_n 递增 M25 型、M26 型、H26 型：$(0.4 \sim 1.0)$ I_n，按每级 10A 递增			
短路短延时整定电流 I_{r2}/A		L25 型：$(1.5 \sim 10)$ I_{r1}，按 1.5、2、3、4、5、6、8、10 倍 I_{r1} 递增 M25 型、M26 型、H26 型：$(0.4 \sim 15)$ I_n，按每级 20A 递增			
短路瞬时整定电流 I_{r3}/A		L25 型：$(3 \sim 15)$ I_{r1}，按 3、4、5、6、8、10、12、15 倍 I_{r1} 递增 M25 型、M26 型、H26 型：1.6～35kA（CW2-1600）/2.0～50kA（CW2-2000）/2.5～50kA（CW2-2500）/4.0～65kA（CW2-4000） 按每级 100A 递增			
接地短延时整定电流 I_{r4}/A		M26 型、H26 型配置：CW2-1600 为 $0.4I_n \sim 0.8I_n$ 或 1000A（取小者）； CW2-2000/2500 为 $0.2I_n$ 或 160A（取大者）～$0.8I_n$ 或 1200A（取小者）； CW2-4000 为 $0.2I_n \sim 0.6I_n$ 或 1600A（取小者）			
额定工作电压/V		400、690（50Hz）			
额定绝缘电压/V		1000			
额定冲击耐受电压/kV		12			
1min 工频耐受电压/V		3500			
极数		3、4			
中性极额定电流/A		50% I_n、100% I_n			
额定极限短路分断能力（有效值）/kA	AC 400V	50	80	85	100
	AC 690V	25	50	50	75
额定运行短路分断能力（有效值）/kA	AC 400V	50	80	85	100
	AC 690V	25	50	50	75
额定短路接通能力（峰值）/kA	AC 400V	105	176	187	220
	AC 690V	52.5	105	105	165
额定短时耐受电流（有效值）(0.5s)/kA	AC 400V	42	60	65	85
	AC 690V	25	40	50	75
全分断时间（无附加延时）/ms		25～30			
闭合时间/ms		最大 70			
智能控制器		L25 型、M25 型、M26 型、H26 型			
操作性能	电气寿命 AC 400V	2500	2000	1500	1500
	电气寿命 AC 690V	1500	1000	2000	1000
	机械寿命 免维护	8000	8000	8000	5000
	机械寿命 有维护	20000	20000	20000	10000

注：1. CW2 整定电流连续可调。
　　2. 本表数据由常熟开关制造有限公司提供。

表 D-7 CM2 系列、CM2Z 系列塑料外壳式断路器的主要技术数据

壳架等级额定电流/A		125			225		
型号		CM2-125L	CM2-125M	CM2-125H	CM2-225L	CM2-225M	CM2-225H
			CM2Z-125M	CM2Z-125H		CM2Z-225M	CM2Z-225H
额定电流 I_n/A	CM2	16、20、25、32、40、50、63、80、100、125			125、140、160、180、200、225		
	CM2Z	32、63、125			225		
过载长延时整定电流 I_{r1}/A	CM2	$(0.8-0.9-1.0)I_n$			$(0.8-0.9-1.0)I_n$		
	CM2Z[②]	32(16~32)、63(32~63)、125(63~125)			225(125~225)		
短路瞬时整定电流 I_{r3}/A	CM2	$I_n<63A: 10I_n$; $I_n \geq 63A: (5-6-7-8-9-10)I_n$			$(5-6-7-8-9-10)I_n$		
	CM2Z[②]	$(4~14)I_{r1}$，调整步长为1A					
短路短延时整定电流 I_{r2}/A	CM2Z[②]	$(2~12)I_{r1}$，调整步长为1A；短延时动作时间 t_2 取 0.1s、0.2s、0.3s、0.4s					
接地短延时整定电流 I_{r4}/A	CM2Z[②]	$(0.5~1)I_n$，调整步长为1A；短延时动作时间 t_4 取 0.1s、0.2s、0.3s、0.4s					
极数		3, 4					
额定绝缘电压/V		AC 800					
额定冲击耐受电压/V		8000					
额定工作电压/V		AC 400					
飞弧距离/mm		≥50 (0[①])			≥50 (0[①])		
额定极限短路分断能力/kA	AC 400V	50	70	85	50	70	85
额定运行短路分断能力/kA	AC 400V	35	50	70	35	50	70
操作性能/次	通电	1500			1000		
	不通电	8500			7000		
壳架等级额定电流/A		400			630		
型号		CM2-400L	CM2-400M	CM2-400H	CM2-630L	CM2-630M	CM2-630H
			CM2Z-400M	CM2Z-400H		CM2Z-630M	CM2Z-630H
额定电流 I_n/A	CM2	225、250、315、350、400			400、500、630		
	CM2Z	400			630		
过载长延时整定电流 I_{r1}/A	CM2	$(0.8-0.9-1.0)I_n$			$(0.8-0.9-1.0)I_n$		
	CM2Z[④]	400(200~400)			630(315~630)		
短路瞬时整定电流 I_{r3}/A	CM2	$(5-6-7-8-9-10)I_n$					
	CM2Z	$(4~14)I_{r1}$，调整步长为1A					
短路短延时整定电流 I_{r2}/A	CM2Z	$(2~12)I_{r1}$，调整步长为1A；短延时动作时间 t_2 取 0.1s、0.2s、0.3s、0.4s					
接地短延时整定电流 I_{r4}/A	CM2Z	$(0.5~1)I_n$，调整步长为1A；短延时动作时间 t_4 取 0.1s、0.2s、0.3s、0.4s					

(续)

壳架等级额定电流/A		400			630		
型号		CM2-400L	CM2-400M	CM2-400H	CM2-630L	CM2-630M	CM2-630H
			CM2Z-400M	CM2Z-400H		CM2Z-630M	CM2Z-630H
极数		3, 4					
额定绝缘电压/V		AC 800					
额定冲击耐受电压/V		8000					
额定工作电压/V		AC 400					
飞弧距离/mm		≥100 (0③)			≥100 (0③)		
额定极限短路分断能力/kA	AC 400V	50	70	100	50	70	100
额定运行短路分断能力/kA	AC 400V	50	70	75	50	70	75
操作性能/次	通电	1000			1000		
	不通电	4000			4000		

注：1. CM2Z-400 的额定短时耐受电流 (1s) 为 5kA，CM2Z-630 的额定短时耐受电流 (1s) 为 8kA。
2. 本表数据由常熟开关制造有限公司提供。
① 选装高为 5mm、6mm 的零飞弧罩，实现零飞弧。
② CM2Z 整定电流连续可调。
③ 选装高为 10.5mm、11.5mm 的零飞弧罩，实现零飞弧。
④ CM2Z 整定电流连续可调。

附录 E 电缆、导线的技术数据

表 E-1 三相电路电线电缆单位长度每相的电阻和电抗值

类别		导体截面积/mm²										
		6	10	16	25	35	50	70	95	120	150	185	240
导体类型	导体温度/℃	每相电阻 $r/\Omega \cdot km^{-1}$											
铝	20	—	—	1.798	1.151	0.822	0.575	0.411	0.303	0.240	0.192	0.156	0.121
LJ 绞线	55	—	—	2.054	1.285	0.950	0.660	0.458	0.343	0.271	0.222	0.179	0.137
LGJ 绞线	55	—	—	—	—	0.938	0.678	0.481	0.349	0.285	0.221	0.181	0.138
铜	20	2.867	1.754	1.097	0.702	0.501	0.351	0.251	0.185	0.146	0.117	0.095	0.077
BV 导线	60	3.467	2.040	1.248	0.805	0.579	0.398	0.291	0.217	0.171	0.137	0.112	0.086
VV 电缆	60	3.325	2.035	1.272	0.814	0.581	0.407	0.291	0.214	0.169	0.136	0.110	0.085
YJV 电缆	80	3.554	2.175	1.359	0.870	0.622	0.435	0.310	0.229	0.181	0.145	0.118	0.091
导线类型	线距/mm	每相电抗 $x/\Omega \cdot km^{-1}$											
LJ 裸铝绞线	800	—	—	0.381	0.367	0.357	0.345	0.335	0.322	0.315	0.307	0.301	0.293
	1000	—	—	0.390	0.376	0.366	0.355	0.344	0.335	0.327	0.319	0.313	0.305
	1250	—	—	0.408	0.395	0.385	0.373	0.363	0.350	0.343	0.335	0.329	0.321
LGJ 钢芯铝绞线	1500	—	—	—	—	0.39	0.38	0.37	0.35	0.35	0.34	0.33	0.33
	2000	—	—	—	—	0.403	0.394	0.383	0.372	0.365	0.358	0.35	0.34
	3000	—	—	—	—	0.434	0.424	0.413	0.399	0.392	0.384	0.378	0.369

(续)

类 别			导体截面积/mm²										
			6	10	16	25	35	50	70	95	120	150	185	240
BV 导线	明敷	100	0.300	0.280	0.265	0.251	0.241	0.229	0.219	0.206	0.199	0.191	0.184	0.178
		150	0.325	0.306	0.290	0.277	0.266	0.251	0.242	0.231	0.223	0.216	0.209	0.200
	穿管敷设		0.112	0.108	0.102	0.099	0.095	0.091	0.087	0.085	0.083	0.082	0.081	0.080
VV 电缆(1kV)			0.093	0.087	0.082	0.075	0.072	0.071	0.070	0.070	0.070	0.070	0.070	0.070
YJV 电缆	1kV		0.092	0.085	0.082	0.082	0.080	0.079	0.078	0.077	0.077	0.077	0.077	0.077
	10kV		—	—	0.133	0.120	0.113	0.107	0.101	0.096	0.095	0.093	0.090	0.087

注:1. 本表根据《工业与民用配电设计手册》(第三版)编制。
　　2. 计算线路功率损耗与电压损失时取导线实际工作温度推荐值下的电阻值,计算线路三相最大短路电流时取导线在 20℃ 时的电阻值。

表 E-2　架空裸导线的最小允许截面积

线 路 类 别		导线最小截面积/mm²		
		铝及铝合金	钢芯铝线	铜绞线
35kV 及以上线路		35	35	35
3~10kV 线路	居民区	35	25	25
	非居民区	25	16	16
低压线路	一般	16	16	16
	与铁路交叉跨越档	35	16	16

表 E-3　绝缘导线的最小允许截面积

线 路 类 别		导线最小截面积/mm²		
		铜芯软线	铜芯线	PE 线和 PEN 线(铜芯线)
照明用灯头引下线	室内	0.5	1.0	
	室外	1.0	1.0	
移动式设备线路	生活用	0.75	—	
	生产用	1.0	—	
敷设在绝缘子上的绝缘导线(L 为支持点间距)	室内 $L \leq 2m$	—	1.0	有机械保护时为 2.5 无机械性的保护时为 4
	室外 $L \leq 2m$	—	1.5	
	室内外 $2m < L \leq 6m$		2.5	
	$6m < L \leq 15m$		4	
	$15m < L \leq 25m$		6	
穿管敷设的绝缘导线		1.0	1.0	
沿墙明敷的塑料护套线			1.0	

注:《全国民用建筑工程设计技术措施—电气》(2009 版)规定铜芯导线截面积最小值:进户线不小于 10mm²,动力、照明配电箱的进线不小于 6mm²,控制箱进线不小于 6mm²,动力、照明分支线不小于 2.5mm²,动力、照明配电箱的 N、PE、PEN 进线不小于 6mm²。这是从负荷发展需要和安全运行考虑的,而不是从机械强度要求考虑的。

表 E-4　裸导体及高压电缆在正常和短路时的最高允许温度及热稳定系数

电线电缆种类和材料		最高允许温度/℃		热稳定系数 K / $(A \cdot \sqrt{s}/mm^2)$
		额定负荷时	短路时	
裸母线或裸绞线	铜	70	300	171
	铝	70	200	87
6~10kV 交联聚乙烯绝缘电力电缆	铜芯	90	250	137
20~35kV 交联聚乙烯绝缘电力电缆	铜芯	80	250	143

注：本表摘自《工业与民用配电设计手册》(第三版)。

表 E-5　低压电线电缆的最高允许温度及热稳定系数

项目	导体绝缘材料						
	聚氯乙烯		乙丙橡胶/交联聚乙烯绝缘	橡胶		矿物质	
	≤300mm²	>300mm²		60℃	85℃	带聚氯乙烯	裸的
初始温度/℃	70	70	90	60	80	70	105
最终温度/℃	160	140	250	200	200	160	250
铜导体 K 值	115	103	143	141	134	115	135

注：本表摘自《工业与民用配电设计手册》(第三版)。

表 E-6　450/750 型 RV 绝缘电线明敷时的载流量

敷设方式	C 类：绝缘电线明敷在墙上、顶棚下或暗敷在墙内							
导体工作温度/℃	70							
环境温度/℃	25		30		35		40	
电缆型号	RV、RVV、RVB、RVS、RFB、RFS、BVV、BVNVB							
芯线截面积 /mm²	不同电缆芯数的载流量/A							
	2	3	2	3	2	3	2	3
0.5	10	7.4	9.5	7	9	6.6	8	6
0.75	13	9.5	12.5	9	12	8.5	11	7.8
1.0	16	12	15	11	14	10	13	9.6
1.5	20	18	19	17	18	16	17	15
2.0	23	20	22	19	20	18	19	17
2.5	29	25	27	24	25	23	24	21
4	38	34	36	32	34	30	31	28
6	50	44	47	41	44	39	41	36
10	69	60	65	57	61	54	57	50

注：此表摘自《工业与民用配电设计手册》(第三版)。

表 E-7　450/750 型 BYJ 绝缘电线穿管敷设时的载流量

敷设方式	B1 类：绝缘电线穿管明敷在墙上或暗敷在墙内											
导体工作温度/℃	90											
环境温度/℃	25			30			35			40		
芯线截面积 /mm²	不同带负荷导线根数的载流量/A											
	2	3	4	2	3	4	2	3	4	2	3	4
1.5	24	21	19	23	20	18	22	19	17	21	18	16
2.5	32	29	26	31	28	25	30	27	24	28	25	23
4	44	38	34	42	37	33	40	36	32	38	34	30
6	56	50	45	54	48	43	52	46	41	49	44	39

(续)

敷设方式	B1类：绝缘电线穿管明敷在墙上或暗敷在墙内											
导体工作温度/℃	90											
环境温度/℃	25			30			35			40		
芯线截面积/mm²	不同带负荷导线根数的载流量/A											
	2	3	4	2	3	4	2	3	4	2	3	4
10	78	69	61	75	66	59	72	63	57	68	60	54
16	104	92	82	100	88	79	96	84	76	91	80	72
25	138	122	109	133	117	105	128	112	101	121	106	96
35	171	150	135	164	144	130	157	138	125	149	131	118
50	206	182	164	198	175	158	190	168	152	180	159	144
70	263	231	208	253	222	200	242	213	192	230	202	182
95	318	280	252	306	269	242	294	258	232	278	245	220
120	368	324	292	354	312	281	340	300	270	322	284	256

注：1. 此表根据 GB/T 16895.15—2002 第 523 节布线系统载流量编制或根据其计算得出。
2. 管材可以是金属管或塑料管，墙体可以是砖墙或木质类墙。
3. 若导线敷设在人可触及处时，应放大一级截面选择。

表 E-8 0.6/1kV 型 YJV 电缆明敷和埋地敷设时的载流量

电缆带负荷芯数		3~4 芯				3~4 芯			单芯			
敷设方式		E 类：多芯电缆敷设在自由空气中或在有孔托盘、梯架上				D 类：多芯电缆直接埋地或穿管埋地敷设			F 类：单芯电缆相互接触敷设在自由空气中或在有孔托盘、梯架上			
导体工作温度/℃		90										
芯线截面积/mm²		不同环境温度的载流量/A										
相线	中性线	25℃	30℃	35℃	40℃	20℃	25℃	30℃	25℃	30℃	35℃	40℃
1.5		24	23	22	21	22	21	20				
2.5		33	32	29	29	29	28	27				
4	4	44	42	40	38	37	36	34				
6	6	56	54	52	49	46	44	43				
10	10	78	75	72	68	61	59	57				
16	16	104	100	96	91	79	76	73				
25	16	132	127	122	116	101	97	94	147	141	135	128
35	16	164	158	152	144	122	117	113	183	176	169	160
50	25	210	192	184	175	144	138	134	225	216	207	197
70	35	269	246	236	224	178	171	166	290	279	268	254
95	50	326	298	286	271	211	203	196	356	342	328	311
120	70	378	346	332	315	240	230	223	416	400	384	364
150	70	436	399	383	363	271	260	252	483	464	445	422
185	95	498	456	438	415	304	292	283	554	533	512	485
240	120	588	538	516	490	351	337	326	659	634	609	585
300	150	678	621	596	565	396	380	368	765	736	707	670
400									903	868	833	790
500									1038	998	958	908
630									1197	1151	1105	1047

注：1. 此表根据 GB/T 16895.15—2002 第 523 节布线系统载流量编制或根据其计算得出。
2. 当电缆靠墙明敷时，表中载流量乘以 0.94。
3. 单芯电缆有间距垂直排列明敷时，表中载流量乘以 0.9。
4. 埋地敷设时，设土壤热阻系数为 $2.5 \text{K} \cdot \text{m/W}$。

表 E-9　6/35kV 型 YJV 电缆明敷和埋地敷设时的载流量

电压等级	6/6kV, 8.7/10kV			26/35kV			6/6kV, 8.7/10kV				26/35kV	
电缆芯数	3芯			单芯	3芯	单芯	3芯			单芯	3芯	单芯
敷设方式	E类：多芯电缆敷设在自由空气中或在有孔托盘、梯架上						D类：多芯电缆直接埋地或穿管埋地敷设					
导体工作温度/℃	90											
芯线截面积/mm²	不同环境温度的载流量/A											
	25℃	30℃	35℃	30℃	30℃	30℃	20℃	25℃	30℃	25℃	25℃	25℃
35	173	166	159	237			129	124	120	149		
50	210	202	194	289	179	256	183	147	142	176	128	154
70	265	255	245	371	229	328	190	182	176	218	159	191
95	322	310	298	452	277	400	224	215	208	258	189	217
120	369	355	341	525	322	465	255	245	237	294	214	246
150	422	406	390	606	371	537	289	277	268	332	242	278
185	480	462	444	694	424	615	323	310	300	372	272	313
240	567	545	523	819	500	725	375	360	349	421	314	361
300	660	635	610	947	577	839	425	408	395	477	353	406
400	742	713	684	1139	651	1009	463	444	430	515	397	457

注：1. 此表摘自《工业与民用配电设计手册》（第三版）。
2. 当电缆采用无孔托盘明敷时，表中载流量乘以 0.93。
3. 埋地敷设时，设土壤热阻系数为 2.5K·m/W。

表 E-10　LJ、LGJ 型裸铝绞线的载流量

导体类型	LJ 型铝绞线				LGJ 型钢芯铝绞线			
导体工作温度/℃	70							
导线截面积/mm²	不同环境温度的载流量/A							
	25℃	30℃	35℃	40℃	25℃	30℃	35℃	40℃
16	105	99	92	85	105	98	92	85
25	135	127	119	109	135	127	119	109
35	170	160	150	138	170	159	149	137
50	215	202	189	174	220	207	193	178
70	265	249	233	215	275	259	228	222
95	325	305	286	247	335	315	295	272
120	375	352	330	304	380	357	335	307
150	440	414	387	356	445	418	391	360
185	500	470	440	405	515	584	453	416
240	610	574	536	494	610	574	536	494
300	680	640	597	550	700	658	615	566

注：1. 此表摘自《工业与民用配电设计手册》（第三版）。
2. 本表载流量按室外架设考虑，无日照，海拔在1000m以下。

表 E-11　涂漆矩形铜母线（TMY）的载流量

导体工作温度/℃	70										
母线尺寸（宽×厚）/mm×mm	每相1片				每相2片并联				每相3片并联		
	不同环境温度的载流量/A										
	25℃	30℃	35℃	40℃	25℃	30℃	35℃	40℃	25℃	30℃	35℃	40℃
30×4	475	446	418	385								
40×4	625	587	550	506								
40×5	700	659	615	567								
50×5	860	809	756	697								
50×6.3	955	808	840	774								
63×6.3	1125	1056	990	912	1740	1636	1531	1409	2240	2106	1971	1814
80×6.3	1480	1390	1300	1200	2110	1983	1857	1709	2720	2557	2394	2203
100×6.3	1810	1700	1590	1470	2470	2322	2174	2001	3170	2980	2790	2568
63×8	1320	1240	1160	1070	2160	2030	1901	1750	2790	2623	2455	2260
80×8	1690	1590	1490	1370	2620	2463	2306	2122	3370	3168	2966	2730
100×8	2080	1955	1830	1685	3060	2876	2693	2479	3930	3694	3458	3183
125×8	2400	2255	2110	1945	3400	3196	2992	2754	4340	4080	3819	3515
63×10	1475	1388	1300	1195	2560	2046	2253	2074	3300	3120	2904	2673
80×10	1900	1786	1670	1540	3100	2914	2728	2511	3990	3751	3511	3232
100×10	2310	2170	2030	1870	3610	3393	3177	2924	4650	4371	4092	3767
125×10	2650	2490	2330	2150	4100	3854	3608	3321	5200	4888	4576	4212

注：1. 此表摘自《工业与民用配电设计手册》（第三版）或根据其计算编制。
　　2. 本表载流量为母线立放的数据，当为平放且宽度≤63mm时，表中数据应乘以0.95，大于63mm时应乘以0.92。

附录 F　接地电阻的技术数据

表 F-1　独立变电所的接地电阻

接地类别	接地的电气装置特点		接地电阻要求/Ω
安全保护接地	低电阻系统中的变电所电气装置保护接地的接地电阻		$R \leqslant \dfrac{2000}{I}$ 且 $\leqslant 5$
	不接地、经消弧线圈接地和经高电阻接地系统中变电所电气装置保护接地的接地电阻	与变电所低压电气装置共用	$R \leqslant \dfrac{120}{I}$ 且 $\leqslant 4$
		仅用于高压电气装置	$R \leqslant \dfrac{250}{I}$ 且 $\leqslant 10$
雷电保护接地	独立避雷针（含悬挂独立避雷线的架构）的接地电阻		$R_p \leqslant 10$（冲击电阻）
	在变压器门型架构上装设避雷针时，变电所接地电阻（不包括架构基础的接地电阻）		$R \leqslant 4$（工频电阻）

注：1. 本表根据 GB 50065—2011《交流电气装置的接地设计规范》和 GB 50064—2014《交流电气装置的过电压保护和绝缘配合设计规范》编制。
　　2. 表中 I 为计算用的流经接地装置的入地短路电流（A），该电流应按 5～10 年发展后的系统最大运行方式确定，并应考虑系统中各接地中性点间的短路电流分配，以及避雷线中分走的接地短路电流。

表 F-2　土壤电阻率的参考值

类别	名称	电阻率近似值 /Ω·m	不同情况下电阻率的变化范围/Ω·m		
			较湿时（一般地区、多雨区）	较干时（沙漠地区、少雨区）	地下水含盐碱时
土	陶粘土	10	5~20	10~100	3~10
	泥碳、泥灰岩、沼泽地	20	10~30	50~300	3~30
	捣碎的木炭	40	—	—	—
	黑土、园田土、陶土	50	30~100	50~300	10~30
	粘土	60	30~100	50~300	10~30
	砂质粘土	100	30~300	80~1000	10~80
	黄土	200	100~200	250	30
	含砂粘土、砂土	300	100~1000	1000 以上	30~100
	河滩中的砂	—	300		
	多石土壤	400	—		
砂	砂、砂砾	1000	250~1000	1000~2500	
岩石	砾石、碎石、多岩山地	5000	—		
	花岗岩	200000	—		
混凝土	在水中	40~55			
	在湿土中	100~200			
	在干土中	500~1300			
	在干燥的大气中	12000~18000			

注：此表摘自《工业与民用配电设计手册》（第三版）。

表 F-3　接地装置导体的最小规格尺寸

种类	参数	室内地上	室外地上	地下
圆钢	直径/mm	6	8	10
扁钢	截面积/mm²	60	100	100
	厚度/mm	3	4	4
角钢	厚度/mm	2	2.5	4
钢管	管壁厚度/mm	2.5	2.5	3.5

注：本表根据 GB 50065—2011《交流电气装置的接地设计规范》、GB 50057—2010《建筑物防雷设计规范》和 GB 50303—2013《建筑电气工程施工质量验收规范》编制。

表 F-4　建筑物电气装置的接地电阻

接地类别		接地的电气装置特点	接地电阻要求/Ω
低压系统中性点接地		低压 TN 系统、TT 系统的电源中性点的接地电阻	$R \leq 4$（注2）
安全保护接地	配电变压器位于所供电建筑物之外	高压侧工作于低电阻接地系统，变压器保护接地与低压系统中性点接地不共用接地装置	$R \leq \dfrac{2000}{I}$ 且 ≤ 5
		变压器保护接地无法与低压系统中性点接地分开时	$R \leq \dfrac{1200}{I}$
		高压侧工作于不接地、经消弧线圈接地和经高电阻接地系统，保护接地与低压系统中性点接地共用接地装置	$R \leq \dfrac{50}{I}$ 且 ≤ 4
	配电变压器位于所供电建筑物之内	高压侧工作于经低电阻接地系统，保护接地应与低压系统中性点接地共用接地装置，并作等电位联结	$R \leq 4$
		高压侧工作于不接地、经消弧线圈接地和经高电阻接地系统，保护接地应与低压系统中性点接地共用接地装置，并作等电位联结	$R \leq 4$

(续)

接 地 类 别	接地的电气装置特点	接地电阻要求/Ω
雷电保护接地	第一类防雷建筑物防直击雷接地装置电阻	$R_p \leq 10$（冲击电阻）
	第一、二类防雷建筑物防感应雷接地装置电阻	$R \leq 10$（工频电阻）
	第二类防雷建筑物防直击雷接地装置电阻	$R_p \leq 10$（冲击电阻）
	第三类防雷建筑物防直击雷接地装置电阻	$R_p \leq 30$（冲击电阻）
共用接地装置		按接入设备中要求的最小值确定，一般 $R \leq 1\Omega$

注：1. 本表根据 GB 50065—2011《交流电气装置的接地设计规范》和 GB 50057—2010《建筑物防雷设计规范》编制。
2. 考虑到低压系统相线直接接大地故障在系统中性点接地装置上产生的故障电压的危害，R 值宜尽量小，如不大于 2Ω。
3. 表中 I 为计算用的单相接地故障电流，对于经消弧线圈接地系统为故障点残余电流。

参 考 文 献

[1] 莫岳平. 供配电工程 [M]. 北京：机械工业出版社，2011.
[2] 江文，等. 供配电技术 [M]. 北京：机械工业出版社，2005.
[3] 夏国明. 供配电技术 [M]. 北京：电力工业出版社，2004.
[4] 吴靓，等. 发电厂及变电站电气设备 [M]. 北京：中国水利水电出版社，2005.
[5] 唐志平，等. 供配电技术 [M]. 北京：电子工业出版社，2005.
[6] 张莹. 工厂供配电技术 [M]. 北京：电子工业出版社，2003.
[7] 刘介才. 工厂供电 [M]. 2版. 北京：机械工业出版社，2009.
[8] 杜文学. 供用电工程 [M]. 北京：中国电力出版社，2005.
[9] 高满茹. 建筑配电与设计 [M]. 北京：中国电力出版社，2003.
[10] 张建. 建筑电气技术与应用 [M]. 北京：人民交通出版社，2001.
[11] 杨光臣. 建筑电气工程图识图与绘图 [M]. 北京：中国建筑工业出版社，2001.
[12] 王晋升. 新标准电气识图 [M]. 北京：中国电力出版社，2002.
[13] 全国建筑电气设计技术协会及情报交流网. 建筑电气技术文集 [M]. 北京：中国电力出版社，2001.
[14] 熊信银. 发电厂电气部分 [M]. 北京：中国电力出版社，2004.
[15] 袁铮喻，张国良. 电气运行 [M]. 北京：中国水利水电出版社，2004.
[16] 翁双安. 供配电工程设计指导 [M]. 北京：机械工业出版社，2008.
[17] 任元会. 工业与民用配电设计手册 [M]. 3版. 北京：中国电力出版社，2005.